知识产权仲裁法律研究

理论开拓与实践探索

薛虹◎著

INTELLECTUAL PROPERTY ARBITRATION:
THEORIES AND PRACTICES

中国法制出版社
CHINA LEGAL PUBLISHING HOUSE

总 论

知识产权作为一种财产权，其权利流转与市场价值主要是通过契约的形式实现的。一旦契约关系发生争议，当事人出于商业保密等方面的考虑，越来越普遍地选择仲裁作为争议解决的方式。但知识产权仲裁的研究却稍显薄弱。由于仲裁不公开审理、不公开裁决的程序特征，大量仲裁案件积累的宝贵实践经验，对事实的认定和对法律规范的解释与适用，虽然具有很高的学术研究与实践应用价值，却无缘面世，未从理论上提炼、归纳与总结，更无法为广大公众所知。在信息高度发达的网络社会中，仲裁裁决成为令人可惜的信息黑洞与信息孤岛，连人工智能也无法触及并挖掘分析。为了突破重程序、轻实体，重理论、轻实践的仲裁研究局限，国际知名仲裁机构纷纷发起了新案例法研究项目。笔者在隐去仲裁裁决的当事人名称等可识别性信息并不涉及商业秘密信息之后，公布仲裁裁决的实体内容，并对其中涉及的新颖性法律问题进行总结与概括，从而形成富有参考价值的判例规则系统。时逢《仲裁法》修订之际，深入研究知识产权争议的可仲裁性等专门问题与知识产权仲裁协议、审理程序等新出现的问题，将为知识产权仲裁开辟更大的发展空间提供理论基础。

本书作者任仲裁员二十余年，作为独任仲裁员或者首席仲裁员审理过数百件案件。基于工作的实践经验，作者精选了近七十件亲笔撰写的具有代表性案件的仲裁裁决（超过七分之一是英文裁决），在进行了去标识化处理后，提炼了裁决书的主要内容，并进行了系统化、理论化的深入研究，归纳其中突出的法律问题，着重研究知识产权仲裁案件的独特性、权利行使的独特规则，旨在让理论研究在鲜活的案件中焕发生命力。[①]作者审理知识产权合同争议案件的感受是：如同在合同的废墟中发掘文物，需要超乎寻常的细心、耐心与专心，用证据串联起事实的碎片，根据法律规定与合同约定，整理出每一条争议的线索，对每个核心焦点问题作出分析与认定，精准裁判当事人之间的争议，从而达到促进科学技术

---

① 为了叙述方便，所选取案例中的商标、名称等均为虚拟，如与现实中有雷同之处，纯属巧合。

进步、市场良性竞争和维护公平正义的目的。

正如陆放翁先生所言，纸上得来终觉浅，绝知此事要躬行。理论研究永远无法脱离实践。从这个角度来说，本书具有无可取代的理论与实践双重价值。

一、知识产权仲裁的优势

《仲裁法》颁布二十余年来，仲裁对于公正、及时解决民商事纠纷，保障经济社会持续健康发展发挥了巨大的作用。以仲裁方式解决与专利权、商标权、著作权有关的合同纠纷，处理各类技术转移、授权、服务合同及侵权争议，不仅尊重当事人意思自治，而且便捷、高效，相较于诉讼等其他纠纷解决方式，具有独特的优势。

在知识产权纠纷的诉讼中，当事人因司法管辖发生争议，为确定适当的管辖法院而占用大量时间精力和司法资源的情况屡见不鲜。仲裁则完全避免了此类问题的发生，当事人必须协议选择具体的仲裁机构管辖相应的案件。①在国际知识产权争议中，仲裁的优势更加明显。知识产权虽然具有地域性的权利特征，但是无法阻止国际争议的当事人在各自的国家同时诉诸法院，由此造成司法程序与判决结果的冲突，从而使争议复杂化。与巨额的诉讼费用和复杂的诉讼程序相比，仲裁的意思自治原则有利于充分保障当事人协议选择共同接受的仲裁机构、仲裁所在地、所适用的实体法律及有关的程序与规则，非常适于解决国际知识产权争议。

仲裁程序适用当事人选择的程序语言进行案件审理与裁决，极大地方便了国际知识产权争议当事人参与仲裁以维护自身的权益，这也是诉讼程序所不可比拟的优势。

知识产权案件专业性、技术性较强，虽然知识产权法院已经引进技术调查员协助法官了解案情，但是仲裁中具有相应专业知识技术背景的仲裁员可以直接审理案件，更可起到事半功倍的作用。②

---

① 根据《仲裁法》的规定，仲裁协议应当具有请求仲裁的意思表示、仲裁事项及选定的仲裁委员会三个方面的内容。
② 在诉讼案件中，专家证人的成本高昂。在仲裁程序中，由于仲裁庭可以由从事相关专业工作并具有高级职称或者具有同等专业水平的人员组成，当事人的成本负担可以大为减轻。而且，我国仲裁机构为非营利法人机构。

相较于存在二审、再审等程序的诉讼，仲裁程序一裁终局，更能提高效率、减少讼累。①法律尊重典型仲裁的终局性，不仅是维护仲裁效力权威，更是尊重当事人解决争议的意思自治。

相比公开审理与判决的诉讼，仲裁一般不公开进行，非常适于审理当事人合同有保密条款或者涉及商业秘密的知识产权案件。②

仲裁是国际通行的纠纷解决方式，1958年的联合国《承认及执行外国仲裁裁决公约》（《纽约公约》）已经有包括我国在内的170多个成员，为我国知识产权仲裁裁决在其他成员得到承认与执行提供了国际法律保障。因此，仲裁对于解决国际知识产权纠纷具有诉讼难以比拟的优势。

知识产权仲裁可分为狭义与广义两类。狭义知识产权仲裁，是以知识产权合同中订立的仲裁条款或者当事人在知识产权纠纷发生前或纠纷发生后达成的仲裁协议为依据。知识产权合同，主要是指知识产权许可合同、转让合同及关于知识产权的开发合同、咨询合同与其他服务合同。典型的知识产权仲裁，基本上是指有仲裁条款的知识产权合同纠纷的仲裁。《仲裁法》并不要求当事人必须在发生纠纷之前达成仲裁协议。因此，知识产权合同纠纷、侵权纠纷发生后，当事人达成仲裁协议的，亦可依法进行知识产权仲裁。我国法律的弹性机制使知识产权仲裁的范围大为扩展。

广义的知识产权仲裁，是指与知识产权有关的其他纠纷的仲裁。例如，特许经营协议、代理商协议、经销商协议、资产托管协议、投资与入股协议等合同中有知识产权条款，当事人在依据其仲裁条款或者仲裁协议进行仲裁时提出关于知识产权的主张（如请求对方停止使用商标等），或者纠纷的解决涉及知识产权问题（如竞业禁止条款、商业秘密保护等）。

由于知识产权在法律性质、法律规范与法律保护方面与其他民事权利相比有所不同，因此仲裁制度如要发挥其有效解决纠纷的优势，需要充分把握知识产权法律制度的特殊性。知识产权仲裁理论在仲裁范围、仲裁协议、案件审理与裁决执行等诸方面尚待深入挖掘与拓展。

---

① 《仲裁法》规定，仲裁裁决书自作出之日起发生法律效力。
② 根据《仲裁法》的规定，当事人协议公开仲裁的，可以公开进行，但涉及国家秘密的除外。某些知识产权纠纷案件的当事人希望获得媒体关注、进行舆论宣传。

二、知识产权争议的可仲裁性

可仲裁性是指可以付诸仲裁解决的争议的性质。可仲裁性是仲裁法律制度的核心问题，超出仲裁范围进行审理与裁决，将导致仲裁裁决被法院不予执行的严重后果。[①]可仲裁性首先取决于法律规定，其次受限于仲裁协议的约定。依据《仲裁法》的规定，可仲裁性限于平等主体的公民、法人和其他组织之间发生的合同纠纷和其他财产权益纠纷，但是婚姻、收养、监护、扶养、继承纠纷与依法应当由行政机关处理的行政争议除外。仲裁协议约定的仲裁事项超出法律规定的仲裁范围无效。在仲裁程序中，如果当事人对于可仲裁性提出质疑，仲裁庭必须首先对此进行裁决。[②]

1. 不可仲裁的知识产权争议

可仲裁性的规定在各国法律中差异极大，对知识产权仲裁的范围有很大的影响。依据《仲裁法》的规定，依法应当由行政机关处理的行政争议不能仲裁。虽然在涉及专利、商标、集成电路布图设计、地理标志、植物新品种等知识产权的仲裁案件中，存在大量应当依法由行政机关以授权、批准、登记、备案等方式处理的争议，但是既不应盲目地将大量知识产权纠纷（特别是工业产权纠纷）径行排除在仲裁范围之外，也不应违反法律规定，将不可仲裁的纠纷付诸仲裁。

以《专利法》为例，专利授权、专利权无效宣告、强制性许可及许可使用费、推广应用等应当经专利主管部门决定，专利权转让、专利权质押、专利权终止等应当经专利主管部门登记；此外，向外国人转让专利权或者向外国申请专利的，还应依法办理有关的行政审查手续。上述事项均是必须经国务院专利行政机关（国家专利局与专利复审委员会）或者其他行政机关处理的行政争议，不属于可仲裁的范围。

德国、意大利、芬兰、加拿大等国的规定与我国类似，也将专利无效等行政争议排除于仲裁范围之外。但是，美国、荷兰、比利时等国法律则允许专利无效等纠纷付诸仲裁，不过裁决结果仅限在案件当事人之间有效。笔者认为，专利权

[①] 根据《民事诉讼法》的规定，仲裁机构（包括我国涉外仲裁机构）就无权仲裁的事项作出的裁决，法院有权裁定不予执行。

[②] 根据《仲裁法》的规定，仲裁庭有权确认仲裁协议的效力。但是，当事人对仲裁协议的效力有异议的，一方请求仲裁委员会作出决定，另一方请求人民法院作出裁定的，由人民法院裁定。

等工业产权本质上属于具有公开性的对世权,仲裁裁决仅在当事人之间相对地有效,与专利权利的属性不符,可能损害权利的稳定性与有关方的合法权益。因此,我国法律将应当由行政机关处理的行政争议明确排除在仲裁范围之外,是必要且合理的。①

2. 可仲裁的知识产权争议

将《仲裁法》的规定适用于知识产权仲裁时,还应避免将可以仲裁的争议排除在仲裁范围之外。仲裁事项(如关于专利共有协议的纠纷、雇佣合同中关于职务发明创造的纠纷等)如果并非行政争议本身,仅与应当由行政机关处理的行政争议有关,是可以付诸仲裁的。而且,在知识产权仲裁程序中,即便出现了应当由行政机关处理的行政争议,仲裁庭也可以中止审理,待行政争议得到处理之后再继续仲裁。为了避免仲裁程序的拖延,专利许可、转让协议普遍约定"非质疑"或"非挑战"条款,防止因被许可人申请宣告专利权无效而造成仲裁程序的中止。

三、知识产权仲裁协议

仲裁协议是仲裁的基础与依据,直接决定了仲裁的效力与范围。仲裁裁决的事项如不属于仲裁协议的范围,法院有权裁定不予执行。

1. 电子商务合同与仲裁协议

为贯彻中共中央办公厅、国务院办公厅印发的《关于强化知识产权保护的意见》(以下简称"指导意见")提出的针对电子商务平台等关键领域和环节构建知识产权仲裁机制的精神,需要在新的交易与缔约环境中重新认识仲裁协议。在我国蓬勃发展的数字经济中,仲裁协议具有数字化、网络化、自动化等新的特点。电子商务合同基本上都是采用自动信息系统订立的。自动信息系统是电子商务合同最突出的特点。电子商务合同的自动信息系统,是指按照事先设定的算法、程序指令、运行参数与条件,在无自然人确认或者干预的情况下,为交易双

---

① 依据《民事诉讼法》的规定,国外仲裁机构的裁决,需要中华人民共和国人民法院承认和执行的,当事人可以依据《纽约公约》直接向被执行人住所地或者其财产所在地的中级人民法院申请承认和执行。即便外国仲裁裁决属于依据我国法律仲裁机构无权裁决的情形(如关于专利无效的裁决),我国法院一般也不会以《纽约公约》规定的违反公共政策等理由拒绝承认和执行。而且,拒绝承认与执行的决定应当上报最高人民法院。

方订立或者履行合同进行信息互动的计算机系统。自动信息系统，顾名思义，具有自动性，故使用该系统的电子商务当事人，不再对该系统正常运行所生成、发送与接收的数据电文进行人工干预、审核或者确认。《电子商务法》已经明确规定，电子商务当事人使用自动信息系统订立或者履行合同的行为对使用该系统的当事人具有法律效力。因此，电子商务合同中有仲裁条款或者使用自动信息系统订立的仲裁协议，其法律效力应予认可。自动化的仲裁协议方便了仲裁在电子商务领域的应用，具有积极意义。

2. 当事人的行为能力

为了适应电子商务合同自动化的特点，《电子商务法》规定，在电子商务中推定当事人具有相应的民事行为能力，除非有相反证据足以推翻。但是此规定适用于仲裁协议时应当慎重。电子商务经营者委托所谓"天才少年"开发计算机程序或者设计动漫作品的情况屡见不鲜，所订立的知识产权合同（特别是技术开发合同、委托设计合同）如有仲裁条款，则有很大的风险。《仲裁法》规定，无民事行为能力人或者限制民事行为能力人订立的仲裁协议无效。电子商务经营者除非在缔约时能确定对方属于完全民事行为能力人，否则其仲裁依据很可能被认定为无效。随着电子身份、实名制等技术的发展，人脸识别、指纹识别等技术的应用，电子商务经营者识别与验证对方当事人身份的能力不断加强。社交电商、网络直播等新型电子商务的发展，也便于电子商务经营者从更多渠道、以更直观的方式获得缔约对方行为能力的信息，避免知识产权仲裁协议无效的风险。

四、知识产权仲裁案件的审理

近年来，为适应数字经济等新业态发展的需要，依托互联网技术，以在线案件管理系统、电子证据平台等为特征的互联网仲裁发展迅速，区块链等科技手段在保全电子证据真实、不可篡改等方面也得到广泛应用。网上仲裁与互联网经济的深度融合，线上仲裁、智能仲裁、线上线下的协同发展，在特殊时期发挥了巨大的作用。知识产权纠纷的核心证据，如专利、商标、著作权、商业秘密等无形财产，非常适于数字化、网络化的举证、存证、查证与质证。互联网仲裁在审理知识产权纠纷方面得天独厚、优势明显。

知识产权仲裁审理中的突出问题是如何尽快制止对权利的侵害行为。目前，有两个途径。

1. 行为保全

知识产权人依法向法院申请行为保全，是仲裁程序中采取的主要方式。根据《民事诉讼法》的规定，人民法院对于因当事人一方的行为或者其他原因，使判决难以执行或者造成当事人其他损害的案件，根据当事人的申请，可以裁定责令其作出一定行为或者禁止其作出一定行为；人民法院采取保全措施，可以责令申请人提供担保。

虽然《仲裁法》尚未对行为保全作出明确规定，但是最高人民法院的司法解释已经扫清了实践的障碍。根据《最高人民法院关于审查知识产权纠纷行为保全案件适用法律若干问题的规定》，知识产权纠纷的当事人在仲裁裁决生效前，依据《民事诉讼法》的规定申请行为保全的，人民法院应当受理，并且综合考量申请人的请求是否具有事实基础和法律依据，包括请求保护的知识产权效力是否稳定，不采取行为保全措施是否会使申请人的合法权益受到难以弥补的损害或者造成案件裁决难以执行等损害，不采取行为保全措施对申请人造成的损害是否超过采取行为保全措施对被申请人造成的损害，采取行为保全措施是否损害社会公共利益等因素审查、裁定行为保全的申请。《仲裁法》的修订将健全仲裁与司法保护之间的衔接机制，加强信息沟通和共享，形成各渠道有机衔接、优势互补的运行机制，知识产权仲裁中的行为保全问题有望得到《仲裁法》的正式确认。

2. 紧急仲裁

另一个方式是采取紧急仲裁。当事人需要紧急性临时救济的，可以依据所适用的法律或当事人之间的约定申请紧急仲裁员程序；紧急仲裁员在接受指定后15日内有权作出必要的紧急性临时救济的决定；当事人可以依据执行地国家有关法律向有管辖权的法院申请强制执行紧急仲裁员的决定。[1]

紧急仲裁员程序对于知识产权仲裁具有特殊重要的作用，可以保障知识产权人及时获得禁令、制止有关的侵害行为。《仲裁法》的修订有必要考虑补充关于紧急仲裁员程序的规定。

五、知识产权仲裁的裁决

仲裁裁决书自作出之日起即发生法律效力，因此知识产权争议得以一裁终

---

[1] 后续组成的仲裁庭有权不受紧急仲裁员决定的约束，可以修改、中止、终结该决定。仲裁庭作出的最终裁决可以取代紧急仲裁员的决定。

局，当事人可以及时得到法律救济。

1. 电子形式的裁决书

现行《仲裁法》仍然要求仲裁裁决书由仲裁员签名、加盖仲裁委员会印章，与国家大力发展互联网的趋势不尽相符。实践中，许多仲裁机构已经允许仲裁员在裁决书上进行电子签名，但是仲裁委员会的印章仍未能电子化、网络化。《仲裁法》的修订有必要克服互联网仲裁发展中的法律障碍，明确允许仲裁机构采用《电子签名法》规定的安全电子签章，取代物理形式的单位公章，使当事人能够依据完全电子化的裁决书向法院（特别是互联网法院）申请执行。

2. 救济方式

知识产权仲裁裁决给予权利人的救济分为金钱赔偿与禁令性救济两类。

金钱赔偿是最为常见的救济方式，在法律允许的范围内，仲裁庭可以依据仲裁协议约定的范围与仲裁请求裁决权利人应获得的赔偿金额。当事人约定的违约金、迟延利息、罚息的利率，高于法律许可的部分，则不应予以支持。[①]

惩罚性赔偿是我国法律专门规定的针对情节严重的恶意侵犯知识产权行为的救济措施。例如，《民法典》明确规定，故意侵害他人知识产权，情节严重的，被侵权人有权请求相应的惩罚性赔偿。但是，在知识产权仲裁中，除非当事人协议约定了惩罚性赔偿，否则仲裁庭无权自行就惩罚性赔偿作出裁决。美国等多数国家法律也不承认仲裁庭拥有裁决知识产权惩罚性赔偿的权力。那些只能由国家行政机关处以的罚款或者法院因当事人妨害民事诉讼程序判处的罚款，仲裁庭当然也无权裁决。

禁令性救济对于知识产权仲裁非常重要。仲裁裁决的禁令性救济应当明确具体。例如，裁决当事人停止使用有关的知识产权客体，应当写明具体的禁止行为、范围、方式，如停止销售申请人商标相关商品，从其场所内清除牌匾及所有图案及标识，返还全部客户资料、销售材料、促销材料、便笺纸、发票，关闭电子商务平台上的商铺等。

如裁决继续履行专利、商标、著作权许可协议，当事人一般情况下可以直接

---

① 最高人民法院于2020年8月18日通过的《关于修改〈关于审理民间借贷案件适用法律若干问题的规定〉的决定》，自2020年8月20日起施行。依据修正后的规定，司法保护的上限以中国人民银行授权全国银行间同业拆借中心每月20日发布的一年期贷款市场报价利率（LPR）的4倍为标准确定，取代原规定中"以24%和36%为基准的两线三区"的规定。逾期付款的争议发生在2019年8月20日之前的，违约金年利率可参照申请人提起仲裁之时一年期LPR的4倍予以确定。

执行，但有些情况下则必须得到对方行为的协助。在此情况下，当事人可以向有管辖权的法院申请强制执行裁决。依据《最高人民法院关于人民法院办理仲裁裁决执行案件若干问题的规定》，仲裁裁决或者仲裁调解书仅确定继续履行合同，但对继续履行的权利义务，以及履行的方式、期限等具体内容不明确，导致无法执行的，人民法院可以裁定驳回执行申请；导致部分无法执行的，可以裁定驳回该部分的执行申请；导致部分无法执行且该部分与其他部分不可分的，可以裁定驳回执行申请。因此，仲裁裁决当事人继续履行知识产权合同的，应当写明履行的具体客体、方式、期限，如必须向对方提交的知识产权载体、介质、解密密钥，必须提供的最佳实施方案、相关技术秘密、技术培训与指导等。

《民法典》为知识产权仲裁裁决禁令性救济提供了新的法律依据。《民法典》规定，依照法律、行政法规的规定，合同应当办理批准等手续的，依照其规定；未办理批准等手续影响合同生效的，不影响合同中履行报批等义务条款以及相关条款的效力；应当办理申请批准等手续的当事人未履行义务的，对方可以请求其承担违反该义务的责任。因此，仲裁庭可以裁决责令当事人办理与合同有关的批准等手续，如注册商标转让合同经商标局核准的手续、注册商标许可使用合同经商标局备案的手续，并应写明当事人履行的期限、方式。①

六、知识产权仲裁的新时代

我国知识产权法律制度跟随改革开放的步伐，建立于二十世纪八十年代，随着经济社会的迅猛发展，不断修改完善，在习近平新时代中国特色社会主义思想的指导下焕发勃勃生机。《商标法》《专利法》《著作权法》等主要知识产权法律先后进入新一轮重大修改的阶段②，2019年11月中共中央办公厅、国务院办公厅发布的"指导意见"更是对进一步完善知识产权保护制度、强化与优化知识产权保护机制进行了战略部署。"指导意见"提出，完善知识产权仲裁、培育和发

---

① 《商标法》规定，转让注册商标的，转让人和受让人应当签订转让协议，并共同向商标局提出申请；转让注册商标经核准后，予以公告。受让人自公告之日起享有商标专用权。许可他人使用其注册商标的，许可人应当将其商标使用许可报商标局备案，由商标局公告。商标使用许可未经备案不得对抗善意第三人。

② 《商标法》于1982年颁布，于2019年进行了第4次修正；《专利法》于1984年颁布，继2008年第3次修正后，于2020年10月第4次修正；《著作权法》于1990年颁布，继2010年第2次修正后，于2020年11月第3次修正。

展仲裁机构是建立健全知识产权大保护工作格局的重要政策措施与针对性创新举措。

在"指导意见"这一具有里程碑意义的纲领性文件的指引下，我国知识产权仲裁事业迎来了历史性的机遇，有望获得前所未有的发展。国家知识产权局2020年4月发布的《2020—2021年贯彻落实〈关于强化知识产权保护的意见〉推进计划》提出，开展知识产权仲裁优先推荐试点，加大知识产权仲裁机构培育力度，研究建立知识产权仲裁工作平台，制定行业仲裁规范，设立中国国际知识产权仲裁委员会等具体的行动方案。在此历史性时刻，结合我国知识产权仲裁发展状况，深入发掘知识产权仲裁的潜力，系统梳理有关的理论与实践，为发展我国仲裁法律制度献计献策，具有重要的意义。

1995年实施的《仲裁法》奠定了我国仲裁法律制度的基础，保障与推动了仲裁事业的发展。但在《仲裁法》颁行之初，知识产权仲裁尚不普遍，与知识产权有关的专门性仲裁法律问题未得到充分的研究与探讨。继2017年修正之后，《仲裁法》的修订已经纳入全国人大常委会的立法规划。在此契机下，如何使仲裁制度更加适应知识产权争议解决的需要，扩大知识产权仲裁的范围，优先适用仲裁，提升办案效率，是摆在我们面前的重要课题。

仲裁是一项历史悠久的法律制度，其应用宽广深远。《仲裁法》规定的典型仲裁虽然是我国仲裁体系的核心，但是并非仲裁体系的全部。特殊形式的仲裁制度（如劳动争议仲裁）在我国法律体系中是始终存在的。随着互联网经济逐步发展起来的多元争议解决机制，更使特殊仲裁制度焕发生机。因此，本书在深入分析《仲裁法》框架下典型的知识产权仲裁法律问题的同时，也探讨了特殊知识产权仲裁的发展前景与相关问题。

目录
Contents

第一编 知识产权开发合同争议仲裁研究

第一章 著作权开发合同争议仲裁研究 ········· 3
第一节 软件开发合同争议案 ········· 3
案例 1：管理软件许可、开发、服务合同争议案 ········· 4
案例 2：移动网络技术平台搭建及软件开发合作协议争议案 ········· 5
案例 3：网络互动音乐社交平台开发协议争议案 ········· 6
第二节 游戏开发合同争议案 ········· 9
案例 4：独立承包商创意服务协议争议案 ········· 9
案例 5：游戏开发协议争议案 ········· 10
案例 6：游戏开发代理协议争议案 ········· 11
第三节 广告设计合同争议案 ········· 14
案例 7：新能源车品牌服务采购合同争议案 ········· 15
案例 8：推广项目客户服务协议争议案 ········· 16
案例 9：某品牌服务采购合同争议案 ········· 17
案例 10：广告设计委托合同争议案 ········· 17
案例 11：某产品名称策略项目合同争议案 ········· 17
第四节 建筑设计合同争议案 ········· 19
案例 12：专业设计服务协议争议案 ········· 20

第二章 技术开发合同争议仲裁研究 ········· 32
第一节 仿制药开发合同争议案 ········· 32
案例 13：仿制药研发合同争议案 ········· 33

1

第二节　数据平台开发合同争议案 ·· 39
　案例 14：设计开发运行数据平台合同争议案 ································ 39

第二编　知识产权许可合同争议仲裁研究

第一章　著作权许可使用合同争议仲裁研究 ································ 45
第一节　音乐作品许可使用合同争议案 ·· 45
　案例 15：音乐作品著作权许可协议争议案 ···································· 46
　案例 16：音乐铃声著作权许可使用协议争议案 ····························· 48
第二节　综艺节目著作权许可使用合同争议案 ································ 48
　案例 17：综艺节目著作权许可协议争议案 ···································· 49
第三节　图书许可发行合同争议案 ·· 51
　案例 18：外国图书国内发行协议争议案 ······································· 51
第四节　电影发行放映合同争议案 ·· 52
　案例 19：影片分账发行放映合同争议案 ······································· 52
第五节　软件许可使用合同争议案 ·· 52
　案例 20：软件许可合同争议案 ·· 54
第六节　网络游戏许可运营合同争议案 ··· 59
　案例 21：游戏代理合同争议案 ·· 60
　案例 22：无线增值业务合作协议争议案 ······································· 61
　案例 23：手机游戏合作协议争议案 ··· 67
第七节　网络游戏许可开发合同争议案 ··· 68
　案例 24：移动端游戏许可开发协议争议案 ···································· 69

第二章　专利技术许可合同争议仲裁研究 ································ 89
第一节　专利技术许可合同争议关键法律问题 ······························· 89
第二节　专利权许可使用合同争议案 ·· 93
　案例 25：新能源技术许可使用合同争议案 ···································· 94
第三节　专利产品许可销售合同争议案 ······································· 105
　案例 26：医疗器械经销商协议争议案 ·· 105

第三章　品牌授权合同争议仲裁研究 … 115

第一节　品牌授权效力争议案 … 116
案例27：服装品牌特许经营协议争议案 … 116
案例28：医疗器械品牌省级代理合同争议案 … 121

第二节　销售非品牌商品争议案 … 124
案例29：加油站授权经营合作协议争议案 … 124
案例30：特许经营合同争议案 … 129

第三节　品牌商品订单争议案 … 130
案例31：化妆品独家批发销售合同争议案 … 131
案例32：中国流通销售协议争议案 … 133

第四节　品牌授权终止争议案 … 144
案例33：奢侈品牌汽车经销商协议争议案 … 145
案例34：分销商合同争议案 … 150

第五节　品牌商品线上授权经销合同争议案 … 159
案例35：某家居品牌中国区域互联网渠道销售独家总代理合同争议案 … 160
案例36：运动品牌独家线上经销商协议争议案 … 167

第六节　服务品牌授权合同争议案 … 173
案例37：擅自开业引发的酒店品牌授权争议案 … 175
案例38：未能如期开业引发的酒店品牌授权争议案 … 181
案例39：经营管理引发的酒店品牌授权合同争议案 … 185

第三编　知识产权资产合同争议仲裁研究

第一章　著作权转让合同争议仲裁研究 … 199
案例40：电视剧著作权转让协议争议案 … 199

第二章　专利许可与资产管理合同争议仲裁研究 … 204
案例41：新材料科技公司资产托管协议争议案 … 205

第三章　与商标权相关的合资合作合同争议仲裁研究 … 213

第一节　中外合资合同商标权投资争议案 … 213

案例42：知名饮料品牌合营合同争议案 ……………………………………… 215

第二节　商标资产转让合同争议案 …………………………………… 222

案例43：网络游戏商标资产转让协议争议案 ………………………… 224

第三节　中外合作合同商标及名称投资争议案 ……………………… 227

案例44：国际展会合作合同争议案 …………………………………… 228

第四编　技术服务合同争议仲裁研究

第一章　互联网技术服务合同争议仲裁研究 …………………………… 247

案例45：一站式微信互联网解决方案服务合同争议案 ……………… 247

案例46：移动互联网平台服务合同争议案 …………………………… 247

第一节　互联网域名相关服务合同争议案 …………………………… 247

案例47：新增顶级域名技术托管服务合同争议案 …………………… 249

案例48：域名注册及相关服务合同争议案 …………………………… 254

第二节　网络游戏用户服务合同争议案 ……………………………… 259

案例49：网络游戏最终用户许可协议争议案 ………………………… 260

第三节　互联网广告服务合同争议案 ………………………………… 263

案例50：网络广告发行服务框架协议争议案 ………………………… 263

第二章　软件外包服务合同争议仲裁研究 ……………………………… 277

案例51：全面预算管理系统项目软件开发服务协议争议案 ………… 277

案例52：管理信息系统购买/开发/实施服务合同争议案 …………… 277

第一节　软件外包服务合同服务计费争议案 ………………………… 278

案例53：外包服务合作框架协议争议案 ……………………………… 278

案例54：能源化工项目软件技术服务合同争议案 …………………… 283

第二节　软件外包服务合同项目费争议案 …………………………… 288

案例55：软件项目人员外包合同争议案 ……………………………… 289

第三节　软件外包系列服务合同争议案 ……………………………… 294

案例56：软件服务合同及补充协议争议案 …………………………… 294

第三章　电信技术服务合同争议仲裁研究 ……………………………… 298

案例57：电信精准营销大数据服务合同争议案 ……………………… 298

案例 58：电信云呼叫中心业务服务协议争议案 …………………… 298
　　案例 59：现场代维服务资源采购协议争议案 ………………………… 299
特别章　技术产品国际贸易合同争议仲裁研究 …………………………… 303
　第一节　技术产品销售合同货款抵销争议案 ………………………… 303
　　案例 60：供应合同争议案 ……………………………………………… 303
　第二节　技术产品销售合同货物质量争议案 ………………………… 313
　　案例 61：销售合同争议案 ……………………………………………… 313
　第三节　偿还技术产品货款合同争议案 ……………………………… 316
　　案例 62：还款协议争议案 ……………………………………………… 317

第五编　特殊知识产权争议仲裁研究

第一章　电子商务平台在线争议解决机制研究 …………………………… 326
第二章　域名争议解决机制研究 …………………………………………… 332
　第一节　通用顶级域名争议案 ………………………………………… 333
　　案例 63："**.com"域名争议案 ……………………………………… 335
　　案例 64："××"域名争议案 ………………………………………… 339
　　案例 65："xx.net"域名争议案 ……………………………………… 342
　第二节　我国域名争议案 ……………………………………………… 346
　　案例 66："xx.cn"域名争议案 ……………………………………… 347
　　案例 67："xx.cn"域名争议案 ……………………………………… 351
　第三节　新增顶级域名申请异议争议案 ……………………………… 354
　　案例 68：顶级域名 ".xx"申请异议案 ……………………………… 356

5

Table of Contents

Volume One Arbitration on Intellectual Property Development Contract Disputes
  Chapter One Arbitration on Copyright Development Contract Disputes
    Section I. Disputes of Software Development Contracts
      Case 1: Dispute of Management Software License, Development and Service Contract
      Case 2: Dispute of Mobile Network Technical Platform and Software Development Cooperative Agreement
      Case 3: Dispute of Mobile Interactive Musical Social Platform Development Agreement
    Section II. Disputes of Visual Game Development Contracts
      Case 4: Dispute of Independent Contractor Creative Service Agreement
      Case 5: Dispute of Game Development Agreement
      Case 6: Dispute of Game Development and Agency Agreement
    Section III. Disputes of Advertisement Design Agreements
      Case 7: Dispute of New-Energy Car Brand Service Procurement Agreement
      Case 8: Dispute of Promotional Project Customer Service Agreement
      Case 9: Dispute of Brand Service Procurement Contract
      Case 10: Dispute of Advertisement Commissioned Design Contract
      Case 11: Dispute of Product-Naming Strategy Project Contract
    Section IV. Disputes of Architecture Design Contracts
      Case 12: Dispute of Professional Design Service Agreement (English)
  Chapter Two Arbitration on Technology Development Contract Disputes
    Section I. Disputes of Generic Medicine Development Contracts
      Case 13: Dispute of Generic Medicine Research and Development Contract

Section II. Disputes of Data Platform Development Contracts

Case 14: Dispute of Data Platform Design, Development and Operation Contract

Volume Two Arbitration on Intellectual Property License Disputes

 Chapter One Arbitration on Copyright License Disputes

  Section I. Disputes of Musical Work Licensing Agreements

  Case 15: Dispute of Licensing Agreement on Musical Works

  Case 16: Dispute of Licensing Agreement on Musical Ringtones

  Section II. Disputes of Variety Show Licensing Agreements

  Case 17: Dispute of Licensing Agreement on Variety Shows

  Section III. Disputes of Book Distribution Agreements

  Case 18: Dispute of Distribution Agreement on Foreign Books

  Section IV. Disputes of Movie Distribution and Projection Agreements

  Case 19: Dispute of Revenue Agreement on Movie Distribution and Projection

  Section V. Disputes of Software Licensing Agreements

  Case 20: Dispute of Software License

  Section VI. Disputes of Visual Game Operational Agreements

  Case 21: Dispute of Internet Game Agency Agreement

  Case 22: Dispute of Mobile Internet Value-Added Service Agreement

  Case 23: Dispute of Mobile Game Cooperative Agreement

  Section VII. Disputes of Licensing Agreements on Development of Internet Games

  Case 24: Disputes of Licensing Agreement on Development of Mobile Applications of the Game (English)

 Chapter Two Arbitration on Patent License Disputes

  Section I. Key Legal Issues in Licensing of Patented Technologies

  Section II. Disputes of Licensing Agreements of Patented Technologies

  Case 25: Dispute of New-Energy Technology Transfer Agreement

  Section III. Disputes of Sales Agreement of Patented Products

  Case 26: Dispute of Sales Contract of Medical Devices

 Chapter Three Arbitration on Brand Licensing Agreements

  Section I. Disputes on Validity of Brand Licenses

  Case 27: Dispute of Apparel Brand Franchising Agreement

Case 28: Dispute of Medical Device Agency Agreement
Section II. Disputes on Sales of Non-authorized Products
Case 29: Dispute of Petrol Station Licensing Agreement
Case 30: Dispute of Franchising Agreement
Section III. Disputes on Purchase Orders of Brand Products
Case 31: Dispute of Exclusive Wholesale Agreement on Cosmetics
Case 32: Dispute of Agreement of Sales in China
Section IV. Disputes on Termination of Brand Licenses
Case 33: Dispute of Sales Agreement on Deluxe Automobiles
Case 34: Dispute of Distributor Agreement
Section V. Disputes on Online Sales of Brand Products
Case 35: Disputes of Exclusive Agency Agreement on Household Items in China
Case 36: Dispute of Exclusive Online Distributor Agreement on Sports Brand
Section VI. Disputes on Service Brand Agreements
Case 37: Dispute on Unauthorized Hotel Opening
Case 38: Dispute on Hotel Failing to Open as Agreed
Case 39: Dispute on Management of Hotel Brand (English)

Volume Three Arbitration on Intellectual Property Assets Disputes

Chapter One Arbitration on Copyright Assignment Contract Disputes

Case 40: Dispute of TV Drama Copyright Assignment Agreement

Chapter Two Arbitration on Patent Licenses and Assets Escrow Agreement Disputes

Case 41: Dispute of New Material Company Assets Escrow Agreement

Chapter Three Arbitration on Trademark-Related Joint Venture or Cooperative Agreement Disputes

Section I. Disputes of Chinese-Foreign Joint Venture Agreements

Case 42: Dispute of Joint Venture Agreement on a Well-Know Soft Drink Brand

Section II. Disputes of Trademark Assignment Agreements

Case 43: Dispute of Internet Game Trademark Assignment Agreement

Section III. Disputes on Trademarks and Names in Chinese-Foreign Cooperative Agreements

Case 44: Dispute of Cooperative Agreement on International Expositions (English)

Volume Four Arbitration on Technology Service Agreement Disputes

  Chapter One Arbitration on Internet Technology Service Agreement Disputes

    Case 45: Dispute of One-Stop-Shop Wechat Internet Solution Service Contract

    Case 46: Dispute of Mobile Internet Platform Service Contract

    Section I. Disputes on Internet Domain Name Service Agreements

    Case 47: Dispute of New gTLD Technology Escrow Service Contract

    Case 48: Dispute of Domain Name Registration and Related Service Agreement

    Section II. Disputes of Internet Game End-User Service Agreements

    Case 49: Disputes of Net Game End-User Licensing Agreement

    Section III. Disputes of Internet Advertisement Service Agreements

    Case 50: Dispute of Internet Advertisement Distribution Framework Agreement (English)

  Chapter Two Arbitration on Software Technology Service Agreement Disputes

    Case 51: Dispute of Comprehensive Budget Management System Development and Service Agreement

    Case 52: Dispute of Management Information System Procurement, Development and Deployment Service Agreement

    Section I. Disputes on Labor Costs of Software Outsource Agreements

    Case 53: Dispute of Outsource Service Framework Agreement

    Case 54: Dispute of Energy Chemical Project Software Technology Service Agreement

    Section II. Disputes on Project Fees of Software Outsource Agreements

    Case 55: Dispute of Software Project Outsource Contract

    Section III. Disputes on Series of Software Outsource Agreements

    Case 56: Dispute of Software Service and Supplementary Agreements

  Chapter Three Arbitration on Telecommunication Technology Service Agreement Disputes

    Case 57: Dispute of Telecom Precision Marketing Big Data Service Agreement

    Case 58: Dispute of Telcom Cloud Call Center Service Agreement

Case 59: Dispute of On-Site Management Service and Resource Procurement Agreement

Ad Hoc Chapter Arbitration on International Sales Contracts of Technology Products

Special Chapter Arbitration on Disputes of International Trade Agreements of Technological Products

Section I. Disputes on Offset of Purchase Price in Sales Contracts of Technology Products

Case 60: Dispute of Supply Contract (English)

Section II. Disputes on Quality of Goods in in Sales Contracts of Technology Products

Case 61: Dispute of Sales Contract (English)

Section III. Disputes on Repayment of Purchase Price in Sales Contracts of Technology Products

Case 62: Dispute of Repayment Agreement (English)

Volume Five Special Intellectual Property Arbitration

Chapter One Online Dispute Settlement Mechanisms on E-Commerce Platforms

Chapter Two Domain Name Dispute Resolution

Section I. Generic Top-Level Domain Name Disputes

Case 63: Dispute on wuxivaccines. com

Case 64: Dispute on carslan. com

Case 65: Dispute on squirepattonboggs. net

Section II. Country-Code Domain Name Disputes

Case 66: Dispute on tenacious. cn

Case 67: Dispute on tencentholdings. cn

Section III. Legal Right Objections in New Generic Top-Level Domain Name Application

Case 68: Legal Right Objection on ". weibo" (English)

第一编

知识产权开发合同争议仲裁研究

知识产权开发是指研发新技术新产品，创作新作品、录音制品及视听节目，设计新的工程建筑及商业标识等。知识产权开发合同包括委托开发与合作开发两种形式。开发产生的工作成果受著作权、专利权、商标权、商业秘密等知识产权的保护，权利归属由开发合同约定，一般由委托方所有或者各方共有。知识产权开发经常是在已有知识产权成果的基础上进行延伸、拓展与改进，因此有关开发合同一般与知识产权授权及相关服务相结合，但因当事人合同争议的焦点在于知识产权开发，专门研究此类仲裁争议仍有特别的意义。

第一章　著作权开发合同争议仲裁研究

版权产业是文化创意产业的主体，在数字经济中占据越来越重要的地位。计算机软件开发、网络游戏开发、广告设计、建筑设计等开发合同蓬勃发展，从网络游戏、动漫形象、游戏衍生玩具、企业视觉形象、商业标识、广告文案到建筑设计图、工程设计图等，都可以成为委托设计合同的客体。委托设计既可以基于委托方现有著作权等知识产权进行再开发，也可以由受托方完全独立完成设计。在前一种情况下，委托设计是建立在委托方许可受托方使用现有知识产权的基础上的，但因当事人合同争议的焦点在于委托设计的成果，而非知识产权许可，故归于著作权开发合同。虽然不同类型的著作权开发合同各有特点，但当事人之间的争议多集中于有关成果的验收、交付及费用支付等方面。

第一节　软件开发合同争议案

软件开发合同是关于软件产品开发、平台搭建、系统设计的合同，技术成果主要是软件代码、系统及其相关文档。其中，软件代码是最为主要、核心的成果形式，软件系统运行则是软件开发合同的目的。软件开发一般采用委托开发方式，一般约定委托方享有技术成果的软件著作权等全部知识产权。在此类合同中，当事人关于知识产权归属的争议较少见，争议焦点常常集中在技术成果的交付上面。与货物买卖等有形商品的交易不同，软件开发形成的技术成果有其自身的特点。委托方与受托方容易在软件成果的交付方式、范围、验收标准等方面发生争议。软件开发合同明确且详细地约定应交付的技术成果的内容、程序及验收标准对避免与解决相关争议非常重要。

一、软件开发成果的验收

软件开发合同的技术成果是否达到了合同约定的标准与质量，经常是当事人争议的焦点。由于软件成果的技术性、时效性较强，委托方对受托方交付的软件产品应及时按照约定的标准进行验收，一旦发现交付的成果存在缺失、缺陷、无法运行等问题，应及时按照约定方式与程序向受托方提出，由其纠正软件使之正确运行，或者作出验收不合格的结论，从而酌情减少应付的费用。

在管理软件许可、开发、服务合同争议案（案例1[①]）中，当事人双方合同约定，申请人向被申请人提供软件许可、软件定制开发服务与实施服务等，被申请人支付相应费用。申请人主张，被申请人应支付拖欠的服务费尾款。被申请人则主张，申请人未按合同约定期限要求完成相应模块开发任务，也未提交验收所要求必备文件以及履行开发系统验收程序，已移交被申请人的开发系统诸多模块无法使用，其行为构成实质性违约；应按合同总价款未结尾款金额为基数相应地减低服务费价款。依据当事人合同的约定，申请人保证软件自交付时起即能够根据软件文档充分地运行，如在该期间软件未能依照申请人的保证运行，申请人应当承诺纠正软件使其正确运行，或者让用户免费使用该软件。合同还约定，在申请人不履行或者不充分履行合同义务的情况下，被申请人行使合同权利追究违约责任的程序与方式如下：被申请人应当就申请人该等不履行或不充分履行义务的情况作出书面通知，并准许违约方在收到违约通知的30天内纠正违约状况。

仲裁庭认为，被申请人本有非常充分的时间发出违约通知，责令申请人限期纠正，严格按照被申请人要求免费解决所有问题直至完全符合要求，但却并未依约通知申请人或者提出纠正要求。当事人合同关于违约通知的条款使用了"应当"一词，表明非违约方如追究违约方责任，只能依据约定的程序和方式提出；如果脱离约定的程序与方式，则其违约主张缺乏合同依据。

当事人合同约定，本项目验收具体成员和验收行使由被申请人确定；由被申请人组织项目最终验收；验收/审核不合格或不完全合格的，或者在本合同约定期限内发现系统缺陷及其他质量的问题或发现不符合设计要求、合同要求的，申

[①] 本书中涉及的案例都来源于作者担任首席或者独任仲裁员时撰写的裁决书。这些案例在"中国国际经济贸易仲裁委员会"网站 www.cietac.org 收录。

请人应当严格按照被申请人的要求免费给予合理解决直至完全符合要求。由于被申请人享有组织、决定验收的权利，并不存在无法验收的情况。如果被申请人认为申请人提交的文件不全或者不当，完全可以做出验收/审核不合格或不完全合格的验收结论。然而，被申请人未能组织、完成对申请人提交软件系统的验收，未能形成申请人提交系统不合格的经过确认的验收结论，导致无法证明申请人交付的软件产品不合格构成实质性违约。因此，仲裁庭裁决，被申请人仍应支付约定的服务费尾款。

二、软件开发成果的交付

软件开发产生的技术成果虽然是以源程序代码、设计文档、可运行程序的形式呈现的，但是受托人交付开发成果并非简单地向委托人提供代码或文档等有形载体，而是应保证所交付的软件产品、系统能够正常运行。软件成果能否正常运行是判断受托方是否履行了交付义务的根本标准。

在移动网络技术平台搭建及软件开发合作协议争议案（案例2）中，当事人双方签订合作协议，约定申请人委托被申请人开发有关的软件并搭建运营平台，被申请人为申请人提供软件平台运营的支撑服务，故双方形成开发、服务、合作的综合性合同关系。合作协议约定，双方合作过程中产生的计算机软件设计、开发文档、程序源代码、操作说明等知识产权归申请人所有。双方当事人对于合作期间、合作事项中的知识产权归属均无异议。但是对于被申请人是否将上述知识产权的有形载体交付给申请人存在争议。合作协议约定，被申请人同意将软件平台及平台的所有系统文件包括但不限于源程序、设计文档、可运行程序等交付给申请人，被申请人保证至少三个月的交接周期，以保证系统正常运行。

申请人主张，被申请人未能将项目及设计、开发文档，程序源代码交付给申请人，导致"申请人不能在该系统上进行维护、升级、更改，不能保证系统的正常运行"。但是，申请人未能提供相应证据证明其上述主张。相反，申请人提交了6份公证证据，分别制作于当事人合作期内，显示其运行的"软件平台""手机挂号信产品"均能够正常登录，各类功能能够正常运行，证明被申请人开发的软件系统在双方当事人约定的三个月交接期内可以正常运行。申请人未能举证证明其主张，仲裁庭对其请求不予支持。

下述案例（案例3）更进一步说明，软件开发合同的技术成果交付必须反映软件产品的特性，体现现代信息社会互联网服务的特点，符合合同履行目的。该案中，为了使承载互联网项目软件产品的设备能够实际运行采用了托管的交货方式，与传统的将设备交由申请人物理控制、支配的方式明显不同。

案例3：网络互动音乐社交平台开发协议争议案

当事人双方签订客户协议约定，申请人为开发和建立网络互动音乐社交平台，由被申请人提供Flex System产品、软件产品、Flex System现场服务、软件现场支持服务、运维服务。申请人为购买被申请人提供的产品和服务支付相应的价款。客户协议还约定，A公司提供网络互动在线音乐社交平台整体商业规划和项目群管理一期服务，B公司提供网络互动在线音乐社交平台建设服务，苏州C公司提供网络带宽服务。

申请人主张，被申请人在收取申请人合同价款后，在合同约定的履行期限内，以及申请人按协议约定给出的30日的补救期限内，一直未按合同的约定完成产品、程序和服务的交付义务，被申请人已严重违反了双方合同约定，双方合同约定的解除合同的条件已经成就，被申请人依法应当承担向申请人退还合同价款的责任。

（一）软件产品的交付

客户协议约定，被申请人向申请人提供产品、软件与服务，应当保证所交付的产品能够在系统中运行；交付日期是指被申请人向申请人或申请人指定的代理人交付产品之日；鉴于被申请人交付的产品必须使用电信增值服务，被申请人向申请人指定的提供商C公司申请互联网线路为期4个月的服务。

申请人提供了当事人双方与C公司于客户协议同日签署的协议，约定被申请人依据申请人指示订购C公司产品服务，申请人向被申请人支付服务款项后，被申请人向C公司支付相应服务款项。因此，当事人双方与C公司签署的带宽服务协议仅限于服务当事人客户协议项下的项目，是对"客户协议"约定内容的实施。

从上述合同约定及案外实施协议可见，由于被申请人所交付的产品需要在系统中运行，被申请人为履行合同义务必须使用电信增值服务，因此申请人"指定"被申请人订购C公司产品服务，其中包括"妥善保管被申请人托管的设备"。

既然C公司仅限于为"本客户协议项下的项目"提供服务，其所保管的托管设备也应是"本客户协议项下的项目"的设备，只能是被申请人依约交付的设备。

当事人双方均认可，当事人双方与 C 公司签署的协议已经实际履行，申请人向被申请人支付了约定期限内的服务款项后，被申请人向 C 公司支付了相应服务款项。这证明 C 公司提供了约定的服务，包括妥善保管被申请人托管设备的服务。因此，仲裁庭认为，申请人指定 C 公司接受被申请人依约交付的产品、设备，C 公司就是客户协议约定的申请人指定的收货人。

申请人所在地为珠海市，但是客户协议约定被申请人交货地点为 C 公司所在地苏州，也进一步印证 C 公司就是申请人指定的收货人。综上所述，被申请人向 C 公司交付产品，符合客户协议关于产品交付的约定，并未违约。

（二）交付证明

客户协议约定，如果被申请人以有形介质的形式交付程序，则被申请人的交付责任应直至其将该等程序交付给承运人为止。

在本案中，被申请人提供了"送货单"及承运人证明等证据，证明收货地址为苏州 C 公司。这些证据证明，被申请人作为卖方，依照客户协议的约定，将产品、硬件交付给了其承运人，送往约定的交货地点，交给申请人指定的收货人，履行了交付产品硬件的义务。

（三）设备与硬件的归还

申请人提交的证据显示，申请人高管邮件告知被申请人，申请人与被申请人之间的合同已经于 2013 年到期终止，被申请人应当将合同项下的设备与硬件产品移交、归还给申请人。申请人还提交了于 2015 年 3 月 25 日发给被申请人的律师函证据，其中也要求被申请人将合同项下属于申请人的设备与硬件归还（return）于申请人。

仲裁庭认为，申请人要求被申请人在合同期满终止后"归还"设备与硬件，这与合同项下"交付"设备与硬件是两个完全不同的问题。交货是被申请人履行合同义务的问题，归还设备与硬件则是在当事人之间的合同期限届满、合同关系终止之后的善后问题。

仲裁庭注意到，申请人高管的陈述明确区分了归还与交付的不同，认可两者分别适用不同的程序。交货的程序在客户协议中已有明确的约定，但是客户协议期满终止后被申请人如何向申请人归还设备、硬件的程序，尚需被申请人另行提供予申请人。

在客户协议期满终止之后，申请人作为设备、硬件的财产所有人，有权要求被申请人归还设备、硬件，移交设备、硬件的控制与支配权，但是不能因此矢口否认被申请人已经依约交货的事实。仲裁庭注意到，被申请人明确表示愿意向申请人归还有关设备、硬件，并提供必要配合。

（四）软件产品交付的特殊性

在客户协议项下，申请人要建立一个类似卡拉 OK 的音乐爱好者唱歌的网络音乐平台，需要设备、软件和系统的支持。因此，客户协议约定，当被申请人在交易内容及附件中明确说明其向申请人提供的产品是为了作为一个系统运行时，被申请人保证产品按照其规格说明进行安装相互之间就可以兼容运行，此项保证附加于被申请人其他适用的保证之上。

由此可见，被申请人向申请人提供所开发的产品、软件与服务，不仅应"交货"，还应保证所交付的产品与软件、服务相结合得以在系统中"运行"。虽然交货是前提，但是产品能够运行才是合同的目的。当然，被申请人所交付的产品能够在系统中运行，并不等于申请人所称的项目完成。根据客户协议的约定，除被申请人外，还需要 A 公司、B 公司、C 公司各司其职，才能使项目完成。

为了保障被申请人所交付的产品能够在系统中运行，客户协议特别约定了 C 公司提供网络带宽服务，该电信增值服务仅限于服务于本客户协议项下的项目。也正因为被申请人交付的产品必须使用苏州 C 公司所提供的互联网服务，所以申请人虽然在签订客户协议时明示其所在地为珠海市，但是却指定被申请人的交货地点为苏州。

申请人系地处珠海的文化公司，并没有将用于互联网项目的设备运往珠海自己支配、控制的必要，因此当事人双方约定将设备交付苏州 C 公司托管。软件产品托管的交货方式显然不同于传统的由申请人物理控制、支配交付设备的方式，是基于现代信息社会互联网服务的特点、符合合同履行目的的交货方式。因此，申请人关于被申请人"未将硬件及软件产品转移给申请人控制、支配"的主张，并不符合客户协议约定的被申请人交付软硬件产品的要求。

总之，仲裁庭认为，申请人未能举证证明被申请人存在违约行为，申请人所主张的解除合同的理由不能成立，申请人无权请求被申请人返还依照客户协议约定支付的产品与服务。

第二节 游戏开发合同争议案

网络游戏已经发展成为庞大的产业，需要不断有新开发的游戏产品投入市场。在游戏开发合同中，围绕游戏成果的交付、开发期限、设计费用等问题，当事人容易发生争议。

一、游戏开发费用争议

随着我国游戏产业的发展，动漫形象设计成为全球许多灵活就业年轻人的选择。我国游戏厂商委托境外独立画师完成动漫项目的情况屡见不鲜，关于委托设计服务的争议逐渐增多。受托方交付的设计成果一旦经委托方验收与接受，委托方就不能反悔，不能拒绝付费，否则将承担违约责任。

在独立承包商创意服务协议争议案（案例4）中，被申请人委托申请人设计动漫形象，提供约定的工作成果，被申请人在申请人交付完整、满意的项目服务后，立即支付项目服务约定的报酬。协议约定，申请人为被申请人完成的工作成果，均归属于被申请人；被申请人对于申请人的工作成果拥有独家著作权，并享有完整的使用权；申请人永久免除被申请人有关本协议和服务的著作权等权利索赔的责任。申请人主张，被申请人拒绝支付 2019 年 8 月、9 月两个自然月的服务费与 2019 年 10 月 1 日至 18 日的服务费。协议约定，在被申请人认可（acceptance）之前，申请人同意按照被申请人的要求对工作成果和服务作出修订；付款应在服务和工作成果完成、交付和由被申请人全权决定通过（approval）之后的 7 个工作日内完成。因此，申请人向被申请人交付的工作成果与服务，被申请人拥有决定是否认可（acceptance）与通过（approval）的全部权利。被申请人只有在认可申请人交付的工作成果与服务"完整"与"满意"的 7 个工作日之后，才应向申请人支付相应的报酬。

申请人举证证明，被申请人不仅收到了申请人交付的所述月份的工作成果与服务，而且确认将向申请人支付相关的费用，并将未支付的金额称为"欠款"。被申请人未能提供任何证据证明，曾对申请人提交的上述两个自然月的工作成果与服务表示不满意或者不完整，或者曾要求申请人对其工作成果与服务进行任何

9

修订；被申请人反复向申请人申明的未付款理由是被申请人自身存在的财务问题或者金融危机。被申请人的行为足以证明，申请人交付的工作成果与服务既完整又令被申请人满意，符合协议约定的向申请人付款的条件。

申请人所承担的任务是被申请人逐月发派的，申请人的报酬也是每月结算的。按照约定，申请人所要"全部完成"的工作是指每个月的全部工作，绝非申请人在整个服务期（2019年5月6日至2020年5月5日）内12个月的工作。与此相对应，申请人提供服务的每个自然月，当事人均应计算该月报酬的"总额"。总之，申请人请求被申请人支付所述各月份的服务费有合同依据，仲裁庭应予以支持。

被申请人在确认申请人交付了符合付款条件的工作成果与服务后，非但没有依约"立即支付"申请人报酬，反而一直以自身存在"财务问题"或者"金融危机"等为借口，拖延向申请人付款，导致申请人未能及时获得应得的报酬，申请人由此遭受的利息损失，应予赔偿。

二、逾期未完成游戏开发的争议

游戏等流行文化传播具有很强的时效性，一旦过时商业价值将大打折扣。游戏开发协议一般约定比较严格的开发周期，以保障游戏产品及时面世产生收益。因此，受托方未能在约定期限完成游戏开发，将承担比较严重的违约后果。下述案例就是一个生动的例证。

在游戏开发协议争议案（案例5）中，申请人拥有某动漫的知识产权，委托被申请人开发该动漫的第一代移动平台游戏、手办玩具底座及阅读底座之设计方案；申请人按照约定，支付开发费用及分享标的游戏的营运利润。当事人协议约定，被申请人应当在约定的委托开发周期（2016年4月1日至2016年12月31日）内完成游戏开发，若因被申请人原因，致使被申请人未能按照合同约定的期限完成相应阶段的开发或不能通过申请人的验收，逾期超过60日的，申请人有权单方解除合同，并要求被申请人承担其他违约责任。申请人举证证明，被申请人面临破产，至今未能交付开发成果。

仲裁庭认为，被申请人虽然曾于2016年8月1日向申请人提交了部分开发成果，但是因自身原因未能完成游戏开发，"协议"订立的目的未能实现，申请人不应向被申请人支付开发费用。因此，申请人有权依约解除协议，协议解除后，被申请人应当返还申请人已经支付的开发费用。

申请人主张，被申请人的严重违约造成时间成本的浪费，即便申请人另行委托，开发游戏的上线将面临市场热度降低的后果，申请人将遭受无法弥补的损失，被申请人应向申请人支付可得利益损失。仲裁庭认为，协议约定表明当事人双方对于标的游戏商业化运营后可得利润有明确的预期，被申请人赔偿申请人因违约行为造成的可得利益的损失有法律与合同的依据，应予以支持。

三、游戏交付争议

委托开发的游戏产品必须经过多轮测试，由受托方不断修改调整游戏版本中出现的问题（bugs），才能完成最终版本，并交付委托方。在下述案例（案例6）中，合同约定了"网络游戏公开测试版本""不删档测试版本"的交付期限。当事人对此发生争议。仲裁庭发现，协议项下的开放内测（不删档测试）是指受托方提供的开放测试游戏版本，经委托方正式书面确认后，由委托方在本协议授权区域内对用户提供的大规模测试的行为；正式公开测试的特征是授权区域内所有用户自由激活游戏进入测试。依据协议的约定，开放测试版本与不删档测试版本及公开测试版本基本等同，并无实质性区别。在协议履行中，受托方未能严格按期交付游戏产品，但是经双方充分的沟通，委托方对于受托方履约瑕疵予以容忍，保障了游戏交付这一核心合同义务得以履行。委托方在事后否认双方曾有的共识，不符合诚信原则。由于受托方已经完成开发工作、交付了游戏产品，委托方应当支付相应的授权金。同理，虽然委托方未能按期支付授权金，但是当事人双方在履约过程中不断沟通、协调，对履约瑕疵已经予以宽宥。如果在合同履行过程中，当事人双方均锱铢必较，申请人交付游戏产品相应版本的日期与被申请人支付授权金的日期均不能有任何调整与宽松，相互纠缠、相互追究迟延责任，当事人双方的核心义务均无法实现，游戏产品将无法付诸商业化运营，当事人双方也将无法获得收益，协议履行将不会是现在呈现的局面。因此，委托方也不应承担迟延支付授权金所产生的违约金。

案例6：游戏开发代理协议争议案

申请人与被申请人于2011年8月签订网络游戏独家协议，申请人负责相关网络游戏产品的研发、改版，向被申请人交付该产品的相应版本，并经由被申请人测试、验收，支付相应的授权金；申请人授权被申请人为相关网络游戏产品的独家总代理、独家运营商，被申请人在商业化运营开始后支付分成款。

协议约定，被申请人正在申请注册新的运营公司，在新运营公司正式成立后一个月之内，被申请人将属于本协议的全部协议义务转移给新公司，由三方公司签署本协议主体变更协议。被申请人辩称，虽然三方没有签订正式的主体变更协议，但是通过事实行为弥补了未签订书面协议的缺陷。仲裁庭认为，协议主体的变更属于协议的重大变更，在没有书面变更协议的情况下，仅靠"事实行为"变更不可行，协议只能以书面形式修改并由双方被授权的代表签署。新公司向申请人支付分成款、经营协议游戏产品等行为，因申请人并未提出异议，可以被视为被申请人对于合同相应的义务的履行，但是，被申请人作为协议当事人，应当对于新公司履行合同义务的行为及其后果承担责任。

对于申请人的仲裁请求，仲裁庭的具体裁决意见如下：

（一）授权金

当事人协议约定，被申请人应当支付申请人授权金；被申请人已经向申请人支付了第一笔、第二笔授权金。申请人请求被申请人支付剩余的第三笔、第四笔授权金。被申请人主张，申请人迟延5个月交付游戏公开测试版本予被申请人，剩余授权金应该扣除一半。

1. 迟延交付的违约责任

协议两个条款约定，申请人应当于2011年11月30日向被申请人交付本游戏的不删档测试版，被申请人应当在接受申请人交付的不删档测试版本5个月内开展本游戏产品的不删档测试工作。协议的两次约定说明，申请人按时交付游戏产品的不删档测试版本是非常主要、核心的合同义务。

当事人证据证明，申请人于2012年4月28日向被申请人提供了不删档测试版本，相比约定的期限迟延了近5个月。

协议约定，被申请人在接到申请人提供的每个版本后，应在15个工作日内，以书面形式通知申请人验收结果；在未经双方书面认可的前提下，若申请人未于本协议之约定期限内交付本网络游戏公开测试版本予被申请人，如逾期超过一个月，申请人同意每逾期一个月，被申请人可以扣除授权金剩余部分的10%，并依此类推直到剩余授权金扣完为止。

仲裁庭认为，申请人迟延交付不删档测试版本的事实能够得到证实。

2. 履约沟通

仲裁庭认为，判断当事人双方履约情况应当首先看合同义务的主体与核心，再顾及次要部分。从当事人双方提供的证据看，申请人提交了游戏产品的相应版本，保障被申请人得以开始游戏产品的商业化运营，并获得了收益。虽然申请人提交不删档测试版本存在迟延的情况，但是其履行了约定的主体、核心义务。

由于当事人双方之间互享权利、互负义务，权利、义务之间有很强的关联、对应及不可割裂的关系，因此，申请人提出的"申请人会根据被申请人的时间安排和游戏修改要求而进行修改""如果被申请人活动安排推迟，申请人开发版本的时间就相应推迟"的主张，也在一定程度上反映了履约的实际情况。

仲裁庭注意到，申请人迟延交付游戏产品的不删档测试版本近5个月，但是被申请人并未根据约定，向申请人发出书面违约通知，也未限期申请人采取补救措施。

当事人双方提交的证据显示，在约定的交付日期与申请人实际交付日之间，当事人双方就合同的履行，不断沟通、协调，相互配合，相互作出妥协与宽宥，相互容忍对方在履行过程中出现的迟延等情况，并无追究对方违约责任的主张。这是双务合同中权利、义务的对应性和对等性的表现，也是当事人双方为了实现合同的根本目的所作的妥协。

因此，仲裁庭认为，既然申请人已经依约交付了游戏产品的版本，履行了合同的核心义务，被申请人也应当履行其相应的核心义务，即支付授权金。因此，被申请人应当向申请人支付剩余未支付的授权金。

（二）迟延支付授权金的违约金

申请人主张，被申请人应当承担迟延支付第一笔、第二笔、第三笔、第四笔授权金的违约金，每逾期1日，支付应付未付款项的0.1%。

仲裁庭注意到，申请人主张被申请人应当严格按照约定的金额、期限、方式支付授权金，明显存在严于律人、宽以待己的问题。申请人要求被申请人必须严格按照约定的日期履行，否则要按日承担违约滞纳金，但是申请人自己履行义务则不受约定期限的约束，可以根据与对方的沟通，"相应推迟"，且不承担任何不利的后果。因此，申请人的单边利己主张，不应得到支持。

仲裁庭注意到，如果按照申请人的主张计算被申请人应当支付的第三笔、第四笔授权金的违约金，即每逾期1日，支付应付未付款项的0.1%，将导致违约金的数额非常巨大,远远超过未付授权金的30%,有违违约金约定的本意。而且,申请人一方面要求被申请人承担如此巨额违约金;另一方面则罔顾自身迟延提交游戏产品相应版本数个月的事实。按照当事人双方均确认的日期,申请人于2011年12月10日提交的首次封闭测试版本,明显晚于约定的交付日期,本可能依约丧失25%的授权金。

因此,仲裁庭认为,协议所约定的被申请人支付第二笔、第三笔、第四笔授权金的日期,均与申请人提交游戏产品的相应版本存在明确的对应关系。既然申请人主张,向被申请人交付所研发的游戏产品相应版本的时间"都是双方在签订合同时一个估算的时间",可以通过当事人双方在履行过程中的沟通、协调予以推迟,被申请人支付相应授权金的日期也应视合同履行的实际情况予以调整和推迟。被申请人未按照约定的日期支付第二笔、第三笔、第四笔授权金,是在申请人未能按照约定的日期提交游戏产品的相应版本的前提下发生的,事出有因。

鉴于仲裁庭已经基于案件具体情况免除了申请人迟延交付游戏产品相应版本所应承担的违约责任,保障了申请人能够获得约定的全额的剩余授权金,根据公平合理的原则,仲裁庭认定,被申请人不应承担迟延支付授权金所产生的违约金。

第三节　广告设计合同争议案

委托设计合同通常约定,委托方享有设计成果的著作权等全部知识产权,有权决定设计交付周期,并验收受托方交付的成果。受托方交付的设计验收合格后,有权获得相应的报酬,委托方无权拒绝或推诿。由于委托设计的成果是品牌策略、市场调研、商品名称、视觉形象设计等知识产品,委托方的验收标准及对交付成果的认可与接受需适应此类产品的特征,不能简单套用有形物的交付,避免削足适履。委托设计合同的争议常常集中在委托设计的范围及交付设计的期限、验收标准、设计费用等方面。

一、额外工作的争议

在广告产业,接受客户委托进行相关的标识、文案设计,从而收取相应的费用，是广告厂商典型的经营模式。但是，委托设计合同签订后，客户要求的设计内容及范围还可能经常调整、变更。双方如未能及时修改、补充合同，反馈委托设计的调整、增补内容，很容易就所谓"额外工作"的报酬产生争议。在下述案例（案例7）中，受托方之所以获得关于额外工作成果的付款，是因为能够举证证明双方同意变更合同服务范围，使受托人承担的额外工作进入合同约定的服务费范围。相反，如果受托人所主张的额外工作在合同原来约定的工作范围之内，或者并未由双方确认进入付费范围，则缺乏主张委托方付款的合同依据，其遭受服务费损失的教训比较深刻。

在新能源车品牌服务采购合同争议案（案例7）中，当事人合同约定，采购商有权要求更改服务合同的范围，供应商应完成此变更产生的任何额外工作，报酬按照任务中已商定的原则予以确定；关于报酬支付，除30%预付款外，采购商向供应商支付服务费的条件是采购商确认并验收供应商的交付内容；采购商应及时对供应商交付的服务、可交付成果进行验收或提出修改意见，若采购商对供应商交付的服务、可交付成果有异议，应于服务提供者将其交付后5个工作日内以书面方式提出，否则，视为采购商接受供应商交付的服务、可交付成果。

申请人主张，被申请人违约未支付关于策略类、平面类与合同额外工作类三部分的服务费，而且已经没有能力继续推动其品牌计划，案涉合同的目的显然已经无法实现，与被申请人签订的合同应解除。

申请人举证证明，双方同意变更合同关于服务范围的约定、承担原约定交付内容之外的工作，即将品牌新能源汽车LOGO（徽标或者商标）亮相创意内容补充或增加进入合同约定的服务范围。申请人于2020年7月23日向被申请人提交"线上LOGO亮相KV"成果后，被申请人并未在交付后5个工作日内以书面方式提出任何异议，应视为被申请人接受申请人交付的成果。被申请人接受申请人提交的成果后，应当依约为申请人完成的额外工作、交付的成果支付双方认可的报酬。但是，被申请人却于2020年8月3日告知申请人，单方面取消申请人已经交付的额外工作，故意拒付相应的报酬。

仲裁庭认为，依据合同关于报酬及支付的约定，被申请人是否实际使用申请人交付的工作成果并非向申请人支付服务费的前提条件，被申请人无权单方面否定双方达成的关于额外工作的补充协议，无权拒绝向申请人支付已交付成果的报酬。被申请人拒绝向申请人支付已经提交的"线上LOGO亮相KV"成果服务费，构成违约。申请人还按期交付了全部策略类工作成果和平面类工作中的产品主

KV 成果。但是，被申请人仅向申请人支付了平面类工作成果 30% 的价款，其余服务费均未支付，被申请人的违约行为已经致使当事人之间的合同目的无法实现，申请人有权解除合同，并按照约定获得相应的服务费。

在推广项目客户服务协议争议案（案例 8）中，申请人主张，该协议未对增加的额外服务费用结算进行明确约定，双方未结算的变更服务费包括：SF5 视频分辨率变更及 AliOS 脚本创意增加 2 套。

然而，仲裁庭发现，协议关于服务内容的约定本身就包括"基于 AliOS 功能亮点，进行功能演示片的创意及创作"。申请人所称的"脚本"是创意、创作 AliOS 功能演示短片的基础与大纲。既然协议明确约定申请人应交付 3 支 AliOS 功能演示短片，申请人为了履行上述服务义务，就应当创意、创作相应的 3 支（而非仅 1 支）脚本。因此，"脚本创意增加 2 套"并非"增加的额外服务"，而是"协议"约定范围内申请人应向被申请人提供的服务。申请人虽然曾经在协议签订前发给被申请人"报价单"，但是申请人的单方报价并不能构成对当事人双方均有约束力的合同关系。协议约定当事人之间的合同关系经签字、盖章方才得到正式的确认，并对双方产生约束力。既然被申请人已经向申请人付清协议约定的价款，申请人无法要求被申请人为其获得约定的服务另行支付服务费。

仲裁庭还发现，SF5 视频分辨率变更并非协议约定的申请人服务范围，故不属于协议约定的被申请人应支付价款的范围。协议约定，如发生服务范围的变化或申请人无法控制的情形，导致申请人花费了大量额外的服务时间，被申请人同意根据情况审核原商定的价款。被申请人同意"审核"原商定的价款，并非当然受申请人提出的报价的约束。而且，协议约定，当事人对本协议的任何弃权、变更或增补只有经被申请人及申请人签署并于其中明示其修改本协议的意图，才对被申请人及申请人有约束力。上述约定排除了将被申请人实际使用申请人提交的 SF5 视频分辨率增加成果视为认可支付申请人额外工作费用的可能。由于当事人双方未曾签署任何变更或者增补协议的文件，申请人提供的 SF5 视频分辨率变更服务并不构成双方约定的服务内容，被申请人除非自愿向申请人支付有关的服务费，否则不负有向申请人付款的义务。

二、成果交付的争议

在广告委托设计合同中，受托方提交的阶段性成果及最终设计成果，全部知识产权归委托方（客户）是附条件的，服务费总额一般包括知识产权转让费。客户只有付清服务费才能受让设计成果的全部知识产权，否则擅自在商业活动中使用设计成果可能引发违约及知识产权侵权争议。

在某品牌服务采购合同争议案（案例9）中，双方约定申请人（供应商）为被申请人（采购商）提供关于某品牌策略、品牌全年传播计划、品牌视觉识别系统 VI 的服务，被申请人向申请人支付相应的报酬。合同约定，若采购商在任务完成后两年内的任何时间向供应商就供应商失职未能按照服务合同提供服务而索赔，供应商应迅速并免费为采购商提供失职调查及纠正错误的方法；如供应商违反前述条款或者迟延交付工作成果或者工作质量不符合行业标准或约定的要求，采购商有权根据实际情况减少或停止向供应商支付报酬，要求供应商返还已支付的报酬，或者终止本合同，要求供应商赔偿采购商因此产生的全部损失。

被申请人主张，申请人并未依约提供完毕全部服务及向被申请人交付约定内容，但未能提供任何证据证明其主张。申请人的证据则足以证明申请人在合同约定的期限内按照被申请人的要求交付了全部工作成果，并且根据被申请人的反馈及双方沟通进行修改、更新、深化，甚至在合同期限届满后继续应被申请人的要求提交 VI 项目源文件、品牌体系梳理方案、汇报的终版方案以及更新的品牌的方案等内容。申请人还举证证明，被申请人在官网及品牌销售门店广泛使用的标识正是申请人交付的品牌视觉识别系统（VI）中最核心的品牌标识。

仲裁庭认为，申请人所交付的内容虽然未经被申请人正式验收，但已经由被申请人在商业经营中实际使用。依据合同约定，经采购商认可并付款后的阶段性成果和最终设计成果全部知识产权归采购商所有。被申请人既然已经商业性使用申请人交付的设计成果，证明被申请人不仅认可申请人交付的内容，并且承认该内容达到了"付款"的标准。合同还约定，服务费总额包括知识产权转让费。被申请人在拒不向申请人付款的情况下，尚未受让申请人设计成果的全部知识产权，擅自商业性使用申请人知识产权成果构成恶意违约，其行为不能被允许，必须尽快向申请人付款。

在广告设计委托合同争议案（案例10）中，验收受托方交付的工作成果是委托方的重要权利，但如接受受托方的全部交付内容后，拖延、逃避验收以拒绝向受托方付款，则不符合缔约目的，违反信守契约的原则。因此，及时验收受托方提交的工作成果，按约定结算服务费，也是委托方承担的合同义务。

在某产品名称策略项目合同争议案（案例11）中，当事人约定，申请人根据被申请人的业务和品牌需求，为被申请人定义最佳的产品命名策略，为本合同项目目标的重心；申请人应根据本项目的具体要求，完成发展洞察和机会评估、发展策略建议以及完成最终命名策略三个项目阶段的工作任务，并提交相应的工作成果；申请人阶段性输出的成果经被申请人书面或者邮件验收通过，作为本合同的输出工作成果。

申请人主张完成了全部阶段的工作。被申请人主张，并未收到申请人第一阶段、第二阶段的输出成果，申请人并未完成服务合同约定的内容。

仲裁庭认为，被申请人是否收到了申请人提交的第一步骤、第二步骤工作成果，与申请人所提交的成果是否符合合同约定，是不同的问题。合同约定，申请人有义务使其工作成果符合被申请人需求。因此，在申请人完成每一步骤、每一阶段的工作成果的过程中，当事人双方都必须处于密切联系与沟通的状态，不论是申请人了解被申请人的需求，还是被申请人了解掌握申请人的工作状况，都是合同项下不言而喻之事。根据合同约定，如果申请人对其服务内容或实施顺序进行调整，需要在取得被申请人同意的基础上进行。因此，如果申请人连第一步骤、第二步骤都没有完成或者没有适当完成，被申请人就应当要求申请人予以改正，直至满足其需求，而非听任申请人进展到第三步骤却不加以阻止与反对。被申请人直到进入本案仲裁程序，才在答辩书中对于申请人第一步骤、第二步骤的工作成果大加批评，提出长篇的质证意见。仲裁庭认为，被申请人既然在第三步骤开始前不加臧否，自应承担相应的后果，不应反推追究申请人不履行或者不全面、不适当履行第一步骤、第二步骤的责任。

关于第三阶段工作成果，被申请人主张，其已经通过邮件方式向申请人说明其输出成果不符合合同要求，不认可申请人的输出成果，更未进行验收。

仲裁庭认为，申请人所提交的第三步骤工作成果如果不符合被申请人的需求，被申请人有权利要求申请人加以修改，申请人也应当根据被申请人的需求作出修改。合同虽然没有明确约定被申请人对于申请人所提交的工作成果提出反馈意见、修改要求的期限，但是附件一中的"项目时间表"约定申请人履行合同义务的期间在3个月左右。根据常理与诚实信用原则，被申请人要求申请人修改工作成果的权利应当在收到相应工作成果之后的合理期间内善意行使，不应反复或者无限期延长。被申请人在收到申请人提交的第三步骤工作成果15个月之后，方才对申请人提出修改补充的要求，明显超出了合理的期间，有滥用合同权利的嫌疑。

被申请人一再强调，只要申请人的输出成果未经被申请人验收，被申请人就有权拒绝付款。仲裁庭认为，"验收"是指被申请人依约接受申请人提交的工作成果，是决定申请人是否完成全部工作成果、被申请人是否应当支付尾款的关键因素。但是，被申请人是否应当验收，不验收有何种法律后果，应当根据合同约定、合同的性质及当事人双方的权利义务关系加以认定与判断。合同虽然没有明确约定被申请人验收或者接受申请人提交工作成果的义务，但是约定了被申请人全面配合申请人开展工作的义务。正如合同起首部分所约定，当事人双方应当在诚信合作的基础之上"共同信守"合同，不论是申请人履行提交工作成果的义务，还是被申请人行使要求申请人修改工作成果的权利，都应当诚实守信。被申请人在收到申请人提交的工作成果之后，拒不依照合同约定进行验收、出具书面验收文件，长期拖延或者事后反悔，已经违反了合同约定和诚信原则，应承担相应的不利后果。

第四节　建筑设计合同争议案

建筑设计是委托设计合同中比较特殊的类型，其专业性强，设计费较高，一般采用内容完备的专业合同，避免和预防委托方与受托方发生争议。目前，地方政府及大型国有企业聘请国际知名建筑设计机构提供服务的情况越来越普遍。但是，此类委托设计项目的实施受政策影响较大，如在合同履行过程中建筑项目因地方规划调整等原因被改动，甚至搁置，委托方与受托方之间很容易就服务范围、服务费用等发生争议。

下述案例（案例12）就属于此类争议的典型。其中，委托方起初是某集团企业，专门建立了项目公司，共同委托国际建筑设计公司设计某地300多米的地标性建筑。委托方与受托方签订了专业设计服务合同，其后又签署了所谓"开工函"。但在当地出台建筑限高政策导致项目审批出现困难、项目可能搁浅后，委托方急于脱身，拒绝承认与受托方的合同关系，拒绝认可各方约定的服务范围，更拒绝向受托方支付服务费。仲裁庭深入考察了当事人之间的合同关系，查清了委托方与受托方的权利与义务，基于当事人的证据，认定了受托方的服务范围。本案争议解决的难点在于，受托方在合同项下付出的专业设计劳动，在委托方拒绝验收的情况下，只有专业评估机构才能比较准确地估算其市场价值。但是，当事人双方无法协商确定专业评估机构，仲裁庭只能基于公平原则，径行对于受托方所付出的设计劳动应得报酬进行大致估算。本案程序语言为英文，为体现案件全貌，特摘录主要内容如下。

案例 12：专业设计服务协议争议案

摘要：本案委托方原本是某集团企业，后专门建立了项目公司，共同委托国际建筑设计公司设计某地 300 多米的地标性建筑。委托方与受托方签订了专业设计服务合同，其后又签署了所谓"开工函"。但在当地出台建筑限高政策导致项目建设审批出现困难、项目可能搁浅后，委托方急于脱身，拒绝承认已经签订且其受托方已经提供设计服务的合同关系，拒绝认可各方约定的服务范围，更拒绝向受托方支付服务费。仲裁庭深入考察了当事人之间的合同关系，查清了委托方与受托方的权利与义务，基于当事人的证据，认定了受托方的服务范围。本案争议解决的难点在于，受托方在合同项下付出的专业设计劳动，在委托方拒绝验收的情况下，只有专业评估机构才能比较准确地估算其市场价值。但是，当事人双方无法协商确定专业评估机构，仲裁庭只能基于公平原则，径行对于受托方所付出的设计劳动应得报酬进行大致估算。

1. Contractual Relationship between Parties and Application of Law

The Claimant filed for arbitration based on two agreements. The first agreement is the Agreement for Professional Design Services (hereinafter referred to as Service Agreement) signed by the Claimant and the First Respondent. The second agreement is XM International Communication Center-Notice To Proceed (hereinafter referred to as the "Notice to Proceed") signed by the Claimant and the Second Respondent XM Investment and Development Co., Ltd. on 3 July 2015. The First Respondent and the Second Respondent collectively referred to as the "two Respondents" or the Respondents, unless specified otherwise.

Respondents contend that the dispute in this case was not a matter of the Service Agreement. The Service Agreement between the Claimant and the First Respondent had been terminated and the Second Respondent was not the contractual Party bound by it. The contractual parties of the Notice to Proceed are the Claimant and the Second Respondent and thus not binding on the First Respondent.

Based on the parties' claims and evidence, the Tribunal discovers the contractual relationship between the Parties.

(1) Service Agreement

The Service Agreement was signed by and between the Claimant and the First Respondent, in which the "owner" refers to the First Respondent, the "consultant" refers to the Claimant, and the "project" refers to the concept planning of the XM sheltered dock area and hotel design projects.

Article U of the Service Agreement states that the Group Company will temporarily sign the agreement on behalf of Party A and advance the agreed amount of the contract because the project company has not yet been established; the other party's invoice shall be addressed to "LN Group Company (XM Project) ". "After the project company has been established, the Group Company transferred the advance payment to the project company, and the relevant costs were borne by the project company itself. At the same time, the other party's invoice shall be addressed to the project company to settle the outstanding balance."

The above text is quite clear that the "Group Company" refers to the First Respondent, "Project Company" refers to the Second Respondent that was established for the agreed "project", and "the other party" refers to the Claimant. Then who is "Party A" in this Article? When the Project Company (the Second Respondent) had not yet been established, the Group Company (the First Respondent) will "tentatively" sign the agreement on behalf of "Party A" and "advance the payment" of the contract. After the establishment of the Project Company (the Second Respondent), the cost shall be borne by the Project Company (the Second Respondent) itself.

Therefore, it is clearly the Second Respondent that was "Party A" to be established for the commissioned design project, so the First Respondent signed the contract and "tentatively" "represented" Party A to sign the contract and "advance" the contractual agreed amount. The Respondents should not turn a blind eye to such a clear contractual agreement and made the untruthful statement that the Second Respondent is neither the contractual party nor bound by the Service Agreement.

According to the Service Agreement, the core contractual obligation borne by "Party A" is to pay the fees to the Claimant. The Service Agreement clearly stipulates that, after the establishment of the Second Respondent, the Claimant should directly issue the invoice and settle the outstanding payment with the Second Respondent, which proves that the First Respondent's signing of the Service Agreement and advanced payment of the contractual agreement for Party A are only temporary arrangements. The Parties clearly agreed on the time and method for the Second Respondent to formally "enter" into the contractual relationship and assume the contractual obligations.

Both the Claimant and the two Respondents acknowledged that the Second Respondent actually participated in the performance of the Service Agreement. The Claimant stated that, "from 2 August 2012, the obligations under the original contract regarding payment to the Claimant shall be borne by the Second Respondent." The two Respondents stated that "XM Company paid the Claimant the design fee of 5.5125 million yuan in the 2011 'Professional Design Service Agreement' ".

The Second Respondent's actual payment to the Claimant in accordance with the Service Agreement confirmed that it was indeed the contractual Party of the Service Agreement.

In short, both the mutual agreement and actual performance prove the contractual status of the Second Respondent under the Service Agreement. The Service Agreement is binding to both the Claimant and the two Respondents.

(2) "Notice to Proceed"

The two Respondents argued that the Notice to Proceed is not a continuation or supplement of the 2011 Service Agreement because the parties did not reach agreement upon it.

The Tribunal notes that the Notice to Proceed was sealed by the Claimant and the Second Respondent, whose corresponding name was "LN Group Company XM Investment and Development Co., Ltd.". The Notice to Proceed begins with, "The following are the agreed contents of both parties and the Notice to Proceed we understand", in which "both parties" refers to the Claimant and "LN Group Company XM Investment and Development Co., Ltd" that combines the names of the two Respondents. Moreover, on the Notice to Proceed, the person who signed on behalf of the Respondents was "xx".

The Notice to Proceed is signed by "both parties" and its content contains what both parties have agreed upon. Therefore, Both the format and substance can prove that the Notice to Proceed is a valid agreement. The Chinese text of the Notice to Proceed consistently refers to the two Respondents as "your party", while the corresponding English term is "LN". The interchangeable expressions of "You" and "LN" also confirmed that the Notice to Proceed was an agreement reached between the Claimant as one party and the two Respondents as the other, instead only between the Claimant and the Second Respondent.

Article D of the Service Agreement stipulated that, there is only one person who is authorized to give permission and make decision on behalf of the Owner. The representative authorized by the Owner is A. The Respondents also emphasized in the cross-examination opinion that "A" is the sole representative of the Owner. The person who signed the Notice to Proceed on behalf of the Respondents was "A", who represents the Owner (the First Respondent) under the Service Agreement. Although the Notice to Proceed is only sealed by the Second Respondent, A can undoubtedly represent both the Second Respondent which sealed on the Notice to Proceed and the Owner (the First Respondent) which signed and sealed in the Service Agreement. Moreover, both the content and the signing section of the Notice to Proceed explicitly mention the enterprise name of the First Respondent and link it with the name of the Second Respondent, which proves that the Notice to Proceed, the same as the Service Agreement, is an agreement reached between the Claimant and the two Respondents. The Respondents' repudiation that the Notice to Proceed is not binding to LN Company is self-contradictory and untenable.

(3) **Parties' Agreement**

According to Article 3 of the Notice to Proceed, the Claimant agreed with "Your party" (Respondents): As of 31 August 2015, if the project restarts and entrusts us to design, you will revise this project contract—Professional Design Service Agreement, signed in September 2011; as of 31 August 2015, if the project has not been restarted or our company has not been commissioned to carry out the design, you will pay the service fee of Article 2, and the service fee of the 346-meter tower program of this project (the cost is subject to negotiation).

The Tribunal finds that the agreement reached by both parties can be divided into two situations, namely: (a) as of 31 August 2015, if the project is restarted and the Claimant is entrusted with the design, both parties will revise the Service Agreement; or (b) as of 31 August 2015, if the project is not restarted or the Claimant is not entrusted to design, the agreement of the Notice to Proceed will be implemented.

The Tribunal notes that the Notice to Proceed explicitly mentions the name, date of signing and agreed content of the Service Agreement and explicitly stipulates the arrangements on the subsequent performance of the project provided in the Service Agreement.

Both the Claimant and the two Respondents acknowledged that the agreed situation (a) in the Notice to Proceed did not occur. The agreement of the situation (b) is still valid and binding to the Claimant and the two Respondents.

Article R of the Service Agreement stipulates that if this agreement is amended, it shall be written by both parties and signed and confirmed by both parties in writing. The Notice to Proceed, therefore, is the written agreement signed and confirmed by the parties to amend the Service Agreement.

The Tribunal notes that Article E, paragraph 1 of the Service Agreement stipulates that if the services required by the Owner or the project exceed the scope of work (additional services) described in Annex B, the consultant (the Claimant) shall notify the Owner and obtain their permission before providing additional services.

The Tribunal notes that, the Notice to Proceed explicitly stipulated that: "You" (the two Respondents) authorized the Claimant to make corresponding mass adjustments on the tower and deliver the following results on 8 July 2015. After this letter is sealed by "You" (the two Respondents), the Claimant was authorized to carry out the above services.

The Tribunal finds that, the scope of services agreed in the Notice to Proceed complies with the requirements stipulated in Article E of the Service Agreement, and the Claimant obtains the permission from the two Respondents for suppling additional design services. The Notice to Proceed is a supplementary agreement reached between the Claimant and the two Respondents on the top of the Service Agreement and is binding to the two Respondents. The agreed terms of the Service Agreement shall continue to apply to the contractual relationship between both parties unless explicitly modified or excluded by the Notice to Proceed.

According to Article T of the Service Agreement, the disputes related to this agreement are governed by the Chinese Contract Law.

2. Claim for Payment of Service Fee

The Claimant claimed that the Respondent did not pay the design fee of the Claimant from 2013 to 2015.

The Respondents claimed that the design fee requested by the Claimant lacked basis. The Service Agreement had been terminated, and the Notice to Proceed could not be regarded as a commission to the Claimant in January 2013. The Claimant did not provide the results that met basic professional requirements. The design is worthless to the two Respondents. The Respondents does not need to pay the project design fee to the Claimant due to force majeure, and the Claimant should bear the risk on its own. The design fee required by the Claimant is too high and unfair.

The Tribunal examines the Parties' claims and evidence carefully and makes the discoveries.

(1) Has the Claimant's service been authorized by the Respondents?

The Notice to Proceed stipulates that, as of 31 August 2015, if the project has not been restarted or the Claimant has not been commissioned to design, "You" (the Respondents) will pay the service fee in Article 2 and the service fee for the 346-meter tower plan of this project (cost to be negotiated).

The Tribunal notes that the Respondent had paid the Claimant a service fee of RMB 280,000 yuan as stipulated in Article 2 of the Notice to Proceed, but refused to recognize the "service fee for the 346-meter tower plan of this project" as claimed by the Claimant.

Tenability of the Claimant's claim for the design service fee depends on whether the Claimant has obtained the authorization from the Respondents. The Notice to Proceed signed by the parties on 3 July 2015 explicitly stated that this letter, after being sealed by "You" (the Respondents), will authorize our company (the Claimant) to carry out the above services. The Respondent's signature and stamp on the Notice to Proceed is sufficient to prove that it authorized the Claimant to carry out the related design services.

According to the Notice to Proceed, the Claimant's services are divided into two parts, corresponding to the two parts of fees. The Respondents do not object to the first part of the Claimant's service and its corresponding service fee (as agreed in Article 2 RMB 280,000 yuan) and have paid it off. It is inconsistent for the Respondents to deny that they have authorized the Claimant to provide the second part of the service and the corresponding service fee. The Tribunal therefore does not support the Respondents' contention on unauthorized service.

Among the evidence submitted by the Respondents, there was an email from the Claimant to the Respondents' "only authorized representative" A on 21 February 2013. The evidence appeared in the Respondent's evidence 2 and evidence 7 (notarized certificate). The Respondents not only submitted this evidence twice, but also cited the content of the evidence, which was sufficient to prove that the Respondents recognized the authenticity of the content recorded in this evidence.

The Tribunal notes that the email stated that "in January this year, you (A) verbally confirmed [typo as "que ren" —the tribunal's note] the beginning of the new project", which "about the new 346-meter tower project".

The Tribunal finds that since A, the sole authorized representative of the Respondents, authorized the Claimant to carry out the services of the new tower project in February 2013 by "verbal approval", the Respondents' contention that "the Claimant is engaged in the design work of the disputed project by itself" breached the promise and violated the principle of honesty and credibility.

The Notice to Proceed stipulates that, as of 31 August 2015, if the project has not been restarted or the Claimant has not been entrusted with the design, "You will pay the service fee as in Article 2 and the service fee of the 346-meter tower plan (cost to be negotiated)". The above agreement is consistent with the previous consensus reached between the parties on the new tower project. Once the condition is met that "the project has not been restarted or the Claimant has not been commissioned to design" until 31 August 2015, the Respondents shall pay for the correspondent services completed by the Claimant.

In short, the Tribunal holds that the Claimant has contractual basis for claiming for the relevant design service fee for the 346-meter tower plan.

(2) Do the Respondents have any reason to refuse to pay the service fee of the Claimant?

The Respondents claimed that the XM Municipal Government's regulations on building's height limits amounted to force majeure, and the Respondents' payment obligation should be waived.

Force majeure applies to the event that cannot be foreseen by the parties at the time when the contract was concluded. Article C of the Service Agreement explicitly stipulates that the Owner (the Respondents) shall be responsible for obtaining all necessary government approval and registration procedures required to sign and perform this agreement. Therefore, when the contract was concluded, both parties not only anticipated the relevant results of the government's approval, but also agreed that the Respondents should assume the obligation to obtain the approval. The Respondents' contractual obligations should not be deemed as force majeure event.

The Respondents also stated that the project involved could not obtain Planning Permission and therefore was worthless to the Respondents.

However, the Parties' value expectation has been reflected in the signed agreement. The contract must be honored in performance, and the Respondents cannot use the excuse of "worthlessness" to avoid performing its contractual obligations.

The Respondents insisted that the Claimant knew that the disputed project involved was suspended due to the government's height limit policy, and "the Claimant knew that the design fee might not be obtained because the government did not approve it and should bear its own risk".

The Tribunal finds that, it was the obligation of the Respondents to obtain the government approval in accordance with the Service Agreement. The Claimant sent the design documents to the Respondents on 8 July 2015, not only with the explicit authorization contained in the Notice to Proceed, but replied on the trust on the Respondents' ability to fulfil its contractual obligations by obtaining the relevant approval. The Claimant had never exposed itself to any self-inflicted risks.

In conclusion, the Respondents have no valid reason for the Respondents to refuse to pay the Claimant's service fee. Even if the Parties' contractual relationship has been terminated, the Respondents are still obliged to settle the outstanding design fees with the Claimant according to the Chinese Contract Law.

(3) **How to determine the Claimant's service fee**?

The Tribunal notes that the Notice to Proceed agreed that as of 31 August 2015, if the project was not restarted or the Claimant was not commissioned to design, the Respondents would pay the service fee according to Article 2 and the service fee for the 346-meter tower plan of this project (cost to be negotiated).

Although the Claimant has the contractual basis for the service fee, the Respondents also acknowledges that "the Claimant sent the design documents to the Respondents on 8 July 2015", the "service fee for the 346-meter tower plan" is yet to be explicitly agreed by the parties. What's agreed is that the Parties should further negotiate with respect to the amount or calculation method. Unfortunately, the agreement on further negotiations between the Parties did not materialize despite many discussions.

The Tribunal notes that the Claimant submitted a LN Project-Summary Fee Exhibit and an Expense Detail as evidence of the claim for the service fee. The Respondents argued that the Claimant did not submit in timely manner the result that meets the basic professional requirements and the Claimant's claim for design fees are completely arbitrarily without any basis.

Since the arguments of the Parties are diametrically opposite to each other, it makes it extremely difficult for the Tribunal to resolve the disputes between the Parties. However, the Tribunal has gone to great lengths to use various methods to resolve the disputes.

(a) Agreement in the Contract

According to the Notice to Proceed, the service fee claimed by the Claimant shall be determined by the Parties through negotiation. However, the evidence and claims related to the service fee submitted by the Claimant were not recognized by the Respondents. The Respondents also claimed that the service fee claimed by the Claimant was obviously too high and unfair.

The Tribunal believes that the Parties' consensus of the service fee amount (or calculation method) through negotiation be the best solution in the interests of both parties. For this reason, during the hearing, the Tribunal had suspended the trial and patiently spent a lot of precious time to mediate between the parties. It was hoped that the Parties can reach the settlement agreement and form a mediated settlement scheme satisfactory to both parties. Regrettably, the propositions of the parties were too far apart to mediate. After the hearing, the Tribunal still gave the Parties sufficient time to communicate and negotiate, hoping that the two sides could settle the dispute in a consensus manner.

However, both Parties ignored the utmost patience and efforts of the Tribunal, and the mediation finally ended up in vain.

(b) Tribunal-recommended professional appraisal

In the absence of settlement, the Tribunal still strives to resolve the disputes between the Parties as fair and reasonable as possible.

The Tribunal notes that the Claimant submits the LN Project-Summary Fee Exhibit and Expense Detail to show the working hours, travel expenses, car rental fees, meals fees, etc. However, the evidence was produced unilaterally by the Claimant, and is not recognized by the Respondent.

The Tribunal finds that the various types of working hours and expenses shown in the Claimant's evidence required professional knowledge and experience to assess their relevance and necessity. Moreover, the Parties' disputes involve complex and professional technical issues (such as the "adjustment of the tower's volume" stipulated in the Notice to Proceed or whether the design results meet the requirements, etc.). Therefore, the service fee requested by the Claimant is suitable to be evaluated by the professional, technical, and neutral third-party agencies, so that the Tribunal can obtain more objective and neutral information outside of the sharply opposing parties as the basis for judgment.

To this end, the Tribunal specifically issued an "inquiry letter", and eagerly hoped that the Parties could coordinate with each other, agree on the professional appraisal, and jointly designate the relevant appraisal agency, or agree to let the Tribunal to designate one, or agree upon the standards, procedures, and scope of the designation.

However, the Tribunal tried in vain, the Parties' responses to the "inquiry letter" were far from any agreement and could not be coordinated. In lack of consensus and support from the Parties, even if the appraisal were held, the results would not be recognized by both Parties. Therefore, professional appraisal is no longer a viable option.

(c) Discretion of the Tribunal

Since the parties can neither negotiate according to the contract nor agree to conduct the third-party appraisal, the Tribunal has no other choice but to determine the amount of the service fee based on the all circumstances of the case. The Tribunal's such decision is entirely the result of the actions of both Parties throughout the whole arbitration process. The Parties should face the consequences of their own choice.

The Notice to Proceed stipulates that You (the Respondents) authorize our company (the Claimant) to adjust the corresponding tower mass. From the textual expression, the "mass adjustment" should be different from the complete overhaul of the design service under the Service Agreement. Attachment B of the Service Agreement stipulates the scope of the Claimant's basic services. Attachment C stipulates the Claimant's service progress has five stages. According to the above agreement, the fifth stage of the Claimant's work is the "preliminary design of the exterior wall", and the documents should be submitted are: the plan of the building's monomer exterior wall, the profile view of the building's monomer exterior wall, the vertical view of the building's monomer exterior wall, architectural renderings, sketch map of the detailed nodes of the building's exterior walls, etc. The Tribunal notes from the Notice to Proceed that the current round of adjustments did not involve building planes, fronts, elevations, and details. Therefore, the design product submitted by the Claimant in accordance with the Notice to Proceed at least does not include stage 5 as agreed in Annex C of the Service Agreement. Therefore, compared with the Service Agreement, the scope and extent of the services provided by the Claimant in accordance with the Notice to Proceed have been reduced.

Attachment C of the Service Agreement also stipulates that the starting time of (the Claimant completing) each stage of work shall be subject to the Owner's notice. Annex B stipulates that the Claimant's concept planning design and hotel intention design shall be confirmed and approved by the Owner, only then did the design work in the subsequent stages may proceed step by step. It is, therefore, impossible for the Claimant to complete all the design work at one time without the confirmation and approval of the Respondents. Therefore, the work submitted by the Claimant to the Respondents in accordance with the Notice to Proceed must not be the completed design results. If the service fee is paid according to the standards and amounts originally agreed in the Service Agreement, it will cause the unfair results.

Article F of the Service Agreement stipulates that, the services under this agreement shall be provided only for the benefit in this project of the Owner and shall not be used for other purposes. Therefore, the service provided by the Claimant to the Respondents should meet the such contractual purpose and the Claimant's service fee should not be entirely decided according to its unilaterally claims.

Based on comprehensive consideration of all the circumstances of the case, the Tribunal rules that the amount of the service fee in its discretion.

第二章　技术开发合同争议仲裁研究

技术开发的成果可以申请专利权。在委托开发或合作开发合同中，当事人一般明确约定未来成果的专利申请权及专利权归属，从而避免造成相关争议。相较之下，技术开发合同的争议更常见于技术成果的交付与开发失败的风险等方面。

随着新能源、生物制药、软件开发、游戏运维等新兴产业的发展，技术合同争议在仲裁案件中的比重不断升高。在《民法典》中，技术合同分为技术开发合同、技术转让合同、技术许可合同、技术咨询合同、技术服务合同等不同类型。但在复杂多变的经济活动中，单一类型的技术合同其实比较少见，更常见的是同一合同融合了技术开发、技术许可或转让、技术服务、技术咨询等多方面的内容。

在审理综合性的技术合同争议仲裁案件时，仲裁庭既要考虑技术开发、技术许可、技术服务等合同关系的不同，也要考虑各类合同关系之间的联系与互动，才能比较准确地判断当事人合同义务的履行情况，对违约行为及相关救济措施作出适当的裁决。笔者结合《民法典》和知识产权有关的法律法规，对相关争议案件进行解读，研究和总结仲裁庭审理要点与经验，以飨同人。

第一节　仿制药开发合同争议案

技术开发合同在很大程度上是结果导向的。一旦合同约定的新技术、新产品、新工艺、新品种、新材料及其系统的研发未能成功，受托的研发方或者合作研发中的主导方将承担违约的责任，除非能够证明研发失败是由于委托方未能完成必要的协作事项，或者合作方未能完成协作配合研究开发工作。在下述仿制药争议案中，研发方以委托方未能提供符合国家标准的实验室为由，拒绝为研发失败负责。但是，研发工作一般是分阶段进行，以相应的阶段性成果或"里程碑事件"为标志。如果未完成协助事项或配合工作并未妨碍某个阶段的研发，则该阶段研发失败仍由研发方或主导方负责。

技术开发是技术进步与创新的必由之路，但所面临的失败风险也是客观存在的。在某些情况下，即便研发方尽到了最大的努力，履行了全部的义务，但是研发仍然失败，新技术、新产品等成果未能产生。在此情况下，如追究研发方的违约责任，既不符合科技发展规律，也不符合公平原则。因此，技术开发合同履行过程中，因出现无法克服的技术困难，致使研发全部或部分失败的，应按当事人约定分担风险。因此，缔约方有必要提前预判技术研发的风险与困难程度，约定研发过程中遇到不可克服的技术困难与障碍时的处理方案。如果当事人未能在合同中约定，则风险视情况合理分担。①

在仿制药研发合同争议案（案例 13）中，研发方确认在其美国实验室成功完成有关的实验，故其在中国实验室的失败不可能因遭遇无法克服的技术困难所造成，而应归咎于其对研发工作不够尽责，应承担违约责任。

生物仿制药技术开发本来能够带来前景广阔、潜力巨大的商业机会。下述案例（案例 13）中的生物仿制药已由其他药企研发成功，并于 2022 年获得美国药监部门的审批。遗憾的是该案技术开发合同以失败告终，当事人因此错失发展的良机。

案例 13：仿制药研发合同争议案

某治疗癌症的第一线生物药品的美国专利于 2019 年到期，欧洲专利于 2022 年到期。②我国药企 F 公司为提前布局与开发有关的仿制药，与美国 D 制药公司签订"技术开发（委托）合同"，约定双方研发该仿制药，并对研发范围、进度计划、双方义务、违约责任、争议解决等问题进行了约定。在合同履行过程中，F 公司向 D 公司支付了款项。

F 公司主张，D 公司未能履行合同义务，请求 D 公司退还已付合同款。D 公司则主张，由于 F 公司违约，导致项目无法继续进行，应赔偿 D 公司本应能够获

---

① 《民法典》规定，技术开发合同履行过程中，因出现无法克服的技术困难，致使研究开发失败或者部分失败的，该风险由当事人约定；没有约定或者约定不明确，或无法达成有关补充协议的，风险由当事人合理分担。当事人一方发现可能致使研究开发失败或者部分失败的情形时，应当及时通知另一方并采取适当措施减少损失；没有及时通知并采取适当措施，致使损失扩大的，应当就扩大的损失承担责任。

② 第一线药物是临床上最常用和首选药物，一般是指药效较好并且使用频率最高的药物。

得的预期净利润。

按照合同约定，为了研发仿制药，D公司接受F公司的委托，提供三个方面的服务，即（a）对F公司相关技术人员提供管理和技术等方面的培训；（b）为项目开发实验室的建立及仪器的购置提供技术顾问咨询意见；（c）在实验室设备及条件达到双方约定标准的前提下进行研发，保证F公司得以生产出合格的样品。

解决当事人之间争议的关键在于厘清合同的性质，认定各方是否履行了在合同关系中所承担的义务。当事人之间的合同从名称看属于技术开发合同，但合同条款还约定了D公司为F公司提供技术服务、技术咨询以及许可F公司实施知识产权的内容[1]，总体上属于综合性的技术合同。合同名称注明系委托技术开发，属于F公司委托D公司进行研发的合同关系。但合同还约定了F公司合格研究人员在D公司指导下完成有关研发的内容，证明合同包含F公司与D公司合作研发的成分，而且D公司为当事人双方的研发项目投入了实际的成本，对研发成果有市场预期，故主张F公司应赔偿D公司因研发失败遭受的预期利润损失。总之，当事人的技术开发争议应在此综合性的委托加合作研发合同关系中加以判断与解决。

（一）技术研发的内容、地点、进度计划和验收标准

从当事人约定看，合同项下的技术研发主要是指F公司委托D公司在美国和中国进行研发工作，形成相应的研发成果。

合同约定，D公司的研发义务是指在实验室设备及条件达到双方约定的标准的前提下，对约定的产品完成初期工艺开发及为约定产品生产提供相关技术指导和服务，保证F公司得以生产出三批达到检定标准、符合临床试验申报条件的样品，并为药品的临床试验申报提供数据及相关资料；为进一步共同开发生物药物奠定基础。研发过程包括表达目的基因的质粒构建，生产细胞株的初期开发、制造工艺小规模开发、三批临床样品的生产设备，保证完成符合中国《药品注册管理办法》的新药申报临床试验的生产数据和研究资料。开发地点约定，为保证项目按时、保质完成，经协商具体内容分美国和中国两地进行。

进度计划约定：第1-5个月完成基因重组、筛选和鉴定；完成细胞转染、筛

---

[1] 合同约定，D公司就有关基因的质粒享有知识产权，许可在F公司实验室培养结合了该基因的质粒。

选和鉴定；开始长期稳定表达细胞筛选，培养基优化；第 6-11 个月完成初期表达细胞筛选；小规模细胞发酵工艺开发；开始符合 GMP 标准 100L 规模细胞生产的研发，开始目的蛋白纯化工艺研究；第 12-18 个月完成 100L 规模细胞生产，完成纯化工艺建立；完成纯化后的目的蛋白鉴定，完成临床试验申报资料准备。

验收标准约定，初期目的蛋白表达水平 0.5-1 克/升培养液，纯度、活性、药效、药代、毒理等指标符合中国生物制品申报标准并达到国外同类产品同等规模质量标准；培养、纯化成本相同或低于国外同类产品。

(二) 研发义务的履行

合同对于 D 公司的研发义务作出了详尽的约定，研发内容、地点、进度计划和验收标准均是判断 D 公司履行合同义务的依据。

1. F 公司提供的实验室

从当事人双方提供的现有证据来看，D 公司并未按照约定的进度计划完成研发。但是，D 公司承担违约责任的前提条件是 F 公司按照约定提供了相应的条件，保障 D 公司能在规定的时间内完成研发。

合同约定，F 公司应当根据 D 公司的工作进度及时按照 D 公司的要求向 D 公司提供分子生物实验室、细胞培养实验室以及设备、合格的能在 D 公司的指导下完成蛋白质纯化研发的科研人员。

F 公司承担的协助研发义务是与 D 公司研发工作密切相关的。在委托开发合同中，委托人完成必要的协作事项是应承担的合同义务。[①]在 F 公司与 D 公司合作研发的部分，F 公司更应当按照分工参与研究开发工作，协作配合研发的进行。[②]

当事人双方的争议焦点之一是 F 公司是否提供了符合 GLP 标准的分子生物实验室、细胞培养实验室以及设备。合同约定，当事人双方缔约是为了生产出符合临床试验申报条件的药物样品，保证完成符合中国《药品注册管理办法》的新药临床试验的生产数据及相关研究资料。因此，当事人双方约定采用 GLP 标准是为了保障合同目的能够得以实现，保证药品实验数据、资料的有效性，保证

[①] 《民法典》规定，委托开发合同的委托人应当按照约定支付研究开发经费和报酬，提供技术资料，提出研究开发要求，完成协作事项，接受研究开发成果。
[②] 《民法典》规定，合作开发合同的当事人应当按照约定进行投资，包括以技术进行投资，分工参与研究开发工作，协作配合研究开发工作。

药物样品能够获得药品审批。因此，合同约定的 GLP 标准应当按照国家有关的法律、法规的规定加以解释。

合同所约定的 GLP 标准的实验室，应指经过 GLP 认证，被国家有关部门认定符合 GLP 标准的实验室。F 公司提供的实验室没有经过 GLP 认证，仅自行制定了管理标准，不符合合同的约定。

但是，F 公司主张，该合同项目里要求的实验内容，并非全部需要在 GLP 标准实验室完成，根据《药品注册管理办法》的规定，仅安全性评价研究必须执行 GLP 标准。由此可见，D 公司的研发义务如不需要在 GLP 标准实验室中完成，却也没有履行，就不能以 F 公司没有提供 GLP 标准的实验室为由加以免责。

2. 细胞瞬时转染实验

当事人双方争议最为激烈的焦点在于 293 细胞瞬时转染实验。当事人双方均强调了 293 细胞瞬时转染实验在整个项目推进中具有重要、关键和决定性的作用，同时承认该实验不需要在 GLP 标准实验室中进行。因此，F 公司没有提供 GLP 实验室并不妨碍 D 公司在中国、在 F 公司实验室中完成 293 细胞转染这一关键性的实验。

根据合同约定及当事人双方的陈述，项目第 1-5 个月进度计划中，D 公司的工作包括在美国完成质粒构建；将基因质粒转染到 293 细胞中，并检验抗体是否正确；抗体是正确的，则将结合基因细胞，在 GLP 标准实验室中，转染到 F 公司自行购买的 DG44 细胞中。

293 细胞瞬时转染实验属于研发进度计划第一阶段"完成细胞转染、筛选和鉴定"的内容。对此，D 公司称，"基因重组、筛选和鉴定"及"细胞转染、筛选和鉴定"需要 D 公司在美国完成；"细胞转染、筛选和鉴定"，是指对 293 细胞完成瞬转；D 公司在美国实验室完成的 293 细胞转染实验是成功的，提交了在美国进行 293 细胞转染实验的有关数据。但是，F 公司对于 D 公司在美国实验室完成的 293 细胞转染实验的真实性表示了强烈的质疑。F 公司称，D 公司在 F 公司中国实验室进行的唯一 293 细胞转染实验失败了。

既然合同约定的项目研发地点"经协商具体内容分美国和中国两地进行"，故 D 公司在美国完成 293 细胞转染实验并不违反合同约定，但是问题的关键在于：D 公司在美国成功完成该实验是否就履行了相关的合同义务？D 公司指导 F 公司在中国进行同样实验失败是否应免责？

仲裁庭发现，并没有证据证明，当事人双方曾经协商，决定 293 细胞转染实验仅在美国进行，不需要在 F 公司中国实验室进行。当事人双方签订合同的目的是研发仿制药，F 公司依赖于 D 公司的研发能力与技术指导，以形成约定的技术成果。因此，D 公司即便已经在美国实验室进行了 293 细胞转染的实验，仍然应进行技术指导在 F 公司中国实验室保障这一关键实验得以完成。

合同约定，D 公司在第一阶段的研发义务包括将结合了有关基因的质粒带到中国，在 GLP 标准实验室中，转染到 F 公司自行购买的 DG44 细胞中。这清楚地表明，D 公司虽然在美国完成了部分的研发，但是还必须将结合了基因的质粒"带到中国"，进一步转染到 DG44 细胞。因此，D 公司自己在美国实验室中成功实验固然是研发的组成部分，但是将其研发的成果"带到"中国实验室才是合同目的之所在。虽然 F 公司未能提供 GLP 标准实验室，D 公司也不承担将结合了基因的质粒转染到 DG44 细胞的义务，但这不意味着 D 公司可以不履行将结合了基因的质粒带到中国实验室的义务。虽然为了保护 D 公司的相关知识产权，F 公司没有权利要求 D 公司直接提供基因质粒，但是 F 公司有充分的权利要求 D 公司将结合了基因的质粒带到中国。D 公司在 F 公司的实验室进行的将结合了基因的质粒转染到 293 细胞的唯一实验，就是将结合了基因的质粒带到中国的唯一机会。

遗憾的是，在 F 公司实验室进行的唯一 293 细胞转染实验失败了。D 公司将此次实验失败的原因归咎于 F 公司的科技人员操作失误，并据此主张 F 公司没有提供必要水平及数量的科技人员。F 公司则主张，D 公司从未提供书面的纯化实验方案，只是进行口头指导，实验失败是 D 公司没有尽到指导义务导致的。F 公司还提供了该次实验的一些细节信息，即该瞬转实验由 D 公司亲自转染，转染结束后 D 公司人员即离开 F 公司实验室。

既然 F 公司依赖于 D 公司的"先进的专有技术及管理和技术经验"来完成仿制药的研发，D 公司就应当对这一关键实验的技术问题进行尽责的指导，并对于该实验的失败负责。按照 D 公司的说法，实验曾经在美国实验室成功完成，证明不存在无法克服的技术困难致使研究开发失败。F 公司的科技人员是在 D 公司的指导下进行的纯化研发，不应为实验失败负责。在关键实验中，如果 D 公司尽到了指导义务，而不是转染结束后即离开 F 公司实验室，实验失败的结果或可以避免，当事人双方的合作不至于最终破裂。

总之，D 公司作为受托研发方或合作研发的主导方，对于在 F 公司实验室进行的如此重要、关键、决定性的 293 细胞转染实验，没有尽到指导的责任，导致研发失败，应当承担相应的违约责任。

(三) 培训咨询义务的履行

合同约定，D公司的培训咨询义务，是指对F公司相关技术人员提供管理和技术等方面的培训，以及为项目开发实验室的建立及仪器的购置提供技术顾问咨询意见。

从合同约定看，虽然研发义务将产生具体的研发成果，但是也必须有培训咨询义务的支持，才能使合同目的实现，D公司所承担的培训咨询义务与技术研发义务是相互联系的。某些技术服务既是培训咨询的行为，也同时是技术研发的组成部分。对于D公司合同履行情况，应将培训咨询与技术研发相结合予以综合判断。

F公司主张，D公司没有履行相应的义务，没有提供管理和技术方面的培训，也不为项目实验室的建立及仪器购置提供必要的技术顾问，没有提供有价值的技术资料和技术指导，提供的实验室购置目录因为过于笼统，无法按其操作和执行，工艺流程仅有两次信件咨询等。

从当事人双方的主张和证据看，F公司并非主张D公司完全没有履行培训咨询的义务，而是对其提供的培训咨询不满意。然而，关于D公司的培训咨询义务，合同并未约定量化的标准及达到F公司满意的判断条件。培训咨询在合同履行过程中取决于当事人双方的相互沟通与配合。如果F公司能够证明，D公司对于F公司提出的技术咨询、服务的要求，明确拒绝或者置之不理，则D公司应当承担相应的违约责任。但F公司提交的证据，不足以证明D公司实施了拒绝提供培训咨询服务的违约行为。

总之，D公司基本上履行了培训咨询的义务，但是没有适当地履行研发的义务，应为研发失败承担相应的违约责任。但是由于F公司未能提供GLP标准的实验室，导致合同约定的后续研发无法按约进行，也违反了合同约定的义务。故，D公司不应为研发失败的全部后果负责，违约责任的相应部分应当被免除。

D公司主张F公司赔偿因研发失败所遭受的预期利益的损失，但是未能证明所主张的预期利益的计算依据。D公司提供的证据仅能证明其为当事人双方的研发项目投入了实际的成本，但是在市场经济活动中，市场主体的投入并不总是能够保障其预期收益的实现。更重要的是，当事人双方在履行合同的过程中，都存在违约行为，对于研发项目的失败都负有责任。即便D公司缔约时曾经对于其利润、收益有过预期，在其违约行为发生之后，再单方面保护其原来的预期，已经不再公平合理。在当事人双方均违约的情况下，各方的预期利益均无法实现，应各自承担其不利后果。

第二节　数据平台开发合同争议案

技术开发的风险不仅限于技术性开发失败，技术开发合同的受托人因自身经营管理不善而破产清算，也会导致技术开发无法完成及技术成果无法交付。下述案例（案例 14）中，委托开发的数据平台项目已经基本完成，但在运行中还存在技术问题，受托方还在提供技术服务，尚未将所开发的数据在平台登录、管理及使用权限的密码及服务器中数据库账户及密码交付委托开发方。但委托开发方请求受托方履行项目成果交付义务之后，受托方进入了破产清算程序。受托方的破产管理人不认可委托开发方所主张的技术开发合同项下的债权。仲裁庭依据《中华人民共和国企业破产法》及相关司法解释对委托开发方获得合同约定的项目成果的权利加以认定。当然，委托开发方最终能否实现其债权取决于受托方破产清算的结果。

案例 14：设计开发运行数据平台合同争议案

申请人与被申请人于 2016 年 9 月 2 日签订《技术开发合同》，双方约定被申请人向申请人提供技术开发和技术服务，申请人委托被申请人设计、开发、实施、部署、运行有关的数据采集、利用及共享平台。

依据合同约定，被申请人的主要合同义务是提供平台项目的技术开发和技术服务，并将由此产生的电子文件、书面文档、技术图纸和其他成果与子项目等项目成果交付申请人使用；申请人的主要合同义务是向被申请人支付相应的报酬。申请人举证证明，其已经依约向被申请人支付了全部报酬。

被申请人于 2017 年 11 月 5 日向申请人发出"项目验收通知书"，称"项目已完成开发，并交付项目成果"，并加盖被申请人公章。仲裁庭认为，该"项目验收通知书"证据可以证明，合同约定的平台项目除"分模块开发部分完成"外，其他工作也已经完成，被申请人申请项目成果交付。截至 2017 年 11 月 5 日，平台项目成果经被申请人确认，处于可向申请人交付的状态。

申请人举证证明，曾于 2018 年 2 月 5 日向被申请人发出"履行合同催告函",称被申请人将合同约定的平台项目管理员账户封停,要求被申请人开放申请人管理员账户。因此,截至2018年2月5日,被申请人尚未将合同约定的平台项目成果中相关电子文档完全交付申请人,导致申请人无法正常使用相关电子文档,遭受管理员账户封停的问题。上述证据证明,被申请人尚未履行完毕合同约定的交付项目成果的义务。

申请人提供了2018年2月23日至11月21日当事人双方的工作人员关于合同所涉平台项目运行进行的对话与沟通,其中,申请人方面反映出现了数据录入平台、微信端、电脑端、服务器等多方面的故障,被申请人方面则相应予以解答或者解决。申请人证据证明,直至2018年11月底,申请人的工作人员一旦无法登录合同约定的平台项目进行有关操作,就向被申请人的工作人员求助,由被申请人的工作人员予以解决。因此,直至2018年11月底,被申请人仍然未能向申请人完全交付平台项目的所有电子文档。

(一)破产程序

申请人依据合同约定的仲裁条款提起仲裁申请,请求被申请人交付项目成果。在本案进入仲裁程序之后,被申请人进入了破产清算程序。

2019年2月12日,某市中级人民法院裁定受理被申请人破产清算案件,并于2019年3月12日指定破产管理人,负责被申请人破产清算。被申请人破产管理人主张,被申请人已经进入破产清算程序,未履行完毕的合同由管理人决定是否继续履行;管理人在两个月内未通知申请人继续履行合同,"本案合同"视为解除,未履行完毕的义务终止履行,已经履行的,申请人有权向某市中级人民法院提起诉讼,要求赔偿损失。被申请人破产管理人请求终止仲裁程序,申请人与被申请人的合同纠纷按照破产程序解决。

仲裁庭认为,被申请人破产受理后,申请人若主张损害赔偿,确应向受理破产的人民法院提起诉讼,依据《中华人民共和国企业破产法》相关规定通过破产程序处理。但是,申请人向被申请人破产管理人申报债权、主张损害赔偿请求权的前提条件是明确申请人与被申请人之间的债权债务关系。

仲裁庭注意到,申请人主张被申请人拒不履行合同约定的义务、构成严重违约;被申请人破产管理人则主张,"申请人与被申请人的债权债务没有经法院最终认定,本案合同是否履行以及履行的程度,管理人均无法确认","因此在债权债务经法院判决确认后,申请人方可就损害赔偿请求权向管理人申报债权"。

仲裁庭认为，当事人之间就本案合同发生的债权债务关系争议，明显属于合同仲裁条款约定的仲裁范围之内。即便申请人提起仲裁之后被申请人被人民法院裁定进入破产程序，也不妨碍仲裁程序对当事人之间相关债权债务争议进行审理与认定。

《最高人民法院关于适用〈中华人民共和国企业破产法〉若干问题的规定（三）》第 8 条规定，债务人、债权人对债权表记载的债权有异议的，应当说明理由和法律依据。经管理人解释或调整后，异议人仍然不服的，或者管理人不予解释或调整的，异议人应当在债权人会议核查结束后十五日内向人民法院提起债权确认的诉讼。当事人之间在破产申请受理前订立有仲裁条款或仲裁协议的，应当向选定的仲裁机构申请确认债权债务关系。

依据上述《企业破产法》司法解释，仲裁庭认为，当事人双方在被申请人破产申请受理前订立有仲裁条款，被申请人破产管理人对于申请人主张的债权不予认可，申请人有权向选定的仲裁机构申请确认债权债务关系。因此，被申请人破产管理人关于终结仲裁程序、当事人之间的债权债务关系经法院判决确认的主张，仲裁庭不予认可。

(二) 交付项目成果

基于现有证据，仲裁庭认为，申请人已经履行了本案合同约定的向被申请人支付报酬的全部义务，被申请人应当依约向申请人交付包括电子文档在内的全部平台项目成果，具体是指提供相关电子文档，保障申请人可以正常使用该平台，获得登录、管理及使用权限的密码，获得服务器中数据库等相关应用的账号和密码。

申请人还主张获得"平台服务器、域名的所属权"、被申请人"将域名正常续费并实名变更为申请人"。但是，合同对此并无相关约定，而且申请人未能举证证明当事人双方曾经依据合同约定书面变更或增补了合同内容。因此，申请人的上述主张，缺乏依据，仲裁庭不予支持。

第二编

知识产权许可合同争议仲裁研究

知识产权作为财产权,其交换价值主要是通过权利转让与权利许可实现的。与只能行使一次的权利转让(极个别的权利回授除外)相比,权利许可更为常见。知识产权人将著作权、专利权、商标权等许可他人使用,并收取相应的许可使用费。知识产权许可已经形成了庞大的市场,根据不同的权利类型,形成了精彩纷呈的各种许可方式与商业模式。知识产权许可引发的争议,比普通的合同争议更加复杂,有关的事实和法律纠纷需要结合相关知识产权法予以审理和判断。

第一章　著作权许可使用合同争议仲裁研究

图书、音乐、动漫、电影、综艺节目等作品主要通过许可他人复制、改编、发行、网络传播等方式进行大众传播并收获市场价值。

随着文化传媒产业的快速发展，我国企业从海外引进著作权的贸易活动一度非常活跃，有关合同争议时有发生。与专利权不同，作品创作完成，其著作权就自动受法律保护，因此著作权地域性的特征常被忽视。但是，著作权也是基于特定国家法律产生的权利，跨国著作权许可使用合同应当明确所适用的法律。我国是国际主要版权公约的成员国，主要贸易伙伴国的著作权受我国法律的保护。

跨国著作权许可使用合同，涉及掌握大量著作权资源的传媒巨头或者市场价值巨大的知名作品（俗称"大IP"）的，不仅许可费金额巨大，而且容易受国际市场波动及国内外政治经济环境变化的影响。解决这类争议，不仅要深入研究许可使用合同的条款，而且要将合同关系置于民法的框架内予以审视，从而厘清当事人之间的权利义务关系，解开当事人争议的症结。著作权许可使用合同争议一般集中在许可范围、许可期限及许可使用费三个方面。

第一节　音乐作品许可使用合同争议案

在音乐作品的著作权许可市场中，专业的录音制品公司、著作权集体管理组织等扮演举足轻重的角色。随着数字技术的普遍应用，音乐作品的应用场景花样翻新，权利许可的内容与方式有了很大的变化。由此引发的许可使用合同争议也有了新的特点。

一、订立与履行许可协议的审慎义务

在境外版权引进中,当事人身处两地,通过所谓联络人或中间人订立并履行著作权许可合同的,须特别注意双方信息沟通的真实性和可靠性,尽到合理的注意义务,避免因中间人的故意或过失行为承担不必要的风险。在下述案例(案例15)中,当事人双方均因轻信联络人而各自遭受了不利后果。

合同签订及履行过程中出现的信息不对称的问题,可能随着技术进步被避免或解决,如区块链合约签署及存储许可使用协议,即便远程签约,也不会出现双方就签订的协议文本或履行文件各执一词、彼此否定的问题。该案暴露出的当事人在权利管理及企业经营模式上存在的问题,则更值得双方各自吸取教训。

案例15:音乐作品著作权许可协议争议案

许可人是我国台湾地区的传媒企业,被许可人则是大陆企业。许可人授权被许可人将相关著作权内容转授权(分许可)于第三人,使第三人能够在互联网上使用所授权的内容;被许可人则应依约向许可人支付预付金,并与许可人结算权利金分成。

双方因所签订的许可使用协议的不同版本发生了争议。双方海峡相隔,彼此通过许可人委任的Z某进行沟通,导致双方就签订的协议文本各执一词,彼此否定。被许可人提供的Z某名片记载Z某为"许可人副总经理/驻北京特别助理"。被许可人多次强调Z某在双方"业务接洽""商务谈判""反复沟通"等合同订立过程中发挥的重要作用。

但是从被许可人提供的Z某的职务、头衔看,Z某并非许可人的法定代表人,没有决定许可人与被许可人签订《版权协议》的职权,也没有决定许可人给予被许可人版权授权范围与条件的职权。鉴于被许可人称Z某仅能"报给"许可人,并由许可人"最后决定",仲裁庭认为,被许可人知晓Z某仅有信息沟通渠道的作用,并无订立合同的决定权。

依据双方当事人均认可的约定,许可人的最后决定,即对《版权协议》的签署,是以盖章形式呈现的。因此,被许可人与Z某无论曾经进行过何种谈判与沟通,最终均以许可人盖章而定论。被许可人主张的合同版本因未加盖许可人正式的公章而不具有合同成立的效力。

仲裁庭认为,被许可人既然明知与许可人订立《版权协议》将"花费巨资"，自当尽到合理的审慎义务，对于许可人的资质等情形加以尽职调查。更何况被许可人明知许可人在大陆地区授权业务的管理"极其的混乱"，作为版权授权领域经验丰富的专业企业，却将订立花费巨大的协议完全系于Z某一人，将自身暴露于巨大风险之中，难免遭受不利的后果。许可人订立合同所使用的印章，在其所在地官方有正式的备案记录，均系公开可查询的信息。被许可人如果在订立合同之时，尽到了合理的审慎义务，应当能够发现Z某提供的合同版本上许可人印章与官方备案记录的印章不符，而不是盲目地轻信Z某并支付高昂的对价。总之，被许可人主张的合同版本无法被认定为双方当事人之间的合同依据，被许可人未尽合理的审慎义务是重要的原因。

许可人举证证明，被许可人对第三方甲、乙、丙转授权合同期限均不符合《版权协议》的约定，被许可人未经许可人事先同意及书面授权给予丁在线卡拉OK转授权，也违反约定的授权范围。但许可人本可以及早发现被许可人的违约行为，并缩小甚至避免有关的损失。双方当事人均认可，在《版权协议》履行中，Z某系许可人指定的许可方联络人，负责向被许可人取得并整理相关版权收入报表，并交予许可人。故，被许可人向Z某提供报表，属于依照《版权协议》约定向许可人履行提供转授权报表的义务。许可人既然承认Z某是与被许可人授权业务的联络人，就应当承担Z某作为委任联络人的后果。Z某虽然无权决定许可人的授权业务，但是显然有权代许可人接受被许可人提供的转授权报表。许可人委任联络人，就应承担联络人未能忠于职守的风险。即便Z某未如实或者未及时将所取得的报表交予许可人，许可人也无权追究被许可人未提供报表的违约责任。但许可人是否可以依据《委任合约书》追究Z某的违约责任，不在本案审理的范围之内。经仔细比对双方当事人提交的证据，仲裁庭发现，在同一时间段，被许可人提供给Z某的报表，与Z某提供给许可人的信息，内容确实不尽相同，互有龃龉，Z某未真实并全面地交予许可人。但是，许可人与Z某之间的委任关系出现问题，所产生的风险，应由许可人自行承担，不能转嫁于被许可人。被许可人将相关报表提供给Z某方面，就等同于依约提供给了许可人。许可人应当因此被视为取得了被许可人提供的相关报表，知晓了报表中披露的转授权信息，包括被许可人违约转授权的信息。总之，若许可人知晓被许可人构成违约，但却不采取适当措施致使自身遭受的损失扩大，则无正当理由就扩大的损失要求被许可人赔偿。

总之，如果双方缔约前重视尽职调查与信息沟通，在履约中与对方保持及时与透明的联系，本可避免许可使用的纠纷或减少损失。

二、著作权许可的交付

著作权许可系纯粹的权利授予，一般不包括被许可使用作品的"物料"交付，此类许可合同的订立与履行不需通过当事人面对面的方式实现，完全体现了著作权无形财产的特点。

案例 16：音乐铃声著作权许可使用协议争议案

许可人授权被许可人以个性化回铃音的方式使用许可人拥有著作权、邻接权的音乐作品之录音制品。在双方就许可使用费发生争议后，被许可人辩称，许可人未"交付"授权的音乐作品。仲裁庭认为，许可协议并未要求许可人在向被许可人提供音乐作品的著作权及邻接权的授权之外履行任何额外的义务。许可人提供了给予被许可人使用音乐作品的"授权书"，根据许可协议的约定，许可人已经履行了义务，完成了"交付"。

在该案中，当事人之间的许可协议约定，本协议项下合作有效期为 2 年。许可人在协议项下向被许可人出具了 12 份"授权书"，但每份约定的授权期限各不相同。有 8 份约定"上述许可有效期自本授权书签发之日起生效，截止到合作协议有效期届满之日"。另外 4 份分别约定"上述许可有效期为 1 年，自本授权书签发之日起生效"。仲裁庭认为，许可协议是当事人双方的合意，"授权书"仅是许可人实施许可的单方行为，"授权书"记载的期限应当依照许可协议的约定来解释。"授权书"与许可协议约定相冲突或者表述不明确的部分，以许可协议为准。许可协议既然在第 2 条约定当事人双方合作有效期为 2 年，"授权书"的许可有效期应当与此一致。

第二节 综艺节目著作权许可使用合同争议案

我国电视及网络综艺市场发展迅猛，成功的综艺节目具有巨大的商业价值。在著作权许可市场上，综艺节目类许可已经占据一席之地。综艺节目是整合了综艺台本、节目环节设计、置景服化道等的综合体。虽然在著作权理论中对于综艺节目属于何种作品类型还有争议，但根据《著作权法》的规定，只要具有独创性并以一定形式表现的智力成果，都可以受到我国法律的保护。与其囿于法定的作品类型，不如直面综艺节目著作权许可的实质，并分析其中的法律问题。

凡许可使用费按照被许可人的经营收益结算的，均依赖于被许可人如实、及时地向许可人提供的结算信息。除非许可人能通过计算机系统实时掌握被许可人（如网络游戏代理商）的经营收益情况，否则许可人只能依靠被许可人定期报送的信息作为结算的依据。因此，许可使用协议一般明确约定，被许可人向许可人提供有关的结算信息是非常重要的合同义务。被许可人未忠实履行该项义务的，双方的争议在所难免。

例如，在上述案例 15 中，当事人协议约定被许可人应于每个季度 25 日前提供上季度之转授权结算报表予许可人；被许可人未按本协议约定提交结算报表给许可人，除非因许可人原因造成，构成违约；经许可人书面通知后 15 个工作日内仍未停止违约行为并且采取有效的补救措施的，许可人有权通过书面通知立即终止本协议。而且，任何与结算相关之数量记录及凭证数据，被许可人应于本协议期间内及终止后一年内保留并妥善保管，未得许可人书面同意，被许可人不得擅自销毁，许可人有权于保存期间内在 7 日前书面通知被许可人要求稽查。由此可见，许可人享有稽查被许可人相关记录、凭证与数据的权利，被许可人应当提供与第三方签订的涉及本案的全部转授权合同及转授权结算报表。双方争议的焦点之一就在于许可人质疑被许可人提供数据的完整性与真实性。

案例 17：综艺节目著作权许可协议争议案

在该案中，韩国许可人授予我国被许可人独家使用许可人的综艺节目模式制作中国版本、在中国播出平台播出的权利，被许可人则按播出平台的广告收益分成等方式向许可人支付授权费用。

在当事人双方的合同关系中，许可人最为重要的合同权利是获取授权费用，广告收益分成是许可人授权费用的重要组成部分。当事人双方争议的焦点在于广告收益分成的结算。

当事人之间的协议约定，许可人获得的广告收益分成，取决于被许可人从播出平台获得的广告利润（或"广告收入净利润"）；节目播出后，在广告收益已定的情况下，于节目播完 1 个月内进行结算。仲裁庭认为，为能依约"于节目播完 1 个月内进行结算"，许可人必须事先获得关于被许可人从播出平台获得的广告利润（或"广告收入净利润"）的信息。鉴于节目的广告合同原则上由播出平台与广告投放方签署，因此双方确认，被许可人必须向许可人公开节目所有的广告合同（包括但不限于冠名广告、硬广、合作伙伴赞助等）及制作费明细，并提供扫描件供许可人备案。

在当事人约定的模式下，除非与播出平台直接签订了广告合同，许可人对于节目广告的情况几乎没有其他信息来源与渠道，完全依赖被许可人以获得关于节目的广告商、广告合同、制作费的信息。否则，许可人是不可能知晓因节目播出而获得的所有广告及其收益的，由此许可人获取授权费用的合同目的将受到直接的威胁。为了平衡当事人双方的权利义务关系，解除许可人作为授权方的后顾之忧，合同约定被许可人向许可人提供有关结算信息是非常重要的合同义务，是保障当事人双方之间的信息透明、彼此互信的重要合同安排。只有被许可人严格履行此义务，当事人之间的信息透明与相互信任才能得以维系，广告收益分成才能依约按时进行结算。如果许可人及时提供了结算信息，即便受国际政治影响无法立即进行费用结算，双方的矛盾在信息透明的情况下也不至于激化。总之，许可人请求被许可人提供与播出平台签署的合同、制作费明细、结账证明的扫描件，有明确的合同依据，被许可人应当按照合同约定的内容与方式予以提供。

当事人还就许可人的广告收益分成计算方式发生了激烈的争议。依据当事人合同的约定，许可人从被许可人的"广告利润"或"广告收入净利润"中分成，能够从广告收益中扣除的被许可人成本仅有"制作费"一项，被许可人必须对此费用向许可人提供相应的合同与明细。然而，被许可人主张，被许可人的"管理费用、财务费用、税金等"其他费用也应从中扣除。然而，合同约定的费用为许可人应收净额，因支付该款项在中国境内所发生的一切税费由被许可人承担。因此，增值税等税金应由被许可人自行承担。

仲裁庭认为，当事人双方合同约定的合作模式为著作权授权。在此合作模式下，被许可人可以从其广告收益中扣除制作费，再与许可人进行广告收益分成的结算。制作费是当事人双方作为同行业的企业能够共同接受的费用，包括制作节目的灯光、摄影、舞台设计等费用，也是被许可人承认的"直接成本"。然而，被许可人并不满足于直接成本的扣除，进一步要求将其员工工资社保支出、房租水电物业费、办公用品采购费用等也从广告收益中扣除。被许可人要求将其企业经营的成本全部转嫁给许可人，不仅缺乏合同依据，而且完全歪曲了当事人双方的合作模式。许可人是合作项目的授权方，就被许可人广告收益有优先清算权。许可人并非被许可人的投资方，不应承担被许可人的企业日常经营成本。

被许可人还以播出平台尚未向其付款为由，主张与许可人结算费用的流程的启动条件尚未成就。仲裁庭则认为，播出平台出具了"说明函"，正式确认了制作费金额和被许可人可以取得的分成款，被许可人应从播出平台获得的广告利润的金额已经明确，其债权已经由播出平台确认。被许可人不应怠于行使其债权，并以此为由继续拖延、拒绝向许可人支付广告收益分成。

第三节　图书许可发行合同争议案

图书本身虽然是有形物，但图书发行合同的实质是著作权许可协议，并非关于图书的货物贸易协议。作为图书著作权人的出版商许可发行公司在许可市场出售图书，被许可人则支付购买图书价款作为许可使用费。

案例 18：外国图书国内发行协议争议案

A 国出版集团授权某国内公司为该集团图书在中国的总发行人，国内公司负责购买该集团出版的图书并在协议期限内在中国发行。当事人就有关的许可使用费结算方法及扣除范围发生争议。

依据当事人协议约定，被许可人向许可人发出不可撤销图书订单后，应先行向许可人支付 30% 的款项，否则构成实质性违约，许可人有权终止协议。在被许可人发生不支付订单 30% 款项的违约行为后，当事人双方曾经进行谈判，但未能达成一致意见。许可人发出了终止协议通知，被许可人并无异议。

在发行协议终止后，当事人双方须对已订购图书进行善后处理。依据当事人协议的约定，为了遵守我国法律法规的规定，双方之间的图书购买通过指定的图书进口公司进行，即许可人发运图书至进口公司，被许可人从进口公司购买图书，付款给进口公司，再由进口公司安排向许可人付款。

许可人主张，协议终止后，被许可人尚有购书款项并未支付。经仔细核对当事人证据，仲裁庭发现，协议虽然约定被许可人在收到图书后不得退回，但是许可人根据被许可人的订单将图书发运给进口公司后，被许可人不按期付款的，许可人有权从进口公司回收或取回图书（recycling or retrieving inventory）。仲裁庭认为，当事人协议终止后，被许可人不应为许可人已经从进口公司回收的图书支付价款。许可人的证据证明，许可人曾经通知被许可人，被许可人如再不支付价款，这些图书将被回收；被许可人收到通知后，未予以异议，亦未支付价款。在无相反证据的情况下，仲裁庭推定该部分图书已由许可人回收，这部分图书的价款应当从被许可人应付款项中减除。

第四节　电影发行放映合同争议案

电影作品创作完成后，著作权人（制片人）通过发行渠道许可电影院放映，从而获得票房收益。电影发行放映实质上是许可电影作品的拷贝（copies）在电影院向观众放映。从制片人到最终观众的发行放映的过程中有发行公司、院线公司、电影院所在公司等众多主体参与，著作权许可及分许可的链条很长，因此，电影发行放映合同比一般的许可使用合同更为复杂。院线公司是发行链条中的关键环节。院线公司是整合一系列电影院的联盟，从电影发行人处统一获得电影发行放映的许可，再分许可给院线内影院放映，从电影院票房收入中分账。

案例19：影片分账发行放映合同争议案

在该案中，院线公司与某电影院所在公司签订了加盟合同和电影分账发行放映合同。在合同项下，院线公司代表电影院统一与各发行方就影片的发行和放映进行洽谈，按照合同约定向加盟电影院供片；电影院在合同有效期内不得放映非由院线公司提供的影片，有义务向院线公司提供准确票房与影片放映相关的信息，按影片实际票房及双方约定的时间足额与院线公司结算片款。合同约定，分账款=净票房收入×分账比例；净票房收入=票房总收入−国家电影专项资金−增值税及附加。

院线公司享有获得发行影片真实、准确放映场次、票房总收入等信息的权利。电影院向院线公司提供准确票房与影片放映信息的具体方式是按月报送《影院片款结算表》，作为结算分账款的根据，如电影院未能按月报送信息，则以国家电影事业发展专项资金管理委员会办公室"全国电影票务综合信息管理系统"（以下简称"专资平台"）公布的数据作为结算依据。由于本案电影院未能按期提供报表，专资平台公示数据可以作为双方票房分账的结算依据。

第五节　软件许可使用合同争议案

计算机软件由源代码、目标代码及相关文档组成，是驱动计算机运行的一类特殊作品。由于软件功能性的特征，软件许可使用合同是著作权人授权被许可人以复制、安装、访问、显示、运行、交互操作等方式使用软件的合同。曾经，此类合同需要许可人交付软件产品的必要物理载体（如光盘、硬盘等）以供被许可人安装使用。但现在，在网络环境与云计算的支持下，软件许可使用早已脱离了物理载体的束缚。被许可人只需登录许可人网络系统就可以点击订立许可使用合同，支付许可使用费，下载所订购的软件产品并安装使用。当事人之间关于交付软件载体的争议已经比较罕见，但随之出现了新的争议。例如，因网络许可合同除了主合同文本以外还链接或指涉多个其他条款或条件，导致被许可人对许可使用的范围及内容提出异议。解决这些新的争议有赖于网络及人工智能环境下国际贸易法律的进一步发展。

一、许可人的软件核查权

软件许可使用合同项下，许可人的履约核查权经常成为当事人争议的焦点。例如，合同约定，许可人对软件使用进行核查，如经核查表明被许可人少付软件使用许可费，被许可人应按照核查当时有效的定价及条件支付少付之金额。许可人的履约核查权是监督被许可人按照实际使用的软件许可数量付费的机制。一方面，被许可人对许可人的核查权应予尊重及配合；另一方面，许可人在实际行使该权利时，应当保障被许可人的合法权益，包括维护企业正常经营及保护商业秘密等。

然而，许多软件许可使用合同仅约定了许可人的履约核查权，却并未约定具体的核查条件、程序、方法及方案，导致争议不断，或者核查久拖不决。首先，许可人行使核查权需要以双方达成具体的核查方式作为前提条件。未经被许可人允许，许可人无法进入被许可人经营场所及计算机系统进行核查。其次，许可人的核查范围、方式及合理性应受到合同约定的严格约束。如果许可人要求核查的不仅是被许可人采购的许可人软件产品，而且涉及被许可人全部计算机和服务器上使用的许可人软件产品，不仅核查被许可人而且核查其关联公司使用许可人软件产品的情况，许可人就明显超出了当事人合同约定的核查范围，属于对履约核查权的滥用。

不同于主管机关的执法检查或者司法机关的证据调取，许可人的核查权完全来源于及依赖于当事人之间的许可使用合同，不享有自由裁量或擅自超越合同的权利。许可人所核查的只能是被许可人在合同项下采购的软件，而非合同约定之外的任何其他软件，许可人核查的对象只能是被许可人的履约情况，而非与被许可人关联但在许可使用合同之外的其他公司。而且，许可人的核查还应采取对被许可人干扰最小并充分尊重被许可人合法权益的方式，如聘请双方均认可的专业人员进行核查，仅在被许可人计算机根目录系统核查软件安装情况，不得进入被许可人的应用程序界面以免损害被许可人商业秘密等。

二、软件作品的合法性

计算机软件作为功能性、技术性较强的作品，一般不涉及因具有违法性而导致许可使用合同无效的情况。例如，被许可人以许可人未提供软件产品登记号、登记证书、中文说明书和使用手册等违反《软件产品管理办法》为由，主张双方订立的许可使用合同无效。由于《软件产品管理办法》是工业和信息化部的部门规章（已于2016年被公告废止），不属于国家法律法规，违反法律、行政法规的强制性规定才会导致合同无效。如果仅以许可人的交付在形式上不完全符合部门规章的有关要求而主张合同无效，缺乏法律依据。

然而，软件产品的出版发行受我国法律法规的规范，如果软件包含明显违法的因素，可能导致许可使用合同被解除。在下述案例（案例20）中，由于被许可的软件违法内容非常明显，被许可人却未能在安装、复制软件产品之前及时发现并要求许可人依约改正，导致直接经济损失扩大，因此被许可人无权请求许可人赔偿全部的损失。

案例20：软件许可合同争议案

当事人双方签订了两份"许可协议"，约定被申请人作为"防止CD-ROM上的软件程序被非法复制"的"保护模块"软件的知识产权人，许可申请人将保护模块作为其软件产品的一个组成部分进行复制及发行。合同约定，"此协议中合同各方之关系应受中国相关法律约束"。

被申请人陈述，其投资人是保护模块产品的专利所有者，并提交了B国的"电子计算机程序登记证书"。但是，专利权仅在颁发专利的特定国家领域内有效，在B国获得的专利权并不在中国发生法律效力。但是从"许可协议"的许可内容来看，仲裁庭认定，被申请人就保护模块主张的是受中国法律保护的软件著作权。

(一) 软件产品的合法性

根据《著作权法》第 4 条的规定，著作权人行使著作权，不得违反宪法和法律，不得损害公共利益。国家对作品的出版、传播依法进行监督管理。仲裁庭认为，被申请人行使其软件作品的著作权，应当遵守《著作权法》关于合法性的强制性规定。

由于"许可协议"的目的是许可申请人将保护模块作为其软件产品的一个组成部分进行复制及发行，"许可协议"的履行势必导致保护模块向公众传播，因此被申请人行使软件著作权的行为应当符合我国监督、管理作品出版、传播的法律、法规的规定。在中华人民共和国境内从事的出版活动，应当遵守《出版管理条例》的规定。录有内容的录音带、录像带、唱片、激光唱盘和激光视盘等音像制品的出版、制作、复制、进口、批发、零售、出租等活动，应当遵守《音像制品管理条例》的规定。《出版管理条例》和《音像制品管理条例》规定，任何出版物（包括音像制品）不得含有"危害国家统一、主权和领土完整的"内容。违反上述规定的，由出版行政主管部门等处以责令限期停业整顿、没收出版物、没收违法所得、罚款等行政处罚；构成犯罪的，依法追究刑事责任。

《出版管理条例》和《音像制品管理条例》均自 2002 年 2 月 1 日起施行。国务院于 2011 年 3 月 19 日对《出版管理条例》和《音像制品管理条例》加以修订（之后又多次修改）。本案中的"许可协议"分别签订于 2009 年 9 月及 2010 年 10 月，应当适用修订前的《出版管理条例》和《音像制品管理条例》。但是在修订前后，《出版管理条例》和《音像制品管理条例》关于任何出版物（包括音像制品）不得含有"危害国家统一、主权和领土完整的"规定，并没有变化。

当事人双方的陈述及提交的证据表明，被申请人许可申请人复制、发行的保护模块的语言选择窗口列有违背重大原则的字样。仲裁庭认为，使用任何违背重大原则的表述都是危害国家统一的行为，违反了《出版管理条例》和《音像制品管理条例》的规定。

被申请人主张，"其所提供的加密程序中的语言选项，首先，并不构成申请人所出版的作品内容的一部分，而且因为没有在界面上显现出来，因此多年来未曾被发现；其次，这个语言选项并不存在具有社会危害性的主题思想""因疏忽没有发现的、一经发现就被改正的表述错误"。

仲裁庭认为，被申请人许可申请人复制、发行的保护模块的语言选择窗口列有的字样具有明显的违法性，属于被禁止出版、传播的内容。"许可合同"的履行导致被申请人的保护模块（"加密程序"）成为申请人软件产品的一个组成部分、并随之一起进行复制和发行的，构成"申请人所出版的作品内容的一部分"。

仲裁庭认为，被申请人所谓语言选项"没有在界面上显现出来"的主张不能成立。软件界面就是指软件中面向操作者而专门设计的用于操作使用及反馈信息的指令部分，不仅包括软件启动封面，而且包括软件整体框架、软件面板、菜单界面、按钮界面、标签、图标、滚动条、菜单栏及状态栏属性的界面等。被申请人保护模块的语言选项虽然不在软件启动界面上，但是显示在菜单栏目界面中，是软件用户可以看到、并用于操作使用软件的指令文字。根据"许可合同"的约定，被申请人的保护模块作为申请人的软件产品的一个组成部分，将随同申请人软件产品被出版、传播。因此，保护模块语言选项中法律、法规禁止的内容也将随同申请人的软件产品向公众传播。

被申请人承认，其行为疏忽大意。正是由于被申请人没有尽到合理的注意义务，才导致了保护模块界面中出现了违法的内容。

（二）"许可合同"的解除

申请人请求解除与被申请人签订的两份"许可合同"。被申请人主张，申请人要求解除合同缺乏依据。

仲裁庭认为，"许可合同"的目的应当根据合同前言部分及第 2 条"合同主题"来确定。根据"许可合同"的约定，合同履行的目的是利用保护模块防止申请人的软件程序被非法复制，这一目的必须通过保护模块在申请人软件产品上的安装并随同申请人软件产品一同被复制、发行来实现。

根据《著作权法》的规定，"发行"是指以出售或者赠与方式向公众提供作品的原件或者复制件。"保护模块"语言选项文字违反了《著作权法》、《出版管理条例》和《音像制品管理条例》强制性规定，构成违法。申请人的软件产品由于含有上述违法内容，也构成违法。无论含有上述违法内容的申请人的软件产品是否已经被国家主管机关查处和追究，违法的性质均没有改变。如果申请人向公众提供含有上述违法内容的软件产品复制件，则将依法受到行政处罚；情节严重的，还要承担刑事责任。因此，申请人的软件产品由于含有法律、法规禁止向公众传播的内容，依法不得向公众发行，"许可合同"的目的已经无法实现。

根据《合同法》①第 94 条第 4 项的规定，当事人一方迟延履行债务或者有其他违约行为致使不能实现合同目的，当事人可以解除合同。②因此，仲裁庭认定，申请人关于解除两份"许可合同"的请求有法律依据，应予以支持。

(三) 申请人支付的加密费用

申请人主张，被申请人应当返还申请人依据两份"许可合同"支付的加密费用和权利金。

仲裁庭认为，两份"许可合同"的解除是由于被申请人的过错造成的，两份"许可合同"的目的已经无法实现，被申请人不应依据"许可合同"向申请人收取费用。因此，申请人依据两份"许可合同"实际支付给被申请人的加密费用，被申请人应当返还。

(四) 申请人的损失

申请人主张，被申请人赔偿其遭受的直接经济损失，包括两份"许可合同"约定的申请人的软件产品的出版费用、复制费用和包装印刷费用。

被申请人主张，保护模块语言选项的错误应当适用"许可协议"第 3 条关于开发方（被申请人）"错误报告"的约定；根据《合同法》第 107 条③的规定，采取补救措施等违约责任形式，"原本可以通过采取补救措施、在产品光盘中加附一纸'致歉声明'的方式来避免"。

仲裁庭认为，两份"许可合同"第 3 条约定的"错误报告"是"开发方（被申请人）义务"的组成部分，适用于合同履行的期间。由于仲裁庭认定两份"许可合同"解除，"许可合同"第 3 条约定的被申请人"错误修复""错误报告"的合同义务已经无须履行。而且，被申请人主张的补救措施，即在申请人产品中附加纸质的"致歉声明"，缺乏合理性和可行性，并不能消除保护模块的违法性内容，也不能消除申请人软件产品出版、发行的法律障碍。

根据《合同法》第 97 条的规定，合同解除后，已经履行的，根据履行情况

---

① 为还原案情，本书在描述案情相关内容部分引用已失效或者修订前的法律法规，均为案件裁判当时有效，下文对此不再提示。
② 参见《中华人民共和国民法典》第 563 条。
③ 参见《中华人民共和国民法典》第 577 条。

和合同性质，当事人可以要求恢复原状、采取其他补救措施，并有权要求赔偿损失。① 在仲裁庭审理本案的过程中，当事人双方确认，当发现保护模块语言选项违法性问题时，申请人的软件产品已经进行了复制，而且保护模块也无法从这些复制件中剥离。因此，对于申请人已经复制的软件产品难以适用恢复原状或者其他补救措施处理。

仲裁庭认为，申请人要求被申请人赔偿损失的主张，具有法律依据，应当得到支持。但是，对于赔偿的范围和程度，应当根据当事人的主张、有关证据加以斟酌。

被申请人对于申请人主张的直接经济损失提出多方面的质疑，包括：为申请人加密的电子出版物通过了出版社的审查测试，并没有发现违禁、非法内容；申请人单方面销毁光盘，缺乏索赔的依据等。

仲裁庭认为，申请人的软件产品复制件无法发行，遭受出版、复制、印刷方面的损失，并非由于申请人销毁用于复制的母盘造成的，而是由于被申请人提供的保护模块含有违法内容造成的。不论申请人是否销毁母盘或者复制件，申请人的软件产品均因违反法律强制性规定而无法发行，从而无法通过市场的渠道收回在出版、复制、印刷方面的实际投资。被申请人提供的保护模块含有违法内容的事实是客观存在的，并不因出版社没有作出违法的认定而有所改变。

仲裁庭注意到，申请人要求被申请人赔偿的是"直接经济损失"，即因被申请人提供的保护模块具有违法性导致申请人"耗费"的费用，申请人并不主张因其软件产品无法向市场销售所遭受的可得利益的损失。根据"许可合同"的约定，合同履行的目的是利用保护模块防止申请人的软件程序被非法复制，这一目的必须通过保护模块在申请人软件产品上的安装并随同申请人软件产品一同被复制、发行来实现。因此，被申请人对于申请人复制、发行安装了保护模块的软件产品的事实是知晓的，在签订"许可合同"时是能够预见申请人将在复制、发行等出版行为中付出投资的。

因此，仲裁庭认为，被申请人过错违约行为导致申请人遭受在出版、复制、印刷方面的直接经济损失，应当承担相应的赔偿责任。

同时，仲裁庭还认为，申请人在两份"许可合同"的履行过程中均没有发现保护模块语言选项中明显的违法内容，也是导致其自身遭受直接经济损失的原

---

① 参见《中华人民共和国民法典》第566条。

因之一。保护模块语言选项中的内容直接违反了中国法律的强制性规定，申请人不需要有关政府主管部门的鉴定和判断，就应当能够识别其违法的性质。申请人理应对于保护模块界面上的文字尽到合理的注意义务。从申请人提交的证据，出版机构不仅"审读"申请人的软件产品，而且"审读"申请人软件产品安装的"加密软件"。这正说明，申请人对于自身软件产品的合理注意义务应当延及该产品安装的保护模块。

被申请人援引了"许可合同"第3条、第4条的约定，主张申请人在合同履行过程中对保护模块负有一定的注意义务。根据"许可合同"第3条的约定，申请人如果在合同期间提出"错误保护"，被申请人有义务"避免或解决保护模块的错误或者不足"。根据"许可合同"第4条的约定，申请人在收到被申请人提供的保护模块后，需要执行所有必要的测试以检查和确定与软件产品的兼容性；获得满意的测试结果后，申请人才应将母盘送交复制。

因此，仲裁庭认为，如果申请人根据"许可合同"的约定，在先后两份、历时近两年的合同履行过程中尽到合理的注意义务，及时发现保护模块语言选项的违法性问题，则可以根据"许可合同"第3条、第4条的约定，及时要求被申请人将"错误"修复或者更正，避免或者减小因保护模块含有违法内容所造成的损失。由于申请人的行为也是造成其直接经济损失的部分原因，申请人应自行承担50%的直接经济损失。

第六节　网络游戏许可运营合同争议案

网络游戏已经发展成为一个成熟而庞大的产业，包括网页游戏（页游）、客户端（端游）和手机等移动端游戏。除了游戏开发、游戏改编引发的知识产权争议，游戏著作权人与其授权的代理商之间关于游戏运营的争议也在增多。

网络游戏虽然由计算机软件驱动，但其外在表现基本上属于交互性的视听作品。游戏代理合同，本质上是游戏著作权人授权代理商以网络传播的形式许可最终用户使用游戏，并收取许可费（权利金）或者收益分成的经营模式。游戏厂商更换代理商将面临一系列问题，如经政府审批更换代理版号，损害用户游戏体验等。代理商营销游戏，从事IP衍生品开发、电子竞技赛事组织等，成本投入较大。因此，游戏代理合同一般比较稳定，许可关系的双方除非发生不可调和的矛盾才会终止合作。

游戏厂商与代理商发生争议，主要集中在游戏收益分成、用户数据、游戏知识产权三个方面。

一、游戏收益分成

游戏厂商在授权代理商运营游戏的合同中，必然对游戏收益的结算数据、结算公式、结算方法作出详细的约定。在技术支持下，游戏代理普遍采用双向透明的计费系统，不论哪一方管理计费系统，都必须向另一方提供系统接口供其查看实时数据。因此，在正常情况下，双方均可在计费系统中查询、确定游戏产品账面收入、渠道成本等数据。双方一般在对结算的关键参数（如渠道成本）有不同解释或者计费系统无法正常运行时，才会发生争议。

案例21：游戏代理合同争议案

合同约定，游戏厂商系某手机游戏的知识产权人，拥有游戏服务器和客户端软件及技术，并有维护和升级本游戏的权利和能力；授权代理商在代理范围内许可最终用户以结果代码形式使用游戏的地域化版本。代理商负责为地域化版本运营一套安全的计费系统，游戏厂商为上述计费系统在本游戏上正常安装及持续稳定运行提供必要的技术协助；代理商应向游戏厂商提供计费系统接口，以使游戏厂商可以实时查看地域化版本相关的收益等数据；同样，游戏厂商也应向代理商提供计费系统接口，以使代理商可以实时查看地域化版本的相关数据。合同项下双向透明的游戏计费系统技术设计保障双方了解并信赖计费系统显示的营业收益基础性数据。

合同约定，双方可分配收入＝游戏产品账面收入（指用户充值收入）－渠道成本（包括但不限于渠道分成、渠道支付成本、渠道坏账），具体可分配收入以渠道的结算单为准。当事人双方对均可在计费系统中查询、确定的游戏产品账面收入等数据，并无重大分歧。双方争议的关键在于是否在扣除渠道成本之外，还进行进一步的扣除，然后再确定合同项下的"双方可分配收入"。由于代理商与案外两家公司签订了联合运营游戏的合同，所以主张在计费系统的数据基础上先行扣除其与案外人的联合运营游戏的分成，再与游戏厂商计算合同项下的分成款。

仲裁庭认为，游戏厂商并非代理商与案外公司签订的联合运营游戏合同的缔约方，不在上述联合运营合同中享有任何权利或者承担任何义务。在代理合同项下，代理商承担总运营、总经销、演示、宣传、展示、发布游戏地域化版本的义务，负责对地域化版本进行宣传推广。本案争议不涉及代理商将总代理的游戏运营与经销权分许可予案外第三方是否超越许可范围的问题，但是这并不意味着代理商有权将与案外第三方的合同关系"代入"代理合同之内。在代理合同项下，只有游戏厂商与代理商双方当事人，分别承担相应的权利与义务。代理商虽然与案外第三方签订联合运营合同，作为其对代理合同义务的履行，但是与案外第三方之间所建立的合同关系仅在缔约方之间有效，对代理合同及游戏厂商并没有约束力。代理商与案外第三方的联合运营合同，如要得到代理合同的承认，并约束游戏厂商，必须经游戏厂商明确的认可，将原来的案外合同关系明确约定进代理合同关系之内。否则，代理合同双方可分配收入不应根据代理商一方的商业安排而进行约定之外的扣除。当事人双方签署代理合同必然对于自身利益有合理的预期，并在合同中约定保障各自预期利益实现的机制与方法。合同约定的彼此透明的计费系统，就是保障当事人双方相互监督、保障各自利益实现的机制与方法，应当作为计算当事人双方分成款收益的依据。

在该案中，游戏厂商还请求代理商承担迟延支付分成款的违约金。依据代理合同的约定，当事人双方应当先行对账，对代理商应付的金额达成一致意见，才应当付款。如果当事人双方对账之后发生异议，就付款金额无法达成一致意见，则应协商解决，但按照前述约定先行支付已经确定的费用部分；如确实无法确认的，游戏厂商有权委托具有审计资质的第三方进行审计。从当事人双方提供的证据来看，当事人双方就代理商应付的分成款的金额发生争议，双方处于协商解决的阶段。游戏厂商并未委托具有审计资质的第三方进行审计。在此阶段，代理商没有义务支付双方尚未协商确定的费用部分。虽然代理商应先行支付已经确定的费用部分。但是当事人双方对于何为"已经确定的费用部分"尚有争议，且根据现有证据难以认定，因此，代理商不应承担迟延付款的违约金。

关于游戏厂商请求代理商承担的服务器费用，仲裁庭认为，在合同项下，游戏厂商承担技术支持、保证游戏能够正常运行的义务，同时代理商承担服务器费用，双方的权利与义务相互对应。代理商运营游戏至今，服务器费用是必然发生的，代理商应当依约承担相关费用。

案例 22：无线增值业务合作协议争议案

申请人是游戏厂商，将其自有游戏产品和代理的第三方产品授权被申请人通过几大电信运营商的移动通信网络或者固定通信网络以短信、彩信、IVR（互动式语音应答）、彩铃、炫玲等无线增值业务形式运营。

申请人与被申请人在合同关系存续期间开展无线增值业务的合作，合作业务包括短信、彩信、IVR、彩铃、炫玲，有关业务曾通过几大电信运营商的移动通信网络或者固定通信网络进行，合作业务提供的游戏产品包括申请人的自有产品和申请人代理的第三方产品。申请人主张，被申请人未能依照约定，将通过通信网络开展无线增值合作业务运营2009年申请人代理的第三方产品产生的使用成本结算给申请人。

在当事人的合同关系中，双方的合作业务基于两个平台运营，即电信运营商平台和被申请人开展合作业务的平台。根据当事人关于"计费单据"和"统计后台"的约定，结算是以平台记录的数据为基础的。申请人有权查询上述两个平台上的数据。

申请人在陈述意见中称，"在整个业务合作过程中，被申请人的数据一直是与申请人共享的"。因此，申请人对于被申请人掌握的结算基础数据既有知情权，也有获知的途径和渠道。因此，直至2009年年底当事人双方的合同关系终止，被申请人并不存在瞒报、谎报结算基础数据的情况。

当事人双方分成申请人代理的第三方产品产生可分配收入的结算方法为：最终收益＝申请人代理的第三方产品产生的全部信息费收入－电信运营商收取的代收手续费或信息费分成、呆坏账、通信成本×实际结算率所得到的收益－产品使用成本。产品使用成本是指申请人因为用户使用其代理的第三方产品付出的游戏成本，即产品使用成本＝游戏成本价格×使用数量。

从当事人的合同约定来看，申请人代理的第三方产品的使用成本确系结算的组成部分，当事人双方对于该项内容在签署合约时有所考虑。但是，该使用成本是全部可分配收入结算的一个组成部分，其与结算方法中的其他变量（全部信息费收入、电信运营商成本）存在密不可分的联系和互动，在整个结算系统中不能独立存在。

正如全部信息费收入、电信运营商成本要取决于电信运营商平台上的数据，相关使用成本也应当基于双方当事人认可的平台上记录和核实的数据结算。既然申请人对于被申请人平台及其数据完全知晓并能够核实，申请人所主张的代理第三方产品的使用成本也应当通过电信运营商的通信网络有效核查，不能由申请人单方确定。

申请人主张"2009 年度两款游戏产品用户购买的游戏币数量、市场价格、折扣价格"由申请人与案外第三方提供使用成本，与合同关于双方分成最终收益的结算必须以电信运营商出具的信息费原始计费单据为准的约定，明显不符。

某电信运营商于 2009 年 1 月与另一运营商合并，其法人主体资格消灭。被申请人主张，由于某电信运营商的终止，当事人双方原通过某电信运营商渠道进行的合作业务"自然终止"。申请人则认为，不论电信运营商是否已向被申请人结算和支付全部信息费收入，被申请人都必须将使用成本支付给申请人。

仲裁庭注意到，在某电信运营商法人主体资格消灭之后，已经停止作为电信运营商提供电信服务，双方当事人也已经无法按照原来的约定，在 2009 年 1 月之后从某电信运营商获得信息费原始计费单据。既然电信运营商平台和被申请人平台上的数据均是对申请人公开、透明的，申请人对于某电信运营商在主体消灭之后是否继续提供服务，是否产生了信息费收入，应当也是知晓的。因此，2009 年 1 月某电信运营商终止之后，当事人双方原来通过某电信运营商进行的合作业务已经终止，包括使用成本在内的相关费用已经无法结算。申请人要求被申请人承担在某电信运营商终止之后第三方产品使用成本的主张不能成立。

依据约定，非因双方任何一方过错造成的业务处罚、收入损失、不良影响等，应由双方共同承担并解决。因此，当事人双方的合作关系决定了它们对于合作业务的市场风险是共同承担的。当事人双方业务合作的本质就是共享收益，共担风险。申请人要求被申请人单方承担运营商消灭的全部市场风险，不符合合同约定。

申请人还主张，被申请人怠于行使债权，未采取任何救济手段追究原某电信运营商所指定结算公司的法律责任，是造成合作业务收益损失的原因，被申请人应当为此承担责任。然而，某电信运营商在 2009 年不再提供结算数据，是由于法人主体资格消灭造成的，并非由于被申请人怠于履行合同义务造成。当事人双方最后一份补充协议签署于 2009 年 4 月，当时某电信运营商已经终止，当事人双方对此完全知晓，但是仍然合意延长合作期限至 2009 年 12 月 31 日，这说明申请人并不认为被申请人怠于履行与电信运营商商谈电信运营商平台的商务和技术事宜的义务，也不认为被申请人未能协调与电信运营商的关系。因此，仲裁庭认定，某电信运营商的终止并未改变当事人双方合作关系的本质，亦未改变双方的结算方式。被申请人不应承担违约责任。

二、用户数据

用户数据在代理合同中有突出重要的作用，一旦代理合同终止，保障用户数据的安全与绝对控制是游戏厂商最为关心的问题之一。游戏厂商在其系列游戏的代理合同终止后，为用户提供了进度存档工具，供用户下载游戏进度，存储与记录账号内的所有游戏角色与状态。

在案例 21 中，游戏厂商主张，代理合同终止后，代理商应配合游戏厂商将各渠道的结算账号转移给游戏厂商，以便不影响用户（玩家）的利益。代理合同约定，除非本合同另有约定，否则合同双方均应对其因签订、履行本合同而取得的有关或属于另一方的任何形式的商业和技术信息、资料及/或文件等保密，包括但不限于本合同的任何条款、用户数据、渠道信息、本游戏的源代码、数据库和技术资料等（保密信息）；本合同终止或提前解除时，双方应在另一方的请求下退还有关或属于另一方的保密信息，不得保留任何副本。仲裁庭认为，合同约定的保密义务可以适用于游戏厂商关于结算账号转移的主张。游戏厂商主张的"结算账号"是指用户（玩家）付费使用游戏厂商所拥有的游戏而设立的结算账号，属于代理商因签订、履行本合同而取得的有关或属于游戏厂商的用户数据。在合同终止后，代理商应当根据约定将游戏用户的结算账号退还游戏厂商。

三、游戏知识产权

在网络游戏代理（特别是独家代理）合同中，游戏厂商如将授权游戏的内容与元素移植到所谓"换皮"游戏中，则很可能引发与代理商之间的激烈冲突。然而，如果两款游戏的美术风格和图案原画两种元素不相似，证明了两者的"图形、地图、形象"不同，而且"文档、技术资料"等计算机软件著作权部分也不同，则两款游戏并不等同于一个作品。游戏的玩法、界面、主要功能等元素并不属于游戏作品的构成范围。由于代理合同所约定的著作权许可使用是关于特定游戏作品的，除非合同约定许可范围及于其他类似的作品，否则游戏厂商的换皮行为很难按照违反许可使用（包括独家许可）合同处理。当然，从维护游戏产业健康发展的角度来看，游戏厂商实施换皮等行为有违诚信原则，代理商如有确切证据，可以另案向法院起诉，追究游戏厂商不正当竞争的法律责任。

在案例 21 中，代理商主张，游戏厂商擅自将授权游戏的内容和元素移植到另一款手机游戏上，并委托案外公司进行运营、牟利，严重违反了代理商享有独家代理权的约定，游戏厂商应向代理商退还已付的版权金及预付分成款。经查，游戏厂商向代理商开具了"授权书"，证明游戏厂商对手机游戏（软件著作权登记号 2014×××47）拥有独立、完整的著作权或合法授权，足以授权代理商运营授权游戏；授权期限为 2014 年 8 月 2 日至 2015 年 8 月 1 日；授权地域为中国大陆范围；具体合作模式以双方签署的协议为准。因此，代理合同的本质是版权许可使用合同，即游戏厂商作为游戏作品的著作权人，许可代理商以约定方式在约定地域使用该作品的特定版本，并收取使用作品的许可使用费的合同。

仲裁庭认为，在著作权许可使用合同中，当事人双方所约定的许可使用的作品及使用的范围与方式都必须特定化。代理合同约定，游戏厂商不得以任一形式在许可区域内指定渠道，独自运营或者授权第三方运营代理商所代理的游戏 iOS（苹果移动操作系统）版本［包括越狱版本以及 Appstore（应用程序商店）版本］和安卓渠道上任何语言版本；代理商向游戏厂商支付的版权金与预付金，是获得该特定作品的许可使用权的费用对价。代理合同详细、具体的约定是与版权许可使用合同的特点完全吻合的，不论许可的客体还是许可方与被许可方的权利、义务的内容与范围，都必须通过合同约定予以特定化。任何许可范围及内容的变化，均须经双方明确约定。如果游戏厂商独自运营或者授权案外第三方运营在约定区域内已经授予代理商独占许可使用权的特定游戏版本，则应当承担退还版权金和预付分成款的违约责任。

但是，代理商所主张的游戏厂商的违约行为比较特殊，并非合同约定的本游戏的特定版本，而是移植了"该手机游戏的内容和元素"的另一款游戏。如果代理商能够举证证明另一款游戏与代理合同所约定的本游戏的特定版本相同，则游戏厂商也应当承担违约责任。依据代理合同对当事人双方所约定的游戏作品的界定，该作品是以"本游戏文档、技术资料、图形、地图、形象、情节等前述内容的更新、升级和修订、中文名称的更名"表现的。既然当事人双方对于该游戏作出上述约定，与另一款游戏进行比对，应当以此为依据。根据代理商的主张与举证，另一款游戏与当事人约定游戏的"玩法、界面、主要功能等方面均相同或类似"，"除了玩家可体验到的规则，两款游戏的数值、命名、系统玩法、系统功能、关卡设计、副本设计、新手引导、内置活动和游戏盈利模式内容上相同或基本相同；元素方面，两款游戏的玩家可体验的界面布局、道具样式两种元素基本相同",但是"两款游戏的美术风格和图案原画两种元素不相似"。

仲裁庭认为,既然代理商承认"两款游戏的美术风格和图案原画两种元素不相同",则至少证明了另一款游戏与代理合同约定游戏的"图形、地图、形象"不同。游戏厂商提交的两份著作权登记证书也说明,两者的"文档、技术资料"等游戏作品的计算机软件版权部分也不相同。代理商所主张的"玩法、界面、主要功能"等并不属于代理合同约定的游戏作品的构成,因此不在两者比对的范畴之内。代理商所称的两者"实质性相同"实际上是指两者具有"高度相似性"。基于上述理由,代理商引证的另一款游戏与代理合同约定的游戏作品不相同、不等同,也不具有同一性。因此,代理商未能证明游戏厂商违反了代理合同约定的独家代理而应当承担违约责任。

仲裁庭认为,除非代理合同将所约定的游戏的特定版本延伸到相似、类似的游戏作品,否则,版权许可使用合同仅能适用于特定的作品、权利义务内容与范围之内。当事人双方在代理合同中的利益分配,包括关于版权金与预付分成款的约定与关于运营收入分成的约定,都是基于特定化的许可使用约定作出的。如果无视当事人双方原本特定化的约定,随意扩大许可使用的范围,将违约责任延伸到其他作品,将扭曲原本双方合意达成的合同安排与利益分配,不符合合同的本意。代理商如要将代理合同中游戏厂商许可义务扩大适用于与约定的游戏相似的游戏,应当通过与游戏厂商重新谈判达成"补充协议"以调整双方利益分配的方式实现,仅凭其单方主张无法实现。

代理商主张,另一款游戏已在各大渠道平台拥有较大的下载量,它的推出是建立在代理商已经对约定的游戏进行大量推广的基础上,是一种"搭便车"的行为,同时另一款游戏瓜分了约定游戏的市场,致使代理合同约定游戏的市场份额急剧降低,游戏厂商为追求自身利润如此违反法律和商业道德的不诚信的行为,对代理商运营市场造成了重大影响。其行为构成重大违约,也构成不正当竞争。

仲裁庭认为,仲裁审理应当限于当事人之间的仲裁协议或者仲裁条款所约定的范围。代理合同约定的仲裁范围限于因本合同履行过程中引起的或与本合同相关的任何争议。代理商指责游戏厂商不正当竞争行为,并非因履行代理合同而引起的争议,而且,非经当事人双方进一步约定,也难以被认定为与本合同有关的争议,因此,不属于仲裁审理的范围。当然,代理商可以向法院起诉,追究游戏厂商不正当竞争的法律责任。

四、违约金

为了保障当事人双方严格履约,游戏代理协议约定,如违约方拒绝补救,或不按照守约方的要求进行补救,违约方应向守约方支付与授权费用等额的违约金。在具体案件中,违约方经常提出约定的违约金过高,要求予以降低。

案例23:手机游戏合作协议争议案

许可人与被许可人签订合作协议与补充协议,独家授权被许可人在中国台湾地区、香港特别行政区与澳门特别行政区运营和推广经本地化某手机游戏,许可人获得相应的授权许可费及收益分成。协议的订立、效力、解释、执行及争议的解决,均适用大陆(不包括台湾、香港、澳门地区)法律法规。

许可人请求,违约的被许可人支付违约金。被许可人抗辩,违约金明显过重,请求违约金予以降低。仲裁庭认为,当事人在合作协议及延长合作期限的补充协议中两次约定了定额违约金条款,足见许可关系的双方不仅充分理解该约定的后果,而且对全面、勤勉地履行合作协议与补充协议约定的义务有高度的共识,并形成了彼此对协议义务能够得到全面履行的合理预期。而且,合作协议与补充协议的违约金约定,平等地适用于许可关系双方,对任何一方不履约均构成同等程度的压力与制裁,并非仅适用于被许可人。而且,该条款所约定的违约责任机制是递进式的,允许违约方在守约方指定的合理期间内进行补救,只有在违约方拒绝补救或不按照守约方的要求进行补救的情况下,违约方才承担向守约方支付与本协议约定的授权费用等额违约金的严厉后果。总体上,该条款约定的违约制裁机制是审慎合理的,体现了双方严格履约的真实意思。

许可人提交的公证证据证明,许可人表现了与被许可人协商谈判解决争议的极大诚意,并无任何以协议约定的违约机制谋取利益的意图。仲裁庭认为,在被许可人对于许可人一而再、再而三的沟通催款、和解建议置若罔闻,一意孤行,恶意拖欠应付款项的情况下,若降低协议明确约定的违约金金额,等于对被许可人言而无信、恶意违约行为的纵容,对许可人合理商业预期的否定。因此,当事人的契约自由应予尊重,约定的条款必须信守,被许可人应当依约支付与授权费用等额的违约金。

当事人合作协议的附件为保证人出具的"履约保证函",内容为:作为被许可人的关联公司,自愿作为担保方,担保被许可人将如约履行协议。但保证人拒绝为补充协议项下的被许可人违约责任承担担保义务。

仲裁庭认为，保证人自愿担保许可人与被许可人之间的合同关系，应对被许可人有关协议中所涉及的全部及任何义务与责任承担连带担保责任。合作协议约定，双方可以通过书面协议方式对协议进行修改和补充，经双方适当签署的修改协议和补充协议是合作协议的组成部分，具有与合作协议同等的法律效力。保证人既然在"履约保证函"中陈述已清楚地知悉合作协议的全部内容，当然也必定知悉许可双方以书面方式、适当签署的补充协议。作为合作协议的组成部分，补充协议约定的被许可人的义务，当然属于保证人在"履约保证函"中承诺的被许可人在合同项下"所涉及的全部及任何义务与责任"之范围。而且，许可人还举证证明，在合作协议与补充协议履行过程中，保证人与被许可人存在经营活动、营业地址、工作人员相互混同的情况。因此，出具履约保证函的保证人应当为包括补充协议在内的合作协议项下被许可人所涉及的全部及任何义务与责任承担连带担保责任。

第七节　网络游戏许可开发合同争议案

著作权许可使用费的争议集中在费用结算信息、结算方法与结算范围几个方面。许可使用费一般采用预付权利金、固定费率及收益分成三种结算方式。被许可人预先向许可人支付固定金额的许可使用费（或称"权利金""保证金"），是最简单的结算方式。固定费率结算是许可人预先或定期收取保底额度的许可使用费，作为最低保证金，一般不与被许可人的实际经营收益挂钩。收益分成是按照被许可人在经营活动中使用作品（或录音制品等）产生的实际收益的比例分成。

三种结算方式可结合或交替使用。固定费率可与收益分成交替使用。例如，在案例16中，当事人约定，许可人有权依据被许可人的每月实际业务收入收取"版权使用费"，或者按月收取定额"最低保证金"，被许可人当月该业务的应付许可使用费总额未超过该月该业务最低保证金数额，许可人不予返还被许可人已支付的最低保证金，即许可使用费以最低保证金为准。预付权利金方式也可与经营收益分成相结合，预付的权利金视许可人经营收益进行冲抵或扣减。下述案例（案例24）就反映了这种复杂模式的结算。

案例 24：移动端游戏许可开发协议争议案

摘要：本案比较典型地集中了当事人关于许可条件、许可期限与许可费用的争议。许可人是知名传媒公司，拥有享誉世界的系列动漫、电影及衍生作品的著作权，授权国内某公司在约定的期限内使用许可人作品角色、风格指南及其他权利设计开发、销售、复制、出版、发行、存储、下载及利用关于某公司（以下简称 S）的应用于手机与平板电脑的移动端游戏。被许可人在协议生效后，向许可人预先支付一笔不可返还的许可使用费保证金（nonrefundable advance guarantee of royalties）。双方约定，如被许可人未能在约定期限内完成游戏的开发与商业化发布（commercial release），则所支付的保证金将归许可人所有。被许可人未能按期完成游戏的开发，为了避免损失已支付的保证金，在未经许可人明确事先书面同意的情况下，擅自在期限末尾将游戏测试版本公布于我国澳门地区网络上。然而，移动端游戏是对许可人作品的改编，非经许可人明确事先书面同意（explicit prior written approval），被许可人擅自在网络上传播改编作品不仅不符合授权约定，而且构成了实质性违约。许可人因此终止了许可开发协议。被许可人请求许可人返还已付的保证金。依据当事人双方约定，在游戏投入运营后，被许可人应按营业收益支付版税（即许可使用费），已付保证金可用于分期抵偿，并设定了每期可抵偿版税的最低金额；实际收益高于最低金额，则按实际收益支付，否则按最低金额支付。仲裁庭在深入研究当事人的许可使用费结算模式后发现，被许可人主张的可抵偿版税（recoupable royalties），前提条件是游戏投入运营并产生版税收益。因游戏尚未经许可人同意进行商业性发布，被许可人并无任何营业收益对其已付的保证金进行抵偿。依据许可协议的约定，被许可人已付保证金，只有由被许可人抵偿（recoupment）或者"丧失"（forfeiture）两种可能，不存在返还给被许可人的选项。因此，被许可人请求许可人返还保证金，仲裁庭不予支持。

被许可人还以审批迟缓及其他事由妨碍合同履行为由，主张适用不可抗力或情势变更以减免责任。但是，被许可人的主张与其擅自公布游戏测试版本并通知许可人已商业性发布的行为相矛盾，无法证明其遭受不可抗力或情势变更事件而无法履行协议。正如《著作权法》所规定，著作权人在许可使用合同中未明确许可的权利，未经著作权人同意，另一方当事人不得行使。许可使用的授权范围如有任何修改，须经许可人书面签署，被许可人切忌擅自推定默示许可的存在，否则将承担违约责任。本案许可协议不仅约定了许可期限，而且明确约定许可人对被许可人开发的改编作品享有最终同意的权利,被许可人擅自超越该授权范围,终尝违约的苦果。

1. The Parties' Contractual Relationship, Language of Proceeding, and Application of Law

On August 31, 2017, both Parties concluded the "License Agreement", under which the Respondent (Licensor) grants the Claimant (Licensee) the limited, non-transferable right in China during the Term to use, reproduce and modify the Respondent's ** characters, style guides and other Properties solely to the extent necessary in each case to design, develop, market, reproduce, publish, distribute, host, upload and exploit the Licensed Products on the Authorized Devices.

The License Agreement consists of the following sections:

—Schedule #1 (Section 1-14),

—Attachment A to Schedule #1 (Section 1-2), and,

—Standard Terms and Conditions (Section 1-21) and Exhibits (A-J).

Both Parties concede that they had signed, respectively, the Amendment No. 1 to the License Agreement (hereafter "Amendment No. 1") on November 22, 2018 and the Amendment No. 2 to the License Agreement (hereafter "Amendment No. 2") on September 6, 2019.

The Tribunal notes that Amendment No. 2, Section 4.3, provides that this Amendment and the Agreement constitute the entire and exclusive agreement between the Parties with respect to subject matter set forth herein and therein; all previous discussions and agreements with respect to such subject matter are superseded by the Agreement and this Amendment.

The Tribunal, therefore, finds that the License Agreement and Amendment No. 2 that superseded Amendment No. 1 jointly form the Parties' contractual relationship.

In accordance with Section 21.13 of the Standard Terms and Conditions of the License Agreement, this Agreement shall be governed and interpreted in all respects by and according to the laws of China and arbitration shall be conducted in English.

The Respondent contends that it had terminated the License Agreement between the Parties on May 6, 2020. The Claimant contends that "the Agreement was wrongfully objectively terminated" and "the License Agreement is objectively terminated as a result of the stagnancy". The Tribunal notes that the Claimant does not repudiate the "objective" termination date of the License Agreement.

Given the both Parties concede May 6, 2020 as the termination date of the License Agreement, when the Chinese Civil Code was yet to be effective, the Tribunal finds that it is the Chinese Contract Law, along with Copyright Law and other applicable laws that shall be applied to the Parties' contractual relationship.

The Tribunal does not find that the License Agreement and the Amendment No. 2 contain any provision or agreement contradictory to any compulsory stipulations of Chinese laws. The License Agreement that has been modified by Amendment No. 2 is effective and legally binding to the Parties under Chinese laws.

2. Commercial Release of the Licensed Product

The Claimant claims that the Respondent "shall return 28.832 million RMB paid by Claimant and bear and pay all reasonable fees and expenses" for breach. In the Claimant's contention, the conditions to invoke the unilateral termination clause in the License Agreement have not been fulfilled because the Claimant "had fully performed its contractual obligations with the License Agreement, as amended" and "the release of the title was timely". The Respondent, therefore, has no right to terminate the License Agreement.

The Respondent contends that the Respondent lawfully terminated the License Agreement because the Claimant failed to commercially release the Title by April 30, 2020. The Respondent rejects the Claimant's request for relief and claims for losses.

Based on the Parties' submissions, the Tribunal finds it critical to discover whether the Claimant had commercially released the License Product/Title as agreed in the Parties' contractual relationship in order to assess all the claims made by the Claimant.

(1) **Contractual provisions**

According to Section 2, 4, 5, and 6 of the Schedule #1 of the License Agreement,

—Licensed Product is One Title and IAP.

—Title shall mean a full-featured top-tier entertainment interactive software product developed in accordance herewith for the Authorized Devices through the Distribution Channels that is commercially released in any country and in any language under the same or similar name; including all computer software, both in Source Code and Object

Code forms.

——Authorized devices refer to the Smart Phones and Tablet Devices.

——Distributed Channels authorized for the Claimant's sale of the Licensed Product are Apple APP Store and Google Play.

——The Territory refers to Mainland China, Hong Kong SAR, Macau SAR, and Taiwan region.

The Tribunal notes that the issue of Release Date was specifically defined in the first paragraph of Section 8 of the Schedule #1 of the License Agreement, which is amended later by Section 3.2 of Amendment No. 2.

Since Amendment No. 2 took effect from September 6, 2019, the Release Date under Section 8 of the Schedule #1 of the License Agreement shall be read as follows:

——The Claimant shall use commercially reasonable efforts to release the Simplified Chinese Version of the Title on or prior to July 31, 2019 (the Target Release Date).

——If the Claimant fails for any reason to commercially release the Title on or before the Target Release Date, the Parties shall have jointly decided the revised release date of the Title (Revised Target Date), provided that the Revised Target Date shall in no event be later than April 30, 2020.

——If the Claimant fails for any reason to commercially release the Title on or before April 30, 2020 and such failure does not occur as a result of the Respondent's breach of this Agreement, the Respondent, in addition to all other options and remedies available thereof, shall have the right, in its sole discretion, to immediately terminate this Agreement upon written notice to the Claimant.

——The Claimant acknowledges that the Respondent has no obligation to grant any extension of time for the Claimant to develop and/or commercially release the Title.

——For purpose of this Agreement, Commercial Release or Commercially Release of the Title means the Title is released by the Claimant to the general public on any of the Distribution Channels in the Territory with monetization, other than a limited release of the Title for testing purpose (e.g. a geo-beta or soft launch), and where the user data generated within the game is not deleted from End Users' account after a certain period of time either.

(2) Essential requirements for commercial release

To the Tribunal's notice, the Schedule #1 of the License Agreement together with the Standard Terms and Conditions and all attached Exhibits and Schedules and Amendment No. 2 constitute the entire understanding and agreement between the Parties with respect to the transactions contemplated herein.

Given that the issue of commercial release of the Title is at the core of the Parties' contractual relationship, the Tribunal finds it necessary to examine this issue in the Parties' entire contractual arrangement.

On the top of the definition of commercial release of (or commercially release) the Title provided by the Schedule #1 of the License Agreement and the Amendment No. 2, the Tribunal finds that the Claimant's act of release and the Respondent's prior written approval are the two essential elements. Omission of neither shall result in the failure of commercial release as agreed by the Parties.

(a) Claimant's release

In the Claimant's contentions, "the Title released by the Claimant was full-featured and qualified in its nature". The Tribunal notes that the Claimant's only direct evidence to prove that "the Claimant had completed the commercial release of the title and performed the contractual obligations properly" is the Claimant Evidence No. 5, although the authenticity of which is denied by the Respondent.

(i) Claim Evidence No. 5

To the Tribunal notice, the Claimant Evidence No. 5 is the 2-page printouts of the screenshot of Google Play showing. According to the definition of commercial release provided by Amendment No. 2, the Claimant's evidence does prove that a game application was released to the general public on one of the designated distribution channels in the territory with monetization.

The Tribunal, however, finds that the Claimant's 2-page static printouts from Google Play cannot sufficiently prove what was released by the Claimant is a full-featured top-tier entertainment interactive software product as required by Section 1 of the Schedule #1 of the License Agreement. On the contrary, the remarks about incompatibility of this application program with the end users' devices demonstrate that it is not a fully-functioning game.

(ii) Parties' email communications

The Tribunal discovers from the Respondent's Defense Evidence No. 14 and 15 the following communications between the Parties.

To the Tribunal's discovery, although the Respondent had clarified to the Claimant in January 2020 "the contract requiring 'a Hard-Launch' in April" and the "updates would be applied in a fully live and unthrottled environment", the Claimant's Macau Launch Plan submitted on April 7, 2020 was still evaluated by the Respondent as functioning "more like a geo-beta, to gather more info for a Launch, than the actual full launch". The Claimant did not present any evidence to prove that it had made "the current game quality ready for launch" before making it available to the general public on April 27, 2020. It is incredible that the Claimant would be able to complete a full-featured top-tier Title based on an underdeveloped geo-beta in less than 20 days. What's more likely is the game released by the Claimant on April 27, 2020 without the Respondent's approval, prior knowledge, and consent actually functioned like a geo-beta.

According to the definition provided in Section 3.1 of Amendment No. 2, a limited release of the Title for testing purposes, e.g. geo-beta, is not qualified for commercial release or commercially release.

(iii) Parties' other evidence

The Claim Evidence No. 10 is the State Administration of Press, Publication, Radio, Film and Television's approval dated August 6, 2020 for the Claimant's online game. The Claimant contends that the evidence "indicated that the Title was full-featured and of high quality and was admitted by the government".

The Tribunal notes from the Claim Evidence No. 10 that the approval from the State Administration of Press, Publication, Radio, Film and Television relies on the petition submitted by Shanghai Municipal Administration of Press and Publication (No. [2019] 282) dated June 25, 2019, which is in the Claim Evidence No. 8.

To the Tribunal's notice, Shanghai Municipal Administration of Press and Publication submitted to the State Administration of Press, Publication, Radio, Film and Television in its petition No. [2019] 282 that "we review and find the Claimant's application materials are complete and the topic content basically fulfill the requirements of publication, we prepare to agree its publication and submit the relevant application materials for your examination and approval".

The Tribunal also notes that the Claimant refers to the Respondent's Defense Evidence No. 26, an official document issued by the National Press and Publication Administration (former name of State Administration of Press, Publication, Radio, Film and Television) on examination and approval of publication of Internet visual game works authorized by overseas copyright holders, which requires that the contents of games not violate Article. 25 and 26 of the Regulations on Publication Administration or contain any content that is vulgar or inconsistent with the socialist core values.

Based on the Claim Evidence 8 and 10 and the Respondent's Defense Evidence No. 26, the Tribunal finds that the content legitimacy of the Claimant's Internet visual game had been reviewed and approved by the competent governmental agencies under the Chinese regulations on publication, but the evidence cannot prove that the Claimant's game submitted for governmental approval had met the contractual requirements on completeness and quality of the Title.

The Tribunal notes that Shanghai Municipal Administration of Press and Publication's petition was filed to the State Administration of Press, Publication, Radio, Film and Television on or after June 25, 2019 and the Claimant does not provide any proof that the Claimant's application materials had ever been updated between June 25, 2019 and the final approval date of August 6, 2020. However, the Title apparently had not been completed by the Claimant on or before June 25, 2019, otherwise, the Parties wouldn't have concluded the Amendment No. 2. on September 6, 2019.

Therefore, the Tribunal does not find the proof that the full-featured and high-quality Title was released by the Claimant as agreed by the Parties.

(b) Respondent's prior written approval

The Claimant states that it had obtained the approval from the Respondent before it launched the Title in Macau on Google Play on April 27, 2020. The Claimant contends that "the Claimant's Release was in Accordance with the Territory Requirement, Channel Requirement, Monetization Requirement and Language Requirement that Stipulated by the License Agreement".

The Respondent contended that the Claimant launched a limited game application on April 27, 2020 without the Respondent's approval, prior knowledge, and consent.

The Tribunal notes that Section 3 of the Standard Terms and Conditions of the Licensed Agreement sets out the details regarding the Respondent's right to review and approve all aspects of the Licensed Products, the Claimant's agreement to consult with the Respondent upon the Respondent's request and as reasonably necessary throughout the development of the Licensed Product and the Claimant's acknowledgement that the Respondent shall have the right of final approval with respect to the review, which approval may be granted or withheld in the Respondent's sole discretion.

In line with the foregoing clause, the Tribunal carefully examines the Parties' submissions.

(i) Claimant's contentions and evidence

Based on the Claimant's submissions, the Tribunal finds the Claimant fails to prove that the Respondent had ever explicitly granted any prior written approval to the Claimant's proposal, communications, publishing plan, or launch explanation. As agreed by the Parties, especially specified by Section 3 of the Standard Terms and Conditions of the Licensed Agreement, the right of final approval to the Licensed Product is one of the Respondent's essential contractual rights as the copyright licensor. The Respondent has the sole discretion to grant or withhold the approval upon the Claimant's proposal or request. This is why the Claimant, before commercially releasing the Licensed Product, has to obtain the explicit prior written approval, rather than arbitrarily presume that the Respondent's non-objection be equivalent to that. The Tribunal finds that the Claimant's contentions on the principle of estoppel or good faith belief "regarding the issue of releasing the Title in Macau first" is entirely untenable.

The Tribunal finds that the Respondent's replies to the Claimant's publishing plan cannot be read by any means as approval. The Respondent explicitly concerned that a Launch in April (2020) "would not only be difficult to achieve but also likely to detrimental to the long-term success of the title due to lack of content, limited polished time, etc." Therefore, the Respondent's approval to the Claimant's launch plan or the approval to the real launch of the Licensed Product in April 2020 is not proved.

The Tribunal notes that the Claimant's contention that "the Respondent's approval on Jira System constituted the 'prior written consent' that stipulated by the License Agreement".

The Tribunal notes from the one-page printout of the screenshot of the so-called Jira system on game build in the Respondent's Defense Evidence No. 13 that the Respondent had approved the "Announcement System", "Chat System", "Character System", etc. submitted by the Claimant.

The Tribunal finds that the screenshot records the approval system under Section 4.1 of the Standard Terms and Conditions of the Licensed Agreement, which requires the Claimant to develop and produce the Deliverables (including, at a minimum, design, first playable, feature complete, content complete and launch build) of each Version of the Title for the Respondent's review and approval. These Deliverables, obviously include "all the product systems/arts/narratives etc." as stated by the Claimant. However, the Respondent's approval to these Deliverables, by no means, replaces the Respondent's right of approval regarding the Claimant's launch plan and the Licensed Product's testing and evaluation; neither does it repudiate the Respondent's right of final approval to release the Product to the general public. Therefore, the records on the so-called Jira system cannot support the Claimant's assertion that the Respondent had approved its release of the Licensed Product on or before April 27, 2020.

The Claimant's statement in the email dated April 24, 2020 that "if [the Respondent] required to not to release it, it would cause loss for both parties" actually reveals that the Respondent had not yet approved the release of the Licensed Product even on the date when the Claimant displayed, released or made the Title Materials, Promotional Materials, etc. available to the general public for monetization as showed in the Claim Evidence No. 5.

After carefully examining the Claimant's foregoing contentions and cited evidence, the Tribunal finds that the Respondent's approval over release of the Licensed Product cannot be conclusively proved.

(ii) Evidence of non-approval

The Tribunal notes from the Parties' communications that the Respondent had made it very clear before or after April 27, 2020 that no approval had ever been granted to the Claimant to release the Licensed Product because the Product's level, quality, and completeness fell short of the Respondent's requirements, even in Taiwan/Hong Kong/Macau region, China. On April 20 and 28, 2020, the Respondent reemphasized many times to the Claimant that the Licensed Products had yet to be approved for release/launch.

Section 3.1 of the Standard Terms and Conditions of the Licensed Agreement specifies that the Claimant shall not commercially release a Version of a Title prior to securing the Respondent's written prior approval with respect to such Version. Therefore, even the Claimant's so-called "first version of game" shall not be commercially released without securing the Respondent's written prior approval.

(3) Conclusion

Based on all the above facts, the Tribunal finds that the Claimant neither secured any prior written approval from the Respondent to commercially release the Licensed Product nor revealed a fully-featured top-tier product to the general public as agreed by the Parties. The version of the game revealed to the general public by the Claimant on April 27, 2020 was not qualified for commercial release under the Parties' agreement.

3. Termination of the Parties' Agreement

Both Parties admit that the Respondent issued a termination letter to the Claimant on 6 May 2020. In the letter, the Respondent notified the Claimant that the Agreement was terminated immediately due to the Claimant's failure to commercially release the Title on or before April 30, 2020.

(1) Time limit

The Respondent, in reliance upon a judicial interpretation, contends that "the Claimant is time-barred from objecting to the termination" because the application for arbitration was filed "nearly four months after its receipt of the Termination Letter". The Claimant contends that the judicial interpretation cited by the Respondent shall not be applied and the Claimant is entitled to seek remedies against the termination through filing for arbitration.

The Tribunal notes from The Respondent's Defense Evidence 16 that the Claimant emailed to the Respondent on May 21, 2020 stating that "we don't see any legal ground for [the Respondent] to deny the launch as the title is approved". According to elaboration provided by the Minutes of National Court Civil and Commercial Trial Conference to the Supreme Court's Judicial Interpretations on Application of the Contract Law, only the party that enjoys statutory or contractual right of termination is entitled to terminate the contract through notification; any party that has no termination right could not terminate the contract even if the other party failed to object to notification of termination within 3 months. Whether the party that sent the notification enjoys termination right is, therefore, a substantive issue that can only be discovered through trial.

Since the Claimant clearly objected to the subsistence of the Respondent's termination right, the Tribunal finds that the Claimant has the right to seek legal remedies through filing for arbitration.

(2) Termination

Although the Claimant contends that the Respondent refused to cooperate, delayed, and "refused necessary replies to set obstacles to the launch of the game", the Tribunal finds that the Claimant does not provide any conclusive proof to substantiate such contention. Instead, the Claimant Evidence No. 6 demonstrates that the Respondent had timely and effectively responded to all the emails from the Claimant.

Given that the Claimant shall be solely responsible for developing the Licensed Product and there is no proof on the Respondent's breach that resulted in the Claimant's failure of commercial release as agreed, the Respondent, under Section 3.1 of the Amendment No. 2, shall have the right, in its sole discretion, to immediately terminate this Agreement upon written notice to the Claimant.

The Tribunal, therefore, finds that the Respondent's termination letter has the contractual basis and does not constitute any breach.

4. Claim on Return of the Guarantee

The Claimant requests that the Respondent return the Guarantee. The Claimant contends that the Respondent is responsible for the refund because of the Respondent's breach.

The Respondent, although confirms its receipt of the Claimant's payment, contends that it is entitled to retain all monies according to Section 16.5 of the Standard Terms and Conditions of the License Agreement.

In consideration of the complexity of the dispute over the return of the Guarantee, the Tribunal thoroughly examines both parties' submissions.

(1) Contractual provisions on the Guarantee

The Tribunal notes that the Claimant cited Section 6.1 and 6.2 of the Standard

Terms and Conditions of the License Agreement to support its contentions. The Tribunal finds that it is necessary to research all the relevant clauses on Guarantee. Section 9 of the Schedule #1 of the License Agreement provides for the Guarantee but it has been amended to entirely and replaced with the new content of Section 3.2 of Amendment No. 2.

(a) Section 3.2 of Amendment No. 2

To the Tribunal's discovery, Section 3.2 of Amendment No. 2 defines two issues, i. e. payment of the Guarantee and recoupable balance of the Guarantee. The Parties have no dispute with respect to the first issue. What's being disputed by the Parties is the second issue, i. e. whether and how to recoup the Guarantee.

The Tribunal finds that Section 3.2 of Amendment No. 2 is a lengthy and complicated provision deserving special attention.

The Tribunal discovers the following key points regarding recoupable balance of the Guarantee from Section 3.2 of Amendment No. 2:

—The Claimant shall pay the Respondent a nonrefundable advance guarantee of Royalties (Guarantee).

—Except as set forth herein, the Guarantee shall be fully recoupable against the Royalties payable by the Claimant in accordance with the terms and conditions of this Agreement.

—As a nonrefundable advance guarantee against the Royalties, the Guarantee shall be recoupable only from and against Royalties payable by the Claimant subject to the Recoupable Balance adjustment set forth in 2 Periods.

—For the purpose of this Agreement, Recoupable Balance Amount is defined as the amount from the Guarantee which the Claimant is entitled to recoup against the Royalties payable by the Claimant during a certain MG Period.

—If the Royalties payable to the Respondent for any of the above-listed MG Period is in excess of the Recoupable Balance for such Guarantee period (Overages), the Claimant shall pay the Respondent such Overages on monthly basis within 30 days after the end of each calendar month that Overages accrue.

—Should the Royalties fail to accrue to total of the Recoupable Balance Amount within the respective MG Period, in addition to any and all other rights and remedies available to the Respondent provided under this Agreement, the Claimant shall forfeit the remainder of the Recoupable Balance for that MG Period (MG Forfeiture).

—The forfeited Recoupable Balance Amount during MG Period 1 will not be against any Royalties payable by the Claimant accrued during MG Period 2.

—As consideration of the License granted by the Respondent, the MG Forfeiture shall be deemed as accrued shortfall even if the Title is not released.

—Notwithstanding the above, if in any event, the non-release of the Title is due to any Force Majeure event, the Parties shall jointly decide the amount to be forfeited from the Recoupable Balance Amount.

—If this Agreement is earlier terminated by the Respondent pursuant to Section 16.1, any and all Guarantee shall become immediately due and payable.

(b) Contractual provisions on the Royalties

The Tribunal notes that the Claimant specifically cites two clauses, Section 6.1 and 6.2 of the Standard Terms and Conditions of the License Agreement, to support its contention. Both clauses stipulate the issue of Royalties. Given that Section 3.2 of Amendment No. 2 is intertwined with the Royalties payable to the Respondent, the Tribunal looks into all the provisions relevant to Royalties.

Section 10 of the Schedule #1 and Section 6.1, 6.2, and 6.4 of the Standard Terms and Conditions of the License Agreement define the Royalties under the Parties' agreement:

—Royalties payable to the Respondent by the Claimant shall be deemed to accrue upon the earlier receipt of funds by the Respondent or the reported download of the Title by an end user.

—(Section 6.1) In consideration for the rights granted by the Respondent hereunder, the Claimant shall pay to the Respondent the Royalties set forth in the applicable Schedule; for the avoidance of doubt, the Claimant shall pay Royalties to the Respondent on sales of any Licensed Product to an Affiliate of the Claimant, and such sales shall be based on the highest price that the Claimant has or would have charged to customers not affiliated with the Claimant; provided, however, that if such Affiliate is authorized to sell, and is selling, the Licensed Product to consumers, or for resale to consumers, the Royalties payable to the Respondent shall be calculated on the Affiliate's actual gross revenue without deductions of any kind.

—Subject to the terms and conditions of this Agreement, for Consumer Sales of the Licensed Product in Mainland China region, the Royalties payable by the Claimant shall be 10% of the Gross Revenue; or, for Consumer Sales of the Licensed Product in the region of Hong Kong SAR, Macau SAR and Taiwan, China, the Royalties payable by the Claimant shall be 15% of the Gross Revenue.

—For the purpose of this Agreement, Gross Revenue means all revenue generated in connection with the sale, license, distribution, and other exploitation of the Licensed Product.

— (Section 6.2) As nonrefundable advance guarantee against the Royalties due pursuant to Section 6.1, the Claimant shall pay to the Respondent the Guarantee set forth in the applicable Schedule. The Claimant shall have the right to recoup the Guarantee against the applicable Royalties before paying the Respondent any additional Royalties during the respective Guarantee period, as set forth in the applicable Schedule. The Claimant may not credit against a Guarantee any Royalties paid on Gross Revenue, as the case may be, for the Licensed Product discovered as a result of an Audit. If this Agreement is earlier terminated by the Respondent pursuant to Section 16, any and all Guarantee shall become immediately due and payable.

(2) **Condition of Guarantee recoupment**

Section 3.2 of Amendment No.2 makes it clear that the Guarantee shall be recoupable ONLY from and against Royalties payable by the Claimant subject to the Recoupable Balance adjustment set forth. Therefore, it is critical to figure out the conditions for the Guarantee recoupment.

Apart from the Periods, Amount, and Procedure for recoupment, the Tribunal finds that one of the essential conditions for recoupment is the existence of the Royalties payable by the Claimant to the Respondent. As provided by Section 6.2 of the Standard Terms and Conditions of the License Agreement, the Claimant's right to recoup the Guarantee is against the applicable Royalties before paying the Respondent any additional Royalties during the respective Guarantee period as set forth in the applicable Schedule.

Royalties payable by the Claimant, as defined in Section 10 of the Schedule #1 of the License Agreement, shall be 10% or 15% of the Gross Revenue generated in connection with the sale, license, distribution, and other exploitation of the Licensed Product in the respective region. Consumer Sales of the Licensed Product and Gross Revenue accrued either upon the earlier receipt of funds from Affiliate of the Claimant or the reported downloads of the Title by end users can only occur after the Title was commercially released for monetization under the License Agreement.

As discovered by the Tribunal, the Licensed Product has not been commercially released by the Claimant as agreed by the Parties. As a result, there is no Sales of the Licensed Product or Gross Revenue generated and the condition for Guarantee to be recouped against the Royalties payable by the Claimant are clearly unmet in such circumstance.

(3) MG Forfeiture

According to Section 3.2 of Amendment No. 2, MG (Minimum Guarantee) Forfeiture occurs in two circumstances.

(a) MG Forfeiture in the event of commercial release

In the event of commercial release of the Title, if the Royalties payable by the Claimant fail to accrue to total of the Recoupable Balance Amount within the respective MG Period, without prejudice to the Respondent's other rights and remedies available under the License Agreement, the Claimant shall forfeit the remainder of the Recoupable Balance for that MG Period. For example, if in the MG Period 1, the Royalties payable by the Claimant calculated on the Gross Revenue were 15,000,000 yuan, lower than the Recoupable Balance Amount for that MG Period (RMB 25,000,000 yuan) specified in the Schedule, the Claimant, in addition to payment of the Royalties of 15,000,000 yuan, bear the shortfall of 10,000,000 yuan to the Guarantee between the Recoupable Balance Amount and the Royalty payment.

The design of MG Forfeiture is based upon the Claimant's marketing commitments under the License Agreement, i.e. the Claimant shall use its commercially reasonable efforts, no less than for its other top-tier titles, to distribute, market, advertise and promote the Licensed Product as agreed by the Parties. The target amount that the Claimant is entitled to recoup from the Guarantee is linked with the mutually-agreed target amount of Royalties calculated on Sales of the Licensed Product and Gross Revenue. Should the amount of the Gross Revenue and the Royalties fail to meet the target amount

(Recoupable Balance Amount) during a MG Period, the Claimant, instead of recoupment, would have to forfeit the remainder of the Guarantee for that MG Period.

Since the Licensed Product has not been commercially released as required by the Parties' agreement and no Royalties calculated on the Gross Revenue have been generated, the Tribunal finds that the relevant MG forfeiture cannot be applied.

(b) MG Forfeiture for non-release

In the event that the Title is not commercially released as occurred in the Parties' dispute, Section 3.2 of Amendment No.2 provides that the MG Forfeiture shall be deemed as accrued shortfall as the consideration of the License granted by the Respondent. Non-release of the Title means that the Royalties payable by the Claimant calculated on the Gross Revenue in any MG Period are all zero. If compared with the target Recoupable Balance Amount, the total amount of the Guarantee becomes the accrued shortfall that the Claimant must forfeit.

Non-release MG Forfeiture reflects the nature of the Royalties provided in Section 6.1 of the Standard Terms and Conditions of the License Agreement. The Parties agree that the Claimant shall pay Royalties to the Respondent in consideration for the rights granted by the Respondent under the License Agreement.

According to Section 1 of the Schedule #1 and Section 1.1 the Standard Terms and Conditions of the License Agreement, the Respondent grants the Claimant (Licensee) the limited, non-transferable right in the Territory during the applicable Term to use, reproduce and modify the Respondent's S characters, style guides and other Properties solely to the extent necessary in each case to design, develop, market, reproduce, publish, distribute, host, upload and exploit the Licensed Products on the Authorized Devices.

Under the License Agreement, from its conclusion on August 31, 2017 until its termination on May 6, 2020, the Claimant had, in almost three years, used, reproduced, and modified the Respondent's S characters, style guides, and other Properties to design and develop the Title and had marketed and distributed an application to the general public "capable of supporting the users' purchase within the application" even without the Respondent's prior written approval. If the Respondent were deprived of the Royalties, it would mean that the Claimant was entitled to commercially exploit the

Respondent's Properties for free all through these years, which would unbalance the whole contractual relationship between the Parties and be inconsistent with the copyright owner's right to get the remuneration from copyright license under the Chinese Copyright Law. That's why the Claimant shall pay the Royalties as the consideration for the rights granted by the Respondent even if the Title is not released. Section 3.2 of the Amendment No. 2 clarifies that the Royalties in such circumstance shall be the Claimant's MG Forfeiture of the entire Guarantee under the License Agreement. Given that the Parties had carefully negotiated and specifically incorporated this clause in Amendment No. 2 to the License Agreement, the Tribunal finds that it is effective and binding upon both Parties.

The Claimant contends that "the Respondent is still unduly forfeiting the Guarantee" and "obviously breaks the principle of fairness and justice".

The Tribunal notes that the Parties' reasonable expectation upon conclusion of the contract is lawfully protected under the Chinese Contract Law. The Parties of the License Agreement mutually agree in Section 6.2 of the Standard Terms and Conditions of the License Agreement that the Guarantee be a nonrefundable advance guarantee of Royalties. The function of Guarantee is limited to be recouped against the payable Royalties or forfeited for accrued shortfall to the Recoupable Balance. The option of return or refund of Guarantee is clearly ruled out in the Parties' agreement. Therefore, the execution of MG Forfeiture is completely consistent with the Parties' agreement and by no means breaches the principle of fairness and justice.

The Claimant's Claim Evidence No. 6 shows that Claimant emailed to the Respondent on April 22, 2020, which referred to the provision on MG Forfeiture, i.e. "according to our agreement, we agreed to forfeit the MG if we fail to accrue the royalties within the MG Period", and tried to renegotiate about Recoupable Balance with the Respondent. The Claimant's evidence demonstrates that the Claimant was aware of the contractual consequence of MG Forfeiture in the event of non-release.

In conclusion, given that the Licensed Product is not commercially released as agreed, the Tribunal finds that the Claimant shall forfeit the entire Guarantee as the consideration of the License granted by the Respondent.

(4) Stipulation of the Contract Law

Under Article 97 of the Chinese Contract Law, after the termination of a contract, the party concerned may, in accordance with the situation of performance and the nature of the contract, demand restoration of those already performed to the original status or take other remedial measures, and have the right to claim compensation.

Given that the Claimant had exploited the Respondent's rights and Properties granted by the License Agreement and the Respondent's termination of the Agreement resulted from the Claimant's breach, the Tribunal finds that neither the situation of performance nor the nature of the License Agreement enable the Claimant to regain the Guarantee that is explicitly agreed as nonrefundable.

(5) Claimant's contentions on Force Majeure and change of circumstances

The Claimant contends that "even if the Tribunal found that the Claimant did not release the Title as regulated in the License Agreement, the Respondent should refund the Claimant as well due to force majeure, change of circumstances".

The Tribunal finds it necessary to assess the contentions on Force Majeure and changes of circumstances separately.

(a) Force Majeure

The Tribunal notes that Section 3.2 of Amendment No.2 provides a special arrangement regarding MG Forfeiture, i.e. if in any event the non-release of the Title is due to any Force Majeure event, the Parties shall jointly decide the amount to be forfeited from the Recoupable Balance Amount.

The Tribunal finds that any Force Majeure event defined by the Parties' agreement and the Parties' joint decision regarding forfeiture are the two cornerstones of this special arrangement.

(i) Force Majeure event

The Tribunal notes that the Force Majeure events contended by the Claimant are "epidemic and the adoption of any ordinance, regulation, order or decree".

To the Tribunal's notice, Force Majeure event and its consequences are defined in Section 21.6 of the Standard Terms and Condition of the License Agreement, which exempts the Party's default or responsibility for any delay in the performance of its obligation due to causes beyond its reasonable control like epidemic or any change in or adoption of any law, ordinance, rule, order, judgement or decree, provided that the Party relying upon this Section shall (a) have given the other Party written notice thereof promptly and in any event within 5 days of discovery thereof or as otherwise as soon as commercial practical after occurrence of the force majeure event, and (b) take all steps reasonably necessary under the circumstances to mitigate the effects of the force majeure upon which such notice is based.

According to the foregoing clause, the Claimant is eligible to rely on the provision upon the condition that it had promptly notified the Respondent of Force Majeure event in written notice.

The Tribunal finds from the Claimant's emails to the Respondent that the Claimant insisted on releasing "the first version of game before 4/30 in Macau/TW/HK as required by the agreement" despite the Force Majeure events it claimed. What the Claimant requested is not an exemption of default or responsibility for any delay in the performance of its obligation but a continuation of performance of its obligation "as required by the agreement". The Claimant's emails are, therefore, different from the written notice of Force Majeure event and cannot enable the Claimant to enjoy the exemption provided by Section 21.6 of the Standard Terms and Condition of the License Agreement.

With respect to the governmental approval procedure that the Claimant emphasized in the contentions, the Tribunal finds it only applicable in Mainland China. Since the Claimant contends that "release in ANY of the four places in PRC shall qualify as the Release", obtaining the governmental approval in Mainland China shall not become the Claimant's insurmountable barrier to performance of contractual obligations and can hardly be categorized as a Force Majeure event defined by Section 21.6 of the Standard Terms and Condition of the License Agreement.

(ii) Joint decision

According to Section 3.2 of Amendment No.2, even if the Force Majeure events had occurred and resulted in the non-release of the Title, the Parties shall jointly decide the amount to be forfeited from the Recoupable Balance Amount.

The Tribunal finds that a joint decision shall be deriving from both parties' mutual agreement, which means that each Party shall have equal right in decision-making.

It's clear that the Parties were unable to jointly decide the amount to be forfeited from the Recoupable Balance Amount. Therefore, the special arrangement regarding MG Forfeiture provided in Section 3.2 of Amendment No.2 shall not be applied.

In conclusion, the Tribunal finds that the Claimant's contention that the Respondent should refund the Claimant due to Force Majeure events has no contractual basis and cannot be supported.

(b) Change of circumstances

Although the Contract Law does not provide any legal mechanism regarding change of circumstances, the relevant the Supreme People's Court judicial interpretations address this issue.

The legal mechanism on change of circumstances purports to provide the solution where one party would be apparently disadvantaged by continuation of performance of contract under changed circumstance. In this case, irrespective of whether governmental approval constitute the changed circumstances under this provision, the Parties' dispute has never involved continuation of performance of contract.

Should the governmental approval procedure be the changed circumstance event that disadvantaged the Claimant's continuation of performance of the contractual obligation, the Claimant would not have released the game.

The Tribunal also finds that the Claimant's contention that governmental approval procedure simultaneously constitutes both Force Majeure event and the changed circumstance be inconsistent with the Chinese laws. Neither does the Respondent's rightful termination of the Agreement constitute the change of circumstances under the Chinese laws.

(6) Conclusion

The Tribunal finds that the Claim on the Respondent's return of the Guarantee has no basis either in contract or in law and shall not be supported.

第二章　专利技术许可合同争议仲裁研究

专利权人授予他人使用许可，是行使权利、获取收益的主要形式。与著作权许可、商标许可相比，专利权许可有其自身的特点，且因商业模式的演变呈现越来越复杂的形态，通常与其他合同关系缠绕在一起。与此同时，综合性、复杂性、网络化的专利权许可合同争议也在增多。本章研究的仲裁案件争议的焦点在于专利权许可的授权范围、授权内容、授权关系或者与授权有关的技术开发或服务等。

第一节　专利技术许可合同争议关键法律问题

技术许可是技术成果转化应用的最重要方式。技术许可合同是《民法典》新增加的一类技术合同，此前的《合同法》并未将其作为技术合同中的独立类型加以规定。将技术许可界定为独立的合同类型，顺应了我国技术市场的发展，反映了我国产业链与价值链日益成熟的现实。

技术许可合同是合法拥有专利及其他专有技术的权利人，将享有的关于专利、技术秘密等权利许可他人实施、使用所订立的合同。技术许可的客体主要是专利技术、技术秘密（俗称"专有技术"）、植物新品种、集成电路布图设计等知识产权。根据我国《专利法》的规定，专利权实施许可一般是指专利授予后对专利权的许可，但法律也允许发明专利申请公布后授予他人实施许可，并向实施方收取适当的费用。在下述新能源技术许可合同争议案（案例25）中，技术许可既包括专利申请公布后，也包括获得批准后的专利权。

一、技术许可的合法性

技术许可合同必须满足合法性的要求，这有利于知识产权的保护和科学技术的进步，促进科学技术成果的研发、转化、应用和推广，技术许可合同不得限制技术竞争和技术发展。涉嫌非法垄断技术或者侵害他人技术成果的合同，可能被认定为无效，[①]或者因显失公平而被撤销或变更（如合同约定被许可人独立完成的技术改进与创新无偿归属于许可人）。[②]

二、许可人拥有的知识产权

技术许可合同的本质是将关于技术的知识产权授予被许可人，允许其在生产经营中实施。当事人之间的许可关系完全依赖与围绕于相关的专利权等知识产权。从权利法定的角度分析，只有将技术许可合同争议置于相应的知识产权法律框架内，才能看清其中的焦点与实质。

许可人的合同义务分为三个层次：

首先，最为本质与核心的合同义务就是保证所许可的知识产权的归属，即保证自己是所提供的技术的合法拥有者；

其次，是保证所许可知识产权完整、无误、有效，专利权应在有效期限内且未被宣告无效；

最后，是保证所提供的技术的质量，能够达到约定的目标。

许可人对知识产权的拥有权是技术许可的根基，一旦丧失，技术许可就成为无源之水、无本之木。在案例 25 中，许可人 A 公司擅自在合同期限内转让其中国专利权，导致技术许可所依赖的中国专利权全部丧失，彻底断送了当事人之间的技术许可关系。在该案中，被许可人 C 公司对许可人擅自丧权是坚决反对的，称该行为构成实质性违约。实际上，即便该被许可人自甘风险，对许可人丧权不

[①] 《民法典》规定，订立技术合同，应当有利于知识产权的保护和科学技术的进步，促进科学技术成果的研发、转化、应用和推广；非法垄断技术或者侵害他人技术成果的技术合同无效。

[②] 依据《民法典》的规定，当事人可以按照互利的原则，在合同中约定实施专利、使用技术秘密后续改进的技术成果的分享办法；没有约定或者约定不明确，又无补充协议的，一方后续改进的技术成果，其他各方无权分享。

持异议，合同约定的技术许可也已经无法继续存在。正如专利权人不得就有效期限届满或者被宣告无效的专利权与他人订立专利实施许可合同一样，已经丧失的专利权也无法继续许可给他人。①而且，即便受让许可人中国专利权的是许可人的子公司B公司，在技术许可合同期限内，许可人也无权擅自处分已经许可的专利权。不论专利权（包括专利申请权）转让出于何种目的，一经专利局公告，权利主体就发生根本性的变更，许可人就丧失了对专利权的拥有权，从而无法继续履行技术许可合同。

在案例25中，被许可人C公司也有教训可以吸取。许可人的专利权信息是可以在专利局的公开数据库中查询到的。如在缔约时就及时查询，可避免许可人已经失效的专利申请被包括在许可范围内；如在许可人将专利权（申请权）转让时及时查询，就可以及时向许可人发出违约通知，尽早终止合同，避免遭受损失。但是，被许可人却后知后觉，直到进入仲裁程序才去查询举证。而且，依据专利实施许可合同备案管理办法，专利许可合同可以在专利局备案，备案信息在专利公报上公告。②备案之后，正在履行的专利合同即便发生了专利权转移的，对原专利合同也不发生法律效力。遗憾的是，该案被许可人在缔约时未能尽职调查许可人的专利申请状态，合同履行中也未能及时掌握许可人丧权信息，更没有申请将专利技术许可合同依法备案，最终尝到技术许可失败的苦果。

三、默示许可及分许可

《民法典》明确规定，技术许可合同应当采用书面形式，并且被许可人应当按照约定实施专利，不得许可约定以外的第三人实施该专利。《专利法》规定，任何单位或者个人实施他人专利的，应当与专利权人订立实施许可合同，向专利权人支付专利使用费，而且被许可人无权允许合同约定以外的任何单位或者个人实施该专利。

在案例25中，假定A公司与其子公司B之间订立了专利许可合同（当事人未提供任何相关证据），B公司授予A公司许可，但是A公司并非就能自动获得"分许可"该专利许可合同之外的C公司实施该专利的权利。A公司如要将其被

---

① 《民法典》规定，专利实施许可合同仅在该专利权的存续期限内有效。专利权有效期限届满或者专利权被宣告无效的，专利权人不得就该专利与他人订立专利实施许可合同。
② 申请许可备案时，如专利申请已被驳回、撤回或者视为撤回的，备案申请将被驳回。

许可权"分许可"给 C 公司，必须在与 B 公司订立的专利许可合同中明示约定分许可权的具体范围以及与主许可之间的关系等条款，否则作为 B 公司的被许可人，A 公司无权向专利许可合同之外的 C 公司授予任何分许可。更何况，当事人之间的协议对实施分许可进行了详细的限制，要求被许可人分许可必须事先获得许可人的书面批准。所谓 A 公司享有向 C 公司分许可的权利，根本无从谈起。

当事人之间的协议还明确约定，不存在默示许可，所有未授予的权利均保留于权利人；除非本协议在此明示约定，否则本协议不应被视为构成对任一当事人知识产权或技术的任何许可或其他权利的授予。因此，在没有证据证明 B 公司明示"同意"A 公司向 C 公司"许可授权"或分许可的情况下，推定 B 公司授予了 A 公司任何"默示许可"甚至默示分许可均无合同依据。

总之，A 公司在协议期间擅自将约定的关键中国专利权、专利申请权转让给 B 公司，彻底颠覆了协议约定的技术许可权利与义务关系，所谓专利权人的事后变更并不影响协议各方的权利义务、不影响协议效力的主张，完全不能成立。

当事人之间的协议允许任何缔约方均可不经另一方批准将本协议转让给控股子公司。但是 A 公司向其子公司 B 转让的并非合同权利，而是法定的作为许可授权关系基础的中国专利权，故此条款的约定不应适用。

总之，许可人 A 公司擅自操弄自身权利状态，故意丧失所拥有的权利，是对技术许可合同的根本性违反。许可人丧权后，不论主张其子公司 B 公司口头同意继续许可，还是主张所谓默示许可、分许可，均既无证据支持，更不符合法律规定。

四、许可使用费

技术许可不仅包括单纯的权利许可，还可以包括承载权利的实体性技术成果的交付及相应技术服务的提供。但技术许可是关于法定的知识产权权利的许可，并不以向被许可人交付技术成果或提供技术服务为必要条件。即便许可人没有提供有关的咨询或服务，但是授予权利本身，已经构成了合同义务的履行，从而有权向被许可人收取相应的许可使用费。与关于技术秘密的许可不同，关于专利权等公开权利的许可，许可人甚至不必交付技术资料、工艺设计等技术文档或者提供相关的指导，就能完成许可的义务。

许可人的知识产权合法性与有效性是许可合同的核心与基石，技术成果与相关服务可以与之伴生，但皮之不存，毛将焉附？然而，当许可使用费将权利许可与成果交付、提供服务均包括在内时，后者在合同关系中的独立价值应当得到承认。在案例25中，许可人 A 公司交付实施技术的专用设备、原材料或者提供有关的技术咨询、培训等服务，均在许可使用费的范围内。①但由于技术许可人未能完成约定的技术转移，未能解决技术问题并保证工作质量，被许可人有权扣除相应的服务费。②在许可人违约导致协议项下的全部中国专利都丧失之后，虽然技术许可已经难以为继，而且被许可人已经不再能够依法使用许可人已交付的文档、样机等技术成果从事生产经营活动，但是被许可人毕竟从许可人交付的技术成果和提供的培训等服务中获得了一些知识、经验与能力，被许可人请求许可人返还已支付的全部许可费有违合同约定与公平原则，因此，仲裁庭制定许可人返还一部分许可使用费。

第二节　专利权许可使用合同争议案

下述案例（案例25）中，美国 A 公司、其在中国的控股子公司 B 公司与中国 C 公司签订关于新能源动力电池技术许可协议。A 公司为许可人，B 公司负责为 A 公司收取许可使用费，C 公司为被许可人。按照当事人协议的约定，被许可人 C 公司不仅应向许可人支付实施知识产权的许可使用费，而且应向许可人 A 公司支付技术转移的服务费用。③协议构建了当事人之间的技术许可与技术服务相结合的综合性技术合同关系，合同争议还涉及技术转移的成果交付问题。

当事人协议由中英文双语文本构成。协议的英文名称为"Technology License Agreement"，协议中文版本将"Technology Transfer"称为"技术转让"，但是许可人显然并未将其技术或知识产权转让给被许可人。所谓技术转移实质上是许可

---

① 《民法典》规定，与履行合同有关的技术背景资料、可行性论证和技术评价报告、项目任务书和计划书、技术标准、技术规范、原始设计和工艺文件，以及其他技术文档，按照当事人的约定可以作为合同的组成部分。
② 参见《民法典》关于技术服务合同的规定，即技术服务合同的受托人应当按照约定完成服务项目，解决技术问题，保证工作质量，并传授解决技术问题的知识；技术服务合同的受托人未按照约定完成服务工作的，应当承担免收报酬等违约责任。
③ 在协议约定中，技术许可使用费被称为"特许使用费"（Royalties），技术转移服务费被称为"一次性许可费"（one-time licensing fees）。但本协议是技术许可合同，与知识产权法中的"特许"无关。为避免歧义，特按付费性质，分别称之为技术许可使用费与技术服务费。

人向被许可人授予技术许可,提供相关技术服务及交付约定的技术成果。所谓技术转移不同于知识产权转让,当事人合同的性质仍是技术许可。

案例 25:新能源技术许可使用合同争议案

在新能源案争议中,被许可人 C 公司主张许可人 A 公司并未完成约定的技术转移,技术许可未能实际实施,请求终止协议,并要求许可人 A 公司返还已经收取的 90% 服务费。许可人 A 公司则主张,已经完成了技术转移,反请求被许可人 C 公司应支付剩余 10% 的技术服务费,并且支付 2020 年度的技术许可使用费。

在该案审理中,仲裁庭充分考虑了技术许可与技术服务在同一合同中的区别与联系,厘清了当事人在两类合同关系中的权利义务及履行情况。技术许可的本质是许可人授予被许可人在生产经营中实施关于技术的知识产权。知识产权是技术许可的基础。许可人的知识产权保证义务是技术许可合同最为重要的条款。

(一)知识产权基础

按照协议约定,许可人是位于美国的 A 公司,许可标的是 A 公司拥有的关于许可产品的新能源技术的知识产权。协议对许可人 A 公司享有的知识产权作出了极其详尽,甚至繁复的约定。许可人的知识产权包括许可人单独或共同开发、拥有或可授权的,涉及制造、生产、组装、使用或销售许可产品的所有技术,并且被许可人未经许可,经营或其对产品的商业化将构成对许可人的侵权或侵犯;许可人的知识产权包括协议附件 A 所列的知识产权,以及部分体现在技术交付成果和/或衍生物中的知识产权,主要包括如下类型:

(1)任何专利;

(2)发明、发现(不论在任何国家可专利与否)、发明披露、改进、商业秘密、专有信息、技术秘密、技术与技术数据;

(3)版权、版权登记、掩膜作品、掩膜作品登记、在任何国家的申请,以及与之相应的在全世界的任何其他权利;

(4)商标、服务商标、商业秘密;

(5)在世界任何地方与技术有关的其他专有权,不论是否由任何国家、政府或其他公共或准公共合法机构所注册、提交、发布或以其他方式完善或记录,包括对该权利所提交的申请。

在本案协议项下,许可人 A 公司授予被许可人 C 公司在许可地域内非独家、不可转让、永久、可撤销和付费的关于许可人知识产权的许可，以制造、使用、销售和许诺销售许可产品。按照约定，许可人在中国的控股子公司 B 公司负责向被许可人收取相关的许可费。

(二) 许可人的知识产权保证义务

正如《民法典》所规定，技术许可合同中许可人最为重要与核心的合同义务就是保证自己是所许可的知识产权的合法拥有者，保证所提供的技术完整、无误、有效，能够达到约定的目标。

本案协议对许可人 A 公司的知识产权保证义务在多个条款中作出了详细的约定，即许可人应当拥有与许可产品相关（及其改进与衍生）硬件有关技术中的全部知识产权；许可人应当坚持并以其自身费用保证自协议生效日和期限内所有知识产权的有效性。

协议特别强调附件 A 在技术许可中的突出重要性。附件 A 所列的知识产权不仅是许可人 A 公司授予被许可人 C 公司的知识产权的一部分，而且是协议的组成部分，并依其约定的条款和条件具有完全的可执行性。许可人向被许可人作出如下郑重陈述和保证：

(1) 截止到本协议生效日，附件 A 是许可人全部已核准知识产权的完整与准确的清单，还将补充核准的许可人还在申请获得其他的知识产权；

(2) 许可人知识产权和技术构成全部的许可人拥有的或可许可的与被许可人实施或运营在现实可预见的情况下包括但不限于与设计、开发、生产、使用、营销和销售许可产品有关的或必要的知识产权和技术；

(3) 就许可人所知，被许可人依据本协议使用许可人的知识产权和技术，在自本协议生效日起可预见的运营中，包括但不限于与设计、开发、生产、使用、营销和销售许可产品，现在和将来均不会侵犯或攫取任何第三方的任何知识产权、特权或任何合法利益。

由此可见，协议约定的技术许可中最关键、核心的知识产权/技术均列于附件 A 中。

(三) 被许可的专利技术

协议附件 A 名称为"已获取专利技术"，约定许可的技术与知识产权分为专利、非专利技术秘密和新发明三类。附件 A 记载了许可人在美国、专利合作条约

(PCT)、中国、欧盟、印度、日本、墨西哥等国家或地区拥有的专利申请（patent applications），包括专利申请号与申请日。

1. 知识产权的地域性

知识产权是地域性的权利，权利的成立、内容、受保护范围与救济渠道均由权利所在国的法律决定，并不存在脱离于特定国家或地区的全球知识产权。

协议附件A虽然列出A公司在中国之外其他国家或地区的专利申请，且所约定的许可地域指中国、文莱、越南、马来西亚、新加坡等国家，但是协议约定受中国法律管辖，并且被许可人C公司的营业地址在中国山东省，因此，许可人授予被许可人的知识产权许可的地域应当主要是指中国，即授权被许可人在中国制造、使用、销售和许诺销售许可产品。从当事人各方的主张与举证看，当事人之间的合同争议不涉及中国之外的其他国家或地区。

因此，本案中许可人A公司授予被许可人C公司的知识产权许可，实质上是关于许可人享有的受中国法律保护的知识产权的许可，授予被许可人在中国制造、使用、销售和许诺销售许可产品，依赖的是附件A所列的许可人的中国专利权利。

2. 附件A所列的中国专利详细信息

《民法典》规定，技术合同涉及专利的，应当注明发明创造的名称、专利申请人和专利权人、申请日期、申请号、专利号以及专利权的有效期限。依据中国《专利法》《专利法实施细则》的规定，每一专利申请均有唯一且不变的申请号，与专利申请日（又称关键日）相对应。专利申请号与申请人是识别特定专利申请及其后续法律状态的权威数据。《专利法》规定，依法公开的发明专利申请，均可通过国务院专利行政部门专利数据库进行查询。

协议附件A所列的许可人全部专利申请中有6项系中国发明专利申请。经与专利局数据库的查询结果进行比对，附件A中出现的6项中国专利申请中第1.3.5项列出的是申请号，第2.4.6项列出的则是申请公布号，第4.6项所列日期并非官方认可的初始申请日。附件A记载的中国专利信息不完全符合《民法典》关于技术合同所涉专利的要求。更为重要的是，附件A所列的6项中国专利申请的法律状态均已不同于协议项下技术许可的约定。

（四）许可人中国专利权的丧失

中国专利查询数据库显示，截止到案件审理之时，附件A所列的全部6项中国专利申请，许可人 A 公司的权利均已丧失。

1. 缔约前专利申请失效

附件 A 中第 3 项中国专利申请与第 5 项中国专利申请分别于 2017 年 10 月 13 日及 2018 年 1 月 9 日被专利局通知"发明专利申请公布后的视为撤回"。①依据中国《专利法》《专利法实施细则》的规定，许可人 A 公司并未在收到上述通知后两个月内向专利局说明正当理由请求恢复申请，其专利申请已经放弃，丧失法律效力。

因此，在协议签署生效之时，许可人 A 公司明知上述两项中国专利申请，依据中国法律已经失效，却不在缔约前予以披露，仍然将其列入附件 A，作为向被许可人 C 公司授予的最为核心知识产权之一，不仅严重违反许可人所承担的知识产权保证义务与《民法典》规定的技术许可合同许可人的法定义务，而且导致与上述两项中国专利申请有关的技术许可自始无效。

2. 转让专利权导致权利丧失

附件 A 中第 1 项中国专利申请与第 2 项中国专利申请，在协议生效前，已经分别于 2016 年 1 月 6 日、2018 年 10 月 23 日获得中国专利局的批准，许可人 A 公司获得了相应的两项专利权。附件 A 应将上述两项中国专利申请更新为专利权。

但是，许可人 A 公司于 2020 年 2 月 21 日分别将上述两项专利权转让予 B 公司，并经中国专利局登记和公告。依据中国《专利法》的规定，专利权的转让自登记之日起生效，受让人获得专利权，原专利权人丧失专利权。

A 公司在协议履行过程中向 B 公司转让专利权，导致附件 A 所列的两项中国专利权丧失，严重违反许可人所依约承担的知识产权保证义务与《民法典》规定的技术许可合同许可人的法定义务。A 公司自 2020 年 2 月 21 日起丧失上述两项中国专利权，C 公司随之丧失与上述两项中国专利相关的技术许可的权利基础。

3. 转让专利申请权导致权利丧失

许可人 A 公司于 2020 年 2 月 25 日将附件 A 中的第 4 项中国专利申请与第 6 项中国专利申请的申请权转让予 B 公司。

---

① 依据《专利法》的规定，发明专利申请公布后被视为撤回的情形很多，如国务院专利行政部门对发明专利申请进行实质审查后，通知申请人要求其在指定的期限内陈述意见，或者对其申请进行修改，但申请人无正当理由逾期不答复所导致的视为撤回。

依据中国《专利法》的规定，转让专利申请权，由中国专利局登记和公告，专利申请权的转让自登记之日起生效，受让人获得专利申请权，成为专利申请人；只有专利申请人才能被授予专利权。

根据中国专利局公告，B公司受让上述专利申请权之后，分别于2021年5月25日、2020年3月3日获得上述两项中国专利的授权，成为专利权人。

A公司转让协议项下的专利申请权，不仅丧失专利申请权，而且丧失了获得相应的专利授权的任何可能，严重违反许可人所依约承担的知识产权保证义务与《民法典》规定的技术许可合同许可人的法定义务。自2020年2月25日起，A公司授予被许可人C公司的与上述两项中国专利申请有关的技术许可，权利基础随之丧失。

（五）知识产权保证义务的违反

协议约定，许可人保证拥有（own）与许可产品相关硬件有关技术中的全部知识产权；保证自"协议"生效日起和期限内（upon the Effective Date and during the Term of the agreement）所有知识产权的有效性。协议还特别强调附件A在许可人授予被许可人的技术许可中的突出重要性，明确约定附件A所列的条款和条件具有完全的可执行性。

但是，许可人A公司缔约时不如实披露失效的中国专利申请，已经违反上述约定；其他中国专利自2020年2月被全部转让，A公司不再拥有已被转让的专利权（申请权）。知识产权只能依法产生与存续，无法脱离特定的权利主体抽象地存在。许可人对其不再拥有的权利，何谈保证其有效性？

许可人辩称，"已经履行完毕所有的技术交付义务"之后不再承担知识产权保证义务的主张，不仅毫无合同依据，而且故意混淆了技术许可义务与技术服务义务的区别。依据协议的约定，本协议自签字日起生效，只要在许可人专利有效期内支付最低授权费，则本协议持续有效。即便假定许可人"已经履行完毕所有的技术交付义务"，但是在本协议自生效日起的整个期限内仍负有保证知识产权有效的义务。A公司请求C公司支付2020年度（自2020年1月15日至2021年1月15日）许可使用费，证明其至少自认本协议期限直至2021年1月15日。但A公司明知在协议期限内承担知识产权保证义务，却于2020年2月故意使其自身享有的中国专利权与专利申请权全部丧失，彻底地违反附件A所列中国专利权的有效性与合法性的保证义务。

（六）A 公司丧失中国专利权的后果

许可人 A 公司在协议签署前不如实披露附件 A 中已经失效的中国专利申请，在生效后故意转让附件 A 所列的中国专利的权利导致自身权利灭失，违反知识产权保证的法定与约定义务，导致协议项下的技术许可无法继续合法存续。

1. 被许可人暴露于侵权风险之中

附件 A 所列的许可人拥有的全部 6 项中国专利（申请）是协议项下的技术许可最为核心的权利基础。但是，其中两项专利申请自始无效，其余四项截止到 2020 年 2 月 25 日被 A 公司主动丧失。A 公司的行为使授予 C 公司的技术许可失去了赖以存在的全部中国专利权的基础。

《专利法》规定，发明专利权被授予后，除了本法另有规定的以外，任何单位或者个人未经专利权人许可，都不得实施其专利，即不得为生产经营目的制造、使用、许诺销售、销售、进口其专利产品，或者使用其专利方法以及使用、许诺销售、销售、进口依照该专利方法直接获得的产品。

协议项下的许可人的知识产权覆盖制造、生产、组装、使用或销售许可产品的所有技术。协议明确约定，被许可人未经许可，经营或其对许可产品商业化，构成对许可人侵权或侵犯。

由于协议附件 A 所列的 6 项中国发明专利的权利对本案技术许可具有突出的重要性与关键性，在许可人 A 公司不再享有关于全部 6 项中国专利的权利之后，即便 A 公司仍然享有其他知识产权，被许可人 C 公司在中国域内制造、使用、销售和许诺销售许可产品的核心法律依据也已经丧失，协议项下的技术许可已经失去意义并难以为继。正由于许可人 A 公司彻底违反知识产权保证义务，不再拥有与被许可人 C 公司实施或运营与设计、开发、生产、使用、营销和销售许可产品有关的或必要的中国专利权，导致被许可人依据本协议在中国域内制造、使用、销售和许诺销售许可产品直接暴露在专利侵权责任的风险之下，随时可能被新的专利权利人（包括拥有人和被许可人）所起诉与追责。

协议约定，本协议任何条款均可修改或豁免，但修改或豁免必须采用书面形式并经签署；在修改的情况下，本协议各方均应签字；在豁免的情况下，豁免对其生效的一方应签字。

事实上，在许可人 A 公司将附件 A 所列的 4 项中国专利的权利转让给 B 公司之后，缔约各方完全可以依据上述条款的约定，签署书面形式的修改协议，或者由 B 公司作为新的权利人签署豁免被许可人 C 公司专利侵权责任的书面豁免。但是，从当事人的主张与证据看，在许可人 A 公司不再享有附件 A 所列的全部 6 项中国专利权之后，缔约各方既未签署书面修改协议，B 公司亦未签署书面豁免。

相反，B 公司坚称，其并非案涉项下的许可方。B 公司上述主张表明，受让附件 A 所列的 4 项中国专利的权利之后，B 公司明确拒绝作为新的专利权人向被许可人 C 公司授予协议项下的技术许可。B 公司既不授予 C 公司技术许可，也不签署协议项下的侵权豁免书面文件，印证了 C 公司所承担的法律风险具有现实性与紧迫性。

2. A 公司无权实施分许可

A 公司辩称，专利转让之后，受让人 B 公司同意其作为许可方继续许可授权协议项下的技术与产品；B 公司也称，专利权人的事后变更并不影响协议各方的权利义务，不影响案涉协议的效力。

然而，上述主张与协议约定明显不符。协议约定的许可人的知识产权保证义务是指其"拥有"（own）或至少可许可（licensable）相关知识产权。在 A 公司将其专利权、专利申请权转让给 B 公司之后，A 公司绝不可能再"拥有"已转让的权利。即便在转让生效后，B 公司将权利"许可"给 A 公司，A 公司也仅能称为被许可人，而不再可能是权利的拥有者。

而且，A 公司在转让专利权、专利申请权之后，即便获得"被许可权"，其权利的范围与内容也根本无法保证与"所有权"等同。将拥有权利替换为被许可权利是在偷换概念、故意曲解 A 公司依约承担的知识产权保证义务。

（七）协议解除

除技术许可赖以存在的中国专利权基础全部丧失外，C 公司还以 A 公司违反法律规定与合同约定，交付的 S75 样机不符合有关国家标准为由请求解除当事人之间的协议。

仲裁庭认为，"协议"明确约定，本协议受中国法律管辖，各方均遵守所有适用的法律、法规和条例。关于当事人守法义务的上述约定无疑属于"协议"的实质性条款。"协议"项下的甲醇重整制氢技术许可因涉及生产、经营、运输、储存、使用易燃易爆的氢气和危险化学品甲醇，应当遵守中国安全生产的法律、法规规定。

根据《安全生产法》的规定，生产经营单位生产、经营、运输、储存、使用或者处置废弃易燃易爆物品、危险化学品、放射性物品等能够危及人身安全和财产安全的物品，必须执行有关法律、法规和国家标准或者行业标准。因此，"协议"项下各方实施甲醇重整制氢技术许可必须遵守国家标准或者行业标准。

仲裁庭注意到，C 公司举证的两项推荐性国家标准均是在"协议"缔结前已经实施的且与本协议项下的技术许可有关的国家标准，缔约各方均有义务执行。不论 C 公司是否在缔约前或履约过程中提出两项国家标准，作为守法义务的组成部分，A 公司均不得拒绝国家标准的适用。

关于氢气、甲醇等危险物品的生产、经营、运输、储存、使用，中国《安全生产法》规定，国务院有关部门应当按照保障安全生产的要求，依法及时制定有关的国家标准或者行业标准；国务院有关部门按照职责分工负责安全生产强制性国家标准的项目提出、组织起草、征求意见、技术审查。

因此，该法规定的"国家标准"，除非特指强制性国家标准，否则均是指所有的国家标准，包括推荐性国家标准。"协议"项下危险物品的生产、经营、运输、储存、使用必须执行所有相关的国家标准，包括上述两项推荐性国家标准。危险物品的安全生产无小事。不执行国家标准，轻则危害涉事企业，重则危害公共安全。

"协议"约定，A 公司保证本协议项下交付于 C 公司的所有许可产品应当以合格和专业的方式完成，并且保证交付的技术和样机符合最终用户或客户所要求的产业标准。

仲裁庭认为，"协议"上述约定是 A 公司交付技术和样机的工作质量保证。由于双方对产业标准的要求有完全相反的解释，属于《民法典》规定的当事人就有关合同质量要求不明确的情况。

根据《民法典》的规定，合同约定的质量要求不明确的，按照强制性国家标准履行；没有强制性国家标准的，按照推荐性国家标准履行；没有推荐性国家标准的，按照行业标准履行；没有国家标准、行业标准的，按照通常标准或者符合合同目的的特定标准履行。

按照上述法律规定的解释，在没有强制性国家标准的前提下，A 公司交付的技术和样机应当按照推荐性国家标准履行。

而且，产业标准（行业标准）是在国家标准的基础上制定的更高标准，必须与国家标准保证一致，不得贬低、规避国家标准；符合国家标准是满足产业标准的前提条件。既然"协议"约定交付的技术和样机符合产业标准，与国家标准相合自是应有之义。

虽然"协议"签订之时《民法典》尚未生效，但是当时适用的《合同法》规定，合同质量要求不明确的，按照国家标准、行业标准履行。各方缔约时应当知晓"协议"涉及甲醇、氢气等危险物品的生产经营必须遵守安全生产的法律规定，特别是满足有关国家标准的合法合规性要求。因此，即便按照《合同法》的规定对"协议"进行解释，也不应将推荐性国家标准排除在法律规定的"国家标准"范围之外。

仲裁庭还认为，"协议"约定样机符合最终用户或客户所要求的产业标准，或者产品样机经测试应当满足最终客户的要求，是指交付 S75 样机只有遵守法律规定、符合国家标准，才能满足最终用户或客户正常使用或经销申请人对产品的要求。

总之，依据"协议"约定，A 公司交付的 S75 样机违背工作质量保证，未能完全执行有关的中国国家标准，违反合同约定的实质性条款，在收到 C 公司的书面违约通知后未能在 30 日内纠正违约行为，"协议"因此被解除。

(八) 许可使用费

协议约定，C 公司向 A 公司支付的技术服务费分三期支付：

第一期自本协议生效后 15 日内支付 30%；

第二期自 S75 样机（额定功率 5KW）技术转移期间完成并且不超过自本协议生效之日 4 个月内支付 60%；

第三期自本协议生效之日起 1 年内支付 10%（应当完成所有技术转移工作）。

C 公司已经支付前二期 90% 的费用。C 公司以 A 公司未完成合同约定的交付义务为由，请求已付 90% 的许可费全部退回。A 公司则主张，C 公司应支付未付 10% 许可费。

1. 约定应交付的技术成果

依据协议约定，A 公司应当在约定的期限内向 C 公司交付的技术成果，包括：

提供附件 B 所列的完整技术文档；

提供零部件、组装三台 S75 样机所必要的实用培训，包括甲醇重整器、氢气净化器、整个系统的设计和组装及专有自动化与控制所必要的实用培训；

提供生产线设计与规划。

A 公司交付技术成果是有先后顺序的，分成两个步骤，顺序不能颠倒。

第一个步骤，C 公司将审查和初步确认 A 公司技术和知识产权的效用性、合格性和商销性；承诺在从 A 公司处收到电子文件的 6 周内完成上述第一阶段。

第二个步骤，A 公司应当实施为制造甲醇重整器、氢气净化器、整个系统的设计和组装及专有自动化与控制所必要的实用培训；只要 C 公司的技术和制造人员到位，C 公司的场地和其他必要支持也到位，承诺上述第二阶段在本协议生效日起 4 个月内完成。

由于当事人争议的焦点在于 S75 样机技术转移是否完成，仲裁庭着重审查了关于交付完成（complete）、收到（receive）、接受（acceptance）、验收（acceptance test/testing）的条款。

协议条款的英文版约定，"Technology transfer is done in three Phases. At the completion of Phase 4, a total of 3 fully qualified and operational S75 will be complete"（技术转移按三阶段完成，在第四阶段完成后，共计三台完全合格并运转的 S75 样机将被完成）；中文版则简化为"技术转移验收的四个阶段"。

英文版实质上约定技术转移的完成以三台 S75 样机"完全合格并运转"为条件，与关于产品样机验收（Product Sample acceptance testing）的约定相互呼应，即产品样机应当在电信和移动紧急供电车辆的应用中测试，以满足最终客户的要求（The Product Sample shall be tested in the telecommand mobile emergency power vehicle application, meeting the requirements of end clients）。

由此可见，A 公司交付的三台 S75 样机必须经测试，才能由 C 公司所接受，先验后收乃"验收"也；只有 S75 样机"完全合格并运转"，满足"有效性、质量和及时性"的标准，C 公司才予以接受。

因此，A 公司为技术转移交付的技术成果，C 公司不仅有权审查和初步确认，而且对于 S75 样机有权予以测试、验证，只有达到约定的标准才予以接受。

2. 交付的样机未被接受

A 公司主张，交付 S75 样机就等于 C 公司已经接受该样机。但是，由 A 公司的陈述可知，三台 S75 样机仍在"后续测试过程中"，有关技术转移并未完成，C 公司尚未接受。C 公司在收到 A 公司交付的技术文档后，未在 6 周内提出异议，依据协议约定，仅能证明 C 公司审查并初步确认了技术文档，并不能因此剥夺 C 公司对 A 公司交付的 S75 样机进行测试和验证的权利。C 公司有权依约进行测试和验收，以判断 S75 样机是否"完全合格并运转"，是否满足"有效性、质量和及时性"的标准。

既然 A 公司承认 S75 样机尚未依据约定在电信和移动紧急供电车辆的应用中测试，其交付 S75 样机的义务就并未完成。而且，由于 S75 样机不符合有关的国家标准，已经不可能达到"完全合格并运转"及"有效性、质量和及时性"的标准，C 公司有权拒绝接受。

3. 已付技术许可费

由于 S75 样机的技术转移期间并未完成，C 公司支付协议约定的服务费第二期的条件尚未成就。A 公司全额收取 C 公司支付 60%第二期许可费，缺乏合同依据。

技术许可人未能完成约定的技术转移，解决技术问题，保证工作质量的，被许可人有权扣除相应的服务费。因此，A 公司应当部分返还已经收到的第二期费用。

在 A 公司违约导致协议附件 A 所列的全部中国专利都丧失后，虽然 C 公司已经不再能够依法使用协议项下已交付文档、样机等技术成果从事生产经营活动，但是 C 公司毕竟从 A 公司的技术成果中获得了一些知识、经验与能力，而且考虑到 S75 样机的交付及培训处于整个技术转移期间的中后段，C 公司请求 A 公司返还已支付的全部第一期、第二期许可费，不符合合同约定与公平原则。

综合考虑本案的实际情况，C 公司已经支付的一次性许可费总额之六分之一，应由 A 公司退还。

仲裁庭认为，C 公司将 A 公司技术许可的一次性许可费支付给 B 公司，A 公司完全知情并认可。"协议"第 1.2 条约定，B 公司是 A 公司控股 70%的公司，两者进行相关业务的开发、营销与许可。因此，A 公司与 B 公司之间必然就所收取的许可费有内部的约定。但是，其内部关系其他人无从得知，外部观之，两者是申请人支付许可费的共同收取方，也应共同向申请人退还已收取的许可费。

4. 未付许可费

按照约定，服务费第三期款项的条件是自本协议生效之日起 1 年内且应当完成所有技术转移工作。鉴于 A 公司并未完成所有技术转移工作，技术转移的期间并未完成，C 公司支付第三期费用的条件尚未成就，无义务向 A 公司支付。

第三节 专利产品许可销售合同争议案

关于专利、专有技术的技术转移合同可以同时约定销售实施技术的专用设备、原材料的条款。拥有专利权等知识产权的厂商授权经销商销售专利产品等技术产品，许可经销商向市场分销技术产品，实际上与经销商达成了产品销售和专利许可双重合同。为了保障最终用户正确使用具有技术特征与应用功能的专利产品，经销商协议一般约定，专利权人应将使用说明书等相关文件与约定产品一同交付给经销商，而且在必要时向经销商或最终用户提供使用产品的培训服务。

专利产品许可销售协议可以采用各种商业模式。在下述案例（案例26）中，专利产品是大型专业医疗设备，仅在医院等医疗机构内使用，市场较小，最终用户比较集中。专利厂商为了拓展市场，进入某医院的设备采购范围，与有该医院渠道的经销商达成了设备经销协议，授权经销商将厂商提供的医疗设备转售、装机于该约定的医院。协议特别约定，专利厂商自愿以折扣价和免费形式向经销商提供医疗设备，条件是经销商在合同期限内购买设备专用的试剂和耗材达到约定的数量，否则经销商将以约定的购买数量为基础承担返还设备剩余价值的违约责任。为了保护专利产品的销售权，协议专门约定，经销商不得直接或间接地将产品销售给约定之外其他区域的经销商/分销商/医院/第三方，更不得在期限内直接或间接宣传、销售或许诺销售专利厂商认为与产品相竞争的任何产品。然而，在专利厂商履行了交付设备等主要合同义务后，经销商在约定期限内未能购买约定数量的试剂和耗材，且擅自销售与专利产品相竞争的其他产品，构成根本违约，导致双方合作的失败。

案例 26：医疗器械经销商协议争议案

申请人是外国医疗器械的专利权人，于 2017 年与被申请人签订经销商协议及补充协议，授权被申请人为我国某地的专利产品经销商。申请人以被申请人根本违约为由，通知终止协议，要求被申请人承担违约责任。被申请人则以申请人违约为由，反请求申请人返还被申请人支付的医疗器械和试剂耗材购置款，并赔偿损失。

(一) 被申请人违约行为及后果

申请人主张被申请人实施了两个方面的违约行为。其一，被申请人向某医院销售与申请人产品相竞争的产品；既未按照申请人的要求改正其销售竞争产品的违约行为，也未向申请人通报被申请人改正计划及结果。其二，"经销商协议"签订后，被申请人购买试剂和消耗品金额远远未达到承诺购买目标，并无履行购买承诺的诚意。

1. 销售竞争性产品

"经销商协议"第 IV 条第 J 款对于"竞争性产品"进行了约定，即被申请人及其关联方不得在本协议期限内直接或间接宣传、销售或许诺销售申请人认为与产品相竞争的任何产品；本协议终止后 3 个月内，经销商（被申请人）及其关联方不得在区域内直接或间接促销、销售或许诺销售任何竞争性产品。

"经销商协议"第 I 条将"产品"定义为附件 2 中列示的产品。仲裁庭注意到，附件 2 列示的产品包括测定试剂盒、冲洗液等试剂和消耗品。

(1) 约定的效力

被申请人主张，经销商协议约定的上述条款无效，并对协议本身的效力提出质疑。

被申请人称，"经销商协议"是由申请人单方提供的无法修改的格式合同。仲裁庭发现，被申请人自身的陈述表明其在签署"经销商协议"之前，已经与申请人对于代理产品、产品价格、销售区域都有明确的约定，与其关于"经销商协议"未经当事人双方谈判协商一致的主张自相矛盾。而且，被申请人在其答辩意见及仲裁反请求申请中，多次援引"经销商协议"的条款足以说明其承认其他条款的约束力。

"经销商协议"第 XIV 条第 C 款约定，每一方在此向另一方陈述并保证，其已经参与了本协议的谈判和起草工作；协议开头部分也约定，"双方在平等协商的情况下，一致同意本协议以下所有条款及附件条款，并遵照执行"。

依据"经销商协议"的上述约定，被申请人明确认可双方曾就协议进行谈判、起草，并在平等协商的基础上达成协议所有条款及附件。总之，经销商协议并非"由申请人单方提供的无法修改"。

仲裁庭注意到，被申请人是在同一日（2017 年 4 月 6 日）签署的"经销商协议"与"补充协议"。因此，被申请人与申请人缔结两个协议的谈判基础、缔约能力均应相同，对于两个协议的承诺、认可与接受也应相同。被申请人称仅补充协议"系双方的真实意思表示"，经销商协议则不能表示被申请人受到协议约定的真实意思，等同于肆意否定契约的约束力，将缔约对方暴露于无法预见的风险之中，违反《合同法》的规定与正常的商业习惯做法，其主张不能成立。

仲裁庭认为，被申请人既然承认"经销商协议"与"补充协议"之间主从合同的关系，就已经认可主合同可以履行，因为"补充协议"就是为了履行"经销商协议"而缔结。被申请人所谓主合同不能履行的主张，与事实不符，不能成立。

被申请人主张，第Ⅳ条第J款"'竞争性产品'的约定属于加重被申请人责任、排除被申请人主要权利的格式条款，并且没有像主合同第Ⅲ条第A项一样进行提示，是无效的格式条款"。

仲裁庭认为，上述条款并未违反任何法律、行政法规的强制性规定，也不属于申请人单方提供的格式条款，是否无效应当在当事人双方合同关系中予以判断。

从被申请人的上述陈述看，被申请人"具备某医院的市场渠道优势"，申请人"为了拓宽该医院的市场份额"多次找到被申请人。因此，申请人与被申请人达成"经销商协议"与"补充协议"的合意之时，被申请人的缔约能力完全不落申请人的下风，而且被申请人具备市场渠道优势，申请人为了拓宽市场份额而有求于被申请人，被申请人在缔约中明显处于更强势的地位。在此情况下，申请人如果在"经销商协议"中以所谓上述条款加重被申请人责任、排除被申请人主要权利、免除申请人责任，被申请人作为更强势的缔约方，怎能不作修改，反而"双方达成合意"呢？被申请人自相矛盾的陈述足以说明，与事实不符。

仲裁庭还认为，被申请人关于"经销商协议"三条款必须采取第Ⅲ条第A款一样的形式特别提示，否则就无效的主张，毫无道理。当事人双方均是成熟、有实力的市场主体，被申请人有充分的、甚至比申请人更强势的缔约能力，"经销商协议"的所有条款都是当事人双方谈判、起草，并在平等协商的基础上达成的，不论以何种形式在合同最终文本中显示，均表示当事人双方已经充分理解并选择接受。

正如被申请人所称，当事人双方达成合意的原因是被申请人具备某医院的市场渠道优势，申请人为了拓宽该医院的市场份额，自愿以折扣价和附条件免费的形式提供医疗设备，以此提升申请人试剂的销售量。当事人双方各有目的、各取所需、取长补短，才达成的"经销商协议"与"补充协议"。在此过程中，当事人为了实现己方利益，不得不作出妥协与让步以兼顾对方利益。被申请人既然"以折扣价和附条件免费的形式"从申请人处获得约定的优惠与折扣，就不应拒绝接受合同条款的相应约束。

被申请人一方面坚称"经销商协议"中对其不利的条款无效；另一方面却将对其有利的条款作为支持其主张的依据，选择性地承认协议的效力，违反诚信原则和关于合同效力的法律规定。

（2）违约行为

被申请人主张，"经销商协议"约定中的"相竞争"≠"相同"，也≠"相似"；第Ⅳ条第 J 款"竞争性产品"的解释，应是在被申请人已如约采购的医疗器械正常投入使用时，即申请人的试剂在与其他产品具有"相竞争"的可能的情况下，申请人不得销售"相竞争"的试剂和消耗品；申请人提供的证据材料根本不能证明被申请人有销售竞争性产品的行为。

仲裁庭认为，该合同条款合法有效，对当事人双方均有约束力。被申请人称约定中的竞争性产品既不是与申请人产品相同的产品，也不是相似的产品，与合同约定不符。最明显的竞争发生在同一市场之中，与申请人相同或者相似的产品，不可避免地会与申请人的产品在客户资源与购买能力上发生竞争。被申请人不应歪曲"经销商协议"关于"竞争性产品"约定的本意。

"经销商协议"第Ⅰ条明确约定了协议的生效日指 2017 年 2 月 1 日，到期日指 2018 年 1 月 31 日。因此，协议期限为 2017 年 2 月 1 日至 2018 年 1 月 31 日。被申请人签署"经销商协议"表明接受关于协议期限的约定。在此协议期限内，被申请人均不得直接或间接宣传、销售或许诺销售申请人认为与产品相竞争的任何产品，并非仅在"采购的医疗器械正常投入使用时"才承担此项义务。

申请人证据证明，2017 年 7 月 24 日被申请人在"经销商协议"的有效期间内，向约定区域的医院销售了与申请人的测定试剂盒、冲洗液等完全同类的竞争性产品。被申请人的违约行为得以证实。

2. 违反购买承诺

"经销商协议"第Ⅲ条第 B 款约定，作为经销商委任的前提条件，被申请人必须满足附件 3 所列的年度购买目标（购买承诺）；被申请人达到采购目标则能获得相应的折扣。第Ⅲ条第 E 款约定，如被申请人于本年度未能按上述约定在上半年和/或全年完成购买承诺，申请人有权决定继续或终止本协议。双方不仅约定了被申请人购买承诺的数量和金额与被申请人完成购买承诺所能获得的奖励，而且就有关产品进一步达成"补充协议"，即被申请人承诺在连续五年期间的每一年内向申请人购买不低于某金额的试剂和消耗品并将该等试剂和消耗品出售给安装了该产品的终端用户。

仲裁庭认为，"经销商协议"上述约定表明，被申请人作为经销商最为主要与核心的义务就是完成购买承诺，该义务是否有效履行直接决定着申请人授权经销商、被申请人获得优惠与折扣的合同目的能否实现。被申请人如违反该项义务，则构成根本违约。

仲裁庭认为，"经销商协议"与"补充协议"关于被申请人的年度购买承诺的约定明确具体，完全可以用于判断被申请人的履约情况。

依据当事人双方均认可的事实，被申请人在协议期间总计向申请人购买试剂和消耗品的金额，不论依据"经销商协议"还是"补充协议"进行判断，均远未达到相应的购买目标，构成根本违约。

仲裁庭认为，当事人在"经销商协议"实际签署的日期，不妨碍明确约定的生效日与到期日的效力。"经销商协议"第 XI 条约定，本协议的初始期限应开始于生效日，结束于到期日（除非由于本协议的相关规定导致协议提前终止）。"经销商协议"及其附件 3 关于购买承诺的约定与协议生效日、到期日是完全对应的。截至 2018 年 1 月 18 日申请人发出"终止通知"，被申请人购买试剂和消耗品金额，绝对低于约定的上半年购买承诺的金额；从现有证据看，被申请人既不可能也无意愿在协议到期日（2018 年 1 月 30 日）前完成全年的购买承诺。总之，被申请人违反"经销商协议"的约定，未能完成购买承诺，构成根本违约。

3. 违约责任

"经销商协议"第 XI 条第 D 款第 4 项约定，被申请人违反本协议，且在收到申请人书面通知要求被申请人改正该等违反后的 30 天内未予以改正，或者被申请人未能达到附件 3 中约定的半年目标和/或全年目标的，申请人经书面通知后可在该通知中规定的日期立即终止本协议。

被申请人违约销售竞争性产品，并且未能完成约定的购买承诺，其行为构成根本性违约，申请人有权按照约定终止协议。上文提及 2018 年 1 月 18 日发出终止通知，当事人双方之间的"经销商协议"及其"补充协议"于 2018 年 1 月 16 日终止。

"补充协议"是"经销商协议"不可分割的组成部分。依据"补充协议"第

I条第1款第4项的约定，被申请人同意，如自本协议签署之日起算的5年期届满前提前终止，被申请人不必再向申请人返还医疗实体设备，但申请人有权根据以下公式收回该设备的剩余价值，且被申请人应向申请人支付根据该等公式计算该设备的剩余价值。

申请人请求依据"补充协议"的约定，收回该医疗设备剩余价值。

仲裁庭认为，依据"经销商协议"及其"补充协议"的约定，当事人之间的合同关系因申请人的终止通知提前终止的，申请人向被申请人免费提供的医疗实体设备的所有权已经转移给被申请人，被申请人不必再向申请人返还该实体设备，但是应当依照计算公式［原始价值×（1-被申请人采购金额/被申请人总采购承诺）］向申请人支付该设备的剩余价值。

"补充协议"第I条第1款第4项约定了"原始价值"，被申请人采购金额是指截至本协议终止日，被申请人累计采购的用于此设备的含增值税试剂及消耗品的金额。被申请人总采购承诺是指"补充协议"第I条第1款第3项约定的被申请人在本协议中承诺的5年内每年采购的用于此设备的含增值税试剂及消耗品金额的累计数。被申请人应当依约向申请人支付该公式计算的剩余价值金额。

（二）申请人是否违约？

依据"经销商协议"与"补充协议"第I条第1款的约定，申请人同意在被申请人满足约定条件的前提下，以优惠价格向被申请人提供医疗设备，包括1套TCA和两台TOPX00LAS免费，且所有权转移给被申请人；被申请人同意接受该等优惠价格。

申请人称，申请人按照约定及被申请人的指示，于2017年6月将医疗设备运送并安装于某医院，并于当月完成设备调试，设备已经准备就绪并可以启用。

被申请人则主张，申请人交货地点错误、缺少一台TCA和一台TOPX00LAS、无合法证明文件；申请人并未履行其订单合同的义务，属于根本违约。

1. 设备交付地点

仲裁庭注意到，"经销商协议"第III条第A款约定，申请人委任被申请人，而被申请人接受委任，担任附件1所示整个区域列示于附件2的产品的非独家经销商；附件1约定，本协议所指区域是某省部分医院，具体指某医院。"补充协议"第I条第1款第2项约定，被申请人特此说明将会把申请人根据本协议向其提供的医疗设备装机于某医院，预计装机日期在2017年3月；为避免歧义，被申请人有权自行决定申请人根据本协议向其提供的医疗设备的装机地点。

"经销商协议"第Ⅳ条第A款约定，被申请人开展本协议项下销售活动的方式应为：向申请人购买产品，然后再转售给被申请人在区域内的客户；被申请人不应当直接或间接地将产品销售给区域外的经销商/分销商/医院/第三方。

依据"经销商协议"的上述约定，被申请人获得的转售申请人产品的区域，仅为双方约定的"某医院"，被申请人若将申请人的产品销售给区域外的经销商/分销商/医院/第三方，则构成违约。因此，"补充协议"第Ⅰ条第1款第2项的约定，即被申请人将申请人提供的医疗设备装机于某医院，是与"经销商协议"的上述约定相对应的，是由经销商合同的性质与被申请人作为申请人产品经销商的地位所决定的。

虽然补充协议第Ⅰ条第1款第2项约定"为避免歧义，被申请人有权自行决定申请人根据本协议向其提供的医疗设备的装机地点"，但是不应背离"经销商协议"关于经销商指定区域的约定，对其解释更不应断章取义。统观该条款全文可知，"被申请人有权自行决定申请人根据本协议向其提供的医疗设备的装机地点"，是在"被申请人特此说明将会把申请人根据本协议向其提供的医疗设备装机于某医院，预计装机日期在2017年3月"之后。因此，被申请人有权自行决定的装机地点只能是在该医院之内，而不是指定区域外的其他地点。因此，被申请人关于申请人擅自将医疗器械运至某医院构成根本违约的主张，缺乏依据，不能成立。

仲裁庭注意到，"经销商协议"第Ⅵ条第C款约定，被申请人在任何情况下，均需在收到发运货物之日24小时内对其所购产品进行合理检查。该条款不仅合法有效，而且以黑体加粗的形式特别提示当事人双方注意。

仲裁庭认为，如果申请人"擅自篡改收货地址"，此种违约行为极为明显，一目了然，被申请人完全不需要24小时就可以发现，并向申请人提出异议。但是，被申请人自己提交的用于证明申请人违约的证据中却对于"申请人擅自篡改收货地址"这一最为明显的情节，只字未提。

事实胜于雄辩。被申请人的证据显示，被申请人对于申请人将所销售的产品交付到某医院不仅完全知情，而且对收到的产品进行了详细检查，发现申请人并未提供产品的相关文件。被申请人在能够发现申请人交付的产品缺少相关文件的情况下，不可能发现不了交付地点错误。这只能说明，申请人交付产品的地点没有错误，符合合同约定，因此并未列入被申请人指责申请人违约的情节中。

被申请人的上述证据还显示，被申请人多次强调申请人的违约行为导致其所交付的产品"无法使用"。"使用"的前提就是申请人销售产品的"装机"。补充协议第I条第1款第2项约定，被申请人把"医疗设备装机（Install）于某医院"，即被申请人转售申请人产品的唯一指定区域。申请人提供产品"装机"（Install），就是为了该产品的使用，而绝非普通的仓储、安置。能够使用该产品的地点，只能是被申请人转售申请人产品的区域，即某医院之内。装机、使用于任何其他地点均违背"经销商协议"关于被申请人不得将申请人的产品销售给区域外第三方的约定。被申请人自己的陈述正好印证了交付地点就应是装机、使用产品的地点。如果产品交付到"经销商协议"与"补充协议"约定区域之外的其他地点，产品的使用问题根本无从谈起。被申请人一方面称"收货地址与装机地址并非同一地址"；另一方面又对产品使用问题对申请人提出异议，自相矛盾，其主张不能成立。

总之，申请人将产品交付到约定的某医院，符合"经销商协议"与"补充协议"关于指定区域及装机医院的约定。

2. 交付设备的数量

被申请人称，向申请人采购了两台激光扫描仪，2017年6月申请人发运设备时，缺少一台离心机和一台激光扫描仪。

依据"补充协议"第I条第1款第1项的约定，在被申请人满足约定条件的前提下，以下述优惠价格向被申请人提供医疗设备，包括1套TCA和2台TOPX00LAS免费，且所有权转移给被申请人。

被申请人提供了向申请人订购医疗设备的订单，其中包括3台TOPX00LAS产品，其中1台的价格折扣为100%（该1台产品支付0元），另外2台的价格折扣为50%（该2台产品分别支付50%的价款）。被申请人承认收到了申请人提供的3台TOPX00LAS产品，数量与订单一致。

仲裁庭认为，根据被申请人自身确认的事实，申请人向被申请人交付了3台TOPX00LAS产品，但被申请人仅支付了1台TOPX00LAS产品的含税价格，证明申请人确实向被申请人"免费"提供了2台TOPX00LAS产品。申请人交付给被申请人的医疗设备，不论数量还是含增值税人民币价格，均与"补充协议"约定相符，并不违约。

3. 离心机

仲裁庭注意到，"经销商协议"与"补充协议"没有关于申请人向被申请人免费提供离心机的约定；被申请人提供了向申请人订购医疗设备的订单，其中也无被申请人向申请人订购离心机的记录；被申请人也未能提供向申请人支付离心机价款的证据。因此，申请人并未向被申请人交付离心机的合同义务，被申请人关于申请人违约未交付的主张不能成立。

被申请人援引申请人提交的"医疗设备宣传彩页""合格证明文件"等证据来证明申请人应当向被申请人提供离心机。

仲裁庭注意到，"经销商协议"第 II 条约定，当事人双方在"经销商协议"生效前与同一标的事项有关的、无论书面或口头达成的所有协议均被"经销商协议"取代；"经销商协议"生效后，当事人双方除了以书面形式签署"补充协议"之外，并未对"经销商协议"作出任何有约束力的修改、修订或补充。

被申请人用作证据的"宣传彩页"或者"合格证明文件"，并未经受当事人双方签署成为合同的组成部分，作为与"经销商协议"不相符的条件，没有约束申请人的效力。

4. 违法性问题

仲裁庭注意到，被申请人曾以申请人提供的医疗器械不符合国家标准等理由，向有关主管部门举报申请人；后因不服有关部门的行政复议决定，提起行政诉讼，并申请中止仲裁程序的审理。

为了保障当事人举证的权利、查明有关事实，仲裁庭准许被申请人的"中止审理申请"，于 2018 年 12 月 28 日决定中止本案仲裁程序。但是，2019 年 6 月，被申请人提交了行政诉讼的裁定书，表明被申请人自愿撤回起诉。

仲裁庭认为，被申请人有充分的时间与机会举证，但是至今未能提供申请人提供的医疗器械不符合国家标准、属于违法产品的证据。因此，被申请人关于申请人产品违法的主张缺乏依据，不能成立。

5. 设备相关文件

仲裁庭注意到，"经销商协议"第 IV 条第 R 款约定，被申请人协助终端用户使用申请人产品时，应当严格按照制造商使用说明书中的方式进行。因此，仲裁庭认为，申请人应当将使用说明书等相关文件与约定的产品一同提供给被申请人。

申请人陈述，已经在本案仲裁程序中将本案设备的相关文件提供给被申请人。仲裁庭认为，申请人不应迟延向被申请人提供约定产品的使用说明书等相关文件，但由于申请人已经改正、向被申请人提供了相关文件，申请人的行为不构成根本违约。

仲裁庭还认为，依据"经销商协议"第 V 条第 D 款的约定，申请人依其自行判断决定是否向被申请人的销售或服务人员提供培训，并无培训被申请人的合同义务。因此，被申请人主张申请人未履行培训义务，缺乏依据，不能得到仲裁庭的支持。

6. 申请人应否承担违约责任？

被申请人请求，申请人返还被申请人为购买医疗器械、试剂支付的款项。

仲裁庭认为，申请人向被申请人交付了合同项下的医疗设备，虽然向被申请人提供使用说明书等相关文件有所迟延，但已改正，申请人的行为不构成根本违约。被申请人无权解除有关的买卖合同、并要求申请人退回相应的款项。

被申请人请求申请人赔偿损失，包括被申请人向某医院提供替换设备的损失，以及再采购其他设备造成的损失。

仲裁庭认为，被申请人未能举证证明其所主张的损失，而且在其自身根本违约、并已获得申请人免费提供的医疗实体设备所有权的情况下，要求申请人为其替换设备、采购其他设备等损失负责，也违背公平原则。总之，被申请人请求申请人赔偿有关损失的请求，缺乏依据，仲裁庭不予支持。

第三章 品牌授权合同争议仲裁研究

商标是关于商品或服务来源的标志，是一个法律概念。注册商标更是经国家主管机关依法核准且受法律保护的知识产权客体。商标及其权利是法定的、特定化的。一个企业通常注册与使用一系列商标，并以其商标为核心进行宣传推广、市场营销，从而提升相关公众的认知与市场声誉，形成品牌。品牌虽然并非严格的法律概念，但在现实的经济生活中，却更为常用。品牌是企业商标、名称（商号）、产品包装、牌匾装潢、服务工具、宣传资料等各方面具有市场知名度的商业标志和视觉形象的集合体。例如，麦当劳、肯德基公司在世界各国注册了数量庞大的商标，大多数人不了解这些注册商标的细节，但是对它们的名称（包括俗称）和巨大的标志（logos）耳熟能详，这些人尽皆知的品牌具有极高的商业价值。为了保护品牌，防范假冒伪劣，企业以品牌授权合同的方式，限定品牌在商品和服务上的使用，控制品牌商品或服务的流通渠道，维护品牌商誉。

除了商标混淆性近似（confusingly similar）问题之外，品牌保护还需考虑商标被用于类似商品或服务的问题。类似商品或服务的判断可以参考我国商标注册用类似商品和服务区分表（以下简称"区分表"）。我国是尼斯联盟成员国，商标注册采用《商标注册用商品和服务国际分类》（以下简称"尼斯分类"）。现行分类将商品和服务分成45个大类，其中商品为1-34类，服务为35-45类。我国商标局将"尼斯分类"的商品和服务项目划分类似群，并结合实际情况增加我国常用商品和服务项目名称，制定类似商品和服务区分表，为申请人申报商标注册时使用。区分表含有类别标题、注释、商品和服务项目名称。类别标题指出了归入本类的商品或服务项目范围；注释对本类主要包括及不包括哪些商品或服务项目作了说明；其中所列出的商品和服务项目名称为标准名称。"尼斯分类"每年修订一次，我国的区分表随之予以调整。区分表是我国履行尼斯联盟成员国国际义务、实施尼斯协定的直接与实质性举措。"尼斯分类"的内容在我国商标注册法律体系中已经由区分表充分体现。根据我国商标局的官方解释，商标注册申请人应当依照提交申请时施行的区分表进行申报，既可以申报标准名称，也可以申报未列入区分表中的商品和服务项目名称。在新版分类表实行以前申请商标注册的，所申报的商品和服务项目的分类原则和标准适用旧版分类表。

品牌授权可以采用品牌商品授权经销合同、合作合同或特许经营合同等各种方式，以品牌的知识产权为基础及法律控制手段，保护与实现品牌利益。如果品牌利益受到损害、品牌价值无法实现，或者当事人违反诚信原则，品牌授权的争议难以避免。随着品牌授权的终结，缔约方因善后问题发生争议也常发生。

第一节　品牌授权效力争议案

品牌授权合同必须以品牌方与经销商双方的诚信为基础。品牌授权方应当真实拥有与品牌相关的知识产权，否则授权合同就成为无源之水、无本之木，与经销商之间的合同效力无法得到法律的认可。品牌方在订立授权合同时如果不向经销商如实披露经营资质、在先授权等足以决定合同效力的关键信息，经销商有权撤销合同并追究品牌方的责任。

一、无权授权

在下述案例（案例27）中，协议关系及所发生的争议均以"BG"商标的许可使用权为基础与核心。所谓的品牌方（被申请人）是否有权向经销商授予经营"BG"品牌产品的商标许可使用权，根本上取决于其权利的来源，即是否获得了"BG"商标的中国注册人某公司的授权（包括再许可的授权）。然而，被申请人始终无法举证证明自己从商标权人处获得了商标（品牌）许可使用权，也无法证明自身拥有向经销商再许可商标的权利，品牌授权的基础自始不存在。因此，经销商有权以对方欺诈为由撤销授权合同，并要求对方赔偿相应的损失。

案例27：服装品牌特许经营协议争议案

申请人与被申请人于2012年10月25日签署了"某服装品牌特许经营协议书"（以下简称"协议书"），约定申请人为被申请人授权的特定合同区域之"BG"服装品牌特许经销商；被申请人承诺，其为依法成立并具有行为能力的法人,其对本合同约定下的产品享有在中国大陆范围内的完全的经营权;被申请人授权申请人经营本合同项下产品不会造成对任何第三方的侵权;如因被申请人的虚假承诺或被申请人违反本承诺的行为造成申请人损失的,被申请人应当赔偿申请人的一切损失。

(一) 品牌授权的基础

仲裁庭认为,当事人双方之间的协议的核心是被申请人对申请人的"授权",被申请人授予申请人的是经营该服装品牌的权利,即在特定的商业性经营活动中使用"BG"商标的权利。因此,当事人双方之间的协议在本质上属于商标许可使用协议。由于合同约定,被申请人对申请人的授权系基于被申请人在中国大陆范围内的经营权,当事人双方之间的"BG"商标许可使用协议,应当适用在合同签署时包括《商标法》在内的中国知识产权法律。

根据《商标法》的规定,商标注册人可以通过签订商标使用许可合同,许可他人使用其注册商标。本案当事人双方均认可,在中国"BG"商标第25类服装商品上的注册人为意大利的某公司,被申请人并非"BG"在中国的商标注册人。因此,被申请人对申请人进行品牌授权的基础来源于某公司的授权。

被申请人未能提供任何直接的证据证明获得了某公司的有效授权。申请人直接联系了意大利某公司,该公司回复称,"在中国大陆没有任何代理人或者独占性合作伙伴""BG品牌的分销是直接由来自意大利的公司管理""我们曾经与你所提到的团体(被申请人)联系,但是我们最终并未敲定任何业务"。某公司的答复非常明确,被申请人并未从某公司获得关于"BG"商标的许可使用权,更没有获得再许可申请人的权利。某公司作为"BG"商标的中国注册人,根据《商标法》的规定,享有注册商标专用权,其对该商标在中国的许可使用情况的陈述是直接、权威的证据。因此,被申请人所谓"已经取得了合法授权""有权作为授权方"的陈述系与事实不符的虚假陈述。

仲裁庭认为,被申请人明知应当在与申请人洽谈店铺开设事宜并签署"品牌授权协议书"之前获得某公司授权并出具授权文件,却故意进行虚假陈述或者故意隐瞒真实情况,实施欺诈申请人的行为,违反诚实信用的商业活动的准则。

被申请人订购"BG"品牌的货物,与获得商标权人某公司的商标使用许可是两回事。被申请人授予申请人的是关于"BG"商标的使用许可权,是以其自身享有商标权利为基础的。被申请人通过订购品牌货物只能获得关于实体货物的

117

所有权,无法获得被申请人所称"品牌经营权"。被申请人对于申请人的授权属于商标被许可人的再许可行为,必须经商标权人明确允许才能实施。被申请人在缺乏权利基础的情况下,授权申请人商业性使用"BG"商标的再许可行为,违反《商标法》的规定。

(二)撤销协议

申请人主张,被申请人的行为已经构成民事欺诈行为,申请人有权撤销所涉品牌的"BG 协议书"。

仲裁庭认为,由于当事人双方之间的协议的核心是被申请人对申请人的"授权"(被申请人授予申请人在特定合同区域内经销"BG"品牌产品的权利),被申请人关于授权所作的虚假陈述,使申请人在违背真实意思的情况下与之订立了"BG 协议书"。根据《合同法》的规定,申请人作为受损害方,有权依法撤销"BG 协议书"。

根据申请人的陈述,当事人双方于 2012 年 10 月 25 日签署了"协议书",申请人是在 2012 年 11 月之后开始意识到并且发现被申请人根本就未取得"BG"品牌在中国大陆的经销权,无权再许可包括申请人在内的第三人在中国大陆从事该品牌特许经营。申请人于 2013 年 6 月 25 日申请仲裁,请求撤销"协议书"。因此,申请人自知道撤销事由起一年之内就行使了撤销权,不存在申请人的撤销权依法消灭的情形。

(三)返还财产与赔偿损失

根据《合同法》的规定,被撤销的合同自始没有法律约束力。由于申请人基于"协议书"存在的撤销事由依法行使了撤销权,因此,"协议书"已经自始无效,被申请人所主张的继续履行"协议书"已无可能。

1. 返还财产

当事人双方之间的"协议书"被撤销之后,根据《合同法》的规定,因该合同取得的财产,应当予以返还。申请人主张,被申请人因"协议书"所取得的财产是指申请人所支付的特许申请费和首次购货款的 90%。

(1)特许申请费

被申请人主张,申请人于 2012 年 10 月 29 日支付的款项系 JC《品牌经营权协议书》项下的加盟保证金。

仲裁庭注意到，被申请人所提及的 JC《品牌经营权协议书》是与本案无关的当事人双方于 2012 年 10 月 29 日签署的协议。根据申请人提供的证人证言，当事人双方于 2012 年 10 月 29 日 18 点才现场签署了 JC《品牌经营权协议书》。

仲裁庭认为，申请人在某银行的支行柜台向被申请人转账付款只能发生在该银行的办公时间内，即下午 17：30 之前。如果当事人双方确实于 2012 年 10 月 29 日 18 点签署了 JC《品牌经营权协议书》，当时银行已经停止办理转账业务，申请人不可能在与被申请人签署 JC《品牌经营权协议书》之前就向被申请人支付"加盟保证金"以履行尚不存在的协议。

即便申请人的证人证言所述的具体签约时间不准确，当事人双方均承认 JC《品牌经营权协议书》签署于 2012 年 10 月 29 日下午。本案所涉"协议书"签署于 2012 年 10 月 25 日。根据"协议书"约定，本协议由被申请人、申请人自双方签订之日起即时生效。相比于 2012 年 10 月 29 日下午签署的 JC《品牌经营权协议书》，"协议书"签订在先、生效在先。如果申请人于 2012 年 10 月 29 日与被申请人签署 JC《品牌经营权协议书》的当天即依约付款，却不履行在先签署、已经生效的"协议书"的付款义务，不符合常理和商业习惯。

经仔细审查了当事人双方提交的证据，仲裁庭认为，申请人于 2012 年 10 月 29 日通过银行转账支付给被申请人的款项属于依照"协议书"所支付的特许申请费。"协议书"被撤销后，被申请人应当返还申请人。

（2）购货款

仲裁庭注意到，"协议书"约定，被申请人应在本合同签订之日向申请人提供首次购货的信息，并将首次购货的订货单附于本合同之后作为合同附件；申请人应在确认该首次购货订单及签订本合同后即本合同生效的 5 个工作日内支付首次购货货款的 90%；首次购货总额必须达到 100 万元。

当事人双方之间的"协议书"签署于 2012 年 10 月 25 日，于当日生效。申请人提供的"协议书"附有被申请人向申请人提供首次购货的订货单。因此，仲裁庭认为，申请人于 2012 年 10 月 30 日向被申请人支付人民币 90 万元，与"协议书"约定能够相互印证，即在"协议书"生效的 5 个工作日内支付首次购货货款的 90%。

被申请人则主张，申请人于 2012 年 10 月 30 日支付的款项，其中人民币 10 万元用于支付"协议书"项下的加盟保证金和特许申请费，人民币 5 万元用于支付 JC《品牌经营权协议书》项下的特许申请费，剩余人民币 75 万元用于支付上述两个协议的首期购货货款各人民币 375000 元。

仲裁庭认为,被申请人上述主张难以成立。首先,如果申请人于 2012 年 10 月 30 日支付的人民币 90 万元款项的构成如此复杂,既混合了两个独立的协议的履行行为,又掺杂了不同类型的支付款项,为了当事人双方结算的目的,申请人应当在支付时予以说明。在申请人付款时未加说明的情况下,所支付款项的性质应当以付款人的主张为准,被申请人不能对所收到的款项作出随意的解释。其次,被申请人未能举证证明,曾在 JC《品牌经营权协议书》于 2012 年 10 月 29 日签订之日向申请人提供首次购货的信息,也未能提供首次购货的订货单作为合同的附件。被申请人所提供的被申请人向案外人订购 JC 品牌服饰的订单,与此无关,不具有证明力。既然如此,被申请人无法解释,申请人怎能于 2012 年 10 月 30 日、在未能确认被申请人提供的首次购货订单的情况下,就向被申请人支付 JC《品牌经营权协议书》项下的"货款",并将其与"协议书"项下的货款掺杂在一起支付呢?

总之,仲裁庭认为,申请人于 2012 年 10 月 30 日向被申请人支付的人民币 90 万元,属于被申请人因"协议书"取得的财产,在"协议书"被撤销后,被申请人应当返还申请人。

(3) 被申请人交付的货物

申请人承认,被申请人于 2012 年 11 月 21 日向申请人交付了的"BG"品牌服装,申请人销售了部分货物,剩余货物价值人民币 352946 元。

仲裁庭认为,申请人从被申请人处获得的"BG"品牌服装,属于申请人因"协议书"取得的财产,在"协议书"被撤销后,申请人应当将尚未销售的"BG"品牌服务返还给被申请人。申请人对此无异议。申请人已经销售的"BG"品牌服务的货款,应从申请人向被申请人已付货款中扣减。

2. 赔偿损失

《合同法》规定,合同被撤销后,有过错的一方应当赔偿对方因此所受到的损失,双方都有过错的,应当各自承担相应的责任。"协议书"约定,被申请人承诺,其对本合同约定下的产品享有在中国大陆范围内的完全的经营权;被申请人授权申请人经营本合同项下产品不会造成对任何第三方的侵权;如因被申请人的虚假承诺或被申请人违反本承诺的行为造成申请人损失的,被申请人应当赔偿申请人的一切损失。

仲裁庭认为,申请人在与被申请人订立"协议书"之时信任了被申请人所作的承诺，已经尽到了合理的注意义务，对于可能存在的撤销事由不存在疏忽或者其他过错，因此，申请人不应为"协议书"被撤销所造成的损失承担责任。

不论是依据法律规定还是合同约定，被申请人违反法律和诚实信用原则，故意陈述虚假信息，使申请人在违背真实意思的情况下订立了"协议书"，均应赔偿因其过错给申请人造成的损失。因此，申请人已付两笔款项的利息损失，为履约向案外第三人支付的店铺租金和物业费损失，被申请人应当赔偿。

二、欺骗授权

品牌授权合同的当事人必须就授权代理的区域、范围、期限达成合意，才能确立合同关系。如果在缔约前品牌方已有在先的授权代理商，且其授权期限、范围、地域与正在缔结的合同存在冲突，则品牌方有义务在缔约前向经销商披露此事实。当事人双方可以据此在授权合同中对于经销商所获得的授权进行限制或者除外的约定，相应调整当事人之间权利与义务的分配。

下述案件（案例28）的品牌方却在缔约前向经销商隐瞒在先代理商的重要信息，影响了经销商对于缔约的判断。根据我国法律的规定，判断一方当事人是否采取了欺诈的手段与对方当事人订立合同，应当考虑如下两个方面的因素，即：该方当事人是否故意告知对方虚假情况或者故意隐瞒真实情况，是否违反法律规定及诚实信用原则；对方当事人是否因此在违背真实意思的情况下订立了合同。该案的品牌方隐瞒在先授权的事实导致经销商违背其真实意志签订了合同，构成以欺诈手段订立合同，经销商有权撤销该授权合同。同时，仲裁庭也指出，品牌方实施的导致合同被撤销的行为发生于缔约之时，合同订立后品牌方交付的商品存在质量缺陷等或品牌方夸大商品功效进行宣传等行为不属于缔约欺诈。而且，经销商在缔约时应有能力对品牌方的经营许可等资质问题予以识别，品牌方即便缔约时未提供许可证等，也不应按欺诈处理。

案例28：医疗器械品牌省级代理合同争议案

被申请人是某戒烟医疗器械的品牌方，于2015年7月3日与经销商（申请人）签订了《某品牌戒烟省级代理合同》（以下简称"代理合同"），授权申请人以该品牌对外服务、推广，授权代理级别为"省级"，享有"山西"省的独家代理商权限。

申请人主张，被申请人实施隐瞒许可证信息、提供三无产品、夸大激光戒烟效果、隐瞒"代理合同"之前已存在的代理加盟商的合同欺诈行为,请求撤销与被申请人签订的"代理合同"。

(一) 缔约前已存在代理加盟商

申请人称,被申请人与申请人签订合同的时候并没有披露2015年3月已经签订了运城的代理商,隐瞒"代理合同"之前已存在代理加盟商的事实。

仲裁庭认为,"代理合同"约定了被申请人给予申请人授权的级别和区域,即被申请人授权申请人的代理级别为"省级"享有S省的独家代理商权限;合同的期限自2015年7月3日至2016年7月3日。"代理合同"的上述约定说明,当事人双方是基于对方披露的信息,权衡自身利益,就授权代理的区域、范围、期限所达成的合意,即被申请人授予申请人约定期限内山西省级的独家代理商权限。如果被申请人在与申请人签订"代理合同"之前,没有向申请人如实披露在先存在的与"代理合同"的授权期限、地域、范围将相冲突的案外第三人代理商,则属于对影响缔约的重大事实的隐瞒,构成对申请人缔约的欺诈。

被申请人主张已经将在先授权代理商的事实告知申请人,并提供了两份间接证据。其中一份来源不明,无法识别信息的发出者与形成过程,无法采信。另一份是"代理商投资政策"。然而,"代理合同"约定,被申请人有权根据市场情况调整设备投放市场的销售价格。因此,"代理合同"约定的设备投资金额与代理费低于"代理商投资政策"上列出的金额,不足以证明被申请人就在先代理商问题与申请人在缔约时进行了协商。总之,基于现有证据,被申请人向申请人隐瞒了足以影响缔约的重要信息,构成对申请人的欺诈。

被申请人还主张,"代理合同"约定被申请人作为授权方的义务可代为申请人招商,因此并未隐瞒申请人在先代理商的事实。仲裁庭认为,"代理合同"约定的申请人的权利、授权级别和区域是一致的。被申请人如果"代为"申请人在授权区域内招商,则理所应当将所招募的代理商告知申请人,并与申请人共享该资源。但是被申请人既不向申请人披露在先存在的代理商,也不与申请人协商解决在先代理商问题,而是与案外第三方代理商维持与"代理合同"直接冲突的授权代理关系,明显不属于履行"代理合同"约定的授权方代为招商行为。

综上所述,仲裁庭认为,被申请人向申请人隐瞒关于在先代理商的重要信息,足以影响申请人对于缔约的判断,导致申请人在违背真实意思的情况下订立的"代理合同",根据《合同法》的规定,申请人有权撤销该合同。

(二) 被申请人的经营许可证

申请人称，合同特许业务核心内容是通过激光治疗达到戒烟的目的，核心产品激光戒烟仪必须具备二类医疗器械的经营范围和资质，但是在签订合同时被申请人并未向申请人提及相关事项，也未在合同中解释，主观恶意显而易见。

仲裁庭认为，被申请人所提供的"医疗器械经营企业许可证"及激光治疗仪的生产企业的"医疗器械生产企业许可证"与"医疗器械注册证"足以证明，"代理合同"签订之时，被申请人拥有经营二类医疗器械的经营范围和资质，激光治疗仪的生产企业也具有三类医疗器械的资质，因此，被申请人与申请人签订"代理合同"，许可申请人进行相关经营活动，并不属于违法违规经营行为。申请人作为激光治疗仪的经营者，明知我国法律关于经营该医疗器械需要具备的资质与要求，应当在缔约前审查被申请人的相关资质，并无理由主张受到被申请人的误导，而且事实上并未受到误导。

(三) 产品质量

申请人提供了被申请人关于激光治疗仪的宣传资料上有关于该仪器"安全""快速""高效"的描述。申请人称，被申请人所提供的医疗器械包括戒烟仪、清肺导管等均不符合国家规定，实属"三无产品"，夸大矫治效果，是合同欺诈行为。

仲裁庭认为，申请人是专业的经营者，不同于普通消费者，具有同行业的专业知识，了解经营与生产激光治疗仪的法律法规规定，对于被申请人的广告宣传应当具有判断、识别能力。即便被申请人的广告宣传有所夸大、应当受到相应的行政处罚，也不足以误导申请人签订"代理合同"。

申请人主张被申请人产品有质量缺陷，属于合同履行与违约责任的问题，并不能证明申请人在订立合同时受到了被申请人欺骗、陷于错误判断并作出错误的签约意思表示。

(四) 返还设备购置款与保证金

仲裁庭认为，由于被申请人以欺诈手段使申请人在违背真实意思的情况下与之签订的"代理合同"被撤销，被申请人应当依据《合同法》的规定返还基于"代理合同"所接受的申请人的设备购置款及担保金。同时，申请人应当将被申请人基于"代理合同"所交付的所有仪器、配件返还被申请人。

(五)房租费、广告宣传费

仲裁庭认为,根据《合同法》的规定,"代理合同"因被申请人的欺诈而被撤销之后,申请人因履行该合同已经实际支出的成本与费用属于被申请人应当予以赔偿的损失。

"代理合同"约定,申请人作为代理商,有义务以实体店的形成经营,确定开店店址,并且投放适当广告宣传。申请人提供了山西霍州、太原的实体店房屋租赁合同及相关文件,足以证明申请人为了履行"代理合同"实际支付了房屋租金,并采取措施避免该损失扩大。对于申请人的房屋租金损失,被申请人应当赔偿。

申请人提供了在两个城市通过互联网、平面媒体、店面装潢等形式进行广告宣传支出费用的证据,能够证明其在两个城市所实际支出的广告宣传费用,被申请人对此应当赔偿。

第二节　销售非品牌商品争议案

品牌授权的根本目的是保障品牌商品在约定的渠道销售。经销商如果擅自销售品牌授权之外的商品(包括假冒或其他品牌商品),则构成对品牌利益的损害,品牌方有权追究经销商的违约责任。

一、销售非经授权商品

指定经销商(又称分销商、代理商)销售品牌商品,是品牌授权的重要形式,目的就是保障品牌与商品不可分性,确保经销商所销售的是品牌真货,而非来源于任何其他渠道的"假冒商品"。如果经销商售假,则触及了品牌利益的红线。

案例29:加油站授权经营合作协议争议案

申请人是某成品油品牌企业,与被申请人签订"合作协议",授权被申请人加油站经销指定品牌成品油。

（一）解除协议

双方协议约定，由申请人子公司或申请人认可的油品供应商向被申请人提供符合中国法律和地方法规要求的合格的油品；被申请人承诺，在本协议有效期内仅从申请人子公司和/或以下申请人认可的油品供应商采购成品油，并且在同等条件下，被申请人优先从申请人子公司采购；如被申请人希望调整"申请人认可的油品供应商"名单的，被申请人须书面告知申请人，并提供其希望新增的油品供应商资质等证明文件供申请人审阅，在申请人书面认可之后方可生效并开始执行。依据协议约定，一旦被申请人未经申请人提前书面同意，擅自购买或销售除申请人、申请人子公司或申请人认可的油品供应商外的第三方成品油的违约行为，申请人可以书面通知的方式单方面立即解除本协议。

申请人主张被申请人违约销售其他来源的成品油。被申请人辩称，"在签订协议前就有自己的进货渠道，对此，双方在合同签订前有过充分的沟通""双方已就进货渠道达成一致"。

仲裁庭认为，按照一般的交易惯例，被申请人向申请人提出调整油品供应商的申请，如未能得到申请人肯定的答复，只能视为申请人对此申请不予同意。被申请人将申请人"从未明示或默示表示否定"盲目信赖为"明确的肯定"，是不谨慎的、不合理的。被申请人称双方在合同签订前关于进货渠道"有过充分的沟通"，因此协议约定的"申请人认可的油品供应商"名单并非不能经双方协商谈判予以修改的格式条款，而且该条款明确约定"双方可以通过书面确认的方式不时地更新名单"。因此，被申请人关于进货渠道条款属于格式条款，因而无效的主张不能成立。总之，基于现有证据，仲裁庭认定，被申请人未能举证证明在"合作协议"生效前，当事人双方曾经协商一致调整油品供应商名单。协议生效后，被申请人仅应从申请人认可的油品供应商采购成品油。被申请人未能举证证明，曾依据上述约定书面告知申请人申请调整约定的"申请人认可的油品供应商"名单，并得到申请人的书面认可。因被申请人的违约行为，申请人有权解除合作协议。

（二）终止品牌使用

"合作协议"约定，在本协议无论因任何原因解除或终止后，被申请人应当摘除"某品牌授权经营站"的字样，并应去除被申请人加油站及便利店内所有带有授权商标以及视觉形象（VI）的标识，撤除一切含有授权商标和视觉形象的广告，同时被申请人应返还申请人享有所有权的标识物（包括加油站的罩棚包装标识、站前大立招牌、进出口标识和油品标识、油机标识、便利店包装标识）、其他投资及申请人的其他财物。

仲裁庭认为，被申请人应在仲裁裁决生效后5日内，依据上述约定在其营业场所清除申请人的商标及其他视觉形象。因"申请人的其他财物"在协议中无定义，其所指不明，被申请人无法返还给申请人。

（三）申请人投资损失

"合作协议"约定，本协议因被申请人违约而由申请人按照本协议的规定解除的，被申请人同意其支付给申请人的履约保证金作为违约金不再由申请人退还被申请人，同时被申请人应赔偿申请人为被申请人加油站所做投资的相应金额，按照如下公式计算：被申请人应赔偿申请人的金额＝申请人在本协议下为被申请人加油站所做的全部投资的金额×本协议剩余未履行期间的月份数/本协议下约定的授权经营期间的总月份数。

仲裁庭认为，被申请人应依据上述约定的赔偿公式，按照申请人举证证明的为被申请人加油站投资的金额，赔偿申请人的投资损失。

（四）被申请人支付的履约保证金

仲裁庭注意到，"合作协议"有关于履约保证金的专门条款，约定了履约保证金的特定目的、用途与合同解除时的结算。从具体约定看，合同解除时，视哪一方当事人违约，履约保证金应当进行结算；被申请人违约的，履约保证金应当用于赔偿申请人的损失，特别是按照特定的计算公式赔偿申请人的投资损失。"合作协议"约定"履约保证金作为违约金不再由申请人退还被申请人"，实质上是指申请人扣留被申请人支付的履约保证金将其"作为违约金"，不再退还被申请人。在合同因被申请人违约由申请人提前解除的情况下，申请人的投资损失根据上述公式计算总是存在的。该条款约定的特殊性在于，可能出现根据公式计算的投资损失金额小于履约保证金金额的情况（如申请人在合同即将期满时解约），但履约保证金扣除违约金后的剩余部分仍然不再由申请人退还被申请人。但是，在公式计算的投资损失金额大于履约保证金金额的情况下，被申请人赔偿申请人损失的责任并不以履约保证金的金额为限，不足部分仍应赔偿。因此，该条款作出了履约保证金作为违约金不再由申请人退还被申请人的"同时"被申请人继续承担赔偿责任的约定。

依据约定，在被申请人违约时，申请人有权扣留被申请人支付的履约保证金，从中扣除相应的违约金或赔偿金，或直接要求被申请人履行相关赔偿义务。

申请人称，"确认收到被申请人支付的三十万元履约保证金，但根据协议如被申请人违约则该履约保证金不予退还。故，此保证金不做扣除"。

仲裁庭认为，申请人的主张故意曲解"合作协议"关于"履约保证金作为违约金不再由申请人退还被申请人"的约定。实质上，申请人扣留被申请人支付的履约保证金不再退还被申请人是将其"作为违约金"，除此之外，申请人无权将被申请人支付的保证金据为己有。因此，被申请人赔偿申请人投资损失应扣除被申请人已支付的履约保证金。

（五）关于被申请人支付违约金的请求

申请人请求被申请人支付的违约金分为三个部分，仲裁庭分别予以判断。

1. 被申请人采购油品的违约金

"合作协议"约定，如被申请人违反本协议约定，未经申请人提前书面许可向申请人、申请人子公司或申请人认可的油品供应商之外的第三方采购成品油，被申请人应按次支付违约金。

仲裁庭认为，被申请人未经申请人提前书面许可，向申请人认可的油品供应商之外的第三方采购成品油，申请人主张被申请人违约一次，应支付相应的违约金。

2. 被申请人未履行后合同义务的违约金

"合作协议"约定，在本协议解除或终止后，如被申请人未立即停止使用授权商标或视觉形象，或者未在本协议解除或终止后的10日内拆除标识物或其他包含授权商标及视觉形象的物品的，则每晚撤除一日，被申请人应当向申请人按日支付违约金。

仲裁庭认为，当事人约定违约金不应违反法律规定，不应扭曲当事人之间的合同关系使一方当事人获取严重不合理的超额利益。正如申请人所述，被申请人在协议终止后不及时停止使用授权商标或视觉形象或者拆除标识物或其他包含授权商标及视觉形象的物品，不仅违反"合作协议"的约定，而且属于未经申请人授权使用申请人商标及标识物的侵权行为。

关于商标侵权赔偿金额的计算方法，我国法律有明确的规定。《商标法》规定，侵犯商标专用权的赔偿数额，按照权利人因被侵权所受到的实际损失确定；实际损失难以确定的，可以按照侵权人因侵权所获得的利益确定；权利人的损失或者侵权人获得的利益难以确定的，参照该商标许可使用费的倍数合理确定。对恶意侵犯商标专用权，情节严重的，可以在按照上述方法确定数额的1倍以上5倍以下确定赔偿数额。

本案中，在申请人未能证明其实际损失或者被申请人侵权获利的情况下，被申请人侵权赔偿数额应参照申请人商标许可使用费的倍数合理确定，即便按照被申请人恶意侵犯商标专用权且情节严重处理，被申请人侵权赔偿的数额也不应超过申请人商标许可使用费的5倍。

"合作协议"第4条约定，申请人在授权经营期间授权被申请人使用商标和视觉形象的年度许可使用费。因此，被申请人商标侵权年度赔偿额不应超过申请人商标年度许可使用费的5倍。然而，按照"合作协议"约定的违约金计算，年违约金为申请人商标年度许可使用费的73倍之多，与法律规定明显不符，严重超出了合理的范围。

仲裁庭考虑到申请人的投资损失、商标许可使用费、咨询服务费等均能得到充分的弥补，且其在当事人双方进货渠道谈判中存在不诚信行为等各方面的情况，参考"合作协议"的约定，以最接近本协议的经济目的、符合诚信原则且对双方合法利益均予适当考虑的方式，认定被申请人应自"合作协议"终止后的10日内拆除标识物或其他包含授权商标及视觉形象的物品，否则按"合作协议"约定的年许可使用费的5倍向申请人支付年度违约金。

3. 被申请人迟延付款的违约金

依据"合作协议"第4条的约定，申请人在授权经营期间授权被申请人使用商标和视觉形象，应付年度许可使用费，本协议下授权经营期间第一授权经营年度的许可使用费由被申请人在授权生效日起10日内一次性支付给申请人；各授权经营年度的咨询服务费由被申请人分别在各授权经营年度开始后的10日内一次性支付给申请人。

申请人举证证明，被申请人迟延支付上述费用。"合作协议"约定，如被申请人未能按照本协议向申请人支付款项，则被申请人同意每迟延一日按未付款项0.1%的标准向申请人支付违约金。

仲裁庭注意到，依据上述关于迟延付款违约金利率的约定，年违约金利率高达36.5%。经参考被申请人迟延付款发生时所适用的最高人民法院有关司法解释，仲裁庭认为，被申请人迟延付款违约金不应超过年利率24%，即不应超过日利率0.066%。

二、销售假冒商标的商品

特许经营合同是品牌方经常采用的品牌授权方式。商业特许经营是指通过签订合同，特许人将有权授予他人使用的商标、商号、经营模式等经营资源，授予被特许人使用；被特许人按照合同约定在统一经营体系下从事经营活动，并向特许人支付特许经营费。特许人不仅向被特许人提供代表该特许经营体系的营业象征及经营手册，而且按照合同约定为被特许人提供货物供应，或者规定货物应当达到的质量标准，或提出若干供应商以供被特许人选择。特许人有权追究被特许人擅自销售除了特许经营体系之外商品的违约责任。

案例30：特许经营合同争议案

经营某品牌连锁超市的申请人与被申请人门店签订了"特许经营合同"，约定被特许人（被申请人）仅在加盟店中销售从特许人（申请人）处采购的商品，使用特许人的物流配送系统，服从特许人的物流配送安排，除由供应商直接送加盟店的特许商品外，禁止被特许人采用特许人之外的物流安排以保持品牌门店形象及经营理念的统一；被特许人经特许人事先书面同意，并在经特许人事先书面同意的区域可以销售与特许人所供应的商品显著不同的商品。

（一）特许人实际经济损失

申请人举证证明，被申请人在合同有效期间内，擅自从其他渠道向其经营的加盟门店进货、销售假冒某商标的球拍商品，导致申请人被商标权人起诉，并根据审理法院出具的《民事调解书》向商标权人支付了赔偿款。

依据合同约定，被特许人违约的，应赔偿特许人的实际经济损失或先行承担的赔偿责任，并向特许人支付违约金。

被申请人虽然"表示认可并愿意承担"赔偿申请人向商标权人支付的赔偿款，但是以申请人首先结算被申请人保证金账户及剩余货款为前提条件。

仲裁庭认为，"特许经营合同"明确约定被申请人支付的保证金是被申请人履行合同义务的担保。申请人清算、返还保证金并非与被申请人赔偿申请人的实际经济损失同时履行的义务，更非在先履行的义务。如果申请人必须在先返还被申请人的保证金，保证金就丧失了担保被申请人履行合同义务的作用。因此，被申请人所主张申请人清算保证金的前提条件既无合同约定，也无法律根据。被申请人所主张的剩余货款的清算应当依据双方当事人签署的合同进行，也不属于被申请人依约赔偿申请人损失的前置条件。总之，仲裁庭认为，被申请人应当赔偿申请人的实际经济损失。

（二）违约金

"特许经营合同"约定，被特许人严重违约的，除赔偿特许人实际经济损失或者先行承担的赔偿责任外，应向特许人额外支付赔偿。仲裁庭认为，该条款约定的"额外支付赔偿"，性质上属于违约金。

根据当时有效的《合同法》的规定，约定的违约金过分高于造成的损失的，当事人可以请求人民法院或者仲裁机构予以适当减少。由于合同约定的违约金金额高于申请人实际经济损失的数倍，仲裁庭认为，被申请人关于适当减少违约金的请求有事实和法律的依据。被申请人违约行为导致申请人参与诉讼程序所支付的合理开支、被申请人违约行为的严重性和主观过错均应在适当减少违约金时予以考量。仲裁庭综合上述情节，根据公平原则和诚实信用原则衡量，将违约金金额适度减低。

第三节 品牌商品订单争议案

品牌授权销售由双重合同关系支撑，品牌授权与销售品牌商品是两个不可分割组成部分。在品牌授权合同的框架下，合同双方通过具体的订单确认与履行品牌商品的买卖，实现品牌商品的持续供货和销售。每份订单对于品牌商品的销售具有独立而且特殊的作用，既不能脱离品牌授权合同的约定，又不能否定其独立买卖合同的性质。

一、订单项下的付款

在下述案例（案例31）的品牌授权合同项下，被授权人每一次向品牌方发出约定格式的订单、品牌方予以承诺，均形成独立的货物买卖合同（个别合同）。每份个别合同均是当事人真实、自愿的合意。被授权方有发出订单的自由，品牌方也有酌情决定是否承诺的自由。个别合同的内容由品牌授权合同的一般性约定及每份订单的特定约定共同构成。在品牌授权合同的基础上，双方当事人在每一份个别合同成立生效后，分别履行该个别合同的交货、付款等合同义务。因此，一旦发生订单争议，当事人是否违反了合同约定的交货、付款义务？应当根据特定的个别合同分别加以判断。

案例31：化妆品独家批发销售合同争议案

申请人为日本某化妆品公司的中国子公司，与被申请人签订合同，约定申请人授予被申请人在中国大陆地区就申请人的日本母公司及该母公司指定的公司生产的化妆品及化妆日用品以及其他物品中申请人采购的商品的独家批发销售权。

（一）订单及货款

申请人举证证明，被申请人曾发出4份订单，申请人已经履行完毕上述4份订单所形成的4份个别合同的交货义务，相应订单指定商品分别交付至被申请人指定仓库。在申请人已经履行了上述4份个别合同约定的交货义务后，被申请人并未依照合同的约定支付相应的货款。

被申请人主张，其从未否定欠款，而是暂时止付，被申请人以行使不安抗辩权之形式暂时止付该货款并非违约行为，申请人发出《通知函》及拒绝根据被申请人的后续订单发货的行为构成违约。被申请人认为，应当适用本案合同关于停止向申请人支付的约定。

合同约定，被申请人应于每次订货时发出申请人规定格式的订单，向申请人发出个别合同的要约；申请人承诺被申请人的要约时，应向被申请人提交规定格式的确认函。在申请人提交确认函时，与订单中的该合同商品有关的个别合同成立。

仲裁庭认为，根据上述合同约定，被申请人既然不否认负有支付上述4份个别合同的货款的义务，就应当证明有所谓"暂时不支付货款"（"暂时止付"）的正当理由。双方当事人分别为4份订单订立了4份独立的货物买卖合同，申请人均已向被申请人交付了相应的货物。被申请人作为4份个别合同的在后履行方，没有理由依据《合同法》第 68 条[①]规定主张不安抗辩权，中止履行相应的付款义务。双方当事人订立 4 份个别合同后，申请人已经分别依约交货。申请人因被申请人拒绝付款，通知停止向其供货。但被申请人不能以申请人后续停止发货为由止付在先 4 份个别合同的货款。同样，根据个别合同各自独立的原则，即便被申请人追究申请人停止向其发货的违约责任，也不能不履行在先成立的 4 份合同的付款义务。

申请人在被申请人拒绝付款后，发出不再续约的《通知函》。仲裁庭认为，申请人发出通知函的行为，属于本案合同所约定的，在合同有效期限届满的 60 日之前，以书面形式向对方作出的合同到期终止、不再自动延长一年的意思表示，不构成违约。而且，申请人是在已经交付 4 份订单构成的独立货物买卖合同项下货物之后发出的通知函，与被申请人履行上述 4 份货物买卖合同的付款义务没有因果关系，更不构成被申请人"暂时停止付款"的正当理由。总之，被申请人拒不付款的行为缺乏法律及合同依据。

二、订单项下的退款

一般情况下，品牌知名度与市场占用率是成正比的。知名品牌在多个国家和地区拓展市场时，品牌方经常采用多层授权的模式经销品牌商品，既有某个区域的总经销商，又有其中的分销商。品牌方与总经销商及分销商之间的权利义务关系取决于具体合同的约定。在有的合同关系中，品牌方将商品销售给总经销商，再由总经销商转售于分销商，品牌方与分销商并不直接交易。然而，还有与此完全不同的合同关系。在下述案例（案例 32）中，当事人之间的合同约定，品牌方供应的产品，总经销商只能将其供应给分销商，分销商应当仅在约定的线上及线下销售渠道销售总经销商供应的产品。因此，合同项下并不存在品牌方与总经销商之间及总经销商与分销商之间两个彼此割裂、相互独立的销售合同。品牌方是通过其授权的总经销商将品牌商品销售给分销商，品牌方、总经销商、分销商之间形成高度粘合的三方销售合同关系，三方即互相配合又互相制衡。

在此合同项下，品牌方对于每一份订单的来源是非常清楚的，对于分销商在订单的形成、提交、确认、批准中的作用是明确知晓的。在订单的交货过程中，

[①] 参见《中华人民共和国民法典》第 527 条。

品牌方更是直接向分销商发货，分销商收货并验收，并直接向品牌方通报。分销商通报商品存在质量或数量等问题的，品牌方有权决定是否从分销商支付给总经销商的付款中及总经销商支付给品牌方的付款中扣除部分以补偿分销商。由此可见，在高度粘合的三方销售合同关系中，当事人在执行每一份订单时，品牌方不仅完全承认分销商在合同中的地位，而且在必要的情况下甚至可以绕开总经销商，直达分销商。品牌方与总经销商是不可能排除或者摆脱分销商而单独进行交易的，否则不仅严重违反合同约定的销售安排，而且无法达到协议约定的销售目的。因此，在分销商支付了订单项下货款，但订单不再执行的情况下，品牌方以与分销商无直接的货款支付关系为由拒绝向分销商返还货款，与合同约定不符。

在该案中，品牌方试图以与案外第三方之间其他订单货款"抵销"分销商已付的本案订单项下的货款。然而，品牌方主张在不同合同关系之间、不同当事人之间，甚至不同债务金额之间进行抵销，不仅违反合同约定，而且缺乏法律依据。根据《民法典》的规定，债务抵销的前提条件是当事人之间互负债务。[①]本案中，品牌方负有返还分销商为特定订单支付的货款的债务，但分销商并不在该订单项下对品牌方负有债务，债务抵销的前提条件并不存在。

该案总经销商以分销商违约造成巨大损失为由，主张分销商支付的货款作为损害赔偿款，不应退还。然而，总经销商主张的因分销商违约所遭受的"巨大损失"，和分销商在特定订单项下的特定付款所形成的债权债务，属于不同的法律关系。经当事人各方确认的每一份订单均构成一个独立的销售合同，总经销商在品牌方与分销商之间扮演"付款中转人"的角色。总经销商将分销商支付的特定货款以其自身遭受损失为由迳行占有，完全违背"销售协议"明确约定的"三方在本案贸易中的独立地位和分工"，势必造成当事人之间高度粘合的三方销售合同的价款支付债权债务关系的极度混乱。总经销商如果要求分销商赔偿其所遭受的"巨大损失"，应当另案解决。

总之，品牌方与总经销商均为出售货物的收款人，在不再交货的情况下，并无扣留分销商已付货款的事实及法律依据。

案例32：中国流通销售协议争议案

当事人之间的中国流通销售协议约定，韩国某化妆品厂商（第一被申请人）向其在中国香港的产品总经销商（第二被申请人）供应该厂商正在生产或拟于

---

① 参见《民法典》第568条。

日后生产的品牌化妆品，香港总代理商将其供应给大陆分销商（申请人），大陆分销商在中国境内达成一致的流通渠道中销售从香港总代理商获得的品牌化妆品。

（一）当事人签署的协议

该案不仅案情复杂，而且当事人之间的合同关系也纷繁复杂、几经变化。最初，被申请人、JM 公司签署"销售协议"于 2019 年 12 月 20 日生效。后来，被申请人、JM 公司、申请人签署的"合同主体变更协议"于 2020 年 2 月 26 日生效。再后来，第二被申请人、申请人、JM 公司、AD 公司签署的《委托付款协议书》于 2020 年 4 月 1 日生效。

（二）仲裁管辖

"销售协议"第 17 条约定，就本协议或履行分本协议发生的争议，各方应当通过友好协商解决，如协商不成，则通过位于中国北京的中国国际经济贸易仲裁委员会的仲裁解决。

申请人依据"销售协议"第 17 条约定的仲裁条款提起仲裁。两被申请人则辩称，"本案实则是《委托付款协议书》下的纠纷，应由法院诉讼解决，仲裁委员会对本案不具有管辖权"。

仲裁庭注意到，《委托付款协议书》约定，鉴于第二被申请人与申请人签订了于 2020 年 2 月 26 日开始生效的"合同主体变更协议"，现经第二被申请人、申请人、JM 公司与 AD 公司协商一致，就第二被申请人委托申请人通过 JM 公司直接向 AD 公司支付"合同主体变更协议"约定范围内的货款订单的相关事宜达成协议。

依据《委托付款协议书》的约定，第二被申请人同意申请人按照"合同主体变更协议"约定范围内的"2020 年 4 月销售合同订单 USD14152××××"通过 JM 公司的账户向 AD 公司收款账户支付；AD 公司确认收款相关信息真实合法。

申请人举证证明，于 2020 年 4 月 9 日向《委托付款协议书》约定的收款账户汇入 707,633.27 美元，汇款所附的销售合同总金额为 1,415,266.53 美元。被申请人对于申请人证据真实性予以认可。

仲裁庭认为，申请人的证据证明，申请人依据《委托付款协议书》，通过 JM 公司与 AD 公司，向第二被申请人支付了"2020 年 4 月销售合同订单"总金额的

50%，即 707,633.27 美元。对于此付款的事实，作为实际付款人的申请人与作为实际收款人的第二被申请人均无异议。因此，各方当事人并不存在被申请人所称之《委托付款协议书》项下的纠纷。

仲裁庭注意到，申请人仲裁请求的焦点是被申请人返还申请人已经支付的货款 707,633.27 美元，其所依据的是当事人之间的"销售协议"与"合同主体变更协议"，并非对于《委托付款协议书》的约定内容与货款实际支付的事实有任何争议。

被申请人称，"在申请人和实际付款方未按《委托付款协议书》支付全款的情况下，第二被申请人不仅可以不退还已支付的 707,633 美元，还可进一步要求申请人和实际付款方继续支付剩下的一半合同金额"。

但是，被申请人并未提出任何反请求，第二被申请人毫无疑问并未"进一步要求申请人和实际付款方继续支付剩下的一半合同金额"。而且，由于被申请人均强调"第一被申请人已于 2020 年 5 月 15 日依约通知各方解除本案合同"，"销售协议"项下 2020 年 4 月的订单已经不可能执行。因此，被申请人对于《委托付款协议书》的约定内容及履行情况既无现实的争议，也无未来的争议。被申请人主张"本案实际上是《委托付款协议书》下的纠纷"实属罔顾事实。

被申请人还在答辩书中称"本案应向第二被申请人所在地法院诉讼解决，仲裁委员会对本案不具有管辖权"。被申请人的上述主张不仅与本案争议事实不符，就连《委托付款协议书》的约定也直接违背。

《委托付款协议书》约定，本合同所发生的一切争议，四方应友好协商解决；协商不成的，由申请人所在地人民法院提起诉讼。与第二被申请人所在地法院何干？况且，申请人所在地在中国香港特别行政区，并无《委托付款协议书》约定的"人民法院"可以受理纠纷。

由于被申请人关于仲裁管辖权的异议缺乏合同依据，且与事实不符，仲裁庭不予支持。仲裁庭对于本案争议具有合法的管辖权。

(三) 适用法律

"销售协议"第 16 条约定，本协议适用韩国法律。申请人主张依据"合同主体变更协议"的约定，本案适用中华人民共和国法律。

两被申请人、JM 公司、申请人四方签署的"合同主体变更协议"约定，本协议各方同意申请人取代 JM 公司成为"销售协议"的丙方，申请人获得"销售协议"下原来 JM 公司拥有的各种权利和利益以及承担"销售协议"下原来 JM 公司承担的各种义务和责任。本协议受中华人民共和国法律管辖并根据其而解释。

仲裁庭注意到，在第一被申请人向第二被申请人、JM 公司与申请人发出的解除合同通知书中称，第一被申请人、第二被申请人、JM 公司与申请人"于 2019 年 12 月 20 日签署品牌产品销售合同及 2020 年 2 月 26 日签署合同主体变更协议（简称'本合同'）并进行了交易"。在通知中，第一被申请人将"销售协议"与"合同主体变更协议"统一简称为"本合同"，并称"根据四方签订的合同"通知解除与第二被申请人、JM 公司及申请人之间的合同。

被申请人的上述证据证明，被申请人承认本案当事人之间的合同关系由经"合同主体变更协议"修改的"销售协议"构成，"销售协议"与"变更协议"共同组成的当事人之间的"本合同"。

而且，被申请人所强调的《委托付款协议书》约定，第二被申请人、申请人、JM 公司与 AD 公司协商一致，就第二被申请人委托申请人通过 JM 公司直接向 AD 公司支付"合同主体变更协议"约定范围内的货款订单的相关事宜达成协议。

仲裁庭注意到，"合同主体变更协议"的文本中并无关于"货款订单的相关事宜"的约定，因此《委托付款协议书》约定的"合同主体变更协议"约定范围内的货款订单的相关事宜，实质上是指经"合同主体变更协议"修改的"销售协议"约定范围内的货款订单的相关事宜。《委托付款协议书》中的约定进一步证明，"合同主体变更协议"与"销售协议"共同构成当事人之间的合同关系的事实。

"合同主体变更协议"约定，本协议受中华人民共和国法律管辖并根据其而解释。基于上述证据，仲裁庭认为，"合同主体变更协议"约定的"本协议"是指由"合同主体变更协议"与"销售协议"共同组成的当事人之间统一的合同关系。自"合同主体变更协议"生效起，该合同关系适用中华人民共和国法律，当事人的权利义务依中华人民共和国法律解释。

仲裁庭认为，"销售协议"与"合同主体变更协议"无违反中华人民共和国强制性法律规定的内容，合法有效，应作为认定当事人各方合同权利与义务的依据。

（四）案件语言

"销售协议"第17条约定，仲裁程序应以英语进行。但是，本案当事人各方均同意，仲裁程序的语言改为汉语进行。因此，本案程序语言为汉语。

仲裁庭还注意到"销售协议"第18条第3款的约定，即本协议以韩文和中文记版签订，韩文内容与中文内容具有同等效力。

（五）"销售协议"项下的当事人之间合同关系

仲裁庭注意到，"销售协议"在前言中约定，第一被申请人向第二被申请人供应第一被申请人正在生产或拟于日后生产的某品牌化妆品，第二被申请人将其供应给申请人，申请人拟在中国境内达成一致的流通渠道中销售从第二被申请人获得的该品牌化妆品。

由此可见，第一被申请人向第二被申请人销售协议产品、第二被申请人再向申请人销售协议产品的合同关系，并非彼此割裂的两个独立的销售合同关系，而是被申请人、申请人之间高度粘合的三方销售合同关系，第一被申请人实质上通过第二申请人将协议产品销售给申请人。

"销售协议"第1条第2款对此三方销售合同关系作出了非常明确的约定，即就第一被申请人供应的协议产品，第二被申请人只能将此供应给申请人，申请人应当仅在约定的线上及线下销售处销售第二被申请人供应的协议产品。当事人三方之间相互负有彼此配合也彼此制衡的根本性合同义务。

当事人之间高度粘合的三方合同关系更清晰地体现在"销售协议"所约定的提交订单计划、确认订单到装船发货的整个过程中。

"销售协议"第7条第1.2.4款约定，第二被申请人及申请人应制定各月的订单计划，应尽最大努力完成订单计划，并向第一被申请人书面提供；第一被申请人应在收到订单计划之日起5个工作日内提供确认书，但第一被申请人可以以供不应求等理由，书面通知第二被申请人及申请人改变可供应货物量。

"销售协议"第2条第1款约定，第一被申请人仅向第二被申请人供应按照第7条第2款批准的第二被申请人订单。

"销售协议"第9条第2款约定，第一被申请人将于订单被予以批准后按已协商的日程，通过运输公司将协议产品装船。

第10条第1.2款约定，申请人应在收到协议产品后7日内立即检查已供应产品数量,如发现与订货数量不符等情况,应书面通知第一被申请人;第一被申请人应在分析申请人发送的通报书后,决定补充货物数量或分别从申请人支付给第二被申请人的付款及第二被申请人支付给第一被申请人的付款中扣除等方式补偿申请人。

从上述约定看,第一被申请人所收到的订单计划是第二被申请人及申请人制订、提供的;第一被申请人对第二被申请人及申请人提供的订单计划予以确认、批准形成订单。值得注意的是,第一被申请人如因供不应求等理由需要修改货物数量的,应通知第二被申请人及申请人。因此,第一被申请人对于每一份订单的来源是非常清楚的,对于申请人在订单的形成、提交、确认、批准中的作用是明确知晓的。

在订单的交货过程中,第一被申请人是直接面对申请人的。第一被申请人直接向申请人发货,申请人收货并验收,并直接向第一被申请人通报。第一被申请人收到申请人的收货通报,有权决定是否"分别从申请人支付给第二被申请人的付款及第二被申请人支付给第一被申请人的付款中扣除等方式补偿申请人"。

由此可见,在"销售协议"约定的高度粘合的三方销售合同关系中,第一被申请人是通过第二被申请人将协议产品销售给申请人的,第一被申请人不仅完全承认申请人在三方销售合同中的地位,而且在必要的情况下甚至可以直接穿透两重销售合同关系直达申请人。例如,直接决定是否采取"分别从申请人支付给第二被申请人的付款及第二被申请人支付给第一被申请人的付款中扣除等方式补偿申请人"的措施。

总之,在"销售协议"项下高度粘合的三方销售合同关系中,第一被申请人与第二被申请人是不可能排除或者摆脱申请人而单独进行交易的,否则不仅严重违反合同约定的销售安排,而且无法达到协议约定的销售目的。

"销售协议"第8条约定,根据第一被申请人批准的订单,第二被申请人在收到第一被申请人的发票后向第一被申请人付款,申请人则向第二被申请人付款。

当事人关于价款支付的上述约定与高度粘合的三方销售合同安排是完全一致的。正如第一被申请人所述,"第二被申请人是付款中转人",申请人才是实际的付款人。

（六）申请人支付的货款

申请人称，"2020年4月，申请人依约向被申请人下单，总金额1,415,266.53美元"，申请人依据《委托付款协议书》于2020年4月9日通过JM公司向AD公司支付"4月订单的50%价款"，707,633.27美元，折合人民币5,013,298.66元。

申请人的汇款凭证证明，申请人于2020年4月9日向第二被申请人支付"销售协议"项下2020年4月订单50%的价款707,633.27美元。《委托付款协议书》约定，AD公司收到协议约定的授权货款后，视为申请人已按约履行相应的付款义务。

被申请人在答辩书中称，"《委托付款协议书》第1条约定，申请人应支付4月订单的全部金额1,415,266.53美元。但实际付款方JM公司仅支付了约一半金额，即本案中的707,633美元"。

依据"销售协议"第8条第1款的约定，第二被申请人应当依约将申请人支付的价款金额向第一被申请人完成支付，否则应向申请人承担因此造成的一切损失。因此，第一被申请人称2020年4月14日"收取第二被申请人通过银行汇款支付的4月货款512,815,789韩元（折合421,654.16美元）"，其金额如与707,633.27美元不符，应由第二被申请人全部负责。

经综合考虑当事人各方意见及现有证据，仲裁庭认为，申请人2020年"4月订单"通过第二被申请人向第一被申请人支付的价款金额应认定为707,633美元。

依据"销售协议"第8条第3款的约定，依本协议所产生的价款支付债务，不受本协议解除的影响。因此，即便第一被申请人主张于2020年5月15日向申请人发出解除合同通知书，不再执行2020年4月订单，第一被申请人与第二被申请人因申请人价款支付而对申请人产生的债务，仍应依据"销售协议"的约定处理。

（七）当事人各方关于已付货款的主张

关于当事人各方均提及的2020年4月订单，申请人指责"被申请人既未向申请人发货亦未向申请人退款"，两被申请人则在答辩书称，"第一被申请人已于2020年5月15日依约通知各方解除本案合同""申请人的违约行为已经给二被申请人造成巨大的经济损失，严重损害二被申请人根据合同约定的利益。因此，本案货款应作为申请人对二被申请人造成损失的赔偿，不予退还"。

仲裁庭注意到，对于"销售协议"项下的2020年4月订单，当事人各方均认可该订单未能执行。对于申请人为该订单支付的货款707,633美元，被申请人在答辩书中主张"本案货款应作为申请人对二被申请人造成损失的赔偿，不予退还"。

但是，在第一被申请人补充答辩书中，第一被申请人称，"第一被申请人已向第二被申请人退回所收案款，无继续返还货款义务"。在被申请人提交的庭后答辩书中，被申请人再次强调"第一被申请人已将收取的本案货款，以抵销的方式退还第二被申请人，不再占有申请人任何款项"。

仲裁庭认为，关于第一被申请人是否应退还申请人相关款项，答辩书与第一被申请人补充答辩书、庭后答辩书的主张是不一致的。在答辩书中，被申请人主张"本案货款应作为申请人对二被申请人造成损失的赔偿，不予退还"，而在第一被申请人补充答辩书、庭后答辩书中，第一被申请人主张的是已经将所收"案款"退还第二被申请人，"不再占有申请人任何款项"。

仲裁庭认为，第一被申请人补充答辩书是将答辩书中笼统称之为两被申请人的主张，补充与明确为第一被申请人的特定主张。凡答辩书与第一被申请人补充答辩书不一致的，应以第一被申请人补充答辩书的主张为准。

仲裁庭注意到，第一被申请人补充答辩书并未主张申请人赔偿第一被申请人的损失，而且认可将所收的"案款"退还，"不再占有申请人任何款项"。第一被申请人补充答辩书的上述主张得到了庭后答辩书的进一步确认，应被认定为第一被申请人的主张。因此，答辩书所称"本案货款应作为申请人对二被申请人造成损失的赔偿，不予退还"，并非第一被申请人的主张。正如第一被申请人补充答辩书所述，"第一被申请人和第二被申请人作为相互独立的公司法人"，第一被申请人与第二被申请人的主张不应被混为一谈。

经仔细审查第一被申请人的主张与陈述，仲裁庭发现，第一被申请人与申请人虽然相互指责对方违约，且第一被申请人于2020年5月15日向第二被申请人、申请人发出解除合同通知，但是第一被申请人并未否定与拒绝退还申请人已付货款707,633美元的请求。

仲裁庭认为，申请人与第一被申请人争议的焦点实质上在于申请人已付价款是否完成了退还。第一被申请人主张已向第二被申请人退回所收"案款"，但是申请人对此不予认可。仲裁庭对于申请人与第一被申请人争议的审理应聚焦于仲裁请求，其他违约、合同解除理由等与此无关，不在审理范围之内。

（八）第一被申请人能否抵销退款？

第一被申请人主张，"第一被申请人与申请人无直接的货款支付法律关系，本案货款不应由第一被申请人返还""申请人未直接向第二被申请人付款，相应地申请人不应向第二被申请人直接要求返还货款"。

仲裁庭认为，"申请人未直接向第二被申请人付款"的主张，明显与"销售协议"的约定与申请人付款的事实不符。被申请人提交仲裁庭的答辩意见，是非常严肃的文件，如此严重的错误陈述不能简单地以被申请人笔误加以解释，只能暴露两被申请人均不愿退还申请人货款的真实立场，即"本案货款不应由第一被申请人返还"而且"申请人不应向第二被申请人直接要求返还货款"。

被申请人称，"在2020年5月15日解除《流通销售协议》后，第一被申请人与第二被申请人协商决定，以与2020年6月订单货款抵销的方式，将以收取的4月货款退还给第二被申请人"。

仲裁庭注意到，第一被申请人一方面主张，"将收到的货款全部退给第二被申请人，即目前本案货款全部在第二被申请人手中"；另一方面则主张"已以本案货款与第二被申请人新订单货款抵销的方式，将收到的货款全部退给第二被申请人"。

因此，第一被申请人所称"第一被申请人已将收到的货款全部退给第二被申请人"，并非依据"销售协议"的约定，由第二被申请人担任"付款中转人"，将申请人为"销售协议"项下2020年4月订单支付的货款707,633美元退还给第二被申请人，由第二被申请人退还给申请人，而是"以本案货款与第二被申请人新订单货款抵销"。

在庭后答辩书中，被申请人进一步解释了其所主张的抵销是如何操作的，"在2020年5月15日解除《流通销售协议》后，第一被申请人与第二被申请人协商决定，以与2020年6月订单货款抵销的方式，已收取的4月货款退还给第二被申请人"。

仲裁庭注意到，被申请人于2021年5月18日提交的公证证据证明，第一被申请人答辩书中所称的"第二被申请人新订单"就是庭后答辩书中所称的"2020年6月订单"。

然而，被申请人的证据证明，2020年6月9日第二被申请人向第一被申请人发出的两份订单及第一被申请人对于上述订单的执行与"销售协议"完全无关，与"销售协议"项下当事人之间高度粘合的三方销售合同关系完全无关。其中最为突出的例证就是 2020 年 6 月 9 日两份订单完全违反"销售协议"第 1 条第 2 款的约定，即就第一被申请人供应的协议产品，第二被申请人只能将此供应给申请人。第一被申请人根据"2020 年 6 月订单"交货的收货人是与申请人完全不同的案外第三人，也与"销售协议"第 10 条关于申请人为收货、验货人的约定完全不符。在所谓"2020 年 6 月订单"的制定、发出、确认与执行的全程中，申请人都没有任何参与。因此，"2020 年 6 月订单"纯属第一被申请人与第二被申请人及案外第三人之间进行的与本案无关的交易。第一被申请人不论是在上述案外交易中交货还是收款，均与本案当事人之间因"销售协议"项下 2020 年 4 月订单所形成的价款支付债权、债务关系无关。

被申请人提交的"中国线上独家总代理合同解除通知书"显示，第一被申请人于 2020 年 5 月 15 日通知第二被申请人、JM 公司与申请人解除本合同，又称第一被申请人与第二被申请人"先解除合同后另外协议下可以再定"的方案。

被申请人的上述证据进一步印证，所谓"2020 年 6 月订单"是在第一被申请人主张 2020 年 5 月 15 日解除与第二被申请人、申请人之间的合同关系之后，与第二被申请人"另外协议"建立其他的交易关系。

因此，第一被申请人主张，"以与 2020 年 6 月订单货款抵销的方式，将已收取的 4 月货款退还给第二被申请人"，实质上是主张在不同合同关系之间、不同当事人之间，甚至不同债务金额之间（第一被申请人主张抵销的货款金额 512,815,789 韩元约 421,654.16 美元），进行债务抵销。

仲裁庭认为，除非有明确的法定或者约定的依据，第一被申请人无权进行上述的债务抵销。被申请人显然未能举证证明中国的法律中有任何规定，足以支持第一被申请人关于以本案货款退还债务被案外交易金额所抵销的主张。

仲裁庭注意到，"销售协议"中也无可以支持第一被申请人抵销主张的条款。而且，第 18 条第 6.7 款约定，本协议构成各方针对协议产品的供应及销售的完整合意；未经其他各方事先书面同意，各方不得将本协议或者与本协议相关个别约定项下全部或部分权利、义务转让或转移给第三方。第一被申请人关于抵销的主张，直接违反"销售协议"第 18 条第 6.7 款的约定，属于擅自将"销售协议"项下的价款返还债务转移到与案外其他交易关系的行为。

正如被申请人所述，"《流通销售协议》明确约定三方在本案贸易中的独立地位和分工","第二被申请人并非第一被申请人的代理人",第二被申请人也并非申请人的代理人。仅有第一被申请人与第二被申请人两方协商决定将2020年4月订单货款与案外交易金额抵销,将申请人排除在外,其"协商决定"对于申请人没有约束力。

总之,第一被申请人关于"新订单货款抵销"申请人已付价款的主张缺乏依据,不能成立。申请人为"销售协议"项下2020年4月订单所支付的货款707,633美元,第一被申请人在确定不再执行该订单之后,应依据"销售协议"的约定将该笔货款退还。

(九) 第二被申请人可否抵销退款?

被申请人在庭后答辩书中称,"根据本案合同的付款顺序,第一被申请人已退还完所收货款,因而退还货款的纠纷仅应存在于第二被申请人和申请人之间""根据第二被申请人的交易记录,申请人违约导致《流通销售协议》被解除的事实,给第二被申请人造成了巨大损失,截至2020年12月底共计人民币6200533.47元。因此本案货款作为申请人的损害赔偿款,不应退还"。

仲裁庭认为,第二被申请人主张的因申请人违约所遭受的"巨大损失",和其与申请人之间因特定价款支付所形成的债权债务,属于不同的法律关系。第二被申请人作为"销售协议"项下申请人与第一被申请人之间的"付款中转人",将申请人支付的特定货款以其自身遭受损失为由迳行占有,完全违背"销售协议"明确约定的"三方在本案贸易中的独立地位和分工",势必造成当事人之间高度粘合的三方销售合同的价款支付债权债务关系的极度混乱。正如"销售协议"第8条第1款约定,第二被申请人必须将申请人支付的价款金额如实向第一被申请人完成支付一样,第二被申请人也必须将第一被申请人退还的申请人已付价款向申请人如实完成退款。

第二被申请人如果要求申请人赔偿其所遭受的"巨大损失",应当另行提出独立的反请求。第二被申请人要直接占有申请人支付的特定货款,其主张明显缺乏法定及约定的依据,不能成立。总之,第二被申请人应依据"销售协议"的约定,将申请人为"销售协议"项下2020年4月订单所支付的货款707,633美元退还给申请人。

依据"销售协议"的约定,两被申请人均为出售货物的收款人,在不再交货的情况下,并无扣留申请人已经支付货款的事实及法律依据。仲裁庭认为,最为符合"销售协议"约定的退还货款方式，就是由第二被申请人继续担任"付款中转人"，由第一被申请人将申请人为"销售协议"项下 2020 年 4 月订单支付的特定货款共计 707,633 美元退还给第二被申请人，并由第二被申请人退还给申请人。

第四节　品牌授权终止争议案

品牌授权合同因到期、解除等各种原因终止后，品牌方与曾经的授权经销商之间需要有一系列的善后措施，以保障双方的合法权益。如双方在此过程中均试图争取己方的最大利益、忽视对方的利益，则很容易发生争议。不论这些争议有多复杂，被授权方彻底地停止在经营活动中使用品牌总是品牌方寻求的主要救济措施之一。

一、授权终止后订单的履行

在下述案例（案例 33）中，经销商资格期满终止后，当事人之间尚有订单未履行。由于订单项下的合同是以买方作为品牌方的指定经销商在授权期限与区域内从事品牌汽车销售为前提条件的，品牌授权终止后，买方不再是授权经销商，订单合同的继续履行就出现了如何与原品牌授权衔接与过渡的问题。

奢侈品牌管理非常注重维护客户关系，非常强调对客户资料的保护与掌控。当事人之间的原协议明确约定，客户资料应为而且始终为品牌方的独有财产，客户资料的使用目的仅为完成相关客户要求提供服务和改善与客户间的关系，授权经销商应依约收集并向品牌方提供客户的相关资料。品牌方为了避免客户资料在授权协议终止后出现失控的问题，在授权协议中约定了经销商的"后契约义务"，即终止后经销商应当按照品牌方的要求，向品牌方转让所有尚未履行的关于供应相关品牌商品的合同，并且应当从向品牌方或其指定方交付全部保密信息和任何其他书面材料、数据和其他文件（包括本协议项下向其提供的相关软件）以及一切复制件/拷贝，其中包括所有尚未履行的订单合同的客户资料。

为使授权协议约定的后契约义务具体化，在本案订单合同成立后，品牌方与经销商合意变更修改了订单合同的内容，对双方订单合同关系进行了重要修正与补充,均衡了双方当事人的权利与义务关系,避免被申请人暴露于品牌管理与汽车销售的风险之中。事实上,此种风险已经发生。在授权期限届满后,原经销商拒绝向品牌方移交到期前成立且正在履行中订单的客户资料。如无变更后的订单合同的约束,品牌方可能遭受严重的品牌价值的损失。

由于该案奢侈品牌汽车价格昂贵,影响巨大,品牌授权协议对于授权期满后的品牌保护提出了极其详尽与全面的要求,包括原授权经销商应从其场所内清除并向品牌方交付提及品牌方及带有相关商标或表明与品牌方之间有任何关联的全部资料,包括但不限于一切标识、销售材料、促销材料、便签纸、发票;不再使用相关商标以及为相关商品的销售而授权使用的任何其他名称或者图案;停止推广相关商品的销售和服务,不得继续出售、服务、进口和/或经销品牌汽车和零部件或者进行与售后保证等有关的工作,不得继续自称授权经销商进行上述活动。

案例33:奢侈品牌汽车经销商协议争议案

被申请人是某奢侈汽车品牌厂商,申请人是某地区授权经销商。双方签订的《经销商协议》约定,品牌厂商授权经销商作为某地区的指定经销商,在授权期限内从事品牌车辆的销售和售后服务活动,品牌授权期限于2016年12月31日届满。《经销商协议》终止后,双方就两台案涉车辆的订单发生争议。

(一)订单项下合同的成立

《经销商协议》第4.2条约定,申请人应通过DCS或依照订单提交之时有效的被申请人程序来提交订单。第4.3条第(a)项约定,申请人所下的订单构成一份有约束力的购买相关汽车的要约。第4.3条第(b)项约定,申请人所下的订单在被申请人(或AML代表被申请人)签发订单书面确认之前或如果更早在AML开始制造相关汽车、使用相关汽车以满足订单要求或将相关汽车发送给申请人,不应视为被申请人已接受。任何订单的接受应由被申请人完全自行决定。

申请人举证证明,其使用被申请人作为厂家和供应商对各经销商进行店面管理的DCS系统,向被申请人订购了两台DB11车辆,即本案案涉车辆。该订单是被申请人DCS系统中确认的订单,且订单状态显示在运输中。

仲裁庭认为,《经销商协议》约定的DCS系统属于《合同法》第16条[1]规

---

[1] 参见《中华人民共和国民法典》第474条。

定的双方当事人指定用于接收与发出相关数据电文的特定系统，申请人作为经销商可以在该系统中查询被申请人接受订单的具体情况。根据《合同法》第11条①的规定，当事人通过指定的特定系统使用数据电文形式发送、接收、确认订单，满足我国法律关于书面形式的要求。

被申请人通过《经销商协议》约定的DCS系统管理经销商提交的订单并加以确认，符合《经销商协议》第4.3第（b）项关于被申请人"签发订单书面确认"的约定。仲裁庭注意到，被申请人并未否认其通过DCS系统接收申请人提交的订单，并生成和签发订单书面确认的事实。

因此，申请人发出购买两辆案涉车辆的订单，被申请人书面确认订单，符合《经销商协议》的相关约定与法律规定。双方当事人之间的案涉车辆销售合同在《经销商协议》有效期内成立与生效。

在《经销商协议》框架下，当事人双方之间既存在基于该协议产生的被申请人指定申请人在约定区域与授权期限内从事被申请人品牌的车辆销售和售后服务活动的合同关系，也存在申请人与被申请人就订单所形成的特定化的案涉车辆销售合同关系。

（二）订单项下合同的变更

案涉车辆订单项下的销售合同虽然订立于《经销商协议》有效期内，但是在《经销商协议》终止之后，被申请人向申请人提议变更该销售合同的内容。

协议终止之后，被申请人于2017年3月21日给申请人发送邮件，提出交付案涉车辆以申请人接受如下"三原则"为前提条件，即（1）申请人必须明确告知客户《经销商协议》到期不续约的情况，并就后续服务事项向客户提供说明。另一经销商将作为该地区唯一授权经销商为客户提供后续服务；（2）申请人必须在案涉车辆交付客户前启动质保，以保障客户权益；（3）案涉车辆交付属于《经销商协议》到期终止的善后事宜，不对《经销商协议》到期终止的事实造成任何影响。

仲裁庭认为，被申请人上述邮件确系被申请人的单方意思表示，内容为请求申请人同意变更案涉车辆销售合同的内容，将所谓"三原则"增补进入案涉车辆销售合同的约定之中。

---

① 参见《中华人民共和国民法典》第469条。

申请人确认收到了被申请人的上述邮件,并邮件回复"谢谢",随后向被申请人支付了有关的购车款项。仲裁庭注意到,申请人回复邮件所表示的感谢,对应的是被申请人要求变更合同内容的意思表示。因此,申请人非但没有对被申请人提出的变更要求予以反对或者提出修改要求,而且表示感谢。仲裁庭认为,申请人对于被申请人要求变更案涉车辆销售合同内容的回复,在交易活动中按照常理应当被解释为对被申请人变更要求的认可。而且,申请人随后支付有关的购车款项的行为,也进一步证明其同意在变更后的案涉车辆销售合同约定条件之下继续履行合同。

《经销商协议》约定,申请人所下的订单经被申请人签发订单书面确认即可导致双方当事人车辆销售合同的订立。因此,当事人双方订立《经销商协议》项下的车辆销售合同并非必须采用签订合同书的形式。同理,双方当事人之间案涉车辆销售合同的变更,也并非必须采用签订合同书的形式。只要双方当事人变更合同内容的合意可以得到证实,案涉车辆销售合同就发生了变更。所谓"三原则"就是由被申请人提议,经申请人认可,增补进入案涉车辆销售合同约定内容之中,对当事人双方均有约束力。

申请人关于被申请人提出的所谓"三原则"既不是案涉车辆销售合同的内容,也不是该销售合同的生效前置条件,仅是被申请人在该销售合同履行过程中单方面强加的交车前置条件,对申请人没有法律拘束力的主张,仲裁庭不予支持。

(三) 违约行为

被申请人称,申请人拒不向被申请人转让转售案涉车辆给案外第三方客户的合同并提供完整客户信息。申请人则称,在案外第三方客户同意的情况下,申请人没有理由向被申请人移交客户资料。

从双方当事人的陈述看,仲裁庭认定,申请人没有向被申请人提供转售案涉车辆给案外第三方客户的合同并提供完整客户信息。被申请人因此无法安排其他授权经销商就案涉车辆为客户提供后续服务。申请人的行为不符合变更后的案涉车辆销售合同中关于所谓"三原则"的约定,即申请人必须在案涉车辆交付客户前启动质保以及将另一经销商作为该地区唯一授权经销商为客户提供后续服务。

因此,仲裁庭认为,申请人违反了订单项下合同中的"三原则",构成违约。

（四）解除订单合同

申请人称，即使申请人有违反"三原则"，也不构成法律上的"根本违约"，被申请人无权解除两台案涉车辆所涉及的销售合同并拒绝交车。

申请人主张，申请人与被申请人之间基于《经销商协议》所形成的车辆买卖法律关系成立并有效。本案应是销售合同争议或是《经销商协议》项下销售合同争议。《经销商协议》的核心内容是被申请人授权申请人作为某地区的指定经销商，在授权期限内从事被申请人品牌的车辆销售和售后服务活动，其中约定了新车销售、零部件销售、业绩考核、员工管理和培训、广告宣传、商标使用等诸多方面的内容。

仲裁庭认为，订单项下案涉车辆销售合同是依存于《经销商协议》的合同。正如申请人所述，车辆销售是被申请人授权申请人从事的核心活动之一，《经销商协议》对申请人提交订单、汽车供应、交付以及车款支付等与具体汽车买卖相关的双方当事人的权利义务进行了约定，直接构成双方当事人之间特定汽车销售合同的内容。双方当事人订立该销售合同的前提条件是被申请人授权申请人作为某地区的指定经销商，在授权期限内从事被申请人品牌的车辆销售。一旦《经销商协议》终止，申请人不再是"被申请人授权经销商"，案涉车辆销售合同的继续履行就出现了如何与原《经销商协议》衔接与过渡的问题，即失去了指定经销商身份的申请人如何接受协议中后契约义务约束的问题。

所谓"三原则"中关于保障被申请人继续掌控客户资料的约定，对应于《经销商协议》第13条与附件4的约定，是对协议第20.1条第（c）项约定的协议终止后申请人应向被申请人履行的后契约义务的具体化，具有合同依据。

《经销商协议》附件4约定，客户资料应为而且始终均为被申请人的独有财产；客户资料的使用目的仅为完成相关客户要求提供服务和改善申请人、被申请人与客户间的关系。第13条约定，申请人作为指定经销商，为确保实现相关客户的最大满意度以及最高整体业务效率，申请人应根据附件4的约定收集并向被申请人提供客户的相关资料。

《经销商协议》终止后，如果案涉车辆销售合同中没有增补所谓"三原则"，被申请人继续履行交付案涉车辆义务，却无法从申请人处获得客户的相关资料，双方当事人之间合同关系就由此产生失衡的风险。事实上，此种风险已经发生。申请人主张，在未经购买方同意的情况下，申请人没有理由向被申请人移交客户资料。因此，仲裁庭认为，案涉车辆销售合同增补所谓"三原则"的约定，是对当事人双方之间销售合同关系的重要修正与补充，均衡了双方当事人的权利与义务关系，避免被申请人暴露于品牌管理与汽车销售的风险之中。申请人违反案涉车辆销售合同中的"三原则"的约定，构成对重要合同义务的违反。

被申请人在申请人根本违约的情况下，解除案涉车辆订单销售合同关系，不再履行交付案涉车辆的义务，并退还申请人支付的款项，不属于违约，不应赔偿申请人主张的损失。

（五）转让未履行合同及清除移交全部文件资料

授权协议终止后，申请人立即向被申请人转让所有尚未履行的关于供应被申请人品牌汽车的合同，包括但不限于转让案涉车辆的所涉合同等；申请人立即从其经营场所内清除并向被申请人交付包括客户资料等在内的全部保密信息和任何其他书面材料、数据和包括相关软件在内的其他文件以及一切复制件/拷贝，包括但不限于案涉车辆所涉合同的完整客户信息。

（六）停止品牌活动

授权协议终止后，申请人不得继续出售、服务、进口和/或经销被申请人品牌汽车和零部件或者就被申请人品牌汽车进行与售后保证等有关的工作，不得继续自称申请人经被申请人授权进行上述活动（包括但不限于立即从申请人的企业工商经营范围内删去授权品牌经销字样等）；不再使用被申请人商标以及为被申请人品牌汽车和零部件的销售而授权使用的任何其他名称或图案等，包括但不限于申请人立即从其经营场所、官方网站、微博、微信平台上清除所有被申请人的商标、名称和图案等。

（七）清除移交商标标志

协议终止后，申请人立即从其经营场所内清除并向被申请人交付提及被申请人及带有被申请人商标或表明申请人与被申请人之间有任何关联的全部材料，包括但不限于一切标示、销售材料、促销材料、便笺纸、发票。

二、授权终止后过渡措施

授权经销商在履行品牌授权合同时，为了开拓市场，扩大销量，在商品宣传推广方面会有较大的投资。因此，品牌方通知经销商终止授权合同的，应当给予经销商必要的过渡期和经济补偿。在下述案例（案件 34）中，协议约定，任何一方可向另一方发出终止协议的书面通知，协议在送达对方的 3 个月后终止。然而，品牌方向经销商发出终止协议的书面通知，并要求经销商在 3 日内与新的分销商交接完毕。由于品牌方终止协议时剥夺了经销商在协议项下享有 3 个月过渡期，应负责处理经销商未能消化的库存品牌商品，补偿经销商在过渡期内遭受的合理的营收损失。同时，品牌方还应依据协议约定对经销商付出的品牌商品宣传推广费用（促销费用）进行清算。

案例 34：分销商合同争议案

品牌方（被申请人）与经销商（申请人）签订《分销商合同》，约定经销商在北京地区销售品牌方的日用化工产品。品牌方发出终止合同通知后，双方就促销费用、库存商品回购等问题发生争议。

当事人合同以中英文签署，两种语言文本具有同等的法律上的真实性和法律效力；但两种文本之间如存在歧义，以英文文本为准。仲裁庭仔细对比了有关合同条款的中英文版本，发现个别用词上出现了细微的差异。

（一）回购库存商品及支付仓储费用

2013 年 2 月 28 日，被申请人致函申请人，通知解除本案合同，要求申请人在 3 日内与新的分销商交接完毕。

1. 库存商品

申请人主张，根据行业惯例、交易习惯、公平合理性与诚实信用原则，被申请人在本案合同终止后应当回购申请人的库存商品。被申请人则援引本案合同约定，否定有义务回购申请人的库存商品。

仲裁庭注意到，申请人主张被申请人回购的是本案合同终止之后的库存商品。本案合同终止与申请人的库存商品之间有直接的因果关系。根据当事人双方均认可的事实，被申请人向申请人发出终止协议的书面通知是导致本案合同终止的原因。被申请人承认其终止协议的行为存在"瑕疵"，未能按照本案合同的约定等足 3 个月时间，而是自发函日起就终止了对申请人的分销授权。由于被申请人有瑕疵地遽然终止了本案合同，申请人作为分销商未能依照约定得到必要的过渡、善后的时间，造成了被申请人商品的库存难以消化。虽然申请人仍然能够销售使用被申请人商标的商品，但是在申请人的分销商授权终止后，申请人销售被申请人库存商品的权利受到限制，消化库存商品的能力减弱。被申请人按照申请人购货时实际支付的价格回购本案合同终止后的库存商品，是对申请人的合理救济，也是被申请人未能完全依约终止本案合同所应承担的不利后果，符合公平合理、诚实信用的市场经济原则。

虽然合同约定，所有销售均为最终的，被申请人不接受任何退货，但该约定适用于当事人双方正常的商业交易过程。在被申请人终止本案合同及对申请人的分销授权的情况下，申请人已经不再为被申请人的分销商，申请人请求被申请人回购库存商品与合同约定并无矛盾。

仲裁庭认为，当事人双方曾经存在长期合作的合同关系，对于库存商品的种类、数量、价格应当都相当了解，回购库存的最终的金额以当事人双方清点申请人的库存商品及申请人购货时实际支付的价格为准予以确定。

2. 仓储费用

申请人主张，被申请人应当赔偿申请人因保管库存所承担的仓储成本，并提供了库房租赁合同证据。仲裁庭认为，申请人库存被申请人商品的事实既然是客观存在的，库存商品必然需要必要的仓储设施与条件，申请人为保管库存商品付出必要的仓储费用也应是客观存在的。申请人请求被申请人承担库存商品相应的仓储成本，是合理的，仲裁庭予以支持。

3. 人员工资

申请人主张，被申请人应当赔偿申请人向负责处理合同解除后被申请人商品善后工作的三名工作人员支付的工资。

仲裁庭认为，被申请人承认未能完全依约终止本案合同，协议并非正常终止，违约方应负责赔偿另一方因该违约而遭受的所有损失或损害。申请人支付相关工作人员工资，负责处理库存商品等善后问题，由此造成的必要支出，系申请人的直接损失，属于被申请人未能完全依约终止本案合同所应承担的不利后果，被申请人应当予以赔偿。

(二) 赔偿解除合同 3 个月内收入损失

申请人请求被申请人"赔偿解除合同通知期间的收入损失"。被申请人认可需对申请人 3 个月通知期的利润损失承担一定的赔偿或补偿责任,但是不认可申请人所主张的通知期损失金额。

仲裁庭认为,赔偿责任应当从请求的依据与具体范围两个方面予以认定。

1. 赔偿解除合同 3 个月内收入损失的请求的依据

仲裁庭注意到,申请人提出上述请求的依据为本案合同如下约定,即协议可在由任何一方向另一方发出的终止协议的书面通知送达对方的三个月后终止(This Agreement may be terminated at any time with or without stating cause by either party giving the other three-month written notice)。

但是,仲裁庭发现,申请人在另外一项仲裁请求(被申请人赔偿申请人预期利润损失)中,主张上述条款的约定无效或应被撤销/变更。仲裁庭认为,就本仲裁请求而言,该条款的效力需要加以认定,如果该条款属于无效或者应被撤销/变更的条款,则不能支持申请人的本项请求。

仲裁庭认为,该条款虽然属于被申请人提供的格式条款,但并不存在《合同法》规定的无效或可撤销的情形。该条款约定"任何一方向另一方发出的终止协议的书面通知"(terminated by either party),平等地适用于当事人双方,不存在提供格式条款一方(被申请人)免除其责任、加重对方(申请人)责任、排除对方(申请人)主要权利的情况。因此,申请人关于该条款无效的主张不能成立。当事人双方在其陈述意见中均详细指出了对方在本案合同关系中的优势与利益。当事人双方作为成熟的市场主体,在各自领域长期从事经营活动,各有优势,出于互利合作的目的达成本案合同,并不存在显失公平的情况。该条款约定任何一方均向另一方发出的终止协议的书面通知,并未偏袒被申请人一方,不存在显失公平的问题。而且,根据《合同法》第 55 条[①]第 1 项的规定,具有撤销权的当事人自知道或者应当知道撤销事由之日起一年内没有行使撤销权,撤销权消灭。当事人双方于 2003 年 1 月 27 日签订本案合同,申请人直到 2014 年 4 月 21 日提出仲裁时方才请求撤销/变更该条款,其撤销(变更)之权,即便曾经存在,也已经依法消灭。因此,该条款为有效约定,可以作为申请人请求被申请人

[①] 对应《中华人民共和国民法典》第 152 条。

赔偿解除合同 3 个月内收入损失的依据。

2. 赔偿解除合同 3 个月内收入损失的范围

经综合考虑了当事人双方的观点与证据，仲裁庭认为，被申请人违反本案合同约定，向申请人发出的终止协议未能在 3 个月之后生效，导致申请人未能获得 3 个月必要的过渡、善后、调整的期间，不仅造成申请人在此期间内利润损失，而且造成此期间内必需的成本支出。因此，被申请人应为其违约行为赔偿申请人的 3 个月通知期内的损失，其中包括申请人可预期的利润与合理的成本。

（1）合理成本

仲裁庭认为，申请人在 3 个月通知期内的合理成本包括申请人所述之"人工、运输、仓储、管理费用等成本"。仲裁庭注意到，申请人提供了 2011 年与 2012 年两年的收入、成本及营业利润的数据。参照 2012 年的平均水平，申请人在 3 个月通知期内的合理成本，可以予以认定。

虽然申请人所主张的 3 个月通知期内的成本很可能与处理、善后库存商品有所重合，而且仲裁庭已经支持了申请人提出的关于被申请人回购库存商品、赔偿库存商品的仓储费用、赔偿善后库存商品的工作人员的工资的一系列请求，但是，为了充分地保障申请人在本案合同终止后的利益，仲裁庭仍然认定，被申请人应当承担申请人在 3 个月通知期内的其他的合理成本。

（2）预期利润

仲裁庭认为，被申请人在陈述中明确认可"申请人应仅有权就三个月通知期的合理预期利润提出主张"，因此申请人在 3 个月通知期内的利润损失应当得到被申请人的赔偿，不适用本案合同关于间接损失不予赔偿的约定。

虽然难以精确地计算申请人在 3 个月通知期内的预期利润，但可根据当事人提供的以往的数据进行估算。仲裁庭认为，被申请人于 2013 年 2 月 28 日向申请人发出终止协议的通知，3 个月的通知期应当为 2013 年 2 月 28 日至 5 月 28 日。此期间距离 2012 年颇为接近，2012 年每季度的利润额可供参照。

（三）关于合同解除后三年内预期利润损失的请求

申请人主张，被申请人应当承担，合同若未被解除，正常履行下，在三年内申请人本可以获得的经营利润。

仲裁庭认为，根据本案合同约定，被申请人有权发出书面通知终止协议，协议终止之后当事人双方均无义务继续履行。如果申请人根据《合同法》第107条[①]的规定主张本案合同继续履行或者被申请人为申请人无法继续履行合同负责，则其主张不能成立。

根据《合同法》第107条的规定，当事人一方履行合同义务不符合约定的，应当承担违约责任。对此，本案合同作出了相应的约定，即如果任何一方不能履行本协议项下的全部或部分义务或违反了本协议，该违约方应负责赔偿另一方因该违约而遭受的所有损失或损害；但对间接损失概不负责，除非本协议另有规定（if either party fails to fulfil all or any obligation under this Agreement or commits any other breach of this Agreement, such Party shall be liable to compensate the other Party for all direct losses or damages caused by such failure or breach; compensation for any indirect consequential or incidental damages or losses shall be excluded, unless otherwise provided herein）。

被申请人承认在发出终止协议通知之时违反了本案合同的约定，未能给予申请人3个月的通知期。被申请人对其违约行为，应当根据本案合同的约定与《合同法》第107条的规定，承担违约责任。3个月通知期内的申请人利润损失属于本案合同约定的因该违约而遭受的所有损失或损害（all direct losses or damages）。

根据《合同法》第113条[②]的规定，当事人一方不履行合同义务或者履行合同义务不符合约定，给对方造成损失的，损失赔偿额应当相当于因违约所造成的损失，包括合同履行后可以获得的利益，但是，不得超过违约一方订立合同时预见到或者应当预见到的因违约可能造成的损失。

仲裁庭认为，本案合同明确约定了3个月的通知期，被申请人应当预见到违反通知期的约定所应承担赔偿损失的责任。但是，申请人请求被申请人赔偿申请人在3年内可获得的经营利润，不仅没有任何合同的约定作为依据，也不符合《合同法》关于赔偿合同履行后可以获得的利益不得超过违反合同一方订立合同时预见到或者应当预见到的因违反合同可能造成的损失的规定。因此，申请人的该请求不应得到支持。

（四）品牌商品促销费用的报销

当事人合同约定，被申请人按照其书面提供的促销政策，事先以《贸易促销

---

① 参见《中华人民共和国民法典》第577条。
② 参见《中华人民共和国民法典》第584条。

协议》方式批准促销有关的活动会和费用，方可向分销商（申请人）补偿其同意的促销活动的费用；任何未经被申请人事先同意的促销活动将不予报销。具体要求如下：被申请人只报销由被申请人发送的贸易促销政策中提及的促销和贸易活动中的花费；只有分销商在促销活动实施后60日内出具收据（receipts）和必要的支持性文件（necessary supporting documents），被申请人才给予报销贸易和促销活动的费用；任何该60日期限后提交的发票均视为无效；分销商应按照已生效的《贸易促销协议》所确定的数额出具发票（receipts）及提供证明文件（supporting documents）；任何超出已生效的《贸易促销协议》所确定的数额的或未包括在该协议中的款项，将不能获得被申请人的报销支付；被申请人将在已收到有关符合《贸易促销协议》的活动的收据（receipts）和必要的支持性文件（necessary supporting documents）后30日内报销给分销商（申请人）。

仲裁庭发现，双方争议的焦点在于申请人向被申请人申请报销促销费用是否应当提供《贸易促销协议》与相关发票，以及申请人所提交的文件是否符合约定的报销要求与程序。

申请人为了证明其报销促销费用的仲裁请求提交了16卷、数千份的证据，包括数量庞大、信息细碎的证据文件。然而，申请人仅仅堆砌众多证据文件尚且不足以完成其举证责任，必须指出所提供的每一份证据与其仲裁请求之间的关联，否则就无法使用这些证据证明其主张与请求。经过两次开庭审理，仲裁庭一再敦促申请人对于其提供的大量证据进行分类、整理，详细说明每一份证据的证明目的及关联性。其后，申请人将报销依据按照合同/协议、邮件确认、发票、明细等分类进行了细化，针对某些报销依据添加了相应的备注。

仲裁庭认为，已经给予申请人充分的机会提交相关证据，陈述其主张，申请人的举证权利得到了充分的尊重，申请人的意见也得到了充分的考虑。根据合同约定，被申请人对于分销商（申请人）的促销活动有批准、许可与控制的权利，因此，被申请人对于申请人所提交的证据的质证意见，尤其在申请人所申请报销的促销费用是否符合报销要求与程序方面，也应当得到充分的考虑。

被申请人认为，申请人申请报销的部分费用存在如下情形的，不符合报销要求与程序，即没有提供合同/协议、提供的合同/协议不支持申请人的主张、没有提供发票、提供的发票不支持申请人的主张、申请报销行为超过约定的60天期限。仲裁庭对各种情况分别加以认定。

1. 无提交合同/协议的情形

仲裁庭认为，当事人双方所称的"合同/协议"系指本案合同约定的申请人报销促销费用的必要文件《贸易促销协议》。

依据本案合同的约定，作为分销商的申请人进行促销活动，必须事先获得被申请人的批准，由此产生的促销费用，被申请人予以报销；被申请人有权自行决定，开始并控制在本协议约定的区域内的产品的促销和广告，并承担有关广告和促销费用。

基于上述约定，申请人与被申请人相互享有权利、承担义务，合同权利与义务相对应，申请人作为被申请人的分销商享有获得相关促销费用的报销的权利，同时向被申请人提供与促销活动相关的《贸易促销协议》是其承担的义务，另外，被申请人享有批准、许可、控制分销商的促销活动的权利，按照《贸易促销协议》报销申请人的促销费用则是其义务。

被申请人主要通过《贸易促销协议》（Commitment to the trade）行使批准、许可、控制分销商促销活动的权利，决定着被申请人对于产品分销中促销活动的控制权。《贸易促销协议》关系到被申请人以"书面形式提供的所有促销活动的促销政策"，决定着被申请人事先批准的促销活动，被申请人只报销由被申请人发送的贸易促销政策中提及的促销和贸易活动中的花费，任何未经被申请人事先同意的促销活动将不予报销。

仲裁庭认为，本案合同对于《贸易促销协议》的约定是清楚、明确的，中英文版本均无歧义。只有被申请人以《贸易促销协议》方式批准促销的有关活动，方才向申请人补偿被申请人同意的促销活动的费用。因此，《贸易促销协议》应当而且必须是报销的"必要的支持性文件"。申请人否定《贸易促销协议》是申请报销促销费用的必要支持性文件的主张不能成立。

仲裁庭还认为，申请人在申请报销相关促销费用时提交《贸易促销协议》系当事人双方体现于本案合同中的合意，并非被申请人单方的随意确定。申请人虽然提出商业合理性、节省成本、提高效率等主张，但是不能与遵守合同约定、履行合同义务相冲突，否则就构成了对合同约定的违反。

由于当事人双方并未合意修改过本案合同关于提交《贸易促销协议》的约定，也没有证据表明被申请人曾经明示放弃了要求申请人在报销相关促销费用时提交《贸易促销协议》的权利。因此，被申请人基于合同所享有的获得《贸易促销协议》的权利是存在的，在当事人双方就报销事宜发生争议后，被申请人行使其合同权利并无不妥。

总之,申请人提交《贸易促销协议》系从被申请人处获得促销费用报销的必要条件。不论是本案合同之外零售客户有不规范的行为还是申请人造成的疏漏,申请人都应当履行本案合同约定的义务。在与被申请人就相关促销费用发生争议的情况下,申请人更加应当提供相应的《贸易促销协议》证明自己的报销促销费用的主张。申请人提交的"合同整理表""主管签字确认件""合同条款确认邮件""客户合同复印件"等不符合本案合同约定,不能取代《贸易促销协议》作为申请报销的依据。因此,关于无《贸易促销协议》支持的促销费用,申请人报销促销费用的请求不应得到支持。

2. 合同/协议不支持申请人主张的情形

被申请人根据申请人提交的所有证据文件确认,有部分费用,申请人提供的合同/协议无法支持其申请报销的主张,且该部分与被申请人所确认的申请人未能提供合同/协议的项目不相重合。

仲裁庭认为,申请人所提交的《贸易促销协议》能否支持其申请报销促销费用的主张,仅根据申请人提交的证据卷(四)至(十七)中报销证据文件,非常难以判断,因为其中涉及当事人双方约定的销售奖励、折扣补贴、被申请人商品在合同/协议中如何显示等具体细节以及《贸易促销协议》的内容与发票金额如何相互对应等极其复杂的问题。因此,应当依据本案合同关于当事人双方权利与义务的约定,判断哪一方当事人更有权利对于《贸易促销协议》与请求报销的项目之间的对应关系进行实质性的审查与判断。

仲裁庭发现,本案合同约定条款表明,被申请人享有批准、许可、控制分销商的促销活动的合同权利,《贸易促销协议》则是其权利的基础、关键与核心。因此,仲裁庭认为,在相反证据的情况下,被申请人对于申请人提供的合同/协议能否支持其申请报销相关促销费用的认定,可以作为判断申请人的报销促销费用的请求是否符合报销要求的依据。

总之,仲裁庭认为,被申请人所确认的,申请人提供的合同/协议无法支持其申请报销促销费用的项目,被申请人不应予以报销。

3. 申请人报销请求不符合其他要求的情形

被申请人还主张,申请人请求报销的促销费用项目中还存在没有提供发票、发票不支持申请人的主张、提请报销超过60天报销期限三种不符合报销要求的情形;其中前两种情形与申请人未提供合同/协议或者未提供足以支持报销请求的合同/协议的情形有部分重合,后一种情形与其他不符合报销的情形均有部分重合。

仲裁庭认为,如果申请人请求报销的促销费用项目没有提供发票、发票不支持申请人的主张、提请报销超过 60 天报销期限的同时,还存在未提交相应的《贸易促销协议》或者未提供足以支持报销请求的《贸易促销协议》的问题,即被申请人所称的"重合"部分,则应当根据本案合同的约定,按照申请人未提交相应的《贸易促销协议》或者未提供足以支持报销请求的《贸易促销协议》处理,认定为不符合报销要求的情形,上文已经认定了相应的项目数量与金额。

如果系非"重合"部分,即申请人提供了适当的《贸易促销协议》,但是没有提供发票、发票不支持申请人的主张、提请报销超过 60 天报销期限,则申请人的报销要求不应被一概否定。

根据本案合同约定,作为分销商的申请人报销相关促销费用应当提供与促销活动相关的《贸易促销协议》(Commitment to the trade)与详细列出相关促销活动与费用的发票(an invoice detailing the activities and expenses relating to the trade promotion)。根据该条的约定,被申请人如要获得相关促销费用的报销,必须以向被申请人提交相应的《贸易促销协议》与发票为条件,两者缺一不可。

但是,仲裁庭注意到,本案合同中英文版本出现了"发票"与"收据"并用的情况,而且中英文版本在使用两者时略有不同,即"分销商应按照已生效的《贸易促销协议》所确定的数额出具发票(receipts)及提供证明文件(supporting documents)"。其中,中文版将英文版的"receipts"一词用"发票"来表达、将"supporting documents"用"证明文件"来表达。

仲裁庭认为,本案合同英文版在"发票"之外使用了"收据"一词值得注意。根据词意解释,"发票"是正式形式的收据。除了发票之外,收据还有其他形式。因此,中文版的"发票"一词应当进行宽松的解释,即便申请人在申请报销相关促销费用时没有提交详细列出相关促销活动与费用的发票,只要有其他证明费用发生的收据,也符合合同的约定。

被申请人称,"在实践操作中,不得不承认,确实可能存在一些因为进行灵活操作而不开发票的情况,但是在这种情况下,申请人需要提供出仓单等其他事实上证明费用确实发生的支持性文件"。

仲裁庭认为,本案合同并未明确收据必须采用何种形式,被申请人所称的"出仓单"仅系收据的一种形式,不应据此作出排他性解释。

仲裁庭还认为，虽然本案合同约定申请人提请报销不得超过60天的报销期限，但是在当事人双方发生争议、促销费用的报销过程被延长与滞后的情况下，被申请人在收到有关符合《贸易促销协议》的活动的收据和必要的支持性文件后并未在30日内报销给申请人。有鉴于此，用60天报销期限约束申请人已经不甚合理。在申请人提供了适当的《贸易促销协议》的情况下，即便提请报销超过60天的报销期限，其请求也不应被认定为不符合报销要求。当然，超过报销期限与未提交相应的《贸易促销协议》或者未提供足以支持报销请求的《贸易促销协议》的期限"重合"，则按照后者处理。

在申请人提供了适当的《贸易促销协议》的前提下，即便申请报销的文件存在没有提供发票、发票不支持申请人的主张或者提请报销超过60天报销期限的情形，被申请人应当认定为符合报销要求，予以报销。

（五）其他损失赔偿

申请人请求被申请人赔偿合同解除后不能从零售点正常回收的账款而被占用的资金的利息，以及因解约给申请人造成的名誉损失。

但是，申请人与案外零售商之间的商品销售合同，属于另外的法律关系，与本案合同无关。申请人对其主张的所谓名誉损失未能提供任何证据。这些赔偿请求均不能得到仲裁庭支持。

第五节　品牌商品线上授权经销合同争议案

电子商务为品牌授权提供了新的渠道。除了线下的区域性或分级性的授权，品牌方不断发展线上品牌授权经销市场，授权经销商在互联网上销售品牌商品。与此同时，品牌方为了维护品牌利益，非常注重线上授权经销商的管理，经销商超越授权范围使用品牌、拒不披露品牌商品实际销售情况等违约行为均会引发争议。

一、越权使用品牌的争议

在下述案例（案例35）中，授权经销商实施了逾期支付货款与网店的网页宣传违约两项违约行为，品牌方解除了授权合同，双方为此发生争议。仲裁庭认为，合同解除权关系到缔约双方的核心利益，对于合同有关的约定及相关的事实应当作审慎的解释与认定。

品牌方授权经销商销售品牌商品，在合同期限内，当事人双方的关系是通过订单进行商品买卖的关系。品牌方作为卖方，从买方（经销商）处收到货款是基本的、核心的权利。经销商迟延付款将对品牌方该项基本与核心的合同权利造成损害。但是，经销商在收到品牌方中止供货的通知后，支付了延期付款违约金，并在付款用途中注明"逾期违约金"，证明经销商已经改正了违约行为。品牌授权合同赋予品牌方合同解除权，主要目的在于监督经销商履约，督促经销商及时采取措施改正违约行为。只有在经销商拒不采取补救措施纠正违约行为，使品牌方的合同利益受到持续性损害的情况下，品牌方才能行使合同解除权。由于经销商已经对逾期付款的违约行为采取了补救措施，基本上回到履约的正确轨道上，品牌方无权据此解除合同。

当事人双方的品牌授权合同突出强调品牌方对其品牌在销售渠道中的控制及其品牌权利在合同关系中应受到的保护。经销商虽然获得品牌方的授权，但是并非可以任意使用授权品牌，只能在合同约定的授权期限与授权范围内以约定的方式使用该品牌。品牌授权合同对经销商使用品牌进行网店商业宣传的方式进行了明确而且重要的限定，经销商应当遵守，否则就超越了授权范围，构成违约。经销商网点的网页宣传违反了合同明确约定的禁止性条款，且在收到品牌方的改正通知后，始终未能加以改正，势必对被申请人的品牌控制权利构成威胁。而且，经销商坚称其自身不存在任何违约行为，缺乏对其违约行为的反省，品牌方的利益难以得到保障。因此，品牌方有权以此为由解除合同。

案例 35：某家居品牌中国区域互联网渠道销售独家总代理合同争议案

被申请人是某日本家居品牌的合法拥有者，与申请人于 2016 年 6 月 21 日签订了《某品牌中国区域互联网渠道销售独家总代理合同》（以下简称"总代理合同"）及三份补充合同，授予申请人在中国区域的互联网上独家经销该品牌约定商品的权利。

被申请人于 2019 年 12 月 25 日向申请人寄送了《关于解除〈某品牌中国区域互联网渠道销售独家总代理合同〉的通知》，主张申请人实施了逾期支付货款与网页宣传违反约定两项违约行为，且未按期改正，合同按约解除。申请人则请求，被申请人继续全面履行合同。

申请人的请求能否成立取决于申请人是否存在违约行为、被申请人是否享有合同解除权。

(一) 逾期支付货款

"总代理合同"第 9.1 条约定，当事人双方根据每月实际销售的商品总额进行结算，申请人应于每月 20 日向被申请人支付上月所销售商品的货款。申请人迟延支付货款的，每迟延一日，按未支付货款的 1% 的比例向被申请人支付延期付款违约金。

1. 逾期行为

从当事人双方均认可的证据看，申请人支付 2019 年 1、3、4、7 月货款的日期，与"总代理合同"第 9.1 条约定的期限不相符合，存在逾期付款的情况。

被申请人于 2019 年 9 月 4 日向申请人寄送了《逾期付款违约金催款通知》（简称 9 月 4 日改正通知），指出申请人逾期支付货款的违约行为，要求申请人在收到该通知后 15 日内向被申请人支付逾期付款违约金。

仲裁庭认为，"总代理合同"第 9.1 条不仅明确了申请人每月支付货款的期限，而且约定了迟延付款须按日计息。当事人如果对于"总代理合同"约定的付款期限进行了"变更"或者"达成一致的补充约定"，属于对于合同约定的重大变更，应当依据"总代理合同"第 20 条的约定，如同当事人之间的三份补充协议一样，由当事人双方另行签订补充条款，并于双方签字盖章后生效。由于当事人双方并未达成任何相关补充协议，付款期限应当按照合同约定履行。

"总代理合同"第 9.1 条关于货款结算与支付期限的约定，含义明确具体，无须借助任何交易习惯进行解释，在当事人没有协议变更该约定的情况下，任何一方均应依约履行。申请人以法律规定、商业交易习惯为由不履行"合同"约定的付款期限，缺乏依据，无法成立。

申请人主张，逾期付款的违约金"可以由申请人的保证金中扣除"，不符合《补充协议》第 3 条的约定，即保证金仅为确保申请人履行合同项下义务所用，申请人不得主张或要求将保证金用于双方之间的货款交易或抵偿其他应由申请人支付给被申请人的款项。

综上所述，申请人逾期付款没有正当理由，应当依约向被申请人支付违约金。

2. 补救措施

"总代理合同"第 14.2 条第（3）项约定，申请人不履行本合同项下的一项或多项义务时,且在收到被申请人书面通知后的十五(15)日内未采取合理补救措施的,被申请人可立即解除本合同。

仲裁庭注意到,在被申请人发出《有关因贵司未支付逾期付款违约金而中止供货的通知》后,申请人于2019年10月28日向被申请人支付了延期付款违约金,并在付款用途中注明"逾期违约金"。

仲裁庭认为,申请人虽然未能在收到被申请人的书面通知后15天内支付违约金,但是毕竟于2019年10月28日(收到通知后37天后)向被申请人支付了全部逾期付款违约金。申请人采取的补救措施虽然有瑕疵,但是毕竟采取了纠正违约行为的措施。考虑到当事人缔结长期合作的合同关系的意愿,"总代理合同"第14.2条第(3)项中约定的15天改正期应被视为"合理的期限",而非绝对的期限。被申请人解约通知中也使用了"合理期限"一词。因此,在申请人已经采取了措施补救其违约行为的情况下,被申请人仅因申请人的改正措施迟延了22天就行使合同解除权,不尽公平。被申请人无权仅仅以此为由解除合同。

(二) 网页宣传内容违约

被申请人于9月6日向申请人寄送了《网页内容改正通知》(以下简称:9月6日改正通知),称申请人在天猫平台开设的网店宣传中,存在可能使消费者误认为申请人系代表/代理被申请人开设该网店,或可能使消费者误以为该网店系被申请人直营店的表述,违反合同约定,要求申请人在收到本通知之日起15日内采取合理措施改正上述行为;否则,被申请人有权解除合同,终止与申请人的合作。申请人则主张,已经修改了网页内容。

由于申请人网页宣传内容很多,且经过修改,为了查清有关事实,仲裁庭全面审查了当事人双方的证据,决定以被申请人提交的"网页公证书"与申请人提交的"某品牌家居进行第二次修订后的网页"所记录的内容为依据判断申请人是否存在违约行为。

1. 修改前的网页宣传内容

被申请人主张,申请人网页宣传内容违反"总代理合同"第2.3条的约定,即:在本合同期限内,被申请人和申请人的关系仅仅是卖方和买方的关系,申请人不论任何情况均不代理或代表被申请人,且申请人在宣传时,不得使用使消费者误认为申请人是被申请人直营店的表述。

被申请人的公证证据与申请人证据内容相互印证,可以证明天猫平台上经营网店的网页的内容真实性。

申请人在天猫平台上经营的网店显示了其营业执照的真实信息，按照普通消费者的理解，该网页"About us 关于我们"中的"我们"就应指申请人本身，有关信息也应当是对申请人自身企业经营情况的介绍。然而申请人在"关于我们"中介绍的反而只是被申请人及其品牌。其行为要么是将"我们"等同于被申请人及其品牌，要么是以此代表被申请人。申请人在介绍中使用"某品牌入驻天猫"的表述，使消费者误以为被申请人入驻天猫，或者申请人有权代表被申请人入驻天猫。申请人在网页"About us 关于我们"中称"某品牌入驻天猫，让中国消费者足不出户就能享受到与全球同步的家具家居产品"，明显与其所获得的授权范围不符。依据当事人于 2017 年 3 月 29 日签订的《第三份补充协议》第 1 条的约定，"总代理合同"第 1.3 条所称"某品牌商品"仅指品牌中的家居类商品，品牌中的家具类商品包括互联网渠道，只能由被申请人自行或经被申请人授权的有合法销售权限的销售商进行销售。因此，申请人在无授权的情况下"代表"被申请人将该品牌家具类商品入驻天猫网店，是对消费者的误导。总之，申请人网页"About us 关于我们"中的宣传内容不符合"合同"的约定，特别是"总代理合同"第 2.3 条的约定。

仲裁庭注意到，申请人网店在主要网页上均标注了"某品牌官方旗舰店品牌直销"。但是，依据"总代理合同"第 2.3 条的约定，被申请人和申请人的关系仅仅是卖方和买方的关系，因此，某品牌商品并未通过申请人的网店"直销"给消费者，而是由申请人从被申请人处购入后"转售"给消费者，申请人在网页宣传中所称"品牌直销"，明显歪曲了当事人双方的合同关系，而且与"申请人在宣传时，不得使用使消费者误认为申请人是被申请人直营店的表述"的约定直接冲突，构成违约。

仲裁庭注意到，申请人在网页"品牌故事"中大量使用了该品牌官方宣传册的内容。依据"总代理合同"第 12 条的约定，申请人确认与该品牌商品相关的所有商标权、著作权、专利权或其他知识产权归属于被申请人。该品牌官方宣传册的内容，被申请人享有著作权，申请人使用该作品应符合有关的约定。"总代理合同"第 10.2 条约定，申请人须事先将与品牌商品相关的所有用于广告宣传的草稿和图案送付被申请人并取得被申请人的书面同意。因此，申请人虽然在网页"品牌愿景"说明，"以上文字内容截选自某品牌官方宣传册，我司为该品牌中国区域互联网渠道销售总代理"，但是事前未经被申请人书面同意即大量使用品牌官方宣传册的内容用于网页广告宣传，与"合同"约定不相符。

2. 修改后的网页宣传内容

仲裁庭注意到，在 2019 年 10 月 25 日修改后的网页上，申请人虽然全面删除了对于某品牌的介绍，但是仍然保留了"某品牌官方旗舰店品牌直销"的标注内容。如上所述，申请人自称其网店系"品牌直销"，属于在宣传时使用使消费者误认为申请人是被申请人直营店的表述，直接违反"总代理合同"第 2.3 条的约定。

申请人并未主张或者证明在 2019 年 10 月 25 日之后，还对网页宣传内容进行过任何修改。因此，直至 2019 年 12 月 25 日被申请人向申请人寄送解约通知，申请人仍然在网页宣传中使用使消费者误认为申请人是被申请人直营店的表述，即"品牌直销"。

3. 违约行为

申请人称，消费者可以从"天猫"店铺首页中轻易查询到店铺的营业执照并清楚知悉该店铺不是直营店，这是"天猫"购物的基本常识，消费者不可能产生店铺是直营店的误解。

仲裁庭认为，"总代理合同"第 2.3 条约定，申请人不论"任何情况"均不代理或代表被申请人，申请人即便出示了真实的营业执照信息，也不能"代表"被申请人进行所谓"品牌直销"。

仲裁庭认为，"总代理合同"第 11.1 条与第 6.1 条虽然约定，申请人有权无偿使用被申请人的商标及商号用于某品牌商品的销售及广告宣传，且被申请人尽可能地配合申请人的相关宣传活动，但前提条件是申请人的宣传内容符合合同约定的授权期限、范围与方式。当申请人的网页宣传内容违约的情况下，上述条款不能成为申请人违约的借口。

4. 合同解除权

申请人在收到被申请人的 9 月 6 日改正通知后虽然对于网页宣传内容进行了两次修改，但是不仅其修改未能达到纠正其违约的程度，而且至今拒绝承认任何违约的存在，主张其对网页宣传内容的修改系出于"无奈"与"违心"。申请人还称，在第二次网页内容修订中，申请人全面删除了对于某品牌的介绍，为此还给申请人的"天猫"店铺的销售带来严重损失。由此可见，申请人既不承认违约，又有利益驱动，在其控制下的网店如要恢复删除的品牌介绍等内容，易如反掌。仲裁庭认为，申请人拒绝采取有效的补救措施且拒绝承认违约的行为，将给被申请人继续履行"合同"带来很大的风险。

被申请人于 2019 年 9 月 6 日向申请人发出改正通知，于 2019 年 12 月 25 日向申请人发出解除通知，说明被申请人给予了申请人合理与充分的时间采取补救措施纠正违约行为，体现了与申请人解决问题的诚意，解约是终极的决定，并非草率为之。被申请人已在合理时间内行使解除权，而且合同并未限定被申请人行使解除权的期限，申请人关于解除权过期消灭的主张，缺乏依据，仲裁庭不予支持。

被申请人在解约通知中称，"自申请人收到本通知之日起，解除合同，对于在合同解除前已经生成，而在《合同》解除后形成的订单，被申请人在 2019 年 12 月 31 日之前可以继续接受发货委托"。

在合同解除之前，被申请人在 2019 年 9 月至 12 月 25 日继续向申请人供货，并收取相应的货款、打包费用等，是在履行合同义务与享受合同权利，并非放弃合同解除权的行为。被申请人同意在 2019 年 12 月 31 日之前可以继续接受发货委托，是在合同解除后为维护案外消费者的合法权益采取的过渡性措施，亦非对合同解除权的放弃。申请人以此为由主张被申请人的解除权消灭，缺乏依据，仲裁庭不予支持。

仲裁庭认为，由于申请人在收到被申请人的解约通知后，申请人始终拒绝认可被申请人解除合同的权利，拒绝接受合同的解除，导致当事人双方尚未依约对所有账款进行结算，并完成保证金的退还。依据《补充协议》第 4 条的约定，原合同不论因何种原因解除或终止，被申请人都应于双方结清所有账款并明确彼此责任后 30 日内将保证金无息返还。申请人以保证金尚未退还为由否认被申请人的解除权，缺乏依据，仲裁庭不予支持。

总之，基于对当事人双方的主张与证据综合与全面的考虑，仲裁庭认为，"总代理合同"第 14.2 条第（3）项约定的被申请人解除合同的条件已经满足，被申请人解约通知，具有解除合同的效力。

（三）合同解除的后果

当事人之间的合同于申请人收到解约通知之日解除，申请人关于被申请人继续全面履行合同，提供由商标注册人出具的授权申请人在天猫开设某品牌旗舰店的独占授权书及相关全部商标的最新商标注册证书，并最终协助申请人完成该品牌旗舰店的资质更新等请求，仲裁庭均不予支持。

二、不提供品牌商品库存清单的争议

品牌授权合同项下通过订单进行的品牌商品销售与一般商品买卖不同，经销商在享受品牌方持续供货、价格折扣等权利的同时，必须遵守品牌方总体的经销体系、销售政策、目标，服从品牌的市场定位和发展计划，保持品牌商品的服务、经销和形象的一致性，不得实施盲目进货、大量囤货、低价促销、擅自串货等损害品牌利益的行为。品牌方为了保证经销活动服从品牌管理的需要，一般在授权合同中约定品牌方享有取消订单或变更订单商品数量的权利。在此机制中，如果经销商存在违约行为，即便订单经双方确认、买卖合同成立，品牌方仍然有权取消订单或者修改订单，不向经销商发货或者减少发货。品牌方行使该项权利是为了预防经销商库存积压、大量进货再退货、低价倾销或擅自串货等损害品牌声誉的风险，避免丧失对于品牌商品销售渠道的控制。

在下述案例（案例36）中，当事人合同明确约定，经销商必须定期书面通知品牌方授权范围内市场进展与开发情况，经销商应当向品牌方提交上月月度书面汇报以及上一月所有促销或提供的折扣；经销商应当向品牌方提交次月月度生意计划以及线上分销计划；经销商必须在出版或生产广告材料之前提交给品牌方以获得申请人的许可；经销商必须向品牌方提交营销方案供批准；经销商应在经销商的季内期间每两个月向品牌方提供一份实际库存清单。合同约定中使用了"经销商应当""经销商必须"等表述，对于经销商履行上述义务的方式、期限、内容与范围作出详尽的约定。经销商严格按照合同约定向品牌方提供上述信息与数据显然是其合同义务的重要组成部分。由于品牌方始终未能从经销商处获得关于品牌商品经销的重要数据，特别是经销商的实际库存清单和库存情况，因而无法确定合理的补货范围。品牌方依据合同约定本来有权取消发运订单项下产品，但仍发运了订单项下大部分商品，少部分未发货。经销商一方面为其不按约定的形式、期限、内容与范围向品牌方提交书面汇报、计划、材料、方案与库存清单寻找借口；另一方面则为品牌方行使订单变更权附加合同中没有的条件。仲裁庭认为，订立并付诸履行的协议如同驶离车站的列车，必须在既定轨道上向目的地前进，任何变道或者出轨的行为都应当承担相应的后果。

经销商主张的先履行抗辩权完全没有法律和合同的依据。在经品牌方变更后的订单项下，经销商不仅收到品牌方的实际交付的货物，且在其主张中提及商品

"售后质保"的问题，证明品牌商品已向经销商"售后"，经销商不向品牌方支付相应的货款毫无道理。总之，授权合同已经订立，双方的权利与义务均已确定，任何一方均应依约而行。

案例 36：运动品牌独家线上经销商协议争议案

品牌方（申请人）于 2016 年 7 月 1 日与经销商（被申请人）签署《独家线上经销商协议》（以下简称《经销商协议》），指定被申请人作为品牌方独家的线上销售经销商，严格按照本协议的规定销售品牌产品。双方后续签署的《独家线上经销商协议补充协议》为《经销商协议》不可分割的组成部分。

申请人主张，未在规定的期限内收到被申请人支付的货款，有权向被申请人发出书面通知解除当事人之间的合同关系，并请求被申请人支付欠付的货款并承担其他违约责任。被申请人则主张，申请人违约在先，无权解除合同。

仲裁庭注意到，被申请人用很长的篇幅反复强调申请人单方取消供货的行为属于违约在先，在申请人纠正其违约行为之前暂时不予支付货款，有权行使先履行抗辩权。经当事人明确，被申请人所称与申请人交付货物有关的违约行为是指"申请人未能足量供货的行为"。2018 年 1 月，被申请人向申请人发送了 2018 年秋冬产品的订单；申请人最终于 2018 年 7 月 5 日通过电子邮件确认该订单"数量及应付含税金额"，即应发货订单数量 27835 件；但是申请人未发货 5621 件，未发货商品数量占已确认订单总量约 20.2%。申请人的行为违反《补充协议》第 7 条、《经销商协议》附件 B 的约定，构成违约。

申请人则主张，被申请人多项违约且长期拒不纠正，包括违反《经销商协议》第 7 条约定的提交月度书面汇报、第 8 条约定的提交费用预算营销方案、附件 D 第 9 条约定的提供每两个月的实际库存清单等义务，因此，申请人依据《经销商协议》附件 B 的约定，有权取消发运订单项下产品。

(一) 提供库存清单等信息的经销商义务

仲裁庭发现，被申请人令申请人证明被申请人未向申请人提交有关材料（就"消极的事实"举证），逻辑上难以自洽，而且被申请人未能举证证明其已经完全履行了《经销商协议》约定的如下合同义务：

(1) 第 7 条约定的"每月 10 日前提交上月月度书面报告、每月 25 日前提交次月月度生意计划"；

(2) 第 8 条约定的"每年 6 月 1 日前提交一份包括费用预算的营销方案"；

以及，

（3）附件D第9条约定的"每两个月提交一份实际库存清单"。

《经销商协议》要求被申请人作为经销商，应当"严格按照本协议"的约定履行义务。《经销商协议》第7条、第8条及附件D第9条对于被申请人应当向申请人提交有关书面汇报、计划、材料、方案与清单的形式、期限、内容与范围有具体的约定，除非当事人双方协议变更上述条款，任何变通或替代的行为均不符合协议的约定，不能有效履行约定的义务。

依据《经销商协议》第7条、第8条及附件D第9条的约定，被申请人应当或者必须向申请人"提交"或者"提供"有关的书面汇报、计划、材料、方案与清单。因此，不论被申请人"后台每月均会实时统计并呈现《经销商协议》第7条列明的信息"，还是让申请人"通过自行登录线上店铺后台的方式来实时获取《经销商协议》第7条要求的所有数据"，均不符合《经销商协议》第7条关于被申请人"每月10日之前应当向申请人提交上月月度书面汇报"的约定。而且，被申请人完全未能说明如何通过线上店铺后台履行《经销商协议》第7条、第8条及附件D第9条约定的其他义务，包括：被申请人应当提交次月月度生意计划以及线上分销计划，必须在出版或生产广告材料之前提交拟使用的广告材料样本供申请人许可，必须提交的包括费用预算的营销方案供申请人批准，以及应提供的季内期间每两个月的实际库存清单。

《经销商协议》第24条约定，本协议（包括附件）构成当事人双方之间的完整的协议；本协议的全部或者部分的变更、修改、修订或更改须经双方书面签署后方能生效。

被申请人并未提供任何书面协议证明当事人双方协议变更了《经销商协议》第7条、第8条及附件D第9条的约定，或者允许被申请人以任何其他方式向申请人履行提供有关信息的义务。申请人明确要求被申请人将每月销售数据"以电子邮件方式"发给申请人的行为也足以证明，当事人之间并不存在所谓双方认可的交易习惯允许被申请人以变通或者替代的形式履行《经销商协议》第7条、第8条及附件D第9条约定的信息提供义务。

仲裁庭认为，双方当事人之间的经销合同关系区分于一般的买卖合同关系。协议明确约定，申请人有义务确保被申请人的销售安排符合品牌总体的经销体系，符合申请人的品牌的整体发展计划。为了保证遵守申请人任何销售政策与目标，经销商必须定期书面通知申请人授权范围内市场进展与开发情况，向申请人提供销售量、产品报告、生意数据及库存清单等重要数据。被申请人严格按照合同约定向申请人提供上述数据显然是《经销商协议》约定的重要内容。然而，申请人却始终未能从被申请人处获得关于经销商 2018 年度经营的重要数据，特别是《经销商协议》第 7 条约定的书面报告和月度生意计划及附件 D 第 9 条约定的实际库存清单。由于未能获得被申请人的实际库存清单，申请人可能承担经销商库存积压、经销商大量退货、擅自串货或线下倾销货物等损害品牌声誉的风险，以及丧失对于品牌商品销售渠道的控制。而且，由于申请人无法了解被申请人的实际库存情况，也无法确定合理的补货范围，无法依据《经销商协议》附件 B 的约定为被申请人补货。

总之，被申请人的行为不符合《经销商协议》第 7 条、第 8 条及附件 D 第 9 条的约定，构成违约。

（二）取消发运订单项下产品

仲裁庭注意到，《经销商协议》附件 B 标题为"经销商条款"，其中在"货运"部分以黑体（且英文大写）字符醒目地约定如下内容：在申请人确认任何订单后，如经销商违反其在本协议项下的任何义务，申请人保留取消发运该订单项下的产品的权利。

仲裁庭注意到，在申请人于 2019 年 1 月 31 日给被申请人电子邮件中指出"如我们在会议中做的沟通，取消订单主要是因为我们没有得到实质的销售分析数据及销售计划，也没有得到分销以及线上销售订单的拆分"。申请人的电子邮件说明，申请人取消部分订单的原因在于被申请人未能履行作为经销商应尽的提供信息义务。在被申请人违约在先的情况下，申请人行使合同约定的权利，取消了部分订单。

仲裁庭认为，适用《经销商协议》上述约定的前提条件仅有一个，即"经销商违反其在本协议项下的任何义务"，并未限定经销商（被申请人）的违约行为必须发生在申请人确认任何订单之后。即便如此，被申请人违反《经销商协议》第 7 条、第 8 条及附件 D 第 9 条约定的信息提供义务的行为，既发生在申请人确认订单之前，也发生在其后。按照被申请人的主张，申请人最终于 2018 年 7 月 5 日通过电子邮件确认被申请人的订单"数量及应付含税金额"。2018 年 7 月 5 日之后，即申请人确认被申请人的订单后，被申请人仍然未能依约向申请人提交有关的次月月度生意计划以及线上分销计划、拟使用的广告材料样本、包括费用预算的营销方案，特别是未向申请人提供季内期间每两个月的实际库存清单。

仲裁庭认为，申请人享有的"取消发运该订单项下的产品的权利"当然包括取消发运全部产品的权利，举重以明轻，也包括取消发运"部分"产品的权利。

申请人取消发运订单项下产品的权利，适用于经销商违反其在本协议项下"任何义务"的情况下。因此，只要被申请人构成违约，申请人就可以行使该项权利，取消发运订单项下产品，并无"事先30天通知并提供应对方案"或者提前30日通知的前提条件。

仲裁庭认为，被申请人是具有"良好稳定的财务能力"的企业，与申请人有同等的缔约能力，其利益考量已经在当事人双方合意约定的条款之中体现，包括《经销商协议》第11条之（b）约定的经销商同意遵守的附件B列出的销售条款。附件B关于申请人有权取消发运订单项下产品的约定，特别采用黑体加粗的醒目方式，区别于其他条款，进一步证明当事人双方对此条款的强调与重视。

依据《经销商协议》第16条的约定，任何一方未执行本协议的规定或者未行使与此相关的权利或未行使本协议规定的任何选择权，均不得以任何形式被认为是对该等规定、权利或者选择的放弃，或者以任何方式影响本协议的效力；任何一方未行使前述规定、权利或者选择不得排除或者损害该方此后执行或者履行其根据本协议享有的相同或者其他的规定、权利或者选择。因此，申请人在取消发运"2018年秋冬订单"项下部分产品之前，虽然并未因被申请人违约而行使该项权利，但是并不因此放弃该项权利或者丧失行使该项权利的资格。

仲裁庭注意到，《经销商协议》附件B关于申请人取消发运订单项下产品权利的条款，并未被《补充协议》所修改，因此对于双方当事人继续有效，并且适用于被申请人违约的情形。在被申请人违约的前提下，《补充协议》第一部分第7条关于到货日期前30日通知经销商的约定不应适用。

仲裁庭注意到，《经销商协议》附件B还约定，经销商应遵守申请人全球实践及标准，即经销商应在经销商的季内期间每两个月向申请人提供一份实际库存清单。然而，被申请人则违反上述约定，未向申请人提供实际库存清单。在此前提下，被申请人所援引的《经销商协议》附件B中申请人需满足电商补货需求与保证货品充足的约定不再适用，取而代之的则是被申请人违约，申请人有权取消发运订单项下产品的约定。

总之，仲裁庭认为，申请人行使取消发运订单项下产品的权利具有明确的合同依据，符合《经销商协议》的要求，不构成违约。

（三）先履行抗辩

仲裁庭认为，被申请人主张的先履行抗辩权成立的前提条件是申请人违约在先，鉴于被申请人取消发运订单项下产品并不违约，被申请人主张的先履行抗辩权不能成立。

《合同法》第 67 条①规定，当事人互负债务，有先后履行顺序，先履行一方未履行的，后履行一方有权拒绝其履行要求。先履行一方履行债务不符合约定的，后履行一方有权拒绝其相应的履行要求。

仲裁庭认为，按照被申请人的主张，申请人负有因取消订单而赔偿被申请人的债务，被申请人则负有向申请人支付货款的债务，申请人的债务应先履行，否则被申请人拒绝履行所负的债务。然而，申请人并未违约，所谓申请人应先履行的债务并不存在，上述《合同法》的规定完全不能支持被申请人关于先履行抗辩权的主张。

仲裁庭注意到，申请人在确认订单前邮件告知被申请人"实际应收金额，以最终发货为准"，被申请人也认为"应付的最终货款金额当然仅限于实际交付的货物。对于未依据订单约定数量交付的货物，无须支付货款""这种安排符合一般商业常理"。

仲裁庭认为，依据《合同法》第 67 条的规定，申请人与被申请人在特定订单项下互相负有交付货物与支付货款的义务，申请人已经交货在先，被申请人却拒不支付与"实际交付的货物"相对应的货款，这不符合任何"商业常理"。

总之，仲裁庭认为，申请人并未违约，被申请人所称向申请人支付货款的"前提条件"并不存在，被申请人应当向申请人支付相应的货款。

（四）解除合同

申请人于 2019 年 3 月向被申请人发出《解除合同通知书》，以被申请人未按照约定期限向申请人支付货款构成根本违约为理由，通知被申请人于 2019 年 3 月 21 日解除当事人双方的《经销商协议》与《补充协议》。

依据《经销商协议》第 3 条之（b）的约定，如果申请人未在本协议附件 B

---

① 参见《中华人民共和国民法典》第 526 条。

规定的期限内收到付款，申请人可经书面通知后立即解除本协议并取消给予经销商的任何折扣。《经销商协议》的上述条款并未被《补充协议》所修改，在当事人之间继续有效。

仲裁庭注意到，被申请人对于申请人所主张的付款账期并未提出异议，而且对于未按照账期向申请人支付货款予以认可。

对于被申请人按期向申请人支付货款的重要性，当事人双方有充分的共识。例如，被申请人称，"本案中，品牌方作为卖方的合同目的在于通过销售货物获得价款""对经销商而言，在《经销商协议》和《补充协议》项下的主要义务为支付实际发货产品的货款"。既然如此，被申请人在收到申请人实际交付的货物后拒不按期向申请人支付货款，明显违反其在合同项下所承担的"主要义务"，导致申请人的合同目的无法实现。因此，申请人主张被申请人行为构成根本违约，依据《经销商协议》第3条之（b）的约定，申请人有权向被申请人发出书面通知解除当事人之间的合同关系。

（五）支付取消折扣部分所对应的货款

仲裁庭认为，因被申请人的根本违约行为，申请人于2019年3月21日书面通知被申请人解除当事人之间的合同关系，申请人有权依据《经销商协议》第3条之（b）的约定，取消给予被申请人的任何折扣。

（六）归还相关线上平台的账户、店铺等

《经销商协议》第15条之（i）约定，在本协议终止的情况下，经销商同意停止一切代表申请人的活动，包括关停天猫/京东旗舰店和全部其他线上销售平台；在5个工作日内，经销商应将协议期内销售产品的线上平台的账户转让给申请人。

鉴于当事人之间的合同关系已经于2019年3月21日因申请人发给被申请人的《解除合同通知书》而终止，被申请人应当依约将申请人品牌的天猫/京东店铺和所有其他线上销售平台的账户转让给申请人，申请人品牌的天猫/京东店铺和所有其他线上销售平台的主体及其他线上分销客户归申请人所有。

第六节　服务品牌授权合同争议案

餐饮、美容美发、家居建材经销等服务品牌授权普遍采用加盟店的模式，品牌方授权加盟店在约定期限与区域内使用品牌的商标、商号及企业识别系统开展业务活动，加盟店为使用品牌方的商标商号支付相应的权益金。加盟店模式保证服务使用统一标准的品牌、标识与形象。品牌加盟店还可以从品牌方或其指定渠道进货。品牌方也可以为加盟店安装、调试、维护、培训企业资源计划（ERP）系统软件，并收取 ERP 系统挂靠费等费用。[①]

还有些服务品牌授权则采用更加复杂、综合的模式。酒店服务业尤为典型。国际知名酒店的品牌授权一般是与酒店管理及技术服务结合在一起的，品牌方在授权商标许可使用的同时，还向被授权方提供酒店管理服务与相关技术支持。通过多重合同关系建立的品牌授权是为了保证全球统一的服务标准与形象，维护品牌声誉及实现品牌利益。合同关系虽然复杂，但品牌授权是贯穿始终的基础与核心内容。酒店品牌授权合同争议主要有两类：一是因酒店未能按约开业导致的争议；二是酒店开业后因经营管理导致的争议。

一、酒店擅自对外营业的争议

在下述案例（案例 37）中，品牌方与业主（被授权方）同时签订了商标许可协议、酒店管理合同和系统支持许可合同，约定在品牌方的管理下以酒店品牌对外营业。当事人之间的三个合同全都约定了关于知识产权（品牌）的内容。系统支持许可合同约定，本合同项下的知识产权权利应当是指与中国大陆内酒店所使用的品牌有关的已获得注册的知识产权（包括品牌中的商标及网络域名）和与中国大陆内酒店所使用的品牌有关的未获注册的知识产权（包括品牌标准和品牌中的著作权、外观设计权、技术秘密以及其他知识产权权利）。商标许可协议约定，品牌方根据其与关联公司签署的相关许可协议，授予业主限于酒店经营

[①] ERP 是由软件和技术组成的集成化实时业务处理系统，品牌方用来收集、存储、管理和整合来自授权加盟店的数据。

而在中国就商品和服务使用上述商标的许可；商标许可协议附件中列明了三个中国注册商标的标识、注册号。酒店管理合同约定，品牌方授予业主不可转让、非独占、限于酒店经营而在中国就商品和服务使用品牌方商标的许可。因此，在三重合同项下，品牌授权的对象、范围与内容都是比较明确的。

在酒店品牌授权合同关系中，酒店开业日是非常关键的时间节点。授权合同签订后开业前，一般要经历比较长的酒店筹备过程，才能使酒店的建筑物、内部装修、标牌、家具、服务载体、服务人员全部符合品牌要求，并准备各种印刷品、徽标、标语、网站等各种宣传材料。只有酒店完全符合品牌标准中所载的经营标准，可以作为品牌旗下系统内的酒店进行管理和经营的情况下，才能开业。酒店开业意味着酒店已由品牌方开始经营管理，并使用品牌方的商标向公众提供商业性服务。鉴于酒店开业的重要性，合同明确约定开业须事先经品牌方签字同意。

在该案中，业主方不顾品牌方的反对、单方面以品牌酒店的名称和品牌"正式对外营业"，向公众开放、接待付费客人的行为，不仅无法产生合同约定的酒店开业的后果，而且严重违背了合同的目的，彻底扭曲了当事人双方的合同权利义务关系，造成酒店由品牌方经营的假象，不仅损害品牌利益，而且有可能将品牌方暴露于法律风险与潜在责任之中。正如品牌方解约通知所述，品牌方作为管理人不同意酒店以酒店品牌对外进行营业，同时品牌方不是、并且不得被视为任何酒店经营活动的组织者、赞助者、经营者或管理者，因业主的单方行为所引发的一切纠纷和损失，均由业主承担。业主实质性违约且不改正的行为，导致品牌方按照约定解除了合同。

在合同解除后，品牌方要求业主立即停止使用三个合同项下涉及的相关商标等知识产权，但所请求的救济方式与合同约定略有出入。品牌方所能获得的禁令性救济应严格以合同约定为依据，不得擅自扩大或偏移。酒店管理合同约定，一旦本合同终止，业主即不得在品牌旗下经营酒店，亦不得在命名或提及酒店的任何时候使用商标或其他品牌方知识产权的任何组合、变形或翻译或与商标混淆性近似的任何其他商标；品牌方有权从酒店（from the Hotel）清除所有与商标及其他知识产权有关的标牌、家具、印刷品、徽标、标语、其他显著特征和提及商标及其他品牌方知识产权的任何其他名称之处。系统支持许可合同约定，本合同一旦终止，业主应立即停止使用品牌方在中国注册的中英文名称及一切相关名称、翻译、衍生词语、商标、服务标志、域名、著作权与标识及其他商标或名称和其他知识产权，亦不得使用与商标和其他知识产权实质上一致或构成混淆性近似的所有标语、标志、设计、标记、符号以及其他相关的显著性特征，且不得使用含有商标（或任何构成混淆性近似的文字和名字）或其他品牌知识产权的信纸信封、广告材料、网站、标牌、日用品、设备和其他物品。

依据酒店管理合同的约定，如合同因业主的实质性违约而终止，则业主应向品牌方支付一笔终止费作为违约赔偿金，如品牌方无法获得该笔终止费，则业主应赔偿品牌方的实际损失。在本案中，品牌方既请求业主支付终止费，又请求其赔偿知识产权许可费的损失。仲裁庭认为，在申请人已经获得约定的终止费的情况下，使其预期的合同期限内的品牌许可费损失已经得到补偿，无权请求业主再次赔偿许可费损失。

案例37：擅自开业引发的酒店品牌授权争议案

2016年5月31日，品牌方（申请人）及其关联公司与酒店业主（被申请人）签订《商标许可协议》，约定品牌方授予业主不可转让、非独占、限于酒店经营而在中国就商品和服务使用品牌方商标的许可。同时，双方签订了《酒店管理合同》，约定品牌方为管理人代表业主管理约定酒店的条款和条件。双方还签订《系统支持许可合同》，约定品牌方按照许可业主在酒店使用相关的知识产权、允许业主接入并使用合同项下的系统的条款和条件。

申请人主张，针对被申请人在酒店合同文件项下的多项实质性违约行为，申请人曾于2019年7月31日至2020年7月8日多次敦促被申请人纠正其违约行为，但被申请人始终未能纠正其上述实质性违约行为。根据《酒店管理合同》第15.2条的约定，申请人有权以书面通知的形式终止《酒店管理合同》。《酒店管理合同》《系统支持许可合同》与《商标许可协议》于2020年9月17日终止。

仲裁庭注意到，申请人在书面通知中主张的被申请人实质性违反《酒店管理合同》的行为，主要是指被申请人在酒店未取得开业所需的所有证照前单方面宣布酒店是一家品牌酒店并正式对外营业的行为。该行为有两个不可分割的特征，即未取得酒店开业的所有证照及被申请人单方面宣布酒店对外营业。

被申请人主张，"被申请人未能取得特种行业许可证以及消防许可证，根本原因是酒店所属土地未取得土地使用权证"，属于不可抗力因素，不构成实质性违约。

被申请人按照合同约定应当取得酒店所属土地使用权证、特种行业许可证、消防许可证等开业必需证照。被申请人当庭陈述也证明其可以获得这些证照。因此，取得酒店开业的所有证照明显不属于《民法典》规定的不可克服的不可抗力事件。

仲裁庭认为，被申请人仅是未取得酒店开业的所有证照，尚且不足以构成实质性违约，当事人双方可以协商延期开业；但是，被申请人单方以品牌酒店的名义开始对外营业，则改变了其行为的性质，并且触发《酒店管理合同》第15.2条约定的实质性违约条款。

（一）酒店开业

在《酒店管理合同》中，酒店开业是合同特殊约定与详细约定的最为重大事项之一。附件2第8条约定，在满足多达10项条件后，管理人（申请人）应自行适时地将酒店作为一家品牌旗下酒店开业。而且，依据《酒店管理合同》简况表中对于"开业日期"的约定，酒店作为品牌旗下酒店，管理人（申请人）和业主（被申请人）将另行签署一份信函，以书面形式确认酒店开业日期。因此，《酒店管理合同》对于酒店开业约定了明确的形式要求（双方另行签署书面信函）与实质条件（详见附件2第8条）。

1. 实质性违约行为

当事人双方的证据证明，被申请人于2019年7月31日宣布酒店"正式对外营业"，是不顾申请人的反对、单方面实施的行为，既不符合《酒店管理合同》对于酒店开业约定的形式要求，也不符合"取得相关证照"等约定的实质条件。

依据《酒店管理合同》第2.1条的约定，合同的目的是管理人（申请人）代表业主（被申请人）管理酒店。第2.6条、第4.1条约定，一旦管理人（申请人）签字同意酒店开业，则酒店应于开业日期即符合品牌标准；自开业日期起，管理人（申请人）应作为业主（被申请人）的代理人，根据本合同的规定以及品牌标准中所载的经营标准，始终将酒店作为品牌旗下在系统内的酒店进行管理和经营。第4.2条约定，管理人应代表业主，对酒店人事、设备、财会等酒店经营事宜采取一切必要的措施。

在当事人合同项下，酒店开业意味着酒店已经符合申请人品牌的标准，由申请人开始经营管理，因此必须事先经申请人（管理人）签字同意。然而，被申请人于2019年7月31日单方面宣布以品牌酒店的名称"正式对外营业"，向公众开放、接待付费客人的行为，是在明显不符合《酒店管理合同》约定的开业条件、申请人明确反对、未经申请人开业前检查、甚至申请人完全未参与的情况下进行的。被申请人未经申请人允许擅自在对外营业中使用申请人的品牌（特别是酒店名称），造成酒店由申请人经营的假象，不仅损害申请人的品牌利益，而且在事关消防法规与消费者生命安全的酒店服务业，将申请人暴露于严重的法律风险与潜在责任之中。被申请人的行为严重损害申请人的合同权利与利益，构成《酒店管理合同》第15.2条约定的实质性违约。

2. 合同终止

申请人依据合同约定向违约方（被申请人）提出了明确的补救违约的要求，即停止作为品牌酒店接待付费客人并进行实质性运营的行为。但是，被申请人不仅没有按照申请人书面通知的要求采取补救措施，而且没有采取任何表明其正努力工作、合理行动以便可能在令申请人满意的期限内完成该等补救的措施。因此，根据申请人的终止函，《酒店管理合同》于2020年9月17日终止。《系统支持许可合同》与《商标许可协议》约定，本合同将在《酒店管理合同》终止时终止。

（二）停止使用品牌

仲裁庭认为，在当事人之间的合同关系已经终止的情况下，依据《酒店管理合同》第11条和《系统支持许可合同》第3条与第9.8条的约定，被申请人应当立即停止使用申请人享有的包括三个中国注册商标在内的知识产权，并严格按照合同约定：

从酒店清除所有与申请人知识产权有关的标牌、家具、印刷品、徽标、标语、其他显著特征和提及其他申请人知识产权的任何其他名称之处；

不得在命名或提及酒店的任何时候使用申请人知识产权的任何组合、变形或翻译或与商标混淆性近似的任何其他商标；并且，

不得使用含有申请人商标或任何构成混淆性近似的文字和名字或其他申请人知识产权的广告材料、网站、标牌、日用品、设备和其他物品。

（三）终止费

1.《酒店管理合同》项下约定的终止费

《酒店管理合同》第15.6条约定，如果本合同终止发生在开业日期之前，则被申请人应当支付申请人人民币4,500,000元的终止费。

《酒店管理合同》第18.1条约定，双方承认本合同是由商业实体在其法律顾

问的协助下自由谈判的。当事人双方同意在本合同中规定终止费，是为了弥补因提前终止本合同给申请人带来的难以计算的损失。因此，关于终止费的约定出于当事人双方的共识，维护的是申请人正当的合同利益，并非掩盖申请人不当利益的"陷阱"。

仲裁庭认为，《酒店管理合同》在开业前终止系因被申请人在不符合约定的酒店开业条件的情况下，单方面宣布以品牌酒店的名称"正式对外营业"所造成，这是申请人在订立合同时所无法预见的风险。《酒店管理合同》并非自始就不能履行，而是在合同履行过程中，被申请人突然实施了实质性违约行为，才导致合同无法继续履行。被申请人不应将其违约行为作为否定申请人合理的预期利益的借口。

仲裁庭注意到，《酒店管理合同》第15.6条第（c）项约定，由于收入损失、市场代表性、消费者混淆、市场以及经济因素的变故变化、地理位置丧失、对系统以及商誉造成的损害以及其他原因提前终止本合同导致的后果等各种因素，双方承认很难确定提前终止本合同给申请人带来的损失，根据双方对相关损失（在双方签订本合同时能够预测的因提前终止本合同造成的损失）的合理预测，双方同意在本合同中规定终止费。

仲裁庭认为，依据《酒店管理合同》上述条款的约定，申请人请求被申请人支付第15.6条中的终止费，不以证明其实际损失为前提条件。《酒店管理合同》约定，自开业日期起10年为合同初始期限，并且本合同应一次或多次延期。在合同提前终止（特别是开业前终止）的情况下，申请人此前对合同的长期投入全部沉没，但所遭受的损失由于收入减少、消费者混淆、商誉损害等后果难以确定，故当事人双方承认，申请人的相关损失以双方签订合同之时合理预测的终止费计算。因此，被申请人应当按照约定向申请人支付终止费。

2.《系统支持许可合同》项下终止费

《系统支持许可合同》第9.6条第（a）项约定，如果《酒店管理合同》因被申请人的实质性违约而终止，本合同终止，则除申请人根据本合同有权获得的所有款项（包括其所享有的补偿权）外，被申请人还应向申请人支付一笔终止费作为违约赔偿金，以补偿其预期许可费损失；如果该等终止发生在开业日期之前，则被申请人应当支付申请人终止费。

仲裁庭注意到，《系统支持许可合同》第1条约定，本合同中的"系统"包括申请人拥有的知识产权权利、预订系统、渠道营销、品牌营销、频繁旅行营销计划等项目；本合同目的为，申请人许可被申请人在酒店使用相关知识产权的权利，允许被申请人接入系统的其他部分并获取与酒店有关的渠道营销服务和品牌营销服务。

仲裁庭认为，《系统支持许可合同》虽与《酒店管理合同》有所关联，但是其缔约目的及适用范围与《酒店管理合同》均不相同。《系统支持许可合同》第9.6条第（a）项约定的终止费与《酒店管理合同》第15.6条约定的终止费在适用范围与适用条件上并不重复。

被申请人的陈述证明，在酒店筹备开业的过程中，申请人许可被申请人使用了《系统支持许可合同》第3条约定的申请人知识产权权利，包括酒店所使用的品牌中的商标、品牌标准等。

仲裁庭认为，由于被申请人的实质性违约导致《酒店管理合同》终止，《系统支持许可合同》也因此在酒店开业前就终止，申请人许可被申请人使用知识产权权利所预期获得的许可费利益无法实现。但是，正如《系统支持许可合同》第9.6条第（c）项所约定，由于收入损失、消费者混淆、对系统以及商誉造成的损害等各种因素，双方承认很难确定提前终止本合同给申请人带来的许可费损失。因此，根据双方对签订本合同时能够预测的因提前终止本合同造成的损失的合理预测，在本合同中约定终止费。因开业前终止费作为被申请人违约赔偿金，符合当事人缔约目的，出于当事人双方的合意，具有合理性，被申请人应当向申请人支付。

（四）许可费损失

申请人主张，按照《系统支持许可合同》第3.4条与第3.2条的约定，申请人有权向被申请人收取使用知识产权的许可费，"尽管申请人并没有主动向被申请人提供品牌许可服务，但客观上相当于被动向被申请人提供了品牌许可服务，因此参照许可费的计算方式确定申请人的相关损失较为合理"。

《系统支持许可合同》第3.2条约定，根据本合同，申请人授予被申请人在酒店开业起的期限内使用知识产权，作为被申请人支付许可费的对价；第3.4条约定，在期限内，被申请人向申请人支付的许可费的金额相当于任一完整的或不完整的月份中经调整总收入2%。

仲裁庭认为，《系统支持许可合同》第3.4条与第3.2条适用于酒店开业后的期限内被申请人向申请人支付知识产权许可费的情况。由于酒店并未开业，不符合上述约定的被申请人向申请人支付许可费的条件。申请人关于"被动向被申请人提供了品牌许可服务"的主张过于牵强，缺乏依据。在合同提前终止（特别是开业前终止）的情况下，申请人的许可费损失应当依据《系统支持许可合同》第9.6条的约定计算。

仲裁庭认为，依据《系统支持许可合同》第9.6条第（a）项与第（c）项的约定，当合同提前终止但申请人在无法获得（或无法全部获得）约定的终止费赔偿的情况下，申请人有权请求被申请人赔偿许可费的实际损失，以被申请人就本合同剩余期限应支付给申请人许可费的贴现值计算。但是，仲裁庭已依据《系统支持许可合同》第9.6条第（a）项的约定，支持了申请人关于终止费的请求，使之获得合同开业前终止的全部终止费补偿。该笔终止费就是当事人双方约定的违约赔偿金，足以补偿申请人预期的合同期限内的许可费损失。

被申请人违约导致当事人之间的合同关系在酒店开业前终止，应依约对申请人知识产权许可费损失予以补偿，但是补偿的金额不应重复计算。申请人无权请求被申请人再次赔偿许可费损失。

二、酒店未能如期开业的争议

酒店开业日期是品牌方与业主方共同认可的关键日。在下述案例（案例38）中，酒店管理协议约定，业主方应保证酒店在约定的开业日期之前开业运营。由于酒店未能按照约定的日期开业，业主方未履行合同约定的义务，品牌方在合同项下享有终止合同的权利。但在品牌方发出解除通知之前，业主方抢先发出了解约通知，主张酒店管理协议属于《合同法》规定的委托合同，业主方享有"法定任意解除权"。仲裁庭注意到，酒店管理协议因何终止、何时终止，直接关系到当事人合同关系的认定，必须予以详细审查。

委托合同是委托人和受托人约定，由受托人处理委托人事务的合同，受托人应当按照委托人的指示处理委托事务，委托人或者受托人可以随时解除委托合同。然而，酒店管理协议明确约定，品牌方与业主方创设的代理关系是一种附权益的代理，并仅可依据本协议的明确规定予以终止。当事人之间的合同关系与委托合同有本质的不同，业主方显然无权随时解除与品牌方订立的合同。由于业主方发出的解除通知既不符合合同约定，又无法定解除的依据，故不能发生解除合同的效力。

案例38：未能如期开业引发的酒店品牌授权争议案

品牌方（申请人）与业主（被申请人）于2012年8月1日签订了《酒店管理协议》《技术服务协议》及《商标许可协议》，约定申请人向被申请人提供与申请人运营酒店的服务有关的商标使用权。

当事人双方分别以己方发出的解除通知为依据主张合同已经解除。被申请人主张，《酒店管理协议》于2014年8月28日因被申请人出具的通知函而被解除。申请人主张，《酒店管理协议》因2017年1月17日申请人发给被申请人的函件而终止。

（一）被申请人的解除通知

被申请人主张，于2014年8月27日向申请人发出函件是被申请人作为委托人行使委托合同的法定任意解除权。

1. 委托合同

《酒店管理协议》第1.1条约定，被申请人与申请人同意，本协议所创设的代理关系是一种附权益的代理，并仅可依据本协议的明确规定予以终止。第15.18条约定，本协议同《商标许可协议》一起，包括本协议的附件及其任何及所有附录，构成双方之间关于本协议所述事项的完整协议。《商标许可协议》是与《酒店管理协议》一同由当事人双方签订的协议，申请人同意向被申请人提供与申请人运营酒店的服务有关的商标使用权。

仲裁庭认为，《酒店管理协议》的上述约定与《合同法》关于委托合同的规定并不相符。《酒店管理协议》的约定表明，酒店管理与商标许可使用结合在一起，构成当事人之间完整的协议关系，因此，申请人在协议关系中并非如同委托合同中的受托人一样单纯地"按照委托人的指示处理委托事务"，而是明确拥有相关的权益。

《酒店管理协议》约定的当事人双方的合同关系，并非与《合同法》分则中的委托合同最相类似，不宜参照适用该类型合同的法律规定。

仲裁庭还认为，《酒店管理协议》的约定明确排除了被申请人主张的所谓任意解除权。《酒店管理协议》第15.17条约定，任何一方根据本协议有权获得的一切权利、权利、救济、利益和特权，乃是对该一方按本协议所有其他条款、依照法律或是衡平法原则，有权获得之一切权利、权力、救济、利益和特权的补充，并且可以相互累积适用。该条所认可的可累积的救济，并非无源之水、无本

181

之木，必须有所依据才能产生。该条明确约定，任何一方有权获得之一切权利、权力、救济、利益和特权，如要相互补充与累积，首先必须依据《酒店管理协议》所有条款约定而产生，或者依照法律而产生。被申请人所主张的任意解除权，凭空而来，既无《酒店管理协议》的约定，又无《合同法》或者其他法律的规定，没有适用《酒店管理协议》第15.17条的可能。

2. 解约理由

仲裁庭认为，被申请人在2014年8月27日的解约通知，完全没有提及《酒店管理协议》属于委托合同以及被申请人行使法定任意解除权的内容。在该函件中，被申请人主张申请人违约，依据《酒店管理协议》第12.1条"违约事件"而终止合同。

依据《酒店管理协议》第12.1条第（a）款第（ix）项的约定，任何一方未能履行、保持或者满足本协议保护的任何其他承诺、约定、义务或者条件，且不能在三十日内补救违约情形的，构成违约；第12.1条第（b）款约定，发生任何违约事件时，守约方可向违约方发出终止本协议意图的通知，本协议在守约方发出通知后的30日期限届满时终止。

仲裁庭认为，被申请人主张申请人违反《酒店管理协议》的约定，但是并未提供相应的证据，其主张不能成立。被申请人2014年8月27日解约函，不符合《酒店管理协议》约定的违约终止合同的条件（申请人未能履行、保持或满足本协议保护的任何其他承诺、约定、义务或者条件）与程序（发出通知后的30日期限届满时终止），因此，《酒店管理协议》不因被申请人的函件而终止。

3. 解约条件

被申请人主张，申请人于2014年8月28日收到被申请人发出的解约函之后长达两年多时间内，未提出任何异议，应视为接受解除。

仲裁庭认为，被申请人在既不享有法定任意解除权又不符合约定的终止合同条件的情况下，如要解除合同必须满足《合同法》第96条①规定的法定条件，即约定的解除条件成就、出现不可抗力、对方违约或者其他法定情形。在本案中，被申请人并不属于《合同法》第93条②第2款规定的解除合同的条件成就

---

① 参见《中华人民共和国民法典》第565条。
② 参见《中华人民共和国民法典》第562条。

时的解除权人,也未能举证证明合同履行中出现了不可抗力、申请人违约或者其他法定情形,因此,被申请人关于《酒店管理协议》自其通知函件到达申请人时解除的主张不能成立。

有关司法解释虽然提及《合同法》第 96 条,但是并未违背或者超越该法律条文的规定。该司法解释所述"在解除合同通知到达之日起三个月以后才向人民法院起诉的,人民法院不予支持"是对《合同法》第 96 条的解释与适用。本案中,被申请人发出的解除通知并不满足《合同法》第 96 条规定的法定情形,即便申请人未在被申请人解除合同通知到达之日起三个月内提出异议,也不应推定申请人同意被申请人解除合同的通知,或者认定被申请人解除通知产生相应的法律后果。[1]

(二) 申请人的解除通知

申请人主张,《酒店管理协议》于 2017 年 1 月 17 日因申请人发给被申请人终止函而终止。申请人在终止通知中称:根据《酒店管理协议》附件 A 的规定,被申请人应当最晚于 2015 年 11 月 1 日实现酒店开业;鉴于被申请人违反了协议中关于实现酒店开业的义务,根据《酒店管理协议》的相关约定,从本通知函发出日期起计算至 30 日后,协议终止。

《酒店管理协议》第 1.3 条约定,被申请人应保证酒店在附件 A 规定的开业日期之前开业运营。仲裁庭注意到,被申请人当庭确认"酒店确实没有按照约定日期开业"。

《酒店管理协议》第 12.4 条之(b)项约定,申请人有权在被申请人未履行、保持或满足其在本协议第 1.3 条或第 1.4 条的情形时终止本协议。如果申请人决定按照上述条文终止协议,则申请人应向被申请人发出有关该决定的书面通知;作出通知后本协议应于该终止通知规定的日期终止。

仲裁庭认为,被申请人违反《酒店管理协议》约定的实现酒店开业的义务,申请人有权依据《酒店管理协议》约定的终止条件与程序,向被申请人发出书面终止通知,使《酒店管理协议》于申请人规定的终止通知后的 30 日期限届满时(2017 年 2 月 17 日)终止。

---

[1] 《最高人民法院关于适用〈中华人民共和国合同法〉若干问题的解释(二)》自 2021 年 1 月 1 日被最高人民法院废止。该司法解释在本案审理之时仍然有效。

（三）终止费

《酒店管理协议》第 1.3 条约定，被申请人应保证酒店在附件 A 规定的开业日期之前开业运营。《酒店管理协议》附件 A 约定，如果不能在 2015 年 11 月 1 日实现酒店开业，则被申请人应向申请人支付终止费用。

仲裁庭认为，《酒店管理协议》关于终止费用的约定及酒店未能按期实现开业的事实，均非常明确，被申请人应当按约向申请人支付。

（四）开业前服务费

根据《酒店管理协议》第 12.4 条的约定，申请人行使约定的特别终止权，向被申请人发出终止本协议的书面通知之后，根据本协议应支付给申请人的所有管理费及全部其他费用（包括最晚开业日期之前 6 个月应支付的开业前服务费），应立即到期且应当支付。因此，被申请人应向申请人支付该笔费用。

（五）其他费用和支出

申请人主张，截至 2016 年 12 月 29 日，被申请人应当支付的费用（除终止费和开业前服务费外）为 9,976.88 美元，被申请人应予以支付。

依据《酒店管理协议》第 6.3 条的约定，被申请人应对申请人于履行本协议有关的一切可报销费用给予报销；附件 C 第 6 项约定，应由被申请人承担的费用主要包括工资、员工福利、保险、培训费、差旅费等；

仲裁庭注意到，申请人就其主张的费用提供了总的"账目明细"与每笔款项的"发票"，但是未能就每笔款项提供《酒店管理协议》附件 C 第 6 项所要求的"合理证明该等未付款项的文件以及一份表明执行开业前预算的报告"。申请人所主张的费用构成复杂，发票日期从 2012 年 12 月直至 2015 年 3 月 31 日，申请人所提供多份证据相互之间难以彼此对应与印证，申请人亦未能对款项逐笔予以核对与说明，未能尽到相应的举证责任，其主张无法予以支持。

三、酒店经营管理的争议

在下述案例（案例 39）中，品牌方与业主签订的酒店管理协议包含品牌授权（许可酒店在旗帜、徽记、名称和其他标识中使用品牌）、技术服务（提供品牌预订系统、常旅客服务等）的内容。在酒店开业经营后，品牌方所收取的管理费中包括品牌许可及技术服务的费用。业主如果拒绝按约支付管理费，品牌方最为重要的合同权利就会受到侵害，因此品牌方有权终止合同。业主方以品牌方经营管理不善造成第三方坏账为由，要求从管理费中扣减坏账金额。然而，依据当事人合同的约定，品牌方作为酒店管理者不应为第三方坏账负责，而且除非出于故意或者重大过失，也不应因其不谨慎的经营管理及决策行为赔偿业主为此遭受的损失。故此，业主所要求的管理费扣减没有任何法定和约定的依据。酒店经营客观上存在商业风险，业主方无权要求品牌方承担业绩担保责任，更何况酒店经营管理中实际使用了品牌，业主更应支付相应的许可使用费。

案例 39：经营管理引发的酒店品牌授权合同争议案

摘要：本案中，品牌方与业主签订的酒店管理协议包含品牌授权（许可酒店在旗帜、徽记、名称和其他标识中使用品牌）、技术服务（提供品牌预订系统、常旅客服务等）的内容。在酒店开业经营后，品牌方所收取的管理费中包括品牌许可及技术服务的费用。业主如果拒绝按约定支付管理费，品牌方最为重要的合同权利就会受到侵害，有权终止合同。业主方以品牌方经营管理不善造成第三方坏账为由，要求从管理费中扣减坏账金额。然而，依据当事人合同的约定，品牌方作为酒店管理者不应为第三方坏账负责，而且除非出于故意或者重大过失，也不应因其不谨慎的经营管理及决策行为赔偿业主为此遭受的损失。故此，业主所要求的管理费扣减没有任何法定和约定的依据。酒店经营客观上存在商业风险，业主方无权要求品牌方承担业绩担保责任，更何况酒店经营管理中实际使用了品牌，业主更应支付相应的许可使用费。

The Claimant and the Respondents concluded the Hotel Management Contract, under which the Claimant acts as the Manager to manage the Hotel with the brand name and the Respondents are the joint Owners of the Hotel.

The Management Contract was terminated by the Claimant on 20 October 2009. The Claimant requested the Respondents to pay the outstanding fees, interests and other costs as agreed.

The Respondents, however, contended the invalidity of the Management Contract because of the following reasons. The Management Contract was a "model contract drafted by the Claimant which was prohibited to be altered by the Respondents"; and it was an "unconscionable contract" "obviously unfair" and shall not be "ruling basis"; neither should it be implemented "without being checked and getting approval from authorized department" given that the Claimant is a foreign firm.

1. Validity of Contract

(1) Standard Terms

The fact that the Management Contract was drafted and provided by the Claimant cannot independently prove it invalid. The Tribunal finds that the so-called "model contract" in the Respondents' submissions refers to the standard terms under the Chinese Contract Law. The Respondents failed to prove that the Management Contract was not based on both parties negotiation. Instead, the Parties had negotiated to amend the Management Contract by adding an Addendum.

(2) Unconscionable or Obviously Unfair Contract

Despite the Respondents' contention, the Tribunal does not find sufficient proofs that the Management Contract is unconscionable or obviously unfair. An unconscionable clause is one whose purpose is contrary to public policy, is overly harsh or has one-sided results that shock the conscience of the arbitrator. For instance, a clause which purports to release one party for its intentional torts would be unconscionable and unenforceable. However, the Management Contract does not contain any clause against the public interests or public morality as stipulated in Article 7 of the Chinese Contract Law.

Although the Claimant merely assumed limited liability to the Respondents, the Management Contract clearly stated the reason of the arrangement. Under Article 15.1 of the Management Contract, the Claimant was indemnified from being liable to the Respondents for any indirect or consequential losses or damages or any losses or damages for which there was insurance coverage or bad debts owed by third parties or losses or damages arising from the Claimant's exercise of its business judgment, because the Claimant's financial return from the Hotel was limited to fees paid as the Manager whereas the Respondents as the Owner enjoy both a greater return from the Hotel's profitability and the gains from any increase in the value of the Hotel. Since the Claimant's limited liability was commensurate with its limited financial gains from the contractual relation, the limitation to the Claimant's liability was not shockingly unfair or unjust, but showing the Parties' mutual commitments.

In addition, notwithstanding the limitation to the Claimant's liability, the Claimant is liable for injury or damages proven to have been caused by its "gross negligence or willful default" (Article 15.1 of the Management Contract), which is consistent with the Chinese Contract Law.

Under the Chinese Contract Law, should the Respondents find the Management Contract is obviously unfair, it shall request to modify or revoke the Contract within one year from the day of its conclusion. The Management Contract was concluded by the Parties in 2002, amended in 2006, and terminated in 2009. The Respondents, however, had never filed the request to revoke the Management Contract. It's entirely not tenable for the Respondents to contend for unfairness of the Contract after almost ten years.

(3) Unapproved Contract

The Tribunal does not accept the Respondents' contention that the Management Contract should not be implemented without being approved by the competent authorities.

Under Article 2.1 of the Management Contract, the effective date of this Contract will be the date on which the Ministry of Foreign Trade and Economic Co-operation or its authorized agency approves this Contract. Under Article 1.4, 3.1 and 3.13 of the Management Contract, the Owner (i.e. Respondents) shall deliver to Manager (i.e. Claimant) a fully completed Hotel that is fully operational and fit for public occupancy and complies with all applicable laws; the Owner shall obtain all necessary governmental permissions, licenses and permits to enable the Manager to operate the Hotel; the Manager and Owner shall continue to be bound by the terms of this Contract as it relates to the Parties inter se, notwithstanding any failure to obtain any of the permissions; if the Manager provides management services to the Hotel in the operational period prior to the date when the Owner obtains any of the Permissions, the Owner shall pay the Management Fees, System Assessment, and all other receivables pursuant to the terms of this Contract to Manager.

The foregoing stipulations show that it was the Respondents' duty as the Owner to ensure the Management Contract approved by the competent authority and implemented in compliance with all applicable laws. Even if the Management Contract had not been approved by the competent authorities, the Respondents should still be obliged to pay the Claimant for the management services provided during the operational period as mutually agreed. Therefore, irrespective of whether the Management Contract had been approved by the competent authorities, the Claimant and Respondent should be bound by the terms of this Contract as it relates to each Party.

In conclusion, the Tribunal finds that the Management Contract valid and binding to the Parties.

2. Outstanding Fees and Interests

Under Article 10 and 11 of the Management Contract, the Respondents shall pay the Claimant the Management Fees and System Assessments according to the requirements and conditions specified by the Management Contract and its Exhibits.

The Claimant claims that the Respondents did not pay the outstanding fees, inclusive of the Basic Management Fees, Incentive Management Fees, System Assessment Fees, and the interests, as set out in the Management Contract.

The Respondents contended that the Claimant failed to prove the existence of the "amount of arrears" owed by the Respondents because the evidence submitted by the Claimant was not sealed or approved by the Respondents; the Respondent's stoppage of payment of certain amount of "basic management fees and other related costs" was a defense against the Claimant's breaches. A lists of debt items specified should be "eliminated" from the payment amount.

(1) Financial Records

The Tribunal finds that there are discrepancies in Respondents' contentions. It is not clear whether the Respondents denied owing any debts to the Claimant or merely the debt amount claimed by the Claimant. The Respondents stated in the "Supplement Representations" that "the Claimant has no evidence to prove arrears of the Respondents, so the amount of its arrears is untrue", and "the Respondents doubt and raised many times the factuality of the amount of arrears". Through carefully reviewing the Parties' submissions, the Tribunal finds that the Respondents actually challenge the authenticity of the financial records submitted by the Claimant and the amount of the Respondents' debt identified on the financial records, rather than any debts due under the Management Contract.

The Tribunal also notes two letters, dated 12 June 2009 and 17 June 2009 respectively, from the Respondents to the Claimant, which conceded the debts owing to the Claimant. Both letters refers specifically to the debts ("欠款") to the Claimant. In one letter, the Respondents clearly stated that "we shall not increase new debts" (我们…

做到不增加新的欠款) and "will monthly pay 10% of the whole debts from October 2009". Since the contractual relation between the Parties was terminated by 20 October 2009, there is no proof that the Respondents had actually paid the debts before or after the termination.

The Respondents contended that the evidence of the debts submitted by the Claimant was the Claimant's unilateral printouts and not sealed, signed, and approved by the Respondents. According to the Management Contract, Manager (i.e. Claimant) shall be responsible for accounting and budgeting issues; the books and records of the Hotel will be kept by Manager (i.e. Claimant) in accordance with the local laws, regulations, pertinent applicable standards; the Manager's designee is entitled to unilaterally sign for "the payment of Management Fees, System Assessments, wages of Manager's appointed General Manager and Key Personnel" from the Hotel Bank Account. Therefore, the Respondents' approval or endorsement is not required to ensure the authenticity of the financial records under the Management Contract.

Although the financial records were kept by the Claimant, the Respondents, under Article 7.1 of the Management Contract, were entitled to appoint an independent audit firm to examine the books and records at any reasonable time. If the Respondents had any doubt about the authenticity or accuracy of the financial record, they should have found it out through auditing. Since the Respondents did not select any independent audit firm to examine the financial records, they are not able to provide any persuasive evidence to repudiate the financial records submitted by the Claimant.

In addition, the Respondents shall be entitled, under Article 9.2 of the Management Contract, to appoint a Deputy Financial Controller of the Hotel. The Tribunal notes from the payroll list from October 2007 to October 2009 submitted by the Respondents that the Respondents had the access to the financial records and were able to identify whether the data was compromised.

Furthermore, the Respondents in their letters confirmed to the Claimant the receipts of the notice of debts and did not dispute the amount of the debts. Therefore, the overall circumstances of case demonstrate that the financial records presented by the Claimant are authentic and accurate.

(2) General Manager

According to 9.1 of the Management Contract, Manager (i.e. Claimant) shall engage the General Manager of the Hotel and, if necessary, others it deems appropriate for the Hotel, in its sole and absolute discretion, as its employees.

The Respondents contended that "the Claimant failed to assign the General Manager to the Hotel to implement the duties and responsibilities from October 2007 to October 2009." The Respondents provided an appointment letter, showing that LL was appointed by the Respondents in May 2007 as "Executive Deputy General Manager" (行政副总经理) whose direct boss was General Manager (总经理). According to the payroll list from October 2007 to October 2009 submitted by the Respondents, the title of LL was "EAM (行政助理总经理)" in October, December 2007 and January 2008, and "驻店经理 Hotel Manager" from February 2008 to January 2009; from February 2009 to September 2009, there was no title for LL on the payroll list.

The Claimant, however, contended that LL was the "de facto general manager" during October 2007 to October 2009" with all the powers and authorities as the general manager when the former general manager left the Hotel.

The Tribunal notes that the Claimant submitted no proof that it assigned LL as the "Hotel Manager" and whether so-called "Hotel Manager" was equivalent to the General Manager specified in Article 9.1 of the Management Contract. Although the Claimant states that LL was the "de facto general manager", the Tribunal finds that LL was not officially appointed or assigned as the General Manager. Although the Manager Contract provides that the Claimant had the sole and absolute discretion to engage the General Manager, the Claimant's leaving the most essential management staff position in limbo is not consistent with its important contractual obligation.

In addition, it is unproven whether LL became a de facto general manager from the Claimant. According to Article 9.1 and 9.2 of the Management Contract, both the Claimant and the Respondents shall appoint high-level administrative staff, but General Manager of the Hotel and other Key Personnel are the employees of the Manager (i.e. Claimant), and all Hotel employees other than Key Personnel will be employees of Owners (i.e. Respondents). With respect to LL, the only appointment to the Hotel was made by the Respondents in May 2007. LL was therefore the employee of the Respondents. The Claimant did not prove how LL shifted to be the employee of the Claimant from October 2007. Since LL was merely the "de facto general manager" and among the Respondents' employees, the Tribunal holds that the Claimant did not engage the General Manger as required by the Management Contract.

Under the Management Contract, engagement of a General Manager is the Claimant's important contractual obligation as the Hotel Manager. The Claimant's failure to engage the General Manager inevitably affected hotel management negatively. It is therefore unjustifiable for the Claimant to charge the whole amount of the Management Fees when it did not sufficiently fulfill its own obligations.

The Tribunal, on the other hand, notes that the Respondents did not dispute the issue of General Manager until 21 October 2010, after the Management Contract had been terminated for one year. According to Article 9.6 of the Management Contract, the Owner (i. e. Respondents) has the right to request the Manager (i. e. Claimant) to replace the General Manager or other Key Personnel. Therefore, the Respondents had the right to request the Claimant to appoint or assign a General Manager immediately after the General Manager left the Hotel in October 2007. In addition, according to Article 17.2 of the Management Contract, the Respondents may terminate the Management Contract in belief that the Claimant commits a material breach. The Respondents, however, neither disputed the issue timely nor terminated the Contract for the Claimant's breach. Instead, the Respondents left the limbo status of the general manager unattended for two years until the Management Contract was terminated by the Claimant.

According to Article 119 of the Chinese Contract Law, after one party violates a contract, the other party shall take proper measures to prevent further losses; the other party may not claim compensation as to the further losses resulting from its failure to take proper preventive measures. In the current case, although the Claimant should be responsible for not appropriately engaging a General Manager as required by the Management Contract, the Respondents should also be responsible for not taking proper measure to remedy the situation to prevent further negative impact on hotel management.

Based on all the circumstances, the Tribunal rules that 20% of the amount of the Management Fees (including part of the Operating Costs) paid to the Claimant shall be deducted.

(3) Bad Debt

The Respondents contended that the Claimant's poor management resulted in the direct loss of bad debt by the third parties and stoppage of payment of certain amount of basic management fees and other related costs was the right of defense under the Contract Law. The Respondents requested that the bad debts by the third parties be deducted from the Management Fees.

The Tribunal finds that the Respondents' contention is not tenable under the Management Contract, which clearly provides that Manager (i. e. Claimant) and its affiliated companies will not be liable to Owner (i. e. Respondents) for bad debts owned by third parties; Manager (i. e. Claimant) will not be liable to Owner (i. e. Respondents) for losses or damages arising from Manager's (i. e. Claimant's) exercise of its business judgement, even though, after the fact, and with the availability of additional time and information, it may appear that the Manager's (i. e. Claimant's) action or decision was imprudent when made. Therefore, even if the Respondents' bad debts were caused by the poor management or imprudent business judgement of the Claimant, the Claimant should not be liable for the losses or damages as far as the Respondents cannot prove that the bad debts were caused by the Claimant's gross negligence or willful default. Since the Respondents did not submit the relevant proof, the contention for deduction of bad debts is not tenable.

The Management Contract, Article 15, shows the Parties' mutual agreement on the indemnity for the Claimant. The Claimant's limited financial return was proportionate to its limited risks and liabilities.

In addition, the Management Contract does not leave the Respondents helpless against, if any, the "poor management" of the Claimant. The Respondents are entitled to terminate the Management Contract under the conditions specified in Article 17.4. The Respondents, however, did not do so.

The Management Contract does not provide the Respondents with the right of defense through stoppage of payment of management fees and related costs. Instead, the Claimant is entitled to terminate the Management Contract where the Respondents continuously refuse to pay management fees and other costs under Article 17.5. This was exactly what the Claimant did in October 2009.

The Tribunal also finds that there is no room to apply Article 67 or 68 of the Chinese Contract Law to support the Respondents' claim on the right of defense. The Respondent's contention for bad debt deduction from the Management Fees owing to the Claimant cannot be supported by the Tribunal.

(4) **Revenue of Chinese Restaurant in the Hotel**

The Respondents contended that the Chinese Restaurant (named "Forum") in the Hotel was jointly managed with a third party and its revenue and profit from September 2007 to October 2009 should not be subject to the Claimant's management fees.

The Tribunal notes from Exhibit C of the Management Contract that all revenues and income of any nature derived directly or indirectly from the Hotel or from the use or operation thereof, minus the specified items, are the Adjusted Gross Revenues, which form the basis of Basic Management Fee charged by the Claimant. Sales of food and beverage is a means of operation of the Hotel and revenues and incomes thereof should not be excluded from the basis of Basic Management Fee. Given that Article 1.2 of the Management Contract provides that the Hotel has two Chinese restaurants, the Parties had contemplated the revenues of these Chinese restaurants as the revenues and incomes of the Hotel. Therefore, unless the Respondents can prove that "Forum" Chinese Restaurant in the Hotel was specifically excluded from the Hotel Gross Revenues, all the revenues from that restaurant should be counted into the basis of the Basic Management Fees. Although the Respondents sent a letter to the Claimant on 21 October 2008 to propose that no Management Fees be collected from "Forum" Restaurant's revenues and profits, no agreement between the Parties was ever reached. The Respondents' contract with a third party regarding corporative management of "Forum" Restaurant in the Hotel neither bound the Claimant nor affected the enforcement of the Management Contract.

The Tribunal, therefore, holds that the revenues and profits of Forum Chinese Restaurant in the Hotel should not be excluded from the Claimant's Management Fees owed by the Respondents.

(5) **Reservation System Fees, etc.**

The Respondents contended that it should not pay the Claimant for the Reservation System Fee, Special Frequency Marketing Contribution and GSTS Charges because the Claimant never implemented the related works during the operation.

The Tribunal notes that the Reservation System Fee, Special Frequency Marketing Contribution and GSTS Charges are among the System Assessments specified in Exhibit D of the Management Contract. According to Article 4.1 and 11, once the Hotel commences to operate, the Claimant shall market and operate the Hotel as a Brand hotel and be entitled to charge System Assessments described in Exhibit D. Since the Respondents' payment obligation was not conditional upon actual implementation of the related works, the Respondents should pay the Claimant as agreed.

(6) New Charges

The Respondents contended that the Claimant had no basis to charge IBP charges of 2007 and 2008, ECAREERS fees, TQOM TOOLKIT and WINTER PROMOTION. The Claimant claims that such charges were the new charges according to Exhibit D of the Management Contract.

The Tribunal finds that these charges are not the specified items listed in the Exhibit D of the Management Contract. Exhibit D, however, states that System Assessments may be increased or new charges may be introduced providing that such increase or introduction is applied by Manager (i.e. Claimant) to other SCH system hotels in China or Asia Pacific in general.

The Claimant, however, did not prove that the new charges had been generally applied in other Claimant-system hotels in China or Asia Pacific. Although the Respondents had partially paid the IBP charges, it does not justify that the Claimant was entitled to charge the new fees unspecified by the Management Contract and unproved by the evidence. The Tribunal, therefore, holds that the new charges should not be paid by the Respondents.

(7) Paid Fees

The Respondents contended that the management fees that had been paid to the Claimant from August 2002 to July 2009 should be deducted from the debt. The Claimant contended that it had duly recorded and acknowledged all the payments from Respondents but could not find the said amount from the Respondents' historical payment.

The Tribunal finds that the financial records submitted by the Claimant are authentic and accurate. The Respondents did not provide persuasive proof that the Claimant submitted compromised data to let the Respondents to repay the fees that had already been paid. According to submissions from both Parties, the payment made by the Respondents had been excluded from the Claimant's claim. The Tribunal also notes that the payment records submitted by the Respondents does not match the amount as contended by the Respondents. The Respondents' above-mentioned deduction request is not supported.

(8) Defrag Costs

The Claimant contended that the Respondent should be responsible for defrag costs. The Respondents contended the defrag costs should be eliminated from the debt because it was done by the Claimant after termination of the Management Contract.

Article 13.7 of the Management Contract provides that the Manager (i.e. Claimant) has the right and is authorized to de-identify the Hotel at the Owner's (i.e. Respondents') costs if this Contract is to terminate. The Claimant, however, did not provide sufficient proofs on so-called "defrag" costs. The Tribunal, therefore, does not support the claim on defrag costs.

第三编

知识产权资产合同争议仲裁研究

知识产权已成为企业重要的资产，具有重要的投融资作用，并在企业合资、合作中成为投资的标的、条件或者对价。知识产权作为投资或合作标的，缔约各方须在投资或合作合同中对权利的对象、适用范围、行使方式予以明确化、特定化、具体化，并严格依照约定的条件和程序履行合同，才能避免发生争议和利益损失。当事人在权利管理与公司治理两方面的疏忽大意、混乱失措，或者错误武断地认定知识产权投资的内容与范围，都会引发争议。与知识产权有关的合资合同、合作合同争议，不仅受知识产权的性质、特征和法律规范的直接影响，而且与相关的公司治理、股东权益等公司法问题密切相关，涉及当事人之间多重合同关系或者与案外合同有关，因此争议的解决更为复杂，须先厘清缠绕在一起的合同关系，梳理当事人在特定合同关系中的权利与义务，才能分清是非，解决矛盾。

第一章　著作权转让合同争议仲裁研究

影视传媒企业就所谓"大 IP"拥有的影视著作权一般与其长期发展战略或资本运作密切联系在一起，有关的影视著作权转让很可能有复杂的背景或者动机，转让费的定价也可能与此有关。但是，除非战略合作或资本运作等背景或动机被约定进入著作权转让合同关系之内，合同当事人并不受案外背景或动机的约束，案外其他合同安排也不能用于否定或拒绝履行著作权转让合同约定的义务。在下述案例（案例40）中，在著作权转让合同签订的前后，当事人或其关联公司曾签订了战略合作协议、战略合作框架协议等其他合同，但是未能与转让合同建立有效的联系。即便转让合同项下的转让费等约定可能受到了案外合同的影响，案外合同也无法成为干预转让合同履行的理由。

传统技术条件下，影视著作权转让需伴随有关文件（剧本等）和物料（母带、光盘等）的交付。但随着云计算等数字技术在影视领域的普遍应用，著作权转让已经基本上脱离了物质载体的交付，以纯粹的权利转移实现。由物料交付引发的争议也逐渐绝迹。

案例40：电视剧著作权转让协议争议案

某电视剧制片人（申请人）与某版权代理公司（被申请人）于2012年7月25日签订了《某电视剧著作权转让协议》，约定申请人在按期向被申请人转让有关电视剧的著作权及相关权利、权益和利益，并按照约定向被申请人交付有关文件与物料，被申请人则按照约定的方式与期限向申请人支付转让费。双方于2013年5月24日签订了《补充协议》，对于合同付款时间等问题约定予以调整。

申请人主张，已经履行了全部义务，但是被申请人在约定付款期限届满后，尚未支付90%的转让费。被申请人则主张，申请人至今仍未履行完毕物料交付义务，导致被申请人无法实现签订本案合同的目的，行使抗辩权暂停付款，不应承担违约责任。

(一) 当事人的案外合同关系

被申请人主张，当事人双方之间的另外两个合同构成履行本案合同的前提条件。其中之一是于 2011 年 1 月 28 日签订的《战略合作协议》。仲裁庭认为，《战略合作协议》的缔约双方企业名称、注册地址与本案当事人双方均不相同，而且约定的争议解决方式是向法院起诉，明显不属于本案仲裁程序审理的范围。本案合同并无关于《战略合作协议》的任何约定，被申请人也并不能举证证明有任何其他法律或者合同依据将《战略合作协议》的内容与本案合同的权利义务相关联，因此，《战略合作协议》不是履行本案合同义务的前提条件。

被申请人主张的另一个合同是《共同推进影视版权产业化发展战略合作框架协议》。该协议于 2013 年 6 月 6 日签署，晚于当事人之间签署的转让协议和补充协议。仲裁庭认为，一份合同在缔约之后方才对于缔约方产生约束力，除非有明确约定，否则对于缔约方不能产生溯及既往的效力。因此，被申请人主张在后签订的《共同推进影视版权产业化发展战略合作框架协议》系履行本案合同的前提，缺乏法定及约定依据，无法成立。而且，本案转让协议第 15 条约定，本协议构成双方有关本协议主题的完整协议，并取代先前所有的有关同一主题事项的谅解、意向、协议、承诺、陈述、保证和安排；本协议的修订或补充须经双方书面形成一致方为有效。因此，在后签署的《共同推进影视版权产业化发展战略合作框架协议》不可能成为履行本案合同的前提，否则与本案合同明确约定的协议完整性条款相冲突。如果当事人双方意图通过《共同推进影视版权产业化发展战略合作框架协议》对本案合同进行修改或补充，可以如同《补充协议》一样明确约定修改或补充本案合同的具体内容，但是该协议并无相关约定。被申请人如果认为申请人存在违反《共同推进影视版权产业化发展战略合作框架协议》等案外合同约定的行为，可以在相应的合同关系之内追究申请人的违约责任，不应与本案合同的履行混为一谈。

(二) 著作权转让与物料交付

当事人双方对于申请人向被申请人在约定期限内转让有关电视剧的著作权及相关权利、权益和利益，并向被申请人交付本案合同附件 2《文件交付清单》列明的与电视剧有关的文件和材料的事实，没有争议。当事人双方争议的焦点在于申请人是否依照本案合同的约定向被申请人交付了附件 3《物料交付清单》所示的与电视剧有关的物品和材料，交付物料的质量与内容是否合格。

本案合同附件3《物料交付清单》所示申请人应交付物料共12项，当事人双方对于第1-5项物料的交付没有争议。经仲裁庭核对，被申请人所主张的申请人尚未交付物料基本上与附件3《物料交付清单》所列第6-12项相对应。

申请人称，第6-12项物料均为电子版，也已全部交付，但因无客观实体，被申请人工作人员未书面签收。

仲裁庭认为，从本案合同第3.4第与第3.5条的约定看，被申请人依约享有充分的权利对于申请人交付物料进行检验，要求补正，直至解除协议并获得退款。依据约定，被申请人可以采用其主观的标准，对申请人的交付物料加以判断、认定、处理（"如被申请人认为交付物料的质量和内容不合格""被申请人认为补正的交付物料的质量和内容仍不合格"）。上述约定赋予被申请人充分的权利，给予被申请人利益全面的保障，只要被申请人依照上述约定行事，就不可能出现被申请人合同目的不能实现的情况。与此同时，被申请人有责任善意地行使上述权利，应当在约定的"交付物料检验期间"内完成交付物料的检验，及时确认接受或者书面通知补正，直至书面通知解除协议。因此，本案合同第3.4条约定被申请人检验交付物料的权利时，使用了"应"（"被申请人应于收到交付物料之日起的25个营业日内完成对交付物料的检验工作"），而且特别约定了"交付物料检验期间"。这些约定说明，被申请人在行使检验、接受、交接交付物料权利之时，应当在约定期限内完成，不能久拖不决从而损害对方当事人合同利益的预期性与稳定性。

因此，被申请人应当按约在收到申请人交付物料起25个营业日内完成对交付物料的检验工作，及时向申请人发出书面通知，要求补正，如果申请人未能补正，被申请人可以发出书面解除协议通知并获得退款。但是，被申请人并未举证证明曾经发出过书面补正通知、书面解约通知，这说明被申请人要么未能在约定的"交付物料检验期间"完成检验工作，要么早已明知申请人未提交附件3《物料交付清单》所列第6-12项物料却不及时依约要求补正并重新检验，要么就是认可申请人的所有交付物料却不及时依约书面确认。仲裁庭认为，无论属于上述哪一种情况，被申请人的消极不作为，均不符合本案合同第3.4条与第3.5条约定的本意，应当为此承担不利的后果。被申请人反而因此主张"暂停付款"，缺乏法律与合同依据，不能成立。基于现有证据，仲裁庭认为，应当认定申请人完成了约定的交付物料义务。

201

（三）著作权回转

本案合同第 14 条约定了著作权自动回转，即本协议项下申请人转让给被申请人的电视剧著作权将在 2017 年 8 月 31 日的当日自动免费转回给申请人，但与电视剧有关的在回转期限届满之前被申请人有权获得的所有收益、许可费和损害赔偿不受影响。根据本案合同的上述约定，当事人之间的著作权转让合同关系将于 2017 年 8 月 31 日终止，无法继续履行；但是，申请人要求被申请人支付欠付的转让费及赔偿因逾期付款遭受损失的权利不受影响。

（四）转让费

被申请人称申请人"以与被申请人结成战略同盟为由，以欺诈手段令被申请人接受远远高于市场价格的转让价款"，严重损害被申请人的利益，本案合同因显失公平而无效。但是，仲裁庭认为，本案合同签订在先，《共同推进影视版权产业化发展战略合作框架协议》签署在后，申请人客观上无法通过欺诈导致本案合同签订。

被申请人还主张，申请人并未在法定的时效期间内向被申请人主张权利，其胜诉权已经自动消灭。

根据当时有效的《民法通则》的有关规定，向人民法院请求保护民事权利的诉讼时效期间为二年，诉讼时效期间从知道或者应当知道权利被侵害时起计算；诉讼时效因提起诉讼、当事人一方提出要求或者同意履行义务而中断。从中断时起，诉讼时效期间重新计算。最高人民法院为正确适用法律关于诉讼时效制度的规定，保护当事人的合法权益，依照《民法通则》《物权法》《合同法》《民事诉讼法》等法律的规定，结合审判实践，于 2008 年 8 月 11 日制定并公布《最高人民法院关于审理民事案件适用诉讼时效制度若干问题的规定》，自 2008 年 9 月 1 日起施行。该司法解释规定，当事人约定同一债务分期履行的，诉讼时效期间从最后一期履行期限届满之日起计算。

本案中，转让协议与补充协议约定被申请人向申请人支付转让费，分四期支付，其中最后一期付款期限为 2013 年 12 月 20 日。时效期间从最后一期付款期限 2013 年 12 月 20 日起计算二年，至 2015 年 12 月 19 日届满。由于申请人曾经于 2015 年 8 月 4 日向被申请人发出律师函，要求被申请人履行付款义务，构成对仲裁时效的中断。仲裁时效应当自 2015 年 8 月 4 日起重新计算，至 2017 年 8

月 3 日方才届满。申请人于 2017 年 1 月 12 日提交仲裁申请，时效并未经过。

总之，被申请人应当依据约定向申请人支付尚欠的 90% 转让费。

（五）迟延付费的损失

仲裁庭认为，从本案合同的约定看，当事人双方明确约定了违约责任与赔偿损失的方式与范围。结合本案合同第 10.1 条与第 10.5 条的约定内容，仲裁庭可以看出，当事人双方一致同意，一旦被申请人发生违约，应当先行承担违约金责任，如相关违约金的金额不足以弥补申请人所遭受的损失和损害，被申请人还应就违约金与申请人所遭受损失和损害的差额部分向申请人进行赔偿。

根据本案合同第 10.1 条的约定，被申请人一旦未能依约履行向申请人付款的义务，就应承担违约金的责任，申请人无须进一步举证，违约金自违约事实发生之日自动起算；但是，如果申请人主张其所遭受的实际损失（包括但不限于利润损失、利息、罚款和律师费）超过了约定的违约金的数额，根据第 10.5 条的约定，申请人就应当举证加以证明。

仲裁庭认为，申请人以约定的违约金标准明显偏低为由，要求参照适用中国人民银行同期贷款利率标准计算违约金的主张，缺乏依据。当事人双方均系成熟的市场主体，各项约定的形成反映了双方在缔约时的利益考量与判断，本案合同一经签署生效，双方均应信守。因此，申请人主张违约金约定标准偏低，如同被申请人主张转让费约定过高一样，均不符合契约精神，缺乏依据，仲裁庭不予认可。

仲裁庭认为，如果申请人要求被申请人赔偿违约金之外的损失和损害，依据第 10.5 条的约定，申请人应当承担相应的举证责任。申请人举证证明遭受了有关的律师费及其他为实现债权所支出的费用损失，但是该项损失已经在仲裁请求中单独提出，无须在此予以考虑；就有关的利润损失、利息、罚款等损失与损害，申请人虽然称"巨额资金缺口给申请人造成了极大经济损失"，但是并未提供相应的证据证明其损失的具体数额，因此，仲裁庭无法认定申请人所遭受的损失与损害超过了约定的违约金数额。

总之，被申请人应当依据本案合同第 10.1 条与《补充协议》的约定向申请人支付逾期付款违约金。

第二章 专利许可与资产管理合同争议仲裁研究

拥有专利技术的科创企业具有研发能力和市场潜力，但是需要很大的资金投入，因此一般需要引进相关的投资者。投资可以采用控股、入股或资产管理等多种形式，配合复杂的合同安排以保障投资人的利益并满足被投资企业的资金需求。

在下述案例（案例41）中，科创企业为了吸引投资、改善财务状况，与投资方签订了资产托管协议、借款协议、产品总经销协议及专利与专有技术许可协议。在托管协议项下，该科创企业成为托管方（委托方），同意在托管期限内，授予投资方全权经营托管方和运营资产的决策权，包括依法对托管方的资产购买和处置、对外投融资、日常管理等；在托管期限内，托管方不干涉并尽力配合投资方对决策权的行使，并承受因投资方对其进行监督管理而产生的法律和经济后果。在借款协议项下，投资方根据托管方的经营状况，在托管方实现6个月连续期间累计现金流为正之前，每月向托管方提供无息无担保借款，以维持托管方的正常营运。按照当事人双方的多重合同安排，托管方让渡本企业的经营管理决策权，换取投资方对其以借款方式的现金支持，同时，托管方无正当理由无权否定投资方关于产品定价销售等经营决策或者拒绝承担投资方经营行为的法律、经济后果。

当事人之间的多重合同虽然有内在的联系，但毕竟每一协议均相对独立，构成一份独立的合同关系。当事人之间的争议必须在特定的合同关系中予以审查与判断。当事人之间的"借款协议"与"总经销协议"是两个不同的合同关系，托管方在借款协议项下的债务与投资方在总经销协议项下的债务在期限、内容方面并不相同。即便投资方未支付货款，托管方也应在总经销协议项下主张债权，除非当事人双方协商一致，否则托管方无权拒绝承担借款协议项下的还款义务。

托管方授权投资方作为总经销商，销售托管方的专利产品；投资方则依据专利及专有技术许可协议,向托管方支付产品销售额的一定比例作为许可使用费。但是,托管方未能及时向投资方主张许可使用费的权利,导致投资方误以为该笔费用已被免除。这是托管方应吸取的另一个教训。

从投资方的角度看,在与托管方订立多重合同之前,应进行充分的尽职调查。托管协议约定,托管方向投资方提供有关公司真实的、全面的、准确的财务、资产及或有负债等方面的所有账目资料、法律文件,不存在与托管方有关的、可能产生重大不利影响的而未向投资方披露的任何事实。投资方称,托管方存在"虚开增值税发票""应收账款账目伪装"等违反披露义务的行为,"隐瞒曾受行政处罚的事实以骗取与投资方签订各个协议"。经仲裁庭调查,托管方在托管时向投资方列明了有关公司财务等方面的账目资料、邮件说明了受行政处罚的情况。由于托管协议并未约定托管方披露此类信息应采取任何特定的方式,托管方应被视为履行了约定的披露义务。投资方不应因己方的投资失败归咎于托管方的欺骗。

案例41:新材料科技公司资产托管协议争议案

某新材料科技公司(申请人)与某投资公司(被申请人)于2016年3月7日签订资产托管协议,约定申请人作为托管方,同意被申请人为受托方,在托管期间,受托方对托管方的资产进行管理,负责托管方的经营管理、债务重组等。同日,双方还签署了以下协议:

申请人产品总经销协议,约定申请人授权被申请人作为申请人唯一的产品总经销商;

申请人专利及专有技术许可使用协议,约定申请人作为授权方,许可被申请人使用授权方拥有的专利和专有技术;

借款协议,约定被申请人借款予申请人。

当事人双方对上述各个合同均发生了争议,分别提出了仲裁请求与反请求。

(一)资产托管协议

申请人请求,被申请人赔偿其违反"托管协议"给申请人造成的财产损失。申请人主张,"被申请人及其委派代表置申请人董事会的质疑和警告于不顾,滥用对申请人享有的托管职权,以严重低于市场标准的价格将申请人产品指定销售给被申请人实际控制的公司,该行为严重违反《资产托管协议》第2.6条、第4.2条约定,给申请人造成了财产损失"。

1. 资产托管协议与总经销协议的关系

仲裁庭注意到,申请人主张被申请人安排产品销售的操作模式违反资产托管协议与总经销协议的约定。

仲裁庭认为,"托管协议""总经销协议""许可使用协议"及"借款协议"虽然在当事人之间构成复杂的合同体系,但是当事人之间的每一协议均相对独立,构成一份独立的合同关系,被申请人是否构成违约、是否应承担违约责任,应依据相应的协议予以审查。

申请人关于被申请人赔偿损失的仲裁请求,依据的是"托管协议"。故,被申请人不论是否违反了"总经销协议"的约定,均与申请人赔偿损失的请求无关。申请人如果认为被申请人违反"总经销协议"造成了损失,应当依据该协议提出相应的仲裁请求。申请人将当事人之间两份独立合同缠绕在一起,既不利于查清案件事实,也无法支持其仲裁请求。

由于"总经销协议"与"托管协议"系两个不同的法律关系,申请人无权以被申请人违反"总经销协议"为由,请求被申请人赔偿在"托管协议"项下的损失。

2. 被申请人的公司章程与股东出资义务

申请人主张,"被申请人控股股东未履行2,000万元的出资义务,而该条件是托管项目的重要部分""使得涉案资产托管失去交易初衷和基础(被申请人在申请人托管期间的决策权,包括产品定价权)""由于申请人被迫放弃经营决策权,申请人股东在托管期间处于被动局面"。

仲裁庭认为,申请人并没有提供任何证据证明其签署"托管协议"系出于"被迫",所谓"被迫放弃经营决策权"的主张,不能成立。

"托管协议"并未对被申请人公司章程作出任何约定,也未约定"被申请人控股股东2,000万元的出资义务"或者"该出资义务是资产托管的交易初衷和基础",因此,被申请人的股东不论是否应依据被申请人的公司章程出资,均并非"托管协议"第4.2条第2款约定的被申请人"在本协议中"对申请人作出的保证、声明或承诺,也并非第4.2条第3款约定的被申请人"为履行本协议中的条款"而应当实施的行为或事项。即便被申请人控股股东的出资义务是申请人签署"托管协议"的动机,但是由于该"初衷"未能在"托管协议"中作为被申请人的义务加以约定,因此在该合同关系中对当事人双方均不具有约束力。

当事人双方提供的被申请人公司章程证据显示,申请人并非被申请人的公司股东，被申请人的控股股东是否违反被申请人公司章程、是否履行出资义务，与申请人无关。而且，被申请人提交了经主管部门备案的被申请人公司章程证据，证明该公司章程中并无控股股东出资 2,000 万元的义务。

总之，仲裁庭认为，被申请人的控股股东对被申请人公司的出资义务与"托管协议"的约定无关，被申请人不应因此向申请人承担赔偿损失的责任。

3. 申请人主张的损失

申请人称，被申请人"滥用托管职权"，"滥权操控""恶意""单方安排申请人销售了占其在托管期间销售产品总台套数目约 50%给了作为非签约经销商的大连某公司"。

仲裁庭注意到，申请人主张被申请人"安排"销售给案外人大连某公司的 36 台申请人产品价格低于申请人认定的市场价格，该产品的实际销售价格与申请人认定的市场价格之间的差额，就是申请人主张的被申请人应赔偿的损失。

仲裁庭认为，申请人请求被申请人赔偿其损失，实质上是拒绝被申请人对于申请人相关产品的销售安排，拒不承担被申请人产品销售安排中的价格设定。申请人要求以其自身认可的产品市场价格作为标准进行销售收入的结算，拒不认可被申请人销售相关产品的价格，实质上拒绝承受被申请人托管行为而产生的法律和经济后果。

仲裁庭认为，应当依据"托管协议"的约定，衡量与判断申请人的上述请求能否成立。

4. 受托方的合同权利

依据"托管协议"第 2.6 条的约定，被申请人负责申请人的经营管理，应以实现和维护申请人利益最大化为基本原则，以合理审慎的态度经营申请人的日常业务；第 4.2 条约定，受托方保证依据中国法律对托管方资产进行管理，且对托管资产进行管理的目的为最大可能实现托管方及其股东各方的利益。

被申请人作为受托人应当遵守上述基本原则与工作态度，并享有第 2 条约定的托管安排中权利，即被申请人作为受托人享有对申请人进行日常经营管理（包括处置库存商品）的决策权，申请人非但不应干涉还应尽力配合被申请人行使决策权，并且承受因被申请人对其进行监督管理而产生的法律和经济后果。

依据"托管协议"第 8.1 条的约定，申请人无权违反在本协议中对被申请人所作出的任何保证、声明或承诺，否则构成违约。申请人作为委托人，如以受托人基本原则与工作态度为借口，对被申请人实施的每一项具体的产品销售安排进行审核，就相当于取消了被申请人在日常经营管理中的决策权，违反申请人在托管期限"不干涉"与"尽力配合"被申请人行使决策权利的承诺与保证，违背托管安排的约定。

因此，仲裁庭认为，"托管协议"第2.6条与第4.2条的约定，不足以支持申请人拒绝承受被申请人作出的相关36台产品销售安排的法律和经济后果的主张。

5. 委托人不承受托管后果的权利

仲裁庭注意到，申请人在其提交所有意见中，共计13次指责被申请人"滥权"，反复强调被申请人在托管期间"滥权操控""恶意"等。

仲裁庭认为，必须依据"托管协议"的约定审查被申请人是否滥用托管权利。"托管协议"第2.5条约定，申请人对被申请人的托管行为享有知情权，并对被申请人的托管行为以及公司拥有合理的监督以及提出建议的权利；申请人将承受因被申请人对其进行管理而产生的法律和经济后果，除非被申请人实施违法行为或违反上述约定。

仲裁庭认为，"托管协议"第2.5条是制止被申请人滥用托管权的重要条款。依其约定，申请人如能证明被申请人在托管期间实施违法行为或者违反申请人享有知情权及合理的监督与建议权的约定，则被申请人不仅违反受托人基本原则与工作态度，而且申请人有权否定因被申请人滥用托管职权所产生的法律与经济后果。

（1）被申请人是否实施了违法行为

申请人主张被申请人在托管期间实施违法行为，应当为此承担举证责任。仲裁庭注意到，申请人在发表意见中一再强调被申请人"涉嫌"利益输送、关联交易，但是并未提供被申请人因此受到行政处罚与法律制裁的证据。

申请人的现有证据，仅能说明申请人对被申请人的怀疑，并不足以证明被申请人与案外人大连某公司之间存在关联或者实施了关联交易的违法行为。

从申请人的主张与证据看，申请人指控被申请人利益输送的行为应当主要发生在2018年。但是，申请人在其发表意见中三次强调"申请人在2018年营业收入达约2,400万元并纯利达约280万元的情况下，受被申请人单方恶意操控，在托管终止日（2019年3月6日）的运营资金仅为约1万元"。

由于申请人承认"2018年营业收入达约2,400万元"的高位，申请人的上述主张很难证明，被申请人在2018年以低于申请人认定的"市场价格"销售36

台产品产生了利益输送的经营效果。

"托管协议"第2.4条约定,在托管期限内,托管方(申请人)对于受托方(被申请人)银行账户享有知情权。申请人并未举证证明被申请人拒绝或者否定申请人在托管期间对被申请人银行账户的知情权,因此,申请人完全可以凭借其对被申请人账户的知情权,了解与掌握被申请人资金出入情况,如在托管期间存在利益输送的行为,申请人应当可以及时发现。但是申请人未能提供相关证据证明被申请人的利益输送行为。

总之,基于现有证据,仲裁庭无法认定,被申请人在托管期间实施了关联交易、利益输送等违法行为。

(2) 被申请人是否违反申请人知情权

申请人并未举证证明被申请人妨害申请人行使对受托方(被申请人)银行账户享有的知情权。从申请人提供的证据看,申请人对被申请人托管期间实施的经营管理行为有充分的了解,能够掌握与案外人大连某公司之间的销售活动的情况,特别是能够极其精准地指出其拒绝认可法律与经济后果的销售36台产品的合同与价格。被申请人并未违反关于申请人在托管期间享有知情权的约定。

(3) 被申请人是否违反申请人的合理监督与建议权

申请人称,"自2018年1月以来,被申请人及其委派代表置申请人董事会的质疑和警告于不顾,滥用享有的托管职权"。

仲裁庭认为,申请人的主张与证据可以证明,申请人曾于2018年对被申请人的托管行为(特别是产品销售价格)提出过质疑,说明申请人行使对于被申请人的建议权并无障碍。但是,在"托管协议"约定的托管安排中,申请人的建议权不等于"同意权"(或者"书面同意权"),被申请人并无在接受申请人的建议后必须遵照执行的义务。即便被申请人未按照申请人的建议执行,也不应视为对申请人建议权的妨害。

申请人承认,在托管期间申请人的销售合同"盖章"必经申请人审批。因此,申请人通过控制企业公章的形式,获得了对受托人签署产品销售合同实质上的监督权。申请人拒绝认可法律与经济后果的与案外人大连某公司之间关于36台产品销售的合同,也必定经过了申请人实质上的审批与监督。在合同法上,缔约方加盖公章的行为有两个既定的法律含义,即表明身份与表达同意接受合同约束的意图。申请人既然经过审批,在被申请人安排的销售合同上盖章,就是对其监督权最为有效的行使,并应承担相应的法律后果。

依据现有证据，被申请人并未违反"托管协议"关于申请人的合理的监督权与建议权的约定。综上所述，申请人无权依据"托管协议"第2.5条的约定，拒绝承受被申请人托管行为所产生的法律与经济后果，包括与案外人大连某公司之间关于36台产品销售合同与销售价格的后果，无权请求被申请人赔偿销售价格的差额。

(二) 借款协议与总经销协议

被申请人请求，申请人偿还11笔借款420万元以及2019年3月8日至实际偿还之日的资金占用成本。

仲裁庭注意到，申请人并未否认收到被申请人向申请人账户汇入的11笔款项，共计4,200,000万元，但是否认上述款项为借款，称双方无借款合意，"借款协议"与"本案借款事实无关"。

1. 借款行为

仲裁庭注意到，申请人不仅有效地签署了"借款协议"，而且依据"借款协议"第4.1条第1款的约定，申请人向被申请人声明和保证已采取必要的公司行为（如通过关于签署本协议的董事会决议或股东决议）确保本协议之履行。

仲裁庭认为，当事人之间借款的合意已体现在双方签署"借款协议"之中。而且，被申请人实际向申请人账户汇入"借款"，证明"借款协议"不仅成立、有效，而且被申请人已实际履行。

"借款协议"第1.2条约定，在申请人严格履行"托管协议""总经销协议"且未发生违约的情况下，自本协议签署之日起，在申请人实现在6个月的连续期间累计现金流为正之前，被申请人将根据申请人的经营状况，每月向申请人提供无息无担保借款，以维持申请人的正常营运；被申请人每月提供的借款数额不得少于50万元，但被申请人向申请人提供的借款数额累计不超过1,500万元。

仲裁庭认为，被申请人向申请人账户汇入的款项虽然没有严格遵守"借款协议"关于被申请人每月提供的借款数额不得少于50万元的约定，但是被申请人向申请人出借款项显然是发生在"借款协议"项下的事实。当事人双方均是以"借款协议"为依据出借与接受相关款项的。申请人虽然指责被申请人"恶意向申请人提供借款"，但是实质上承认被申请人向申请人提供借款的事实。依据"借款协议"，被申请人为了维持申请人的正常营运而借款，根据申请人的经营状况调整借款的日期与金额，并不足以否定和抹杀被申请人向申请人借款的事实。

2. 借款与货款

仲裁庭注意到，申请人一再强调"该等借款实际上属于被申请人应付给申请人货款的一部分，本应属于申请人的债权"。

仲裁庭认为，如果被申请人将"总经销协议"项下应支付给申请人的货款，擅自转化为借款，等于将其承担的债务反转为债权，是严重违反"总经销协议"的行为。申请人如能证明被申请人违约不支付货款，完全可以依据"总经销协议"的上述约定，追究被申请人相应的违约责任。但是，申请人并未依据"总经销协议"请求被申请人支付应付货款并承担违约责任，反而以被申请人借款属于应付给申请人货款的一部分为由，直接拒绝向被申请人偿还借款。

仲裁庭认为，不论"借款协议"还是"总经销协议"均未约定申请人有权单方决定以向被申请人收取货款的债权直接冲抵应向被申请人偿还借款的债务。"借款协议"与"总经销协议"是两个不同的合同关系，申请人在"借款协议"项下的债务与被申请人在"总经销协议"项下的债务的性质完全不同，在既无当事人约定，也无法律规定的情况下，申请人无权将不同合同项下的债务予以抵销。即便被申请人未支付货款，申请人也应在"总经销协议"项下主张债权，除非当事人双方协商一致，否则申请人无权迳行否认"借款协议"项下的还款义务。

3. 还款义务及违约金

被申请人虽然未能举证证明其曾向申请人发出要求还款的书面通知，但是"借款协议"第8.3条约定，任何一方未行使或迟延行使本协议项下的任何权利均不构成对该项权利的放弃。申请人应向被申请人偿还有关借款。

仲裁庭注意到，被申请人向申请人提供的是无息无担保借款，但是"借款协议"第7.1条约定，如申请人未能根据被申请人书面还款通知指定的时间和方式向被申请人履行还款义务，申请人应自被申请人要求偿还之日起按每日0.05%的比例就未偿还的借款余额向被申请人支付违约金。

仲裁庭认为，"借款协议"第7.1条约定的违约金明显过高，应按中国人民银行授权全国银行间同业拆借中心公布同期贷款市场报价利率，计算违约金，直至借款实际清偿之日。

（三）专利许可使用协议

申请人请求，被申请人支付 2016 年 3 月 7 日至 2019 年 3 月 6 日的许可期限内拖欠的专利及专有技术许可使用费及利息。

"许可使用协议"第 5.1 条约定，本协议项下的许可为有偿许可，被申请人向授权方（申请人）支付许可专利及技术的许可使用费；许可专利及技术的全部许可使用费为相关产品销售额的 5%；此处销售额指申请人根据"总经销协议"将相关产品出售给被申请人所取得的销售额；许可使用有效期 36 个月，自 2016 年 3 月 7 日至 2019 年 3 月 6 日。

仲裁庭注意到，"许可使用协议"第 12 条约定，本协议任何一方迟延行使本协议项下一项或多项权利不应视为其放弃本协议项下的任何其他权利或在其他情形下亦放弃行使同样的权利。申请人在许可期限内未对被申请人主张许可使用费，并不等于放弃了该项权利。

依据"许可使用协议"第 3.1 条与第 5 条的约定，许可使用费适用于授权期限内所有申请人的产品。被申请人虽然主张申请人向被申请人销售的产品中有不适用许可使用费的产品，但是未能举证加以证明。因此，被申请人应当向申请人支付授权期限内销售的申请人产品的许可费。

仲裁庭认为，按季度授权的许可使用费，时效应当参考《民法典》的规定，即当事人约定同一债务分期履行的，诉讼时效期间自最后一期履行期限届满之日起计算。因此，授权方主张的许可使用费的时效，应以 2018 年 12 月 7 日至 2019 年 3 月 6 日最后一季度履行期限届满之日（2019 年 3 月 6 日）起计算。申请人于 2019 年 11 月 15 日提起仲裁申请，其请求被申请人支付全部许可使用费，时效并未经过。

仲裁庭注意到，"许可使用协议"并无关于许可使用费迟延利息的约定，因此不属于"许可使用协议"第 12 条约定的本协议项下的权利。"许可使用协议"约定，授权方应每季度与被申请人结算与收取许可使用费，但由于授权方在整个授权期限内怠于行使收取许可使用费的权利，在期满后追究被申请人迟延利息的责任，有失公允。

第三章　与商标权相关的合资合作合同争议仲裁研究

商标权是企业的重要无形资产，驰名商标的市场价值甚至可以超过企业全部有形资产的价值。商标权（特别是权利转让和使用许可）在企业投融资、合资、合作中发挥着重要作用。但商标权是须经商标主管机关注册的工业产权，其资产性利用需考虑其权利的特性与相关法律规制。否则，商标权非但难以在资产合同中发挥应有的作用，而且可能引发一系列的争议。

第一节　中外合资合同商标权投资争议案

中外合资企业曾经是我国吸引外国投资的重要途径和方式。随着我国改革开放的深入发展，虽然外国独资企业的比重有所增加，合资企业仍然是市场经济中不可忽视的组成部分。根据《外商投资法》的规定，外国投资者单独或者与其他投资者共同在中国境内设立外商投资企业，在中国境内的投资、收益和其他合法权益受法律保护。

《外商投资法》自 2020 年 1 月 1 日起施行，《中外合资经营企业法》等同时废止。此前依照《中外合资经营企业法》《外资企业法》《中外合作经营企业法》设立的外商投资企业，在《外商投资法》施行后五年内可以继续保留原企业组织形式等，具体实施办法由国务院规定。于 2020 年 1 月 1 日生效的《外商投资法实施条例》规定，该法施行前依照《中外合资经营企业法》设立的外商投资企业，在本法施行后 5 年内，可以依照《公司法》《合伙企业法》等法律的规定调整其组织形式、组织机构等，并依法办理变更登记，也可以继续保留原企业组织形式、组织机构等。

下述案例（案例42）中，美国公司与中国公司于2018年签订《合营合同》，依据《中外合资经营企业法》及相关法律、法规，共同投资建立了合资公司。合营公司章程于2020年修改，于2020年3月办理工商变更登记。该修改后的章程依据《公司法》等有关法律、法规制定。仲裁庭认为，在《外商投资法》生效后的五年内，合营公司继续保留其原组织形式，符合法律规定。

在该案中，合营公司的中外投资人（股东）就公司治理与商标许可两个方面发生争议。仲裁庭经审理发现，这两个方面实质上紧密联系，互为因果。一方面，两个股东在合营公司董事会互相扯皮、掣肘，导致公司治理失败，未能将《合营合同》项下中方股东授予合营公司的商标许可通过董事会决议的方式加以明确与实施，合营公司使用中方商标的情况颇为混乱，以至于造成中方股东连番向法院起诉合营公司商标侵权的尴尬局面。另一方面，合营公司未能获得明确、稳定的商标使用许可，生产经营活动受到极大影响，出现停产、亏损等恶果。

仲裁庭还发现，两个股东对争议的发生均有疏失。《合营合同》约定，中方股东将其驰名商标"LS"通过商标使用许可的方式授权合营公司使用，具体使用事宜由合营公司董事会确定，并由双方签订具体的授权许可协议。中方股东持有关于"LS"的一系列注册商标，其中包括驰名的注册商标，但只有由合营公司董事会确定的明确、具体、特定的商标，方能有效实施合同约定的商标使用许可。然而，美方股东始终未能举证证明合营公司董事会曾经确定过有关的中方商标使用许可。美方股东试图将一个中方股东已注册的组合商标的几个构成部分（文字、图形等）拆分开来，用来证明合营公司获得使用许可的商标。然而，依据《商标法》的规定，每一注册商标的标识都是特定且固定的，商标注册人对此依法享有注册商标专用权。商标注册人在使用注册商标的过程中，如果擅自改变注册商标或者其他注册事项，可能导致商标注册被商标局撤销的严重后果。注册商标的标识构成部分是不能被拆解、分割或重新组合使用的，擅自改变注册商标标识是违法使用注册商标的行为。美方股东由于对于我国《商标法》缺乏深入的了解，不得不品尝盲目自信、疏忽大意的苦果。

中方股东在商标权利管理及许可使用授权方面也出现了比较严重的问题。《合营合同》项下，中方股东授予合营公司使用其驰名商标的许可，是其投入的重要无形资产。但是中方股东在合同关系中未能对该知识产权投资进行有效的管理。根据《商标法》的规定，商标注册人许可他人使用其注册商标，应当监督被许可人使用其注册商标的商品质量，而且应当将其商标使用许可合同报商标局备案，由商标局公告。由此可见，商标使用许可合同应当采取书面形式，以便报请主管机关备案与公告。但是，中方股东却"暂时默许"合营公司使用其商标，与之形成所谓"事实上的不定期商标许可合同关系"。中方股东一面主张给予了合营公司抽象的、模糊的"默许"，一面对于美方股东主张的具体与特定的商标许可加以严厉的否认。中方股东首鼠两端的做法导致商标许可的客体模糊不清，导致股东之间、商标权人与合营公司之间争议不断、丧失互信。中方股东不反思其商标权利管理不善给《合营合同》造成的问题，也不行使其依据公司章程享有的控股股东权利，却要求将《合营合同》解除了之，完全不考虑合营公司解散可能给债权人、职工造成的损害，不顾及所应承担的社会责任，所作所为实不足取。

案例 42：知名饮料品牌合营合同争议案

2018 年 5 月 21 日，国内某知名饮料企业（被申请人）与美国某公司（申请人）签订《合营合同》，约定双方根据中国法律、法规的规定，本着平等互利的原则，通过友好协商，同意共同设立名称为"LS 合营公司"的中外合资经营企业。《合营合同》第 6 条约定，双方同意，合营公司产品品牌由被申请人将其驰名商标"LS"，申请人将其商标"YYM"，通过商标使用许可的方式授权合营公司使用，具体使用事宜由合营公司董事会确定，并与双方签订具体的授权许可协议。

被申请人主张，《合营合同》履行过程中出现了致使合同目的不能实现的情形，被申请人作为股东的经济利益遭受损失，难以行使股东权利，股东之间存在不可调和的矛盾，《合营合同》应解除。申请人则主张，当事人之间的合同，特别是其中关于商标许可的约定，应当继续履行。

（一）商标许可

申请人请求确认，被申请人已许可合营公司使用被申请人的第 38××02 号"LS"文字商标、第 64××88 号"LS"拼音商标、第 22××××33 号"LS"山峰图形商标。

仲裁庭认为，依法成立的商标使用许可合同，应当有明确的缔约主体（许可人与被许可人）、明确约定的许可使用的商标与使用商标的商品。依据《合营合同》第 6 条的约定，被申请人与合营公司分别是商标使用许可合同的许可人与被许可人，许可使用商标的商品为合营公司的产品，但是对于许可使用的商标，仅笼统称为被申请人的驰名商标"LS",既未明确该驰名商标的商标注册号,也没有指明该驰名商标的具体商标标识,不够具体确定。按照《合营合同》第6条的约定,商标使用许可的具体事宜由合营公司董事会确定。只有由合营公司董事会确定的明确、具体、特定的商标,方才成为被申请人与合营公司之间商标许可使用合同所约定的商标。

由于《合营合同》第6条的约定本身不足以支持申请人关于被申请人已明确许可上述三个特定注册商标的主张,申请人应当提供其他相关的证据,对其主张加以证明。

1. 2018年8月合营公司董事会纪要

申请人提供了合营公司于2018年8月10日举行的第1届第2次董事会纪要。仲裁庭认为,会议纪要证明,合营公司董事会确定了被申请人将其驰名商标"LS"通过商标使用许可的方式授权合营公司使用的具体事宜,包括(i)被申请人许可合营公司使用商标的特定标识为"LS植物饮料及山峰图";(ii)许可使用商标的商品为合营公司的产品;(iii)商标许可使用费的征收条件为待合营公司实现盈利;(iv)签订有偿使用商标的《商标使用许可合同》之前,被申请人提供"商标使用授权证明"。

《合营合同》第6章对董事会的地位、职权、组成、董事会会议、董事会决定等加以详细的约定。依据《合营合同》第14条第9项的约定,第6条约定商标使用许可的具体事宜由合营公司董事会确定,属于"其他应当由董事会决定的重大事宜"。

仲裁庭认为,合营公司第1届第2次董事会会议关于被申请人授权合营公司使用商标的决定,符合《合营合同》第6条的约定,确定了被申请人许可合营公司使用的具体商标标识,但是无法证明许可合营公司使用被申请人的第38××02号"LS"文字商标、第64××88号"LS"拼音商标、第22××××33号"LS"山峰图形商标。

2. 2019年10月合营公司董事会纪要

申请人提供了合营公司2019年10月董事会会议纪要、决议事项办理通知单、会议议题报表等证据。仲裁庭认为,申请人证据证明,合营公司在被申请人董事会召开前,于2019年10月15日提报"批准合营公司在开发生产三个新饮品中使用LS商标";该提报事宜被列入董事会材料,作为"需要会议研究确定事项";2019年第8次董事会于2019年10月17日召开,会议决定,合营公司新饮品"商标、图形和产品名称方面还要进一步研究论证使用"。

仲裁庭认为，董事会决定合营公司新饮品"商标、图形和产品名称方面还要进一步研究论证使用"，并未批准合营公司"使用 LS 商标"的提报，更未确定同意合营公司使用"LS 与拼音及山峰图形商标"。

3. 商标授权书

申请人提供了两份"商标授权书"。仲裁庭认为，授权书证明被申请人授权合营公司在授权期间使用第 540××52 号注册商标，但是许可使用的商品为被申请人的产品，并非合营公司的产品。因此，该"商标授权书"并非合营公司董事会确定的被申请人为履行《合营合同》第 6 条约定所提供的"商标使用授权证明"。

而且，仲裁庭认为，依据《商标法》的规定，每一注册商标的标识都是特定且固定的，商标注册人对此依法享有注册商标专用权。商标注册人在使用注册商标的过程中，如果擅自改变注册商标或者其他注册事项，可能导致商标注册被商标局撤销的严重后果。因此，注册商标标识中的构成成分既不能拆解、分割，更不能重新组合使用，擅自改变注册商标标识属于违法使用注册商标的行为。被申请人的第 540××52 号注册商标是由"LS 与拼音及山峰图"构成的组合商标，但是绝不等于被申请人有权将其中的"LS""拼音"及"山峰图"拆分成三个商标，并许可合营公司使用。总之，申请人提供的商标授权书证据无法证明许可合营公司使用被申请人的第 38××02 号"LS"文字商标、第 64××88 号"LS"拼音商标、第 22×××33 号"LS"山峰图形商标。

4. 产品包装确认单

申请人提供了产品包装确认单等证明。仲裁庭认为，商标许可使用是由合营公司董事会具体确定的事由。《合营合同》第 14 条约定，董事会是合营公司的最高权力机构，董事会决定合营公司的一切重大事宜。申请人提供的《包装设计确认单》《食品标签拟印制内容报告表》等证据，无法证明合营公司董事会确认了被申请人有关商标在产品上的许可使用。

仲裁庭认为，根据《商标法》的规定，经许可使用他人注册商标的，必须在使用该注册商标的商品上标明被许可人的名称和商品产地。但是，产品包装上记载的生产商（或生产厂家）是被申请人，因此，在商品上实际使用商标的是被申请人，并不属于中国法律规定的商标许可使用的情形。虽然商品包装显示合营公司"监制"，但是《商标法》并无关于商品监制的规定，在商标使用许可关系中也没有所谓监制人的法律地位。因此，产品包装上使用被申请人的商标，不仅不能证明被申请人许可合营公司"LS、拼音及山峰图形"商标，而且无法证明是合营公司在商品上使用这些商标。

5. 委托加工合同

申请人提供了委托加工合同等证据。仲裁庭认为，合营公司与被申请人订立、履行的委托加工合同中并无关于被申请人商标的任何内容。合营公司委托被申请人加工商品，并不能证明被申请人许可合营公司使用"'LS'品牌系列商标"。委托加工合同关系与商标使用许可合同关系之间并无必然的关联。申请人证据显示，除了被申请人之外，合营公司还曾委托案外其他公司加工商品，进一步证明委托加工合同并不等同于商标使用许可合同。

6. 被申请人主张

仲裁庭认为，被申请人在答辩中称与合营公司形成"事实上的不定期商标许可合同关系"，"暂时默许"商标使用，其含义模糊不清，无法认定其所谓事实上许可与默许的究竟是哪些商标。从被申请人的质证意见看，申请人关于被申请人已许可合营公司"使用第38××02号'LS'文字商标、第64××88号'LS'拼音商标、第22××××33号'LS'山峰图形商标"的举证，被申请人对证据的关联性均不予认可。因此，无法认定被申请人事实上许可与默许合营公司使用的是申请人主张的三个特定注册商标。

总而言之，申请人未能举证证明合营公司董事会依据《合营合同》第6条的约定确定了被申请人将三个特定的注册商标许可合营公司在产品上使用，申请人的请求无法成立

(二)《合营合同》的解除问题

被申请人请求，裁决解除被申请人与申请人签订的《合营合同》。

仲裁庭认为，当事人双方订立《合营合同》，共同设立合营公司，约定的经营期限长达30年，而且《合营合同》已经履行，双方均为此投入了资金、人力、物力，因此被申请人请求解除《合营合同》必须有明确的法定或约定依据。

1. 合意解除

仲裁庭注意到，《合营合同》第11章是关于合同的修改、补充、变更与解除的约定，其中第47条约定，本合同及其附件须经审批机构批准的修改或补充的，必须经当事人双方协商一致、签署书面协议，并报经审批机构批准方可生效。

仲裁庭认为，《合营合同》第47条是第11章中的条文，虽然第47条文字上仅对合同修改、补充加以约定，但从第11章标题看，合同变更、解除也应适用该条约定的条件。合同解除实质上是合同修改的极端形式，当然属于第47条约定的修改。依据该条的约定，合同修改必须满足双方协商一致、签署书面协议的条件，才能生效。否则无法产生相应的效力。

仲裁庭认为，基于现有证据，被申请人未能证明当事人双方就解除《合营合同》协商一致并签署书面协议。因此，被申请人关于解除《合营合同》的请求，不符合第47条约定的解除条件。

2. 违约终止

仲裁庭注意到，《合营合同》第48条约定，由于一方不履行合同、章程规定的义务，或严重违反合同、章程规定，造成合营公司无法经营或无法达到合同规定的经营目的，视作单方擅自终止合同，守约方除有权向违约的一方索赔外，并有权按合同规定报原审批机关批准终止合同。

仲裁庭认为，依据上述约定，解除《合营合同》必须满足申请人不履行合同、章程规定的义务，或严重违反合同、章程规定，造成合营公司无法经营或无法达到合同规定的经营目的之条件。

（1）控股股东与实际控制人

仲裁庭注意到，被申请人与申请人双方均指称对方为合营公司的实际控制人。根据《公司法》的规定，实际控制人是指虽不是公司的股东，但通过投资关系、协议或者其他安排，能够实际支配公司行为的人。

《合营合同》第4章约定了合营各方的投资总额和注册资本，其中第8条约定，被申请人出资占注册资本51%，申请人出资占注册资本49%。第15条约定，董事会由5名董事组成，其中被申请人委派3名，申请人委派2名，董事长由被申请人委派；第22条约定，本协议第14条约定的董事会事项应当由出席董事会会议的二分之一以上同意方可通过，但合营公司章程修改、公司中止、解散等重大事项，应由出席董事会会议的董事一致通过，方可作出决定。

仲裁庭认为，依据《合营合同》的约定，所谓合营各方，就是指申请人与被申请人双方。合营公司由双方出资，合营公司董事会由双方委派人员组成。被申请人与申请人双方均是合营公司股东，不存在所谓实际控制人之说。

仲裁庭注意到，合营公司设立后依法登记的"2018年公司章程"规定：合营公司注册资本为人民币1,800万元，申请人持股49%，被申请人持股51%，申请人委派董事 1 名,被申请人委派董事 2 名。

根据《公司法》的规定,出资额占有限责任公司资本总额百分之五十以上的股东是控股股东。因此,依据合营公司"2018 年公司章程",被申请人作为持有的股份占合营公司总额百分之五十以上的股东,是控股股东。

仲裁庭注意到,当事人双方均认可,合营公司章程于 2020 年修改,于 2020 年 3 月 16 日办理工商变更登记。合营公司"2020 年公司章程"显示,合营公司注册资本增加至人民币 2,250 万元,申请人持股 59.2%,被申请人持股 40.8%,申请人委派董事 2 名,被申请人委派董事 1 名,申请人转让董事所代表表决权的 10.2% 给被申请人,使被申请人董事所代表表决权达到 51%。

根据《公司法》的规定,出资额或者持有股份的比例虽然不足百分之五十,但依其出资额或者持有的股份所享有的表决权已足以对决议产生重大影响的股东,是控股股东。因此,依据合营公司"2020 年公司章程",被申请人持有股份虽然不足 50%,但其董事所代表表决权达到 51%,足以对董事会决议产生重大影响,仍为控股股东。

仲裁庭认为,不论是依据合营公司《2018 年章程》还是修改后的《2020 年章程》,被申请人都是合营公司的控股股东。

(2) 公司章程与股东投资协议

仲裁庭注意到,《合营合同》第 54 条约定,按照本合同规定各项原则所订立的合营公司章程、技术转让协议、销售协议等,均为本合同的附属文件。因此,合营公司章程作为《合营合同》附件,对当事人双方均有约束力。

根据《公司法》的规定,公司设立时的章程及修改后的章程均须经依法登记,公司股东应当遵守法律、行政法规和公司章程,依法行使股东权利,不得滥用股东权利损害其他股东的利益。因此,合营公司章程对于被申请人与申请人两股东均具有无可争辩的法律效力。

被申请人提供了当事人双方于 2019 年 12 月 20 日签署"股东投资协议"证据,其中记载"合营公司的日常生产、销售等经营活动由申请人全权负责,公司章程列明的董事会相应内容、表决方式和权力是为了满足被申请人财务合并报表需要,在不违反法律法规及国有资产监督管理规定的情况下,被申请人不干涉申请人的正常经营及管理"等内容。

仲裁庭认为,即便当事人双方签署了被申请人提供的上述协议,该协议关于申请人全权负责合营公司的生产销售及被申请人不干涉申请人的约定,也与《合营合同》关于董事会是合营公司的最高权力机构的约定相冲突。依据《合营合同》第 58 条的约定，双方合作的其他协议与《合营合同》有冲突的，应以《合营合同》约定内容为准。该协议与《合营合同》冲突的内容，对当事人双方均无约束力。

仲裁庭认为，合营公司的章程经公司登记机关依法登记，当事人双方作为公司股东必须予以遵守。《公司法》规定，董事会的议事方式和表决程序，除本法有规定的外，由公司章程规定。当事人双方以规避、违反公司章程为目的签署的所谓内部协议，因违反《公司法》的规定而不具有法律效力。

（3）合营公司的治理

仲裁庭认为，被申请人不仅依据合营公司章程享有控股股东的权利，而且负有实现公司有效治理的职责。作为控股股东，被申请人不应听任 2020 年章程所约定的申请人 10.2% 表决权转让"并未得到实际实施"，以至于造成合营公司出现"长期未能形成有效的董事会或监事会决议""无法形成有效表决，合营公司内部运营机制已经失灵，经营管理发生严重困难"的局面。

被申请人如果认为申请人违反公司章程的规定，损害被申请人的知情权、提名权、经营决策权、管理权、监督权，可以依据法律规定、《合营合同》及公司章程寻求救济，请求排除妨碍及赔偿损失。被申请人如果认为董事会的会议召集程序、表决方式或者决议内容违反公司章程，可以依据《公司法》的规定自决议作出之日起六十日内，请求人民法院撤销。

被申请人关于"合营公司的董事会的召集程序，完全由申请人控制，被申请人无任何召集会议的权利和救济途径"的主张，与法律规定、公司章程明显不符，被申请人依据法律与章程有充分的救济途径，并且负有不可推卸的控股股东的职责。

仲裁庭认为，被申请人关于申请人不履行合同、章程规定的义务，或严重违反合同、章程规定，损害股东权益的主张，不足以支持其解除《合营合同》的请求。

3. 合同因目的无法实现而终止

根据《商标法》的规定，商标使用许可合同应当采取书面形式，以便报请主管机关备案与公告。然而，被申请人却与合营公司形成"事实上的不定期商标许可合同关系"并"暂时默许"合营公司使用商标，其行为并不符合商标法律的规定。所谓"事实上的不定期商标许可合同关系"或者"暂时默许"，因其范围与内容的模糊性成为造成股东之间、被申请人与合营公司之间有关争议不断、丧失信任基础的诱因之一。被申请人不反思与解决其自身注册商标管理不善给《合营合同》造成的问题，却要求解除《合营合同》，其主张不应得到支持。

仲裁庭认为，合营公司仅有申请人与被申请人两个股东，《合营合同》的解除将不可避免地导致合营公司的终止。《合营合同》第44条约定了合营企业解散的事由、条件与程序。从合同约定看，不论是《合营合同》的解除，还是合营企业的解散，都必须极为审慎。《合营合同》是否被解除，关系到合营企业的存亡、员工的就业、债权债务等复杂的社会经济关系，远超被申请人所谓主观意愿、意思自治的范畴。被申请人仅主张合营公司未向股东分配利润，并未举证证明该公司已经无力继续经营。《公司法》规定了公司应承担社会责任。为了避免轻率解散公司可能给企业员工、债权人等有关各方的合法权益造成损害，在无充分证据支持的情况下，被申请人要求解除《合营合同》，仲裁庭不予支持。

仲裁庭认为，被申请人是控股股东，如能切实履行治理职责，合营公司仍然能够继续经营、达到合同约定的经营目的。总之，被申请人关于解除《合营合同》的请求，不符合合同约定的条件，仲裁庭不予支持。

第二节　商标资产转让合同争议案

在经济生活中，大型企业、集团公司的知识产权投资行为非常活跃，对其他公司的兼并、入股、交叉持股也经常发生。但具体到每一个特定的资产转让行为，合同相对性是不可超越的基本原则，只有缔约方才受合同约束。其他公司（包括缔约方的关联公司）作出的商业安排、投资战略、股东协议，如果缺乏法定的或约定的与原知识产权合同的关联，不能用于约束当事人，或者对抗原合同义务的履行。

下述案例（案例43）中，商标资产转让合同的双方当事人分别属于两个大型的企业集团。每个集团旗下企业众多，但这些关联企业都是独立法人。两个集团在进行复杂的资本运作，集团其他企业签订了投资协议、股东协议等一系列合同。但是，这些案外合同的缔约主体与本案当事人并不相同，约定内容也与本案合同无关。因此，本案合同与案外合同并不存在所谓主从合同的关系。在没有特殊约定的情况下，每个企业都是独立缔约的主体，本案合同权利义务不能及于案外关联公司，同样案外关联公司之间的其他合同安排也不能用作不履行本案合同义务的抗辩理由。

本案被申请人主张，申请人违反协议约定，即相关争议"均应首先通过各方协商解决"，未向被申请人发送要求协商解决本案争议的通知，双方就本案争议从未进入协商程序，无权提起仲裁。仲裁庭认为，协议约定了协商解决争议的方式及协商开始的时间，但是并未限定协商的具体内容，也未限定协商内容所采取的格式。因此，一方向其他各方发出要求协商通知，其中的"协商"，应当按照其一般词义理解，即为了取得一致意见而共同商量的行为。申请人曾向被申请人发送电子邮件，恳切、急迫地表示与被申请人共同商讨、期待与被申请人达成一致意见以解决争议的意思，属于向对方发出的协作与商讨的通知。自申请人该协商通知发出之日起，协商程序开始起算，协商亦应在第30日结束。协议约定的30日协商期限既保障与促进当事人通过协商解决争议，又避免因协商不成导致争议久拖不决。被申请人并未回复申请人的协商请求，也未提供申请人所请求的协助。当事人双方显然就协议约定的义务发生争议，且未能通过协商解决，申请人有权依约申请仲裁解决。

依据本案协议的约定，在收到申请人支付的全部价款之日起，被申请人有如下各项义务：（1）应将协议附件所列无形资产的对应著作权、注册商标专有权全部归申请人所有；（2）须配合申请人获取附件所列全部无形资产之相关文档；（3）在申请人自行办理申请、办理计算机软件著作权转让登记、备案及商标转让手续之时，须提供必要协助，包括但不限于提供符合相关政府部门要求的权属转移所需纸质盖章文件等。

本案当事人争议主要因办理被申请人注册商标向申请人转让的手续而起。依据当事人协议约定，在转让人（被申请人）收到受让人（申请人）价款之日，转让人注册商标专有权已经归属于受让人所有。但是，根据《商标法》的规定，转让注册商标的，转让人和受让人应当签订转让协议，并共同向商标局提出申请，转让注册商标的申请经商标局核准后，商标局予以公告，受让人自公告之日才能享有商标专用权。

本案受让人从依约拥有注册商标事实上的所有权，到经商标局公告依法拥有注册商标专有权，必须经过转让人和受让人共同向商标局提出申请，由商标局进行核准等程序。其间，转让人的配合必不可少，而且受让人须承受转让申请被商标局不予核准（如转让容易导致混淆或者有其他不良影响）等风险。转让人向受让人提供必要的协助，包括提供符合商标局要求的转让所需纸质盖章文件等，不仅是转让人在协议项下的主要合同义务，而且是其法定义务，对于协议的履行及缔约目的达成具有至关重要的意义。根据《民法典》的规定，依照相关法律、行政法规的规定，合同应当办理批准等手续的，未办理批准等手续影响法律行为生效的，不影响合同中履行报批等义务条款以及相关条款的效力；应当办理申请批准等手续的当事人未履行义务的，对方可以请求其承担违反该义务的责任。因此，转让人不履行配合转让手续的，受让人有权请求其承担赔偿损失的责任。

案例 43：网络游戏商标资产转让协议争议案

申请人与被申请人均为网络游戏公司，于 2015 年 8 月 10 日签订《资产转让协议》（"本案协议"），约定本协议签署后且被申请人收到申请人支付的全部价款之日起，附件所列无形资产的对应著作权、注册商标专有权全部归申请人所有，被申请人须提供必要协助。

申请人请求被申请人继续履行"本案协议"，并立即根据该协议的约定协助申请人在国家工商行政管理总局商标局办理注册号为 15×××30 的商标的转让手续，包括提供符合要求的权属转移所需文件（纸质盖章）等。

被申请人则主张，本案涉及的《资产转让协议》是申请人及其关联公司与被申请人之间的一系列共 24 个协议中的一个从协议。对本案《资产转让协议》的审查，应当全面考虑主协议和系列从协议的约定。申请人在前述一揽子协议项下有诸多严重违约行为，被申请人有权中止本案资产转让协议的履行，待申请人纠正其违约行为后，再行履行本协议。

（一）主从合同

被申请人主张，"本案协议"为《投资协议》《股东协议》等一系列协议中的一个从协议。

1. 《投资协议》及《股东协议》

仲裁庭发现，《投资协议》及《股东协议》是当事人双方的关联公司与申请人及其他自然人签订的协议，全部条款并无与"本案协议"有关的任何约定；《投资协议》附件 3-4 标题为"资产转让协议"，但是内容为空白，没有证据证明该附件与"本案协议"具有同一性。

基于上述发现，仲裁庭认为，《投资协议》与《股东协议》全部内容并无关于"本案协议"的任何约定，而且与"本案协议"的缔约方名称不同，无法证明《投资协议》及《股东协议》的缔约方与"本案协议"的缔约方具有同一性。被申请人提交的《投资协议》与《股东协议》证据不足以证明该两协议与"本案协议"之间构成主从合同关系。因此，被申请人并无行使《投资协议》与《股东协议》约定的任何权利以对抗"本案协议"约定的权利与义务的依据与理由。

2. 从协议

仲裁庭仔细审查了被申请人所称 22 个从协议的全面内容，发现其中除包括"本案协议"外，20 个协议的缔约方均与"本案协议"不同，内容也与"本案协议"无关，无法证明被申请人所主张的主从合同关系；仅有一份《软件使用许可协议》的缔约双方与本案当事人相同，但是内容与"本案协议"并无关联。

仲裁庭注意到，"本案协议"中并未约定与其他任何协议存在主从合同关系。其中，第 2 条第 2 款以案外第三人履行《投资协议》的付款义务作为本案申请人向被申请人付款的条件，但是该条款的约定仅涉及《投资协议》上述一项内容，不涉及《投资协议》中约定的其他权利与义务，更加无法证明"本案协议"成为《投资协议》的从协议而受其全部条款的约束。相反，第 8 条第 5 款约定，本协议构成各方之间针对本协议所述事项的完整协议，并且取代了以前及同时期各方之间或者以各方名义达成的所有口头或书面的协议、谅解和讨论。因此，"本案协议"非但没有承认与任何其他协议存在主从合同的关系，而且以明确的条款约定该协议具有完整性与独立性，即构成当事人之间针对本协议所述事项的完整协议，排除其他任何协议凌驾于其上。

仲裁庭认为，被申请人所主张的"本案协议"与其他协议之间存在的主从合同关系没有足够的证据能够证明，无法成立。被申请人并非《投资协议》《股东协议》与《某手游开发及运营协议》的缔约方，也没有举证证明与其与上述协议的任何缔约方具有同一性，或者经任何缔约方授权行使上述协议约定的合同权利，或者依法、依约受让上述协议任何缔约方的合同权利。因此，不论申请人是否存在违反上述三协议约定的行为，基于现有证据，被申请人均无权行使案外三协议中的任何合同权利以对抗"本案协议"约定义务的履行。被申请人以主从合同关系或者违反其他协议为理由主张不履行"本案协议"约定的协助申请人办理相关商标转让手续，仲裁庭不予认可。

（二）申请人的付款

被申请人主张，申请人并未就其已经支付"本案协议"下的价款进行举证，被申请人有权中止履行该协议。

仲裁庭认为，依据"本案协议"的约定，被申请人向申请人提供必要协助的义务以收到申请人一次性支付总价款为前提。如果申请人未依照"本案协议"的约定支付全部价款，则被申请人有权拒绝履行相应合同义务。

依据"本案协议"第2条第2款约定，申请人应向被申请人一次性支付的总价款为人民币140,000元。

申请人举证证明于2015年11月26日向被申请人"本案协议"指定账户支付资产转让款人民币340,000元。

仲裁庭认为，申请人向被申请人一次性付款金额虽然超出"本案协议"所约定的总价款人民币140,000元，但是足以履行"本案协议"所约定的支付资产转让总价款的义务。被申请人并未在收到申请人的上述付款之后提出异议，印证申请人的上述付款构成对"本案协议"约定义务的适当履行。

仲裁庭注意到，当事人双方之间除"本案协议"外，仅有另外一份案外协议，即于2015年8月10日签订的《软件使用许可协议》。依据该案外协议的约定，申请人应向被申请人支付总价款人民币200,000元。仲裁庭认为，基于现有证据，当事人双方之间缔结了"本案协议"与案外《软件使用许可协议》两份协议，申请人依据两份协议应向被申请人支付的总价款分别是人民币140,000元与人民币200,000元，两者相加总计人民币340,000元。该金额能够与申请人于2015年11月26日向被申请人"本案协议"指定账户支付的人民币340,000元相对应。

（三）被申请人协助办理相关商标转让手续的义务

依照"本案协议"第3条第2款的约定，在本协议签署后且被申请人收到申请人支付的全部价款之日起，附件所列的著作权、注册商标专有权全部归申请人所有，被申请人须配合申请人获取本协议所列全部无形资产（注册号为15×××30的商标）之相关文档；在申请人办理商标转让手续时，被申请人须提供必要的协助，包括但不限于按照申请人指定的工作时间提供符合相关政府部门要求的权属转移所需文件（纸质盖章）等。

被申请人称，在收到本案仲裁通知之后，申请人已经与被申请人达成一致，双方分别向商标局提交申请，且申请人撤回本案仲裁申请，以期继续将争议商标转移给申请人，终止本案仲裁程序。申请人则主张，本仲裁案提起后，被申请人假意承诺配合完成商标的转让手续。然而，被申请人又一次置其承诺于不顾，仍然拒不配合办理本案商标的转让手续。

仲裁庭认为，就被申请人配合申请人办理相关商标转让手续，当事人双方并未达成新的一致意见，被申请人应当依照"本案协议"第3条第2款的约定继续履行合同义务，协助申请人在商标局办理注册号为15×××30的商标的转让手续，包括提供符合要求的权属转移所需纸质盖章文件等。

第三节　中外合作合同商标及名称投资争议案

中外合作合同中关于商标、商品或服务名称及其他知识产权的投资颇为常见。缔约方为了通过合作实现共赢将自身拥有的商标、商誉等知识产权以转让或许可的方式投入合作关系之中。缔约方如能保持长期稳定的合作关系固然太平无事，然而一旦合作关系破裂或失败，合作方如何处理已经投入合作关系中的商标等知识产权资产是非常棘手的问题。

在下述案例（案例44）中，中方公司与欧洲展会公司于2011签订了为期20年共同主办某类产品博览会的合作协议，并共同承诺在合作期间非经双方同意不单独举办与合作博览会相竞争的其他展会。为了表示合作的诚意，缔约双方均投入了自己的商标等知识产权资产。中方公司将自己的中国注册商标、著作权、商号及商誉权利的50%无偿转让给欧洲公司，使之成为上述知识产权资产的共同拥有者；作为受让对价，欧洲公司许可中方公司无偿使用其知名商标等知识产权资源。双方合作之初比较成功，中方公司通过合作拓展了国内外市场，欧洲公司从合作主办的博览会中分享了收益。但合作几年之后，双方分别出现了擅自举办竞争性展会的违约行为，从而引发双方关于合同履行及收益分享的激烈争议。虽然双方都掌握了足以终止合同的对方违约证据，但仅欧洲公司主张合同终止，中方公司则希望合同继续履行。究其原因可能在于中方公司知识产权资产投入较大，不愿承担合作终止后的投资沉没成本。然而，在双方违约的情况下，当事人之间的合作关系已经无法维持，合同不得不终止。

合同终止后，当事人双方已经投入的知识产权资产必须依据合同原来的约定进行处理。欧洲公司授予中方公司在合作期间使用商标、商号、商誉、著作权等知识产权的许可立即终止，中方公司必须无条件停止使用。但是，中方公司转让给欧洲公司50%权利的注册商标等知识产权，依据约定，在终止后无法回转给中方公司所有，而是继续由双方共有，且未经双方合意，任何一方不得将共有知识产权出售、转让或以其他方式让渡给第三方。由此可见，合作关系中更适宜采用许可使用的方式进行知识产权投资，权利转让的风险较大。幸运的是，中方公司虽然仅剩50%的商标权，但仍有权在相关业务活动中独立使用该共有的商标。

案例44：国际展会合作合同争议案

摘要：本案中，中方公司与欧洲展会公司于2011签订了为期20年共同主办某类产品博览会的合作协议，并共同承诺在合作期间非经双方同意不单独举办与合作博览会相竞争的其他展会。为了表示合作的诚意，缔约双方均投入了自己的商标等知识产权资产。中方公司将自己的中国注册商标、著作权、商号及商誉权利的50%无偿转让给欧洲公司，使之成为上述知识产权资产的共同拥有者；作为受让对价，欧洲公司许可中方公司无偿使用其知名商标等知识产权资源。双方合作之初比较成功，中方公司通过合作拓展了国内外市场，欧洲公司从合作主办的博览会中分享了收益。但合作几年之后，双方分别出现了擅自举办竞争性展会的违约行为，从而引发双方关于合同履行及收益分享的激烈争议。虽然双方都掌握了足以终止合同的对方违约证据，但仅欧洲公司主张合同终止，中方公司则希望合同继续履行。究其原因可能在于中方公司知识产权资产投入较大，不愿承担合作终止后的投资沉没成本。然而，在双方违约的情况下，当事人之间的合作关系已经无法维持，合同不得不走向了终点。

合同终止后，当事人双方已经投入的知识产权资产必须依据合同原来的约定进行处理。欧洲公司授予中方公司在合作期间使用商标、商号、商誉、著作权等知识产权的许可立即终止，中方公司必须无条件停止使用。但是，中方公司转让给欧洲公司50%权利的注册商标等知识产权，依据约定，在终止后无法回转给中方公司所有，而是继续由双方共有，且未经双方合意，任何一方不得将共有知识产权出售、转让或以其他方式让渡给第三方。由此可见，合作关系中更适宜采用许可使用的方式进行知识产权投资，权利转让的风险较大。幸运的是，中方公司虽然仅剩50%的商标权，但仍有权在相关业务活动中独立使用该共有的商标。

合作合同终止后，双方在合作关系中积累与沉淀的知识产权资产更难处理。

在本案中，双方共同主办博览会使用的英文名称和简称，最初是中方公司的资产，缔约之时50%的权利无偿转让给欧洲公司，使之成为该名称与商誉的共有人。经过双方多年的使用与宣传，该名称在博览会相关市场上形成了商誉。在合同终止后，双方继续共有该名称及其商誉权利，但任何一方均不得继续使用该名称。因此，中方公司即便仍可独立举办同类型展会，但已不能使用与合作合同项下博览会名称相同的名称。但该博览会名称是特定的，中方公司理论上可以使用与之近似的名称用于自己的展会。实则中方公司这样做存在一定风险。欧洲公司作为博览会名称与商誉的共有人，如能证明中方公司使用近似名称给共有资产造成损害，仍然可以制止中方公司的行为并寻求损害赔偿。总之，合作破裂后继续使用共有知识产权资产存在很大的隐患。共赢的解决办法是双方协商一致解除共有关系，将知识产权资产归一方所有，并给予另一方合理的补偿。

Both Parties are experienced exposition organizers based in China and Europe respectively. They concluded the "Cooperation Agreement regarding the acquisition of co-ownership in and the joint performance of the CK Expo" (hereafter "Cooperation Agreement") in 2011.

1. Termination of the Agreement

The Respondent contends that the Cooperation Agreement had been terminated according to the Agreement, but the Claimant contends that the Respondent had no ground to terminate the Agreement and shall continue the contractual performance.

The Tribunal notes from Article 13.1 of the Cooperation Agreement that the Parties intend to establish a long-lasting contractual relationship of 20 years (2012 to 2032). In order to protect the Parties' reasonable expectation in the contractual relationship, the Cooperation Agreement shall not be terminated within the agreed period of cooperation without the explicit ground of termination.

The Tribunal notes that the Cooperation Agreement shall not be terminated under Article 13.2 (1) until and unless three essential conditions are met, i.e.

—Either Party breaches any material provision;

—The other Party sends the written notice specifying the breach and requiring its remedies by the Party in default; and,

—The Party in default fails to remedy such breach within 60 days after the notice has been given.

The Tribunal carefully examines both Parties contentions and evidence to assess whether the foregoing three conditions are met.

(1) **Breach of a material provision**

As confirmed by both Parties, the Respondent sent to the Claimant a letter dated 27 March 2019, in which the Respondent stated that the Claimant had been in "material breach of the Cooperation Agreement" in a list of circumstances and referred to many Articles of the Cooperation Agreement to contend the Claimant's material breach.

(a) Material provisions

The Tribunal finds that only breach of any "material provision", rather than breach of any other provision, can satisfy the condition set out in Article 13.2 (1) of the Cooperation Agreement. The Respondent, therefore, should prove that those Articles in its contention are the "material provisions", before proving the Claimant's breach thereof. Short of such critical submission, the Respondent's contentions could fall apart in the first place.

Since there is no clear-cut definition for "any material provision" under Article 13.2 (1) of the Cooperation Agreement, the Tribunal finds that both Parties recognition should be considered.

The Respondent, in the Letter dated 27 March 2019 and its Defense, consistently contends that the Cooperation Agreement was terminated according to Article 13.2 (1) because the Claimant had, inter alia, materially breached Article 15 of the Cooperation Agreement. It can reasonably be presumed that Respondent contends that the non-competition obligation prescribed in Article 15 is a material provision of the Cooperation Agreement. The Claimant, on the other hand, contends that the "Respondent's unilateral exhibition of CK-related products in the ANF China violated material provisions of the Cooperation Agreement" and "has materially violated Article 15".

Since both Parties concede that Article 15 of the Cooperation Agreement is a "material provision" and both contend that it has been "materially breached" by the other Party, the Tribunal finds that Article 15 is a material provision under Article 13.2 (1) of the Cooperation Agreement.

(b) Claimant's Breach

According to Article 15 of the Cooperation Agreement, during the term of this Agreement neither Party shall directly or indirectly whether through subsidiaries or agents or by other means initiate, organize, support, or hold whatsoever a Business-to-Business trade fair being similar to CK Expo within China, including the region of Taiwan, Macao and Hong Kong. During the term of this Agreement, any new competing trade fair within China, including the region of Taiwan, Macao and Hong Kong should be jointly developed, owned, and organized by both Parties.

In the Tribunal's discovery, any Party that independently, rather than jointly with the other Party, develops, owns, and organizes any new competing trade fair in the designated territory and within the period of cooperation breaches the non-competition obligation with the CK Expo prescribed in Article 15 of the Cooperation Agreement. The Tribunal finds whether a new trade fair is competing with the CK Expo should be assessed primarily through comparing with the "List of Permitted Goods" exhibited on the Expo.

Article 5.5 of the Cooperation Agreement provides that the Goods being permitted to be exhibited on the CK Expo shall be those which are permitted by both Parties jointly and specified and defined in the Annex 4 "List of Permitted Goods". The Tribunal notes that "CK products" are listed in the Annex 4 of the Cooperation Agreement.

The Respondent in its Letter dated 27 March 2019 contended that the Claimant had since 2017 organized the "CPE", which included CK-related products in exhibitions, which materially breached Article 15 of the Cooperation Agreement.

The Tribunal notes that the Claimant, instead of denying the Respondent's contention, blames the "Respondent had full knowledge and never raised any objection, and acknowledged that the Claimant enjoyed 100% ownership of CPE".

The Tribunal notes from the Parties' communications in 2017 that both Parties had the discussion about the plan concerning the CPE and the Respondent had made the proposals to co-organize the CPE or to register a new legal entity with the Claimant. The Tribunal, however, cannot find any conclusive proof that the Respondent "acknowledged that the Claimant enjoyed 100% ownership" of the CPE or "the Parties had reached a consensus on the Claimant's organizing of the CPE". Although there was a history of exhibition of "PE-related product" before the conclusion of the Cooperation Agreement, the Claimant fails to justify why "organization of the CPE indeed did not require the consent from the Respondent" after the non-competition obligation in Article 15 of the Cooperation Agreement entered into force.

The Tribunal finds that exemption of the Claimant's CPE from the non-competition obligation provided in Article 15 constitutes an important change or amendment to the Cooperation Agreement. According to Article 19.1 of the Cooperation Agreement, any change, amendment, side agreement whatsoever to this Agreement is subject to written consent by both Parties. Accordingly, the important change or amendment to a "material provision" like Article 15 without both parties written consent is not tenable.

Even if the Respondent has the full knowledge about the Claimant's organization of the CPE but "never raised any objection" to it (which is strongly disputed by the Respondent) and the competent authority's approval had been obtained for its organization, the Claimant, in absence of the Parties' written consent, breaches the non-competition obligation provided in the material provision of Article 15 of the Cooperation Agreement.

According to Article 13.2 (1) of the Cooperation Agreement, as far as the breach of any material provision can be established, the first condition for termination of the Agreement is met. Since the Respondent proves that the Claimant has breached the material provision of Article 15 of the Cooperation Agreement, the Tribunal does not need to consider the other provisions in the Respondent's contention.

(2) **Written notice**

The Respondent sent to the Claimant a letter dated 27 March 2019, in which the Respondent specified the Claimant's breach of the material provision of Article 15 of the Cooperation Agreement and required the Claimant transfer all the relevant customers of the CPE to the CK Expo and share with the Respondent 50% of all the profits generated from relevant customers of the CPE within 60 days after the date of this Letter.

The Tribunal finds that the Claimant's breach of the non-competition obligation provided in the material provision of Article 15 of the Cooperation Agreement is capable of remedy and the Respondent's written notice specifying the Claimant's breach and requiring its remedies by the Claimant within 60 days satisfies the second condition set out in Article 13.2 (1) of the Cooperation Agreement.

(3) **Failure of remedy**

After receiving the Respondent's Letter dated 27 March 2019, the Claimant replied to the Respondent in the Letters dated 4 April 2019 and 20 May 2019 that the Claimant's organization of the CPE did not breach the Cooperation Agreement.

Until the Respondent sent the Letter of Termination of Cooperation dated 28 May 2019, the Claimant apparently did not take any remedial measures requested by the Respondent's written notice. The Tribunal, therefore, finds that the Claimant's failure to remedy the breach of Article 15 of the Cooperation Agreement within 60 days after the notice was served satisfies the third condition set out in Article 13.2 (1) of the Cooperation Agreement.

(4) Conclusion

Since all three essential conditions set out in Article 13.2 (1) of the Cooperation Agreement are met, the Respondent has the right to terminate the Cooperation Agreement on 28 May 2019.

The Tribunal notes that Article 13.2 (1) of the Cooperation Agreement is equally applied to both Parties and either Party may choose to exercise the right of termination upon the conditions specified. As discovered by the Tribunal below, the Claimant contends that the Respondent's independently-organized ANF from 2016 to 2018 breaches the non-competition obligation under the material provision of Article 15 of the Cooperation Agreement. The Claimant, however, chooses not to terminate the Cooperation Agreement according to Article 13.2 (1). The Tribunal finds that the Claimant's choice of not exercising the termination right should not repudiate or affect the Respondent's respective right of termination.

The Claimant requests that the Respondent not be allowed to organize any competing trade fair, including ANF "during the term of the Cooperation Agreement". However, after the Cooperation Agreement is terminated, the Claim becomes null and void.

Given that the Cooperation Agreement has been terminated by the Respondent on 28 May 2019, the Tribunal cannot uphold the Claim that the Respondent continues to perform the Cooperation Agreement.

2. Respondent's Nonfeasance for 2019 CK Expo

The Claimant requests that the Respondent pay the damages for the losses resulting from the "Respondent's nonfeasance of not soliciting clients for the 2019 CK Expo, which breached the Cooperation Agreement".

(1) Non-feasance

The Tribunal also notes the discrepancy between the Claim and the Claimant's "Statement of Defense to the Counterclaim and Rebuttal of the Defense". In the former, the Respondent's nonfeasance contended by the Claimant is "not soliciting clients for the 2019 CK Expo", while in the latter the Claimant changes the contention, i.e. "due to the Respondent's lack of cooperation, the Parties could not complete the document preparation for 2019 CK Expo, or reached an agreement on the project budget within the period agreed in the Cooperation Agreement".

Given that the Claimant has confirmed each of its Claims and the Claimant's following-up statements should be consistent with, rather than deviate from, the Claims, the Tribunal finds that only the Claim regarding the Respondent's not soliciting clients for the 2019 CK Expo should be assessed.

(2) Damages

The Tribunal finds, after the Cooperation Agreement is terminated, the Respondent has been released from the contractual obligations (such as soliciting clients) and should not be liable for any non-feasance. Before 27 March 2019, the Parties were in the early process of document preparation in which the Respondent had not yet to be obliged to solicit the clients for the 2019 CK Expo. The issue then focuses on whether the Respondent is liable for non-feasance of solicitation of clients between 27 March 2019 and 27 May 2019.

The Tribunal notes that the Cooperation Agreement, Article 13.3, provides that the Party having a right to terminate this Agreement shall not be liable for damages, compensation whatsoever to the other Party for whatever reason.

In accordance with the foregoing provision, the Respondent is shielded from the liability for "damages, compensation whatsoever to the other Party for whatever reason". Therefore, even before the Cooperation Agreement was terminated, the Respondent should not be liable for nonfeasance when exercising the right of termination.

The Respondent sent to the Claimant the written notice according to Article 13.2 (1) of the Cooperation Agreement on 27 March 2019 requesting the Claimant to rectify the specified breaches within 60 days. When expecting the Claimant to remedy the breaches specified in the written notice, the Respondent should not be obliged to solicit the clients for the 2019 CK Expo in the uncertain contractual relationship.

Therefore, the Respondent, even if not soliciting clients for the 2019 CK Expo after sending out the written notice to the Claimant, shall not be liable for any damages under Article 13.3 of the Cooperation Agreement.

3. The Respondent's Breach of Non-competitive Clause

The Claimant requests that the Respondent pay the damages for the losses resulting from the Respondent's holding the 2016-2018 ANF, which materially violated Article 15 of the Cooperation Agreement through exhibiting the "CK-related products".

(1) **Breach of obligation**

The Tribunal spent quite a long time to look into hundreds of pages of evidential materials submitted by the Claimant but could not find any reference to the exhibited products for the 2018 ANF. It is irresponsible for a Party to throw in a large chunk of materials without identifying the specific information it attempts to prove.

The Respondent, however, primarily rebutted the Claimant that the "products alleged" did not belong to the mainstream exhibit category of the ANF and were not the important sector of the CK Expo because there were merely three relevant exhibitors during the 2016-2018 CK Expo. The Respondent also contended that the Claimant "knew or should have known that the products included in ANF Expo, but never raised any objections until it filed this arbitration case".

According to Article 5.5 of the Cooperation Agreement, the List of Permitted Goods in the Annex 4 are jointly specified by the Parties to define the scope of the CK Expo. Any party independently organizes any trade fair exhibiting the goods falling in the List of the Annex 4 breaches the non-competition obligation under Article 15 of the Cooperation Agreement. What matters is that the violation subsists, irrespective of the degree of violation. Since the baby foods falls in the List of Permitted Goods of the Annex 4 of the Cooperation Agreement, the Tribunal finds that the Respondent's 2016-2018 ANF, as contended by the Claimant and not denied by the Respondent, breaches the non-competition obligation.

Irrespective of whether the Claimant had the knowledge of or raised no objection to the Respondent's exhibition of the products at the ANF, there is no proof that the Parties had ever given any written consent according to Article 19.1 of the Cooperation Agreement to change or amend Article 15 to exempt the Respondent from the non-competition obligation. The Respondent's breach to Article 15 of the Cooperation Agreement can be found.

(2) Burden of proof

The Claimant, in the request for the damages of the losses resulting from the Respondent's breach, shall bear the burden of proof. Unfortunately, the Claimant provides neither any proof of its relevant losses nor any explanation regarding the source, composition, and calculation of the requested damages. The Tribunal has no basis to uphold the Claimant's mere assertion without proof.

4. Claimant's Breach of Non-competition Clause

The Respondent requests that the Claimant compensate the damages caused by the Claimant's 2017-2018 CPE.

As analyzed above, the Claimant's organization of the 2017-2018 CPE, in absence of the Parties' written consent, breaches the non-competition obligation provided in Article 15 of the Cooperation Agreement.

The Respondent, in the request for the damages resulting from the Claimant's breach, shall bear the burden of proof. Unfortunately, the Respondent provides neither evidence nor explanation regarding the source, composition, and calculation of the requested damages. The Tribunal has no basis to uphold the Respondent's mere assertion without proof.

5. Consolidated Profits of the 2018 CK Expo

The Respondent requests that the Claimant pay 50% of the consolidated profits of the 2018 CK Expo and any applicable interests thereon. The Respondent submits the lengthy contentions that the Claimant's unreasonable request on calculation of revenue and Claimant's refusal to audit the expenses lead to the Parties' failure of settlement of the accounts of the 2018 CK Expo. The Claimant, on the other hand, vigorously denies all the allegations made by the Respondent.

Except that the accounts of 2018 CK Expo are yet to be finalized and the consolidated profits thereof has not been settled, the Tribunal notes that the Parties' propositions are completely at odds. Instead of being submerged by the Parties' contentions, the Tribunal finds it's more useful to focus on the Respondent's Counterclaim and the relevant evidence to resolve the Parties' dispute.

(1) **Contractual stipulations**

The Tribunal notes that Article 9.7 of the Cooperation Agreement provides that the Parties shall finalize the accounts and will internally audit the accounts by latest one month after the CK Expo has ended; by latest three months after the end of the CK Expo, the consolidated profits shall be transferred to the bank accounts of the respective Parties in the ratio as defined under Article 9.2 of this Agreement, i.e. starting from 2014, both Parties shall have an equal share in the profits and losses being incurred by the CK Expo with 50% each.

The Tribunal also notes that the meaning of net profit, according to Article 9.2 of the Cooperation Agreement, shall be defined in the Project Budget as attached in the Annex 7. Unfortunately, the Annex 7 attached to the Agreement is a blank page. Neither Party addresses this issue all through the proceeding.

The Tribunal notes that the Cooperation Agreement, Article 6.1, requires both Parties permanently consult and support each other to ensure the CK Expo to be planned, conducted, and performed in a most efficient, professional and demand supplying manner. The Parties agree to actively contribute their knowhow to the CK Expo to meet the highest possible standards.

(2) **Settlement of the accounts**

According to the Cooperation Agreement, the Parties' finalization of the accounts is the prerequisite for consolidation of the profits. Before the Respondent can request the Claimant to transfer 50% of the consolidated profits for the 2018 CK Expo, the Parties shall, in the first place, finalize the accounts.

(a) Burden of proof

The Respondent blames the Claimant for failure of settling the accounts of the 2018 CK Expo. The Tribunal only finds, from the Respondent's Evidence, 2 pieces of "2018 combined budget" dated 29 November 2018 and 6 June 2018 respectively and prepared by the Claimant. Although the Respondent did challenge the accounts and the figures provided by the Claimant, the Tribunal cannot find any accounts and figures combined by the Respondent. The Respondent had emailed to the Claimant on 16 November 2018, stating "please kindly find the attached P&L summary from our side as promised". However, no such attachment can be found all through the Respondent's Evidence. The Tribunal, as a result, has no way to know the relevant Profit and Losses summary composed by the Respondent.

The Tribunal reiterates the Respondent's burden of proof for its own Counterclaims. The Respondent's acts of not providing the critical account information but persistently attacking the account information provided by the other Party cannot prove its own case. As a result, the consolidated profits cannot be settled based on the evidence available.

(b) Respective responsibility

With respect to the 2018 CK Expo, notwithstanding the Parties' disputes over whether a "binding budget" was reached, how to calculate the revenue (such as the sales of booth area) and how to include the expenses (such as the marketing costs), both Parties, when finalizing the accounts, shall consult and support each other to ensure the accounting completed in a most efficient, professional and demand supplying manner, as required in Article 6.1 of the Cooperation Agreement. Therefore, both Parties should take their respective share of responsibility for failure of finalization of the accounts of the 2018 CK Expo, not any single Party to blame.

(c) Internal audit

The Respondent blames the Claimant for refusal to audit the expenses. Article 9.7 of the Cooperation Agreement allows the Parties to "internally audit" the accounts for finalization. The Tribunal notes from the hearing that the Claimant does not oppose to the internal audit as stipulated in the Cooperation Agreement. The Claimant's disagreement lies in with the Respondent's request for "external auditing", of which the Tribunal finds no contractual basis.

(d) Normal profitability

The Respondent contends that the profitability of the CK Expo "is not sensible and far below the normal industry level" and "the margin of a similar trade fair is normally at 30-35%". The Tribunal finds that the so-called "normal industry level" of profitability is neither contracted into the Cooperation Agreement nor binding to neither Party. The Respondent's guessing that "the Claimant might hide its profit by overstating its expenses" has no concrete proof and cannot be recognized by the Tribunal.

(3) Conclusion

Since the Respondent's Counterclaim for 50% of the consolidated profits of the 2018 CK Expo is completely unproven, the Tribunal has no choice but to dismiss the Respondent's Counterclaim.

6. Rights in Exposition Names

The Respondent requests that the Claimant cease using the name of "CK Expo" and its full and short names in Chinese and compensate the damages by using the name in 2019.

(1) Exposition names

The Tribunal notes, from Article 5.1 of the Cooperation Agreement, that the trade fair shall be performed under the Names "CK Expo" and its Chinese full name and abbreviation.

According to Article 19.5 of the Cooperation Agreement, this Agreement shall be signed in Chinese and English languages and both language versions shall be equally authentic and binding.

Therefore, the Tribunal finds that the Names of the trade fair in the Cooperation Agreement shall be in both English and Chinese languages.

(2) Right owners of the Names

The Tribunal notes, from the Preface and Article 2, 3.2, 3.3 and 3.6 of the Cooperation Agreement, that the Claimant is the owner of the Names (Trade Name) and the Goodwill with the Names; the Claimant agrees to transfer 50% of the rights and interests of the Names and the Goodwill to the Respondent without a charge under the terms and conditions of this Agreement; after that transfer, the Parties shall be the joint owner of the Names and the Goodwill, shall jointly use the Names and the Goodwill and shall share the interests and liabilities according to their respective 50% of shares over the Names and the Goodwill; each Party shall not transfer, assign, sell or license the Names and the Goodwill without the prior written consent of the other Party.

The Tribunal notes that the Cooperation Agreement sets a condition upon the legal effect of the Claimant's transfer of the right of the Names and the Goodwill to the Respondent. According to Article 4.1 and 13.4 of the Cooperation Agreement, in case that the Agreement has been terminated by one Party in accordance with Article 13.2 during the period from the Agreement becoming effective to the expiry of the two weeks after the completion of the CK Expo 2012, the transfer of 50% of the Names and the Goodwill stipulated in Article 3 shall no longer take effect.

The Tribunal notes that the foregoing condition was never met because the Cooperation Agreement was, apparently, not terminated in the two weeks after the completion of the CK Expo 2012 under Article 13.2. Therefore, the Claimant's transfer of 50% of the Names and Goodwill took effect ever since.

(3) Rights of Names after termination

The Cooperation Agreement was terminated, in accordance with Article 13.2, by the Respondent on 28 May 2019. The Tribunal notes from Article 13.4 that any termination of this Agreement shall only refer to the clauses on joint performance of the CK Expo and shall not affect the transfer of the Names and the Goodwill. Therefore, according to Article 10.5 and 3.3 of the Cooperation Agreement, after the termination, both Parties are still the joint owner of the NAMEs and the Goodwill and share the interests and liabilities according to their respective 50% of shares over the NAMEs and the Goodwill, except that neither Party shall be entitled to use the NAMEs as required in Article 13.5 and 10.5 of the Cooperation Agreement.

The Tribunal notes that the Claimant concedes that it had organized the CK Expo 2019 to which "the Respondent made no effort and contribution". In the Tribunal's discovery, although the Claimant has the liberty, under Article 13.5, to perform the trade fair similar with the CK Expo after the termination of the Cooperation Agreement, it is not entitled to use the NAMEs specified by the Agreement.

The Tribunal finds the NAMEs banned from being used by either Party after the termination of the Cooperation Agreement are specified and does not extend to any other name. The Respondent's request for the Claimant to cease using the unspecified name has no contractual basis.

Given that the Claimant, after termination of the Cooperation Agreement, is still the joint owner of the Goodwill as well as the specified NAMEs, the Tribunal finds that the Claimant should have the right to use the names unspecified in Article 13.5 for the similar trade fair, unless the Respondent is able to prove that the Claimant uses the unspecified name in bad faith to harm the legitimate interests of the co-owner of the Names and the Goodwill.

(4) Damages

The Tribunal finds that the Respondent, after terminating the Cooperation Agreement in May 2019, is entirely not entitled to share 50% of the profits, if any, from the trade fair independently organized by the Claimant. Even though the Claimant used the specific Names banned in Article 13.5 of the Cooperation Agreement for the trade fair in 2019, what the Respondent can request is the damages caused by the Claimant's wrongly use of the Names, rather than the profit that may have been generated from the Claimant's trade fair. The damages and profits are two different things in nature and shall not be mixed up.

With respect to the request for the damages, the Tribunal agrees with the Claimant that "the Respondent did not provide any evidence to elaborate the calculation method of the claimed damages". It is a bit ironical that the Respondent presumes that the profitability of 2019 trade fair "unilaterally organized" by the Claimant should be more than twice higher than the 2018 CK Expo that was jointly organized by the Parties.

(5) Conclusion

Based on the foregoing discovery, the Tribunal upholds the Respondent's Counterclaim that the Claimant ceases using the Names specified by the Agreement. With respect to the other requests in the Counterclaim, the Tribunal finds them either baseless or unproven and shall not be supported.

7. Co-ownership

The Respondent requests that the Claimant cease promoting the Respondent as co-organizer of CK Expo or indicating any relation between the Respondent and CK Expo.

Article 5.2 of the Cooperation Agreement provides that the CK Expo shall be organized jointly by the Claimant and the Respondent after this Agreement becomes effective. Therefore, the Respondent was only the co-organizer of the Expo during the contract term. Given that the Cooperation Agreement was terminated by the Respondent on 28 May 2019, the Respondent is no longer the co-organizer of the CK Expo.

Since the Claimant shall not use the Expo Names, per se, after termination of the Cooperation Agreement, the Respondent's Counterclaim that the Claimant cease "promoting the Respondent as co-organizer of CK Expo or indicating the Respondent's connection with it" is null and void.

8. Respondent's Intellectual Property Rights

The Respondent requests that the Claimant cease using any and all of the intellectual property rights owned by the Respondent and the Respondent's affiliated companies, including but not limited to the trademarks, trade name, goodwill and copyrights, in particular brands and names of "KM" and "KJ".

(1) Respondent's intellectual property rights

The Tribunal notes from Article 3.6 of the Cooperation Agreement that as a consideration of the Claimant's transfer of the 50% of the rights of the Trademarks, Copyrights, Trade Name and Goodwill to the Respondent without any charge, the Respondent agrees to allow the Claimant to use the resources of "KJ" in Europe without any charge, to the extent that the Respondent is free to utilize such resources, that the Respondent is not subject to confidentiality obligations toward third parties and does not infringe intellectual property rights of third parties.

According to Article 10.2 of the Cooperation Agreement, after the Agreement entered into force, any and all trademarks, trade names, goodwill and copyrights of whatever nature which have been contributed by the Respondent to perform the CK Expo under this Agreement remain the sole and exclusive property of the Respondent; the Respondent permits and consents to use its trademarks, trade names, goodwill and copyrights of whatever nature strictly for the performance of the CK Expo under this Agreement. When this Agreement is terminated under whatever reasons, the right, permission, consent whatsoever to use any and all of the Respondent's trademarks, trade names, goodwill and copyrights of whatever nature ceases on the day the termination becomes effective. In this event the Claimant is not entitled to compensation, damages whatsoever arising out of or in connection with such termination.

The Tribunal finds that the Respondent grants the Claimant the licensing right, without any charge, to use the Respondent's "trademarks, trade names, goodwill and copyrights" strictly for the performance of the CK Expo under the Cooperation Agreement. When the Cooperation Agreement was terminated by the Respondent on 28 May 2019, the Claimant's right granted by the Respondent to use the Respondent's trademarks, trade names, goodwill and copyrights ceases on the day of termination. The Claimant shall, therefore, cease using any and all of the trademarks, trade names, goodwill and copyrights solely and exclusively owned by the Respondent, including "KM" and "KJ", from 28 May 2019.

(2) Intellectual property rights of the Respondent's affiliated companies

As confirmed in Article 3.6 of the Cooperation Agreement, the Respondent grants the licensing right to the Claimant on the condition that the Respondent is free to utilize the resources of "KJ" in Europe as far as no third-party right is affected or involved. The Respondent, therefore, has never granted the Claimant any right, permission, or consent to use any trademark, trade name, goodwill, and copyright of the Respondent's affiliated companies.

The Tribunal, therefore, cannot uphold the Respondent's Counterclaim regarding its affiliated companies' intellectual property rights.

(3) Trademark as the Joint Property

The Tribunal discovers what's being requested in the Respondent's Counterclaim is the "intellectual property rights owned by the Respondent and the Respondent's affiliated companies", which is completely different from the Trademarks specified in the Annex 1 of the Cooperation Agreement.

As provided in Article 3.2, 3.3 and 3.6 of the Cooperation Agreement, the Claimant agrees to transfer 50% of the rights and interests of the Trademarks, Copyrights, Trade Name and Goodwill to the Respondent without a charge under the terms and conditions of this Agreement to enable the Parties to become the joint owner of the Trademarks, Copyrights, Trade Name and Goodwill. The Trademarks transferred to the Respondent, according to Article 2.1 of the Cooperation Agreement, are specified and depicted in the Annex 1. The Tribunal notes that the Annex 1 specifies and depicts one registered Trademark, which is "CK Expo & device".

According to Article 13.4 of the Cooperation Agreement, any termination of this Agreement shall only refer to the clauses on joint performance of the CK Expo and shall not affect the transfer of the Trademark. Therefore, according to Article 10.5 and 3.3 of the Cooperation Agreement, after the termination, both Parties are still the joint owner of the said Trademark with each 50% of the shares.

Although no Party is allowed to sell, transfer, or otherwise assign its rights in the Joint Property to any third party, without the prior written consent of the other Party according to Article 10. 5 of the Cooperation Agreement, the Tribunal does not find any restriction on either Party to use the Trademark in the Joint Ownership. Therefore, the Tribunal finds that, after the termination of the Cooperation Agreement, the Claimant has the liberty to perform the trade fair similar with the CK Expo as well as the right to use the Trademark as the co-owner.

As a result, the Claimant's concerns that it "will not be able to use the trademark and goodwill of the CK Expo" after termination of the Cooperation Agreement have no factual basis. Neither does the Respondent ever request the Claimant cease using the Trademark in Annex 1 of the Cooperative Agreement in the Counterclaim.

(4) **Conclusion**

The Tribunal rules, in accordance with Article 10. 2 of the Cooperation Agreement, that the Claimant shall cease using any and all of the trademarks, trade names, goodwill and copyrights solely and exclusively owned by the Respondent, including "KM" and "KJ".

第四编

技术服务合同争议仲裁研究

技术服务合同是一方以技术知识为对方解决特定技术问题所订立的合同。广义的技术服务合同包括技术咨询，即一方以技术知识为对方就特定技术项目提供可行性论证、技术预测、专题技术调查、分析评价报告等所订立的合同。除了技术服务本身之外，技术服务合同常常还包括技术开发、技术许可或技术转让的内容。因此，技术服务合同常与相关知识产权（特别是专利权）的转移或获取交织在一起，使合同关系更加复杂。

《民法典》将技术服务合同、技术咨询合同与技术开发、许可、转让合同并列，共同归入技术合同之类，显然是考虑到了技术服务对于配合与保障技术成果的转化与应用具有重要作用，能够服务于推动科技研发的根本目的。虽然并非所有的技术服务合同都涉及知识产权问题，但从知识产权促进科技进步的宏观角度来看，技术服务合同仍可纳入广义的知识产权合同的范畴。完成技术服务所需的技术知识，既包括专利技术、其他专有技术等受知识产权保护的科技，也包括技术含量一般的知识与技能，但只要有关的服务能够满足缔约对方的需求、解决特定的技术问题，就符合当事人缔约的目的，服务提供方的合同利益就应得到认可。

审理复杂的技术服务合同争议案件时，仲裁庭需要特别注意厘清技术许可、转让、开发与技术咨询、服务之间的关系，查清当事人承担的相应合同义务及履行情况，才能精准裁判有关的争议。当事人因技术服务费的标准与支付发生争议的，应将技术咨询费、服务费与技术许可费、设备或原料销售款等其他费用区别开来。

第一章　互联网技术服务合同争议仲裁研究

互联网技术为各种新的商业模式及商业服务提供了广阔的应用场景与发展空间。各种新的网络技术服务层出不穷，也由此引发了各式各样新的合同争议。

例如，在一站式微信互联网解决方案服务合同争议案（案例45）中，合同约定被申请人"作为微信互联网解决方案的第三方服务商"为申请人提供微信小程序名单申请、设计、开发、制作，公众号菜单的设计、制作以及朋友圈推广海报设计等服务。合同项下，微信、微信互联网服务是指案外人腾讯公司拥有并运营的互联网服务。然而，申请人证明，被申请人自始至终未取得腾讯公司的授权，系假借腾讯公司的名义与他人签订合同，不具有履行合同的能力与资格。被申请人在订立"服务合同"时欺骗申请人，就重大事项作出与事实不符的陈述与保证，使申请人在违背真实意思的情况下与被申请人签约，申请人有权依法撤销该服务合同，并请求被申请人退还所收取的服务费用。

又如，在移动互联网平台服务合同争议案（案例46）中，合同约定被申请人应在收到申请人的全部合同款项及相应资料后10个工作日内开发完成合同约定的移动互联网平台服务的基本系统功能框架。然而，被申请人收到申请人支付全部服务费之后，并未提供任何服务。而且，申请人提供的"市场监督管理局商事主体登记及备案信息查询单"证明，被申请人因"通过登记的住所（经营场所）无法取得联系"，已被市场监督管理部门载入经营异常名录。由于被申请人迟延履行合同义务，且其企业经营的异常状况已经致使合同目的不能实现，申请人有权解除合同，并请求被申请人返还已付的全部合同款项。

第一节　互联网域名相关服务合同争议案

互联网技术的发展带来了层出不穷的新应用与新服务。互联网域名系统在日常的网络生活中虽已不常见，但仍是支撑互联网上浩如烟海的信息资源互联互通的基础性与骨干性的技术。域名系统采用树状结构，其根部是顶级域名，其上生长出二级、三级域名。顶级域名是由位于美国的互联网名称与数字地址分配机构（ICANN）协调管理的。顶级域名分为通用顶级域名和国际及地区域名两类，前者由 ICANN 认定并授权的域名注册管理机构管理，后者则由 200 多个国家或地区的机构管理。通用顶级域名的注册管理机构通过合同授权域名注册服务机构（注册商）向公众提供注册服务，域名注册服务机构及其指定的代理商则与域名注册申请人签订域名注册协议，使域名经过上述合同链条得以注册在域名系统数据库中。域名系统支撑的互联网信息资源寻址技术保障每一个注册的域名都是独一无二的，不存在各级域名的字符完全相同的域名。

域名系统自二十世纪中期诞生以来，通用顶级域名的数量一直屈指可数。以".com"为代表的传统通用顶级域名经过数十年的发展，其下注册的二级域名选择空间逐渐缩小。ICANN 从 2011 年起逐渐批准增加了数千个新的通用顶级域名，开创了".everything"的新时代。新增顶级域名开放注册之后，域名注册管理机构、注册商、代理机构、技术服务机构、域名注册持有人之间发生了更为复杂的、前所未有的合同争议。

一、新增顶级域名托管服务合同争议

新增顶级域名的注册管理机构经 ICANN 授权之后，如要在我国开展域名注册业务，应当获得工信部的批准。注册域名的解析需要主机托管等技术服务的支持，让用户可以在互联网上找到使用域名标记的互联网信息资源。

下述案例（案例47）中，申请人是提供托管服务的技术服务商，被申请人是跨国经营的通用顶级域名注册管理机构。双方合同做了所谓最惠服务费的约定，即如申请人任一客户所获得的本协议所提及的服务费用比目前与被申请人约定的价格更优惠，申请人应根据更优惠的价格调整协议中规定的服务价格。被申请人用案外人广告宣传中的域名注册价格，推定申请人违反合同约定，存在给予案外第三方的服务价格优于给予被申请人的服务价格"重大可能性"。然而，根据我国工信部颁布的《互联网域名管理办法》的规定与双方合同的约定，申请人所提供的是顶级域名网关技术托管服务，属于向被申请人等顶级域名注册管理机构提供的技术支持服务，明显不同于域名注册管理机构通过注册商向公众销售域名注册的服务。

在域名注册行业，有相当数量的国家或地区顶级域名、通用顶级域名的注册管理机构，出于各种原因，长期或者阶段性地免费或者接近免费地销售域名，但这并不意味着这些域名注册管理机构就不需要向为其提供技术托管等服务的机构支付技术服务费用。托管技术服务等域名运营成本，并不直接体现在面向公众的域名注册服务的价格中，这是域名行业的惯例。当事人双方的合同约定，合同适用中国法律、法规、电信管理部门的规定以及计算机行业（域名注册行业）的通用规范，如针对本合同规定的有关事项尚未有现行有效且适用的中国法律法规，应参照计算机行业一般国际商事惯例。被申请人将技术服务价格等同于域名注册"零售"价格的主张，违反域名注册行业的通用规范与国际商事惯例。

案例 47：新增顶级域名技术托管服务合同争议案

当事人双方于 2015 年 5 月 7 日签署中英文的《顶级域名网关技术托管服务合同》（以下简称服务合同），约定申请人为被申请人的某新增通用顶级域名获得工信部批复之后注册的二级域名提供顶级域名网关技术托管服务。申请人主张被申请人拖欠合同项下基础年服务费与可变运行费用两部分，构成严重违约。

（一）基础年服务费

依据服务合同第 1 条与第 3 条的约定，申请人应在约定范围内为被申请人提供某顶级域名网关技术托管服务，被申请人应依约及时、足额向申请人交纳服务费用。第 4.1 条约定，该顶级域名的基础年服务费用为每年人民币 100,000 元，被申请人在获得工信部颁发的正式批复通知后的 15 个工作日内，向申请人支付第一年基础年服务费用。

申请人举证证明，被申请人于 2016 年 11 月 22 日获得工信部颁发的正式批复通知。依据合同约定，被申请人应于 2017 年 1 月 10 日前支付第一年基础年服务费用。被申请人应当按照约定向申请人支付至今欠付的基础年服务费。

（二）可变运行费用

服务合同第 4.2 条约定，被申请人域名在 5000 个以上的部分，每个域名每年需向申请人支付可变运行费用人民币 3 元，每月结算一次。

申请人曾三次通知被申请人支付相关费用，但被申请人辩称，"申请人主张的可变服务费用数额存在错误，且未满足支付前置条件，故被申请人有权拒绝向申请人进行支付"。

被申请人主张，申请人违反合同的约定，可变运行费用应按照合同第4.4条进行调整。被申请人要求不承担相应的举证责任。

1. 举证责任

仲裁庭注意到，服务合同第4.4条约定，如申请人任一客户所获得的本协议所提及的服务费用比目前与被申请人约定的价格更优惠，申请人应根据更优惠的价格调整协议中规定的服务价格。

被申请人称，将举证责任归属被申请人，显然有失公平；根据公平原则和诚实信用原则并综合当事人的举证能力，不能适用谁主张谁举证的原则将举证责任归属被申请人承担。被申请人两次提交"调取证据申请书"，要求申请人向被申请人提供协助义务，向被申请人提供申请人给予其他客户的服务价格予以比对。

仲裁庭认为，当事人双方均是在互联网域名行业经营多年的企业，当事人双方是完全平等的商业主体，所缔结的服务合同经双方的磋商与谈判，最终形成并签署条款，包括其中第4.4条，反映的是双方深思熟虑后商业决策的共识。

正如被申请人所述，第4.4条的表述明确、具体且具有可操作性，完全体现了双方的合意，该意思表示为真实意思表示，合法有效。但是，该"明确、具体且具有可操作性"的条款并未约定由申请人承担举证责任。既然被申请人承认第4.4条完全体现了双方的合意，也就承认该条款本身约定的内容已经是被申请人在合同关系中的商业选择。既然该条没有明确约定举证责任倒置，这说明当事人双方均认可该条款应适用一般性的举证原则，即谁主张谁举证的原则。

在没有法律规定的情况下，除非当事人双方合同约定，否则没有理由将举证责任倒置。如果被申请人主张申请人违反服务合同第4.4条约定，就应当承担相应的举证责任，而不是将举证责任转嫁于申请人。

因此，被申请人关于"申请人应当依法履行协助义务，协助被申请人查明服务合同第4.4条约定的服务价格优惠调整的前提条件是否成就"的主张，缺乏依据，不能成立。

2. 自愿协助举证

仲裁庭认为，申请人在既无法定又无约定义务的情况下，自愿同意协助被申请人取证，提供被申请人所要求的"其与案外第三方就2016年、2017年托管服务事宜所签署的服务合同"，不仅表现了充分的诚意，而且所同意提供的证据足以满足被申请人的举证需求、足以帮助被申请人克服所谓的举证困难。既然如此,双方共同选定的第三方查阅申请人与被申请人所指认的案外第三方之间的同类服务合同,之后告知被申请人,该案外合同所约定的服务费用价格与本案服务合同约定的服务费用价格相比,孰高孰低,被申请人就能够据此举证。被申请人也承认,申请人的协助是指向被申请人"提供其(申请人)给予其他客户的服务价格予以比对"。

但是,在申请人同意给予被申请人方便、令其能够进行价格"比对"的情况下,被申请人却进一步要求获得"就其(申请人)向案外第三方收取2016年度及2017年度服务费用的银行凭证及开具的服务费用发票等"。

仲裁庭认为,被申请人的上述要求明显超出了其所主张的价格"比对"的范围,并非为了所谓举证之必需,暴露出借此手段获得与其同业竞争的案外第三方敏感的商业运营信息的嫌疑。申请人依据与案外第三方之间的合同约定必须履行相关的保密义务,不能向合同关系之外的被申请人擅自披露该第三方的敏感商业运营信息。合同当事人依约所承担的保密义务与《反不正当竞争法》所规定的商业秘密法律保护范围并不等同。被申请人套用《反不正当竞争法》的规定来否定申请人依照案外合同所承担的保密义务,纯属张冠李戴,无法自圆其说。

服务合同第8.1条明确约定了当事人双方的保密义务,即双方对本合同的具体内容负有保密责任,未经对方事先书面同意,任何一方不得将双方合作及合同的具体内容披露给任何第三方。依据上述约定,任何一方均不得将当事人"双方合作及合同的具体内容"擅自披露给第三方,这说明此类域名服务合同对于缔约双方保密要求是很高的。己所不欲勿施于人,被申请人强人所难、逼迫申请人违反案外合同中的保密义务,仲裁庭不予支持。

3. 被申请人的举证

被申请人提供了案外第三方运行管理的顶级域名之下在其微博及域名注册商网站的域名注册报价等证据,用以证明该顶级域名"终端的首年销售单价不超过人民币4元"。被申请人称,根据商业常识,申请人向该案外第三人收取的可变运行费用价格单价不会超过人民币1元,明显优惠于被申请人的价格。被申请人主张,其推算说明申请人给予案外第三方的服务价格优于给予被申请人的服务价格"存在重大可能性"。

仲裁庭认为,申请人提供的是顶级域名网关技术托管服务,与案外第三方向公众销售域名注册服务不同,使用终端销售的广告促销等资料来推测申请人为其提供的网关技术托管服务的价格,明显缺乏关联性。被申请人所称之"商业常识"与域名注册行业的惯例也明显不符,缺乏起码的说服力。

4. 可变运行费用的变更

被申请人称,申请人同意将可变费用单价从人民币3元调整为人民币1元,并提供了电子邮件证据。

仲裁庭认为,被申请人所提供的证据显示当事人双方就重新签订合同以取代服务合同进行过谈判,但是双方拟议中的新合同与服务合同完全不同,不仅缔约当事人从本案的申请人与被申请人两方将变为三方(tripartite agreement),而且被申请人所有于2016年12月15日前注册的域名(all existing domains prior to Dec. 15th 2016)也将由申请人提供相关服务。依据服务合同第1.1条的约定,申请人提供服务的范围限于"申请人为被申请人的新增通用顶级域名获得工信部批复之后注册的二级域名提供顶级域名网关技术托管服务"。拟议中的新合同建议(propose)将申请人的服务范围扩大到被申请人的顶级域名获得工信部批复之前注册的二级域名,已经与服务合同约定的范围完全不同。因此,拟议中的新合同并非要变更服务合同的部分条款(包括第4.2条关于可变运行费用的约定),而是要在当事人之间建立全新的合同关系。因此,如申请人在该电子邮件中所述,拟议中的新合同将彻底取代(replace)服务合同,申请人将起草一个新的三方合同(draft a new tripartite agreement)以供各方签署。

仲裁庭认为,被申请人所提供的电子邮件证据无法证明申请人同意依据服务合同约定的可变运行费用单价人民币3元变更为人民币1元。而且,被申请人未能举证证明当事人双方已经签署了新合同并取代了服务合同。

5. 支付款项的前置条件

仲裁庭注意到,服务合同第4.2.2条约定,可变运行费用每月结算一次,申请人向被申请人出具账单及发票(invoice),双方核对无误后10个工作日内,被申请人向申请人支付该可变运行费用。

仲裁庭认为,被申请人系住所地在美国的外国企业,与申请人通信联系使用的是英文,而且能够使用英文作为合同语言之一,不可能不知道"invoice"的含义。申请人向被申请人出具的三份Invoices,无论如何解释都等同于中文"账单及发票"。

服务合同第12.5条约定,此协议有中文和英文两个版本,同时执行,但是两个版本有任何差异,以中文版为准。服务合同第4.2.2条中英文版本的内容完全一致,并无任何差异,其中约定"申请人向被申请人出具账单及发票",且与英文版的内容完全对应。被申请人主张申请人必须开具中国税收法律规定的发票，毫无合同依据。

仲裁庭认为，被申请人既然收到了申请人出具的账单及发票，却以"费用数额存在错误"为借口拒绝依据服务合同的约定向申请人支付到期的可变运行费用，构成违约。而且，被申请人将服务合同第 4.2.2 条约定的被申请人向申请人支付可变运行费用的程序安排，故意歪曲为支付可变运行费用的所谓"前置性条件"，是不能成立的逃避付款义务的借口。

（三）合同终止违约金

被申请人于 2017 年 4 月 4 日向申请人发送邮件，称依据服务合同第 6.2.3 条的约定，被申请人提前 30 日通知申请人，其将于 2017 年 5 月 4 日终止服务合同，原因之一是有大量欺诈性注册通过网关。由于申请人未对此提出异议，因此合同终止。

1. 被申请人终止合同的通知

服务合同第 6.2.3 条约定，如有任何一方欲提前终止合同，需提前 30 日书面通知对方，对方未提出异议，视为同意，自通知之日起 30 日届满时，本合同自动终止。

仲裁庭认为，上述条款的约定是以当事人双方同意为核心要件的。只要任何一方当事人不同意，均不符合该条约定的终止合同条件。

申请人于 2017 年 4 月 21 日向被申请人发出"律师函"，称如被申请人不在收到本函之日起 10 个工作日内向申请人支付所欠合同款，申请人将通过法律途径追究被申请人的法律责任。

仲裁庭认为，申请人用"律师函"的形式回复了被申请人的书面终止通知，明显反对、强烈异议被申请人提前终止合同的行为。申请人的回复绝非同意被申请人提前终止合同的意思表示。

仲裁庭注意到，被申请人于 2017 年 4 月 4 日向申请人发出所谓终止合同通知之时，已经存在明显拖欠应付的多笔合同款的行为。被申请人甚至当庭承认明知应付第一年基础年服务费，却仍不支付。因此，被申请人在发出所谓终止合同通知之时正处于恶意违约的状态。但是，被申请人在所谓终止合同通知中非但没有对于清理当事人之间的债权债务关系作出任何承诺与安排，反而透过于申请人，无凭无据地声称此终止的原因之一是有大量欺诈性注册通过网关。对于这样一份强词夺理、颠倒黑白的终止合同通知，申请人不可能同意。因此，申请人的"律师函"是对被申请人终止合同通知明确的拒绝与反对。因此，被申请人通知无法产生服务合同依据第 6.2.3 条终止的后果。

2. 单方终止违约金

服务合同第 7.2 条约定，在本协议有效期内，如被申请人未遵守本协议约定，单方面终止协议，被申请人需将条款第 4.1.1 条中约定的基础年服务费用的 70% 支付给申请人，作为赔偿。

仲裁庭认为，被申请人在服务合同的有效期内，单方面终止合同，应当依照第 7.2 条的约定，将合同约定的基础年服务费用的 70% 支付给申请人。

二、新增通用顶级域名注册服务合同争议案

新增通用顶级域名开放注册后，域名注册管理机构的注册政策与条款百花齐放，推销域名注册的措施各显其能，采取的商业模式花样翻新，由此引发的域名注册合同争议也屡见不鲜。在下述案例（案例 48）中，被申请人是某新增通用顶级域名注册商的代理机构之一，申请人是域名注册持有人。依据双方合同的约定，被申请人向申请人提供的服务，不仅包括在该通用顶级域名下为申请人注册其所选择的域名，还包括为申请人所注册域名在移动互联网上建立网站。申请人虽然主张受被申请人的员工夸大宣传、欺骗误导而在重大误解下签约，却未能提供任何证据加以证实。而且，双方合同明确约定，被申请人员工口头介绍等均不构成合同有关服务项目的承诺。虽然被申请人提供的格式合同字体较小且文字繁密，但其内容并未违反《民法典》的规定，合同中与申请人有重大利害关系的格式条款均采用了黑体加粗的方式提示申请人注意。仲裁庭还认为，在合同项下，申请人并非普通消费者，而是为了商业经营目的而注册域名，对约定的服务内容及达到的效果应有理解的能力。在被申请人向申请人提供了合同约定的服务、并未违约的前提下，申请人要求解除合同及被申请人退还服务费的请求不予支持。

案例 48：域名注册及相关服务合同争议案

被申请人是某新增通用顶级域名注册服务商合作的注册代理机构，提供该顶级域名下域名注册服务。双方于 2021 年 5 月 14 日签订了两份域名服务合同，由被申请人向申请人分别提供两个域名的注册及"微入口"服务，并收取费用。

合同约定的服务内容由两部分构成：

一是被申请人作为域名注册服务商的代理机构，为申请人提供的相关域名注册服务，分别将申请人选择的两个域名注册信息录入域名注册管理机构的域名数据库系统。

二是被申请人根据申请人提供的注册资料，将该等信息经过编辑后添加至申请人之注册域名相应的微入口中，供终端用户进行信息浏览。

（一）合同效力

申请人提出，被申请人提供的格式合同文本对重要条款都用极小的字体，并且在其工作人员的误导下，申请人才签订了合同并支付了相关费用。因重大误解，应撤销双方当事人签订的两份域名服务合同。

1. 关于格式条款及其效力

仲裁庭注意到，双方当事人签订的两份合同，除双方信息、申请服务、申请人签章外，由特别敬告、服务约定、特别提示、申请人特别确认等格式条款构成。

仲裁庭认为，《民法典》并未完全否定合同中格式条款的效力，仅在提供格式条款的一方未采取合理的方式提示对方注意免除或者减轻其责任等条款，致使对方没有注意或者理解与其有重大利害关系的格式条款的情况下，格式条款的效力方才受到质疑。[1]

当事人两份合同的"服务约定"条款并未不合理地免除或减轻被申请人的责任，或使申请人的重大利害关系受到影响。而且，在"服务约定"的最后部分以黑体字突出提示，双方当事人确认"已完全阅读理解并慎重考虑且完全接受本合同及服务网站的全部相关内容，特别注意到了加重被申请人责任的条款，并自愿承担相应风险"。

两份合同的"特别敬告"称，被申请人向申请人提供的其他合同或本合同以外的其他服务与域名注册管理机构无关。该项内容虽然免除了案外的域名注册

---

[1] 《民法典》第496条第2款规定，采用格式条款订立合同的，提供格式条款的一方应当遵循公平原则确定当事人之间的权利和义务，并采取合理的方式提示对方注意免除或者减轻其责任等与对方有重大利害关系的条款，按照对方的要求，对该条款予以说明。提供格式条款的一方未履行提示或者说明义务，致使对方没有注意或者理解与其有重大利害关系的条款的，对方可以主张该条款不成为合同的内容。

管理机构对申请人应承担的责任，但是并未免除提供格式条款的一方即被申请人的责任。而且，"特别敬告"向申请人特别提示了相关风险，被申请人也尽到了提供格式条款的一方应履行的提示或者说明义务。

在两份合同"服务约定"第 1 条中，申请人确认是两份合同项下移动营销服务申请者/使用者，确认该两份合同由申请人亲为或已获申请人有关签订和履行该两份合同的完全授权。

在两份合同末尾，申请人"特别确认"，"本人已阅读理解并完全接受本合同全部条款，且本人已经完全了解域名注册特性与移动营销服务的相关内容与形式，愿意承担相关责任和法律后果"，并签名。

根据合同"服务约定"第 6 条的约定，该合同自双方当事人均签名、盖章或者按指印后生效。

仲裁庭认为，虽然两份合同字体较小、被申请人提供的服务约定格式条款字体繁密，但是并未违反相关的法律规定。域名服务合同不同于关于生活消费的合同，申请人从该合同获得的服务系用于经营性目的，应有了解域名注册特性与移动营销服务的能力。申请人既然已经在该两份合同中特别确认理解、接受全部条款，那么在该两份合同生效后就无权拒绝格式条款成为合同的内容。

2. 申请人是否存在重大误解

申请人称，两份合同签订前，被申请人向申请人承诺注册的域名是具有行业唯一性的，可以为企业引流客户。两份合同签订后，申请人按照被申请人描述的方式进行查询，发现被申请人虚假宣传、虚假承诺，该手机域名并不具有行业唯一性，也不能为申请人带来客流，只是注册一个网址。申请人主张，因重大误解，撤销两份合同。

仲裁庭认为，依据《民法典》的规定，合同当事人只有在缔约时对合同标的、内容有重大误解的，才有权请求撤销所缔结的合同。①

两份合同的"服务约定"第 1 条约定，域名注册是指被申请人将申请人的注册信息录入注册系统中，被申请人是域名注册服务的注册代理机构，使用容易理解记忆的自然语言进行域名注册，通过网络为终端用户提供信息服务引导。"微入口"服务由系统平台服务和设置服务构成，是汇集各项官方移动应用的统一入

---

① 《民法典》第 147 条规定，基于重大误解实施的民事法律行为，行为人有权请求人民法院或者仲裁机构予以撤销。

口,注册域名解析至微入口后,终端用户即可通过域名到达微入口浏览各项移动应用信息。

仲裁庭认为,双方当事人签订两份合同之时,申请人申请的两个域名尚未获得注册,更未解析至相应的微入口,当然不可能"具有行业唯一性"或者"为企业引流客户",申请人对此并无任何误解。由于申请人在缔约时对于合同的标的与内容并无重大误解,因此无权请求撤销该两份合同。

仲裁庭认为,申请人实质上是对于合同签订后的效果及预期获得的利益产生"重大误解"。申请人如要使其单方面预期约束被申请人,应使之纳入约定、成为条款,或者举证证明被申请人曾经作出过该合同约定之外的承诺。

然而,本案中,《手机域名合同》中并无关于"注册的手机域名是具有行业唯一性的,可以为企业引流客户"的任何约定。申请人称,被申请人的员工向其承诺,附近人员只要登陆搜索引擎寻找某店,申请人的地址就蹦出来在页面上置顶,由此申请人才签订了该合同。但是,申请人对上述主张并未提供任何证据。而且,合同"特别敬告","本协议中域名的相关内容、服务规范以服务网站公布的相应信息为准;除上述网站公布的信息外,其他任何书面或口头等介绍均不构成订立本合同中有关服务项目要约或承诺的任何部分或基础"。因此,申请人主张的被申请人员工的介绍,无法构成申请人可以依赖的、对被申请人具有约束力,并成为订立合同的任何部分或基础。

综上,双方当事人订立的两份合同并无任何重大误解,申请人无权请求撤销其所签订的该两份合同。

(二) 服务费退还

申请人称其于签约两份合同当日,通过电子邮件、微信等方式通知被申请人解除该两份合同并退款,且通知被申请人停止继续履行该两份合同相关的注册申请、申报审批、信息公布等一系列活动。据此,被申请人应退还申请人支付的服务费。

仲裁庭注意到,两份合同由双方当事人均签名、盖章或者按指印后生效。当日,申请人向被申请人支付了其中一份合同约定的全部服务费用及另一份合同约定服务费的一部分。

仲裁庭认为,如果被申请人违约,未能向申请人提供约定的服务,申请人有权解除合同并请求被申请人退还已经支付的款项。

依据两份合同约定,被申请人应向申请人提供域名注册服务与相应的微入口服务。

1. 域名注册服务

被申请人提供了域名注册证书，证明两个域名注册日期为2021年5月14日，域名所有人为申请人的姓名。

仲裁庭注意到，《手机域名合同》"特别敬告"中，申请人在域名注册完成后通过域名注册管理机构网站相应Whois查询栏目对域名注册信息进行核实。域名注册管理机构Whois查询结果显示，申请人域名注册于2021年5月14日。

仲裁庭认为，被申请人提供的两份域名注册证书记载的域名不仅与合同的约定相对应，而且经域名注册管理机构域名注册查询数据库（Whois）核实，两个域名确已于2021年5月14日完成注册。域名系统中，在同一顶级域名之下注册的任何域名字符均不能相同，这是域名注册的特征。申请人两个域名注册之后，任何其他人均无法再注册同样字符的域名。因此，《手机域名合同》约定的两个域名完成注册、申请人成为两域名所有人的事实，有完整的证据链证实，真实性应予认可。

根据两份合同"服务约定"第2条的约定，被申请人应当在收到申请人均签名、盖章或者按指印的合同及总计费用之日起3日内，提交相关服务的注册与申请；逾期十日仍未提交，申请服务视为无效，应由被申请人承担全部责任。申请人提交的资料将在申请之日起五日内接受审核。核准申请，注册完成后，申请人获得相应的域名及服务；不予核准的，被申请人应当退还申请人已交纳的服务费。

仲裁庭认为，被申请人在收到申请人均签名、盖章或者按指印的合同及相关费用之后，于2021年5月14日当天，就向域名注册服务机构提交了注册申请，并于当天经域名注册管理机构核准申请完成注册，也即，被申请人在约定期限内为申请人提供了域名注册服务，并未违反合同的约定。

2. 关于微入口服务

根据两份合同"服务约定"第2条的约定，被申请人根据申请人提供的注册资料，包括营业执照等和移动应用入口信息，包括申请人提供的微博昵称及链接地址、微信公众平台账号名称及二维码、客服或业务电话号码、公司地址、即时通讯昵称或账号等，将该等信息经过编辑后添加至申请人之注册域名相应的微入口中，供终端用户进行信息浏览。

被申请人提供了关于两个域名微入口的证据，在页面上部显示域名，页面中部为"官方微信""在线客服"等栏目设置，在页面底部均显示"申请人版权所有"。被申请人当庭演示，域名对应的微入口可以通过手机浏览器供终端用户进行信息浏览。

仲裁庭注意到，申请人称，两份合同签订后，申请人按照被申请人描述的方式进行查询，发现被申请人虚假宣传、虚假承诺，该域名并不具有行业唯一性，也不能为申请人带来客流，只是注册一个网址。

仲裁庭认为，申请人的上述陈述表明，申请人不仅知晓两域名注册完成的事实，而且按照被申请人描述的方式进行了查询，浏览访问了注册域名对应的微入口，实际使用了被申请人提供的微入口服务。申请人作为了解域名注册特性与移动营销服务的经营者，不应矢口否认被申请人履行了域名注册服务与微入口服务的事实。

由于在申请人通知被申请人解除两份合同并退款之前，被申请人已经履行了两份合同约定的与手机域名对应的微入口服务，并未违反该两份合同的约定。因此，申请人无权解除两份合同并要求被申请人退还已付服务费。

第二节　网络游戏用户服务合同争议案

网络游戏运营商与游戏用户（玩家）签订的合同不仅许可用户安装游戏、使用游戏著作权，而且提供用户游戏账户的管理服务，具有服务合同与著作权许可使用合同的双重属性。网络游戏运营企业必须对游戏用户进行实名制管理，网络游戏用户必须使用有效身份证件进行实名注册，提供虚假注册身份信息的，网络游戏运营企业有权中止对网络游戏用户提供全部或部分服务。游戏运营企业应当将上述强制性要求纳入其与游戏用户签订的合同条款之中，否则有关主管部门将予以行政处罚。

在下述案例（案例49）中，当事人合同约定，游戏用户必须以真实身份注册并使用游戏平台，且不得与任何其他人共用一个通行证或登陆信息。由于游戏用户违反约定，登录、使用他人的游戏账户，游戏运营商将其账户在一定期限内冻结。仲裁庭认为，游戏用户的行为不仅违约，而且违反相关行政管理的规定，游戏运营商有权依据合同对用户账户采取相应的处置措施。值得注意的是，游戏用户在合同项下获得的著作权使用许可，范围仅限于其本人，擅自扩大到所谓"亲友使用自己的账号进行游戏体验"，不仅违反账户管理的约定，而且超出了著作权许可使用的范围，还可能面临侵权责任的风险。

案例 49：网络游戏最终用户许可协议争议案

申请人是某知名网络游戏的玩家，被申请人是该游戏中国运营公司。双方均认可合同关系以 2018 年 10 月 22 日版本的《最终用户许可协议》（以下简称"许可协议"）为准。申请人称，其在被申请人运营的网络游戏中注册了两个游戏通行证，通过了身份证号码实名验证；2018 年 12 月 29 日起，被申请人以"游戏过程中引发游戏数据异常"为由，陆续将申请人两个游戏通行证账号下的 8 个子账号冻结封禁。被申请人辩称，申请人未经许可擅自登录使用案外人林某、韩某的游戏账号，已构成严重违约行为，被申请人对其冻结账户的措施符合协议约定。

仲裁庭注意到，申请人承认被申请人对其账户所采取的冻结措施仅限 30 日。被申请人当庭确认，已经期满解除对申请人账户的冻结。因此，被申请人在一定期限内冻结申请人账户，属于暂时性处理措施，并未"终止"与申请人之间的网络服务合同。当事人之间的许可协议继续有效。

（一）申请人的违约行为

申请人提交的"许可协议"在第 1 条以黑体加粗的形式明确约定，申请人知悉并同意，根据有关监管部门的要求，申请人有义务以真实身份注册使用本平台（包括申请将游戏账号绑定至通行证），且应向运营方（被申请人）提供真实、完整、有效的个人身份资料信息；否则，申请人须对不实信息承担相应的法律责任和不利的法律后果；该条还明确约定，申请人不得与任何其他人共用一个通行证或登陆信息。

"许可协议"第 1 条还约定，运营方有可能在申请人违反本协议和/或其他公开规则的情况下，暂时冻结、永久冻结、修改、删除通行证或者采取其他处理措施；特别地，在使用本平台的过程中（包括但不限于绑定游戏账号）或者游戏服务过程中，如果运营方认为申请人的通行证或者关联的游戏账号存在涉嫌欺诈、虚假陈述、不恰当或不诚实地影响游戏服务整体性和公平性的行为，或者其他违反本协议和/或其他公开规则的行为，那么运营方有权对申请人的相关通行证、游戏账号采取处理措施，包括但不限于暂时或永久冻结通行证、游戏账号。申请人充分理解申请人的通行证一旦被冻结，该通行证关联的游戏账号在冻结期间也将无法使用。

经庭审查明，申请人向被申请人提供申请人自身的电子邮件，借以登录使用案外人林某、韩某的游戏账号。申请人的行为与"许可协议"约定的游戏用户义务明显不符，即以真实身份注册并使用被申请人运营的游戏平台，且不得与任何其他人共用一个通行证或登陆信息。

仲裁庭认为，申请人称其不知道其自行提交的作为仲裁依据与主要证据的"许可合同"中明确约定的合同义务，无法自圆其说。

申请人虽然主张 2018 年 10 月 22 日更新的"许可协议"不是被申请人于 2018 年 12 月作出冻结决定时当事人双方的合同依据，但是未能提交相应的证据。当事人双方均提交了 2018 年 10 月 22 日更新的"许可协议"，其中第 1 条明确禁止游戏用户与任何其他人共用一个通行证或登陆信息。

总之，仲裁庭认为，申请人明显违反"许可协议"约定的义务，被申请人依约对申请人的账户采取暂时的处理措施，具有明确的合同依据。

（二）格式条款的效力

申请人主张，"不得与他人共用一个通行证"属于未经提示的格式条款内容，亦属于排除提供格式条款相对方权利的行为，应属无效条款。

仲裁庭认为，"许可协议"通过对相关文字黑体且加粗的形式，将申请人应当以真实身份注册使用被申请人所运营的游戏平台的义务在整个合同文本中予以突出，明确排除了申请人"与他人共用一个通行证"的情形。申请人作为"长时间游玩""花费较多时间体验游戏""对游戏机制与规则熟稔于心"的用户，以"许可协议"相关约定未经提示为由主张该条款无效，殊无理由。

申请人还主张，允许亲友使用自己的账号进行游戏体验，这是作为游戏服务消费者的基本权利。而被申请人提供的格式条款直接排除了这一权利，亦属无效条款。

仲裁庭注意到，"许可协议"在开头部分即明确约定，申请人在安装游戏前应当认真阅读下列协议，如果申请人不同意本协议的所有条款，那么申请人将不能安装或通过其他方式使用或访问该游戏。而且，"许可协议"第 1 条明确约定，申请人不得与任何其他人共用一个通行证或登陆信息。

因此，申请人所主张的"允许亲友使用自己的账号"进行游戏体验的"权利"，与"许可协议"约定的申请人以真实身份使用游戏平台的合同义务直接冲突，无法否定相关格式条款的效力。

(三) 合法性义务

申请人主张，并无法律、法规或者规章规定不得使用他人账号。

仲裁庭注意到，"许可协议"第 7 条明确约定，申请人同意，在使用平台或游戏的过程中，不会违反任何适用法律法规的规定。《网络游戏管理暂行办法》明确规定，网络游戏运营企业应当要求网络游戏用户使用有效身份证件进行实名注册；违反上述规定的，有关主管部门将予以行政处罚。网络游戏运营企业与用户的服务协议应当遵守包括《网络游戏服务格式化协议必备条款》的全部内容，服务协议其他条款不得与其相抵触。《网络游戏服务格式化协议必备条款》规定，网络游戏用户承诺以其真实身份注册成为网络游戏运营企业的用户，网络游戏用户提供虚假注册身份信息，或实施违反本协议的行为，网络游戏运营企业有权中止对网络游戏用户提供全部或部分服务。

本案中，申请人作为网络游戏用户，向被申请人提供自己的电子邮件信息借以登录使用案外人林某、韩某的游戏账号，属于提供虚假注册身份信息的行为，不仅违反了"许可协议"的约定，而且违反了《网络游戏管理暂行办法》与《网络游戏服务格式化协议必备条款》关于网络游戏实名制管理的规定。

申请人主张，使用他人账号不属于"与他人共用一个通行证"；经通行证账号本人许可和委托，在本人不便登陆的情况下，无偿帮助其登陆并完成特定任务或者其他受托事项，是一般"使用"行为，并非被申请人主张的"共用"行为。

仲裁庭认为，申请人关于"亲友""无偿帮助"等主张不仅与"许可协议"明确约定且突出提示的申请人以真实身份（例如：真实姓名、身份证件号码、联系方式）使用被申请人运营的平台（包括申请将游戏账号绑定至通行证）的义务完全不符，而且违反《网络游戏管理暂行办法》等有关规定。游戏用户实名制是我国网络游戏管理的重要法律制度。被申请人对申请人进行实名制管理不仅是当事人双方合同的约定，而且是强制性法律义务。"许可协议"的约定，明确具体，并无歧义，不存在多种解释的问题，不论是"使用他人账号"或者"与他人共用一个通行证"均在禁止之列。

总之，被申请人依据"许可协议"的约定，对申请人的账户采取暂时性处理措施，具有明确的合同依据，并无不当。申请人关于被申请人承担申请人游戏时间损失费的主张，缺乏依据，仲裁庭不予支持。

第三节　互联网广告服务合同争议案

数字经济环境下，互联网已经成为广告宣传、市场营销的主要途径，"互联网+广告"创造了许多新的商业机会与服务模式，出现了许多细分的服务领域，也引发了新的合同争议。

案例 50：网络广告发行服务框架协议争议案

摘要：本案中，被申请人是电子支付服务商，主要为东南亚消费者提供类似虚拟信用卡的网络购物分期付款服务。为了宣传推广其支付服务，被申请人与作为网络广告服务商的申请人签订了网络广告发行服务框架协议，约定由申请人通过多个在线渠道推广被申请人的虚拟信用卡服务，促使消费者安装被申请人的移动应用程序（APP）。被申请人以申请人发行未经被申请人批准的非法广告内容为由，拒绝支付申请人的服务费，引发了双方的争议。

仲裁庭发现，当事人双方的合同关系比较复杂，在框架协议签订后，双方还以此为基础订立了有关的订单、补充协议及单独协议，这些后续订立的系列协议非常零散、数量庞大且有各自的适用范围与期限。除了当事人双方特别约定由被申请人审核批准的某个特定广告内容或由被申请人在某个特定时间段检查申请人广告账户之外，被申请人在以框架协议为基础的合同关系中，并不享有就申请人发行的广告内容进行预先审查批准的一般性权利。作为广告主，被申请人担心申请人发布的广告内容失控或者申请人业绩造假是可以理解。但是，被申请人显然忘记了双方签订框架协议的初衷。框架协议本质上是被申请人提供广告内容由申请人发行的协议，被申请人本应完全掌控广告的内容，申请人仅充当广告发行的渠道。然而，在框架协议实际履行过程中，双方的地位与作用却发生了扭曲与逆转，实质上变为申请人从公开网络上撷取相关内容作为广告发布。在此情况下，被申请人本可与申请人重新谈判、签订新的协议，从而获得对申请人发布广告内容享有事先审核批准的权利，规避有关的风险。但是，双方却继续维持在原来的已被扭曲的合同关系中，仅通过零散的特别协议进行修补，由此出现大量漏洞和空隙在所难免，被申请人难免为缺失预先审查批准申请人发行广告内容的一般性权利承担不利后果。

幸运的是，双方曾就发生争议的服务费订立了特别协议，被申请人曾经由此在特定时间段访问审查申请人的广告账户，确定申请人所应获得的服务费金额。仲裁庭认为，该特别协议对双方均有约束力，可以作为认定申请人相关服务费的依据。总之，互联网服务在现实中虽然灵活多变，但是当事人服务合同的约定必须与之相配合，避免合同履行脱离合同轨道造成合同关系的失衡。

The Claimant and the Respondent signed the "Framework Agreement" on November 3, 2016, under which the Claimant provides distribution of advertisements service via multiple online channels for the Respondent's product. The two Parties signed the new Framework Agreement on July 17, 2017 with no change of the content of the Agreement. According to Article 16 of the Framework Agreement, this Agreement shall be governed by the Chinese laws without regard to conflicts of law provisions.

The Respondent's product for which the Claimant provides the services is a virtual credit card applied in the mobile shopping scene. The product's mobile application program (App) provides installment shopping supported by the virtual credit card. The product was formally launched in June 2016 and targeted to those uncovered by bank credit card service in Southeast Asian market. In November 2016, after the Framework Agreement was signed, the Claimant started advertising service via network platform for the Respondent to improve the number of users in Southeast Asian market. The Parties's dispute derived from the Respondent's late payment of the Claimant's service fees. The Claimant requests the Respondent to pay the service fees from June, July and August 2017. The Respondent contends that the Claimant is not entitled to the service fees, because the Claimant distributes illegitimate materials not yet approved by the Respondent, overcharges the Respondent service fees with the invalid installations generated from the illegitimate materials, and refuses to allow the Respondent to verify the service fees after the alleged misconducts were discovered.

The Tribunal finds that the Parties' dispute must be examined in the complicated contractual relationship. Except for the Framework Agreement that provides clearly the terms and conditions agreed by the Parties, the Parties dispute over whether there are other binding terms.

1. Insertion Order

Under the Framework Agreement, Article 1, the Party may outline on a separate Insertion Order the related terms of each advertising campaign, including without limitation, unite price, campaign type, pricing model, budget cap, and any restrictions or instructions; in the event of any conflict of terms between the terms written on any Insertion Order and the Framework Agreement, the terms of the concerned Insertion Order shall prevail.

Therefore, besides the Framework Agreement, the Insertion Order (s) agreed by both Parties supplement the Parties' contractual relationship.

An Insertion Order, as provided in Article 1 of the Framework Agreement, shall be contained on the Network's online interface accessible by a dedicated login or on a written notice sent by one Party to another by email. The two Insertion Orders attached to the Framework Agreement concluded on November 3, 2016 and July 17, 2017 respectively have been executed by the Parties in the electronic means and supplement the relevant part of the Parties' contractual relationship.

2. Parties' Email Exchanges

Article 17 of the Framework Agreement provides that the terms contained in the Agreement are intended to supersede and will supersede any other agreements entered into between the Parties prior to the effective date concerning the same subject matter; this Agreement shall supersede any online agreement entered into between the Parties and the terms of such online agreement shall not apply.

The Tribunal finds that the foregoing entirety provision in the Framework Agreement merely precludes the Parties' prior agreements (including online agreements), rather than the agreements entered into between the Parties after the conclusion of the Framework Agreement.

The Respondent contends that the Parties' correspondence, along with the Insertion Order, supplements the Framework Agreement and collectively constitutes the Parties' "Contract".

The Tribunal, however, finds it arbitrary to equalize the Parties' exchanges of emails to the Parties' agreements. Where the Parties had in vain discussed certain issues, or where one Party's assertion was not confirmed by the other, no agreement has ever reached and the relevant email exchanges or correspondence between the Parties cannot constitute binding "Contract". Only the Parties' agreements contained in the email correspondence (including emails, WeChat conversations and other electronic communications) matter in this case.

Both Parties submitted a large volume of email exchanges to support their respective contentions. Through examining all these emails between the Parties, the Tribunal finds that the Parties' agreements may be proved in two types of email correspondence.

(1) Supplementary agreements

The first type is the Parties' email exchanges to supplement the Framework Agreement and Insertion Order (e. g. pricing model, unit price, etc.).

For example, the Claimant requested on April 5, 2017 the Respondent to confirm the "new price", and the Respondent confirmed the new price effective from April 14, 2017. Both parties' email exchanges confirmed that they agreed upon the Cost-per-Install (CPI) pricing model, unit price and method of calculation.

The Tribunal notes a special supplementary agreement was concluded in January 2018. On January 5, 2018, the Respondent requested to get access to the Claimant's "ad account to check creatives for bills confirmation"; the Claimant agreed on January 9, 2018 that the Respondent was permitted to access to the relevant accounts in 10 working days (effective on January 9-22, 2018) so as to review the materials and both Parties expected to get the review result tentatively by January 23, 2018. The agreement (hereafter "Inspection Agreement") was concluded to resolve the Parties' discrepancy regarding the bills of the service fees. It especially defines the duration and scope of the Respondent's access to the accounts and review of the materials.

The Tribunal finds that all the supplementary agreements' terms, conditions and effective dates are clearly expressed and documented in the email exchanges between the Parties.

(2) Stand-alone agreements

The second type is the email exchanges that contain the Parties' stand-alone agreements on a specified issue.

The agreements of this type, although binding to the Parties, are only effective on the specified issues, rights and obligations of which should not be generalized and stretched to the uncovered ones.

In conclusion, the Tribunal finds that the Parties' contractual relationship is respectively defined in the Framework Agreement, Insertion Order and relevant supplementary agreements confirmed by emails. Besides, the Parties' stand-alone agreements via email exchanges play their respective roles in the specified scope.

3. Respondent's Right of Review

The Tribunal notes that the Parties dispute over whether they've agreed that the Respondent shall confirm each advertising material by email before it is distributed by the Claimant. The Tribunal carefully looks into the relevant evidence submitted by both Parties.

(1) **Review under the Supplementary agreements**

(a) Emails on November 4, 2016

The Respondent refers to the item "Sources and Materials Restrictions Confirmed by Email" listed on the Insertion Order to support its contention that all advertising materials must be confirmed by the Respondent by emails.

The Claimant, on the other hand, contends that "Sources and Method" in the Insertion Order refer to the origin of the traffic, such as a search engine (for example Google) or a domain (example.com), rather than any actual advertising materials. The Claimant submits many webpage printouts to demonstrate the meaning of "Sources".

The Tribunal finds the information selected by the Claimant from the Internet neither authoritative nor sufficiently persuasive. It fails to prove that the Parties agreed to adopt these selected websites' explanations or connotations on "Sources" in the contractual relationship when the Insertion Order was concluded.

On the other hand, the Respondent's contention relies on the Parties' emails exchanged dated November 4, 2016, when the Claimant requested the Respondent to confirm that "the materials are not open and all materials must be reviewed" (不开放素材，素材必须审核); and the Respondent in its reply repeated the same.

The Tribunal, however, finds that the foregoing emails' expression is too vague and equivocal to support the Respondent's contention.

Firstly, the Respondent does not prove that the "materials" in the email correspondence refer to the "Sources and Materials" in the Insertion Order. Instead, the Respondent provides a large number of email exchanges between the Parties to prove the "conduct", "practice" and "performance" of the Parties. Article 17 of the Framework Agreement, however, excludes even any usage of trade from supplementing or explaining any term used in this Agreement, albeit the Parties' performance and practice. What the Respondent should prove is how its contention was contracted into the Insertion Order, rather than simply resort to the contractual performance.

Secondly, ambiguity of the content contained in the captioned emails hardly helps the Respondent to prove its case. Although the correspondence confirms that all materials must be reviewed, it does not clarify which Party has the right to review. the Parties' WeChat correspondence dated November 2, 2017 provided by the Claimant shows that the Claimant asked "if we provide the material review and backend images, may we not open the backend? (如果我们提供素材审核和后台截图，能不开放后台吗?) " and the Respondent replied yes. Although the correspondence between the Parties occurred one day before the conclusion of the Framework Agreement is not the conclusive evidence, it draws the Tribunal's attention that the Parties had, at least, discussed the "material review" conducted by the Claimant, rather than by the Respondent. The Tribunal finds that no sufficient proof that the Parties had agreed through correspondence that the Respondence had the contractual right to "confirm each advertising material by email before it is distributed" by the Claimant. Therefore, the Parties' email exchanges on November 4, 2016 cannot prove the Respondent's right of review.

(b) Inspection Agreement on January 9, 2018

The Tribunal notes that the Parties' Inspection Agreement did grant the Respondent the right to access the accounts and review the materials within the specified duration and for the specific purpose of bill confirmation.

According to the Inspection Agreement, the Respondent's review right was only effective on January 9-22, 2018. Although the Parties later agreed to extend the duration of the Respondent's access and review, the Respondent's right of review still relies on this Agreement and cannot exist beyond the agreed period and cover "each advertising material".

(2) Review under the Stand-alone agreements

The Respondent submits many email exchanges (in 190 pages) between the Parties from early 2017 to July 31, 2017 to show the "consistent practice" of the Respondent's Pre-distribution Review and Approval Process.

The Tribunal notes from the foregoing correspondence that the Claimant requested the Respondent to review the specified creatives (i. e. advertising materials) and the Respondent replied back with either approval or revisions to the specified creatives. Each set of email exchanges can prove that the Parties agreed to permit the Respondent to review and decide the specified materials provided by the Claimant for the purpose of distribution. There is no doubt that the Parties reached hundreds of these agreements via email exchanges.

However, all these agreements are stand-alone arrangements between the Parties only applicable on the specified materials. The Respondent's the right to review the specified material is only effective within each agreement and cannot go beyond the scope of the specification. In other words, whenever the Claimant does not give consent to the Respondent's review, the Respondent has no contractual basis to claim such right. Notwithstanding hundreds of agreements all through early 2017 to July 31, 2017, the Respondent's contention for a general contractual right to review the materials is baseless. As the Claimant contends, the Respondent shall not "unilaterally decide everything at any time".

(3) Review under the Framework Agreement

The Respondent contends that the Pre-distribution Review and Approval Process "explicitly provided under the Framework Agreement itself, an Insertion Order, and the Parties' relevant correspondence".

Apart from the Parties' relevant correspondence, the Tribunal finds neither the Framework Agreement nor the Insertion Order contains any "explicit" stipulation regarding the Respondent's review or approval right.

On the contrary, under the principal-agent relationship provided by the Framework Agreement:

The Advertising Materials are the information supplied by the Respondent to be displayed for advertising purpose (Article 1.2);

The Respondent shall be responsible for preparing Advertising Materials to be used in each campaign subject to the prior examination by the Claimant (Article 5); and,

The Respondent acknowledges and agrees the Network operated by the Claimant as a passive conduit for the traffic distribution and publication of the Respondent-submitted information and has no obligation to screen communications or information in advance on any Affiliate's sites; the Claimant do not warrant the correctness, accuracy, timeliness, reliability of any content or information posted on the Affiliate's sites nor make any representations regarding the use or the results of the use of the Affiliate's sites (Article 3).

Under the aforementioned contractual arrangement, the Respondent surely does not need the right to review the advertising materials "prepared" by itself; it is the Claimant that operates as a passive conduit for the traffic distribution and publication of the Respondent-submitted information that needs to "determine" in its sole discretion whether the Advertising Materials is inaccurate or whether any of the products or service promoted by the Respondent through the Network violates any applicable laws, rules or regulations, and may suspend the Respondent's campaign if needed (Article 5).

Furthermore, the Framework Agreement provides the warrant and indemnification for the Claimant. The Respondent represents and warrants to the Claimant that all Advertising Materials comply with laws and regulations in the applicable territory; and don't contain any item that is misleading, inaccurate, obscene, abusive or other criminal activity that could give rise to civil liability (Article 10.2 and 10.3); the Respondent agrees to indemnity and hold the Claimant harmless against any and all expenses and losses of any kind incurred by the Respondent in connection with claim of any kind relating to the Advertising Materials (Article 12). On the other hand, the Respondent can only use the tracking method to track the action of the Claimant (Article 7).

The Respondent's contention that the Claimant's distribution of misleading and pornographic materials harmed the Respondent's image, credibility and reputation is completely at odds with the "explicit" stipulations of the Framework Agreement. Should have the Respondent supplied and prepared the Advertising Materials in accordance with the Framework Agreement, none of issues contended by the Respondent would have occurred. The Respondent is arrogant to assert "whether the Framework Agreement perfectly matches the business model and reflect the Parties' practice in this case, which the Parties also disputed in the hearing, is only a collateral issue and not outcome-determinative".

As stated by the Respondent, in the Parties' real practice, it is the Claimant that "designs" as well as distributes the Advertising Materials. According to the Respondent's statement, the Claimant "designs the materials itself based on the characteristics (e. g. , logo, style, etc.) of the Respondent and its products" and "then turns the materials into advertisements". While the Claimant is allowed to design and distribute the Advertising Materials, the Respondent is not equipped with the tracking methods or other means to monitor the Claimant's advertising actions. The Respondent also concedes "it would be impossible and impractical for the Respondent to review every advertising material".

The Tribunal finds that the business model and practice the Respondent engaged in is definitely determinative to the outcome – the Respondent is exposed to considerable legal risk in the twisted principal-agent arrangement. The Respondent could have remediated the situation through formally amending the Framework Agreement with the Claimant to reflect the real business model between the Parties and build in the Review and Pre-approval process that the Respondent desperately needs. But the Respondent does nothing, so it has to face the corresponding consequence and the "the loopholes in the Cooperation model".

In sum, the Tribunal finds that no stipulation in the Framework Agreement, Insertion Order and relevant supplementary agreements can support the Respondent's contention for a general contractual right of Pre-distribution Review and Approval against the Claimant.

Although the Respondent was agreed to review the materials through the Claimant's accounts under the Inspection Agreement, the Respondent's right of review merely exists in the specifically-agreed duration and cannot become a general right.

4. Claimant's Breach

The Respondent contends that the Claimant distributed materials not yet reviewed and approved by the Respondent in July and August 2017, which violates the Parties' agreement; the Respondent has the right to reject paying the July and August 2017 service fees.

According to the Respondent's contention, "the Claimant may argue that its Service is dividable as it is providing the Service via a number of network platform accounts and only a part of the accounts has distributed the illegitimate materials, as a result of which, the Respondent shall still pay the service fees generated from the legitimate materials"; however, "the Claimant's advertisement distributions, though provided via dividable accounts, are by nature a series of interrelated and undividable efforts to build up the Respondent's image in the Indonesian market, where a little gall like the pornographic materials may spoils a great deal of honey."

The Tribunal notes from the aforementioned contention that the Respondent concedes that the Claimant had provided the service in July and August 2017 but reject to pay the corresponding service fees for the Claimant violates the Parties' agreement by distributing the Advertising Materials not reviewed and approved by the Respondent.

However, there is no proof that the Claimant had ever breached the Respondent's right of preapproval or review of the Advertising Materials under the Inspection Agreement or specific Stand-alone Agreements. The Claimant did allow the Respondent to review the materials in the agreed duration under such Agreements. Apart from that, the Respondent has no generalized right of review under the Framework Agreement and the Claimant cannot violate the obligation non-existing.

Therefore, the Tribunal finds that the Respondent's rejection to ANY payment for the Claimant's service in July and August 2017 is not only untenable but unfaithful, whatever metaphor it uses.

5. Verification of the Service Fees

The Respondent contends that it shall have the right to inspect the June 2017 service fees before making the payment, and only be obligated to make the payment when the Claimant has established that its Service meets the relevant requirements; but the Claimant refuses to allow the Respondent to verify the service fees after the misconducts were discovered.

The Tribunal finds that the Claimant's refusal should be assessed within the specific contractual arrangement. Where the Respondent is not entitled to access to the Claimant's accounts, the Claimant can of course refuse the Respondent's request.

(a) Respondent's review under the Inspection Agreement

Both Parties concedes the Inspection Agreement concluded on January 9, 2018. According to the evidence submitted by the Respondent, the Tribunal discovers from the Parties' English and Chinese email exchanges the primary contents of this Agreement as below:

The Respondent shall be permitted to review, on site or online, the Claimant's relevant accounts;

The Claimant shall cooperate with the Respondent's review;

The Respondent shall review in 10 working days from January 9, 2018; a review result shall be expected tentatively on January 23, 2018; the Respondent shall inform of the Claimant in a timely manner if cannot complete the review within the designated period; and,

The accounts shall only be used for review, rather than campaign, effective on January 9-22, 2018.

On January 15, 2018, the Respondent informed the Claimant that it would not be able to complete the material review by January 23, 2018, and confirmed the access to the account would only be used for review purpose. The Claimant replied on the same day that the Respondent's review period was updated to January 10-25, 2018. On January 26, 2018, the Claimant agreed to extend the Respondent's access to the accounts till January 31, 2018. On April 3, 2018, the Respondent provided to the Claimant the account review result of July 2017.

Although the Parties disagree on the specific date that the Claimant terminated the Respondent's access to the accounts, there is no doubt that the Claimant enabled the Respondent to access the accounts and review the materials within the agreed duration, i.e. January 10-31, 2018.

Therefore, under the Inspection Agreement, the Claimant did not refuse to allow the Respondent to verify the bills of the service fees through accessing the relevant accounts and review the materials. The Respondent's contention on the Claimant's refusal is not tenable.

(b) Respondent's request to the Tribunal

The Respondent contends that the Claimant had withdrawn the access before the Respondent had a chance to finish inspecting all the data and kept relevant record. The Respondent requests the Tribunal order that the Claimant grant the Respondent access to the relevant network platform database and the data.

The Tribunal finds that the Respondent has no general contractual right to inspect the Claimant's data and review the materials. Although the Inspection Agreement that supplements the Framework Agreement and Insertion Order provided the Respondent with the right of access and review, the Respondent's right is only effective within the specific duration agreed by the Parties. Since the Claimant has fulfilled the obligation under the Inspection Agreement, the Respondent's request to inspect the relevant data beyond the duration is baseless and cannot be supported.

6. Service Fees

The Tribunal notes that both Parties dispute over the amount of the service fees for June, July and August 2017.

According to the Claimant, the invoice of the service fees for June, July and August 2017 was issued to the Respondent. The Respondent contends that the Claimant overcharges the service fees, the fees generated from the illegitimate materials should be deducted and only the fees calculated on the basis of the number of the valid installations should be paid; for the July and August 2017 service fees, the amounts shall be calculated according to the results of the Respondent's review of the relevant data; as to the June 2017 service fee, the Respondent has the right to review relevant service data in order to determine the number of valid installations.

(a) Framework Agreement supplemented by Inspection Agreement

The Tribunal finds that the Parties' dispute over payment of the service fees should be examined within the contractual relationship consisting of the Framework Agreement and supplementary agreements. Besides the Framework Agreement that provides the detailed procedure and conditions for payment, the Tribunal notes that the Inspection Agreement plays the important supplementary role.

Under Article 8 of the Framework Agreement, the Respondent acknowledges and agrees that statistics recorded by the Claimant are the definitive and binding measurements for calculation of the fees under this Agreement if there is discrepancy unless the Respondent can provide sufficient proof otherwise.

Under Article 21.2, the Claimant shall own all campaign data obtained as a result of the display of the Advertisement. Therefore, the Respondent can hardly provide the sufficient evidence to overrule the Claimant's statistics when lacking the means to access the Claimant's data or track the Claimant's action (tracking tag is not placed). As a result, the Claimant's invoices issued on August 4, 2017 and on December 28, 2017 for the service fees in June, July and August 2017 should have been binding to the Respondent because they are based on the statistics recorded by the Claimant.

However, the Claimant agreed to conclude with the Respondent the Inspection Agreement and should be responsible for the corresponding legal consequence. Under the Inspection Agreement, the Respondent acquired, within the designated duration, the right of access to the underlying data on the advertisement distribution for June, July and August 2017, which is otherwise inaccessible to the Respondent under the Framework Agreement.

The Inspection Agreement supplements the Article 9 of the Framework Agreement and provides an extraordinary process for the Parties to resolve their discrepancy regarding the invoiced amount. This Agreement has the clear purpose, i. e. both Parties intend to solve the problem of the Respondent's confirmation to the bills of the services fees for June, July and August 2017. The Respondent's access and review right serve this contractual purpose. Under the Inspection Agreement, both Parties shall be bound not only by the access – and – review arrangement but the result or outcome of the Respondent's access and review. The Inspection Agreement particularly states that "a review result shall be expected" at the end of the designated duration, which confirms the review result is binding to the Parties.

(b) Service fees for June, July and August 2017

The Tribunal finds unacceptable both parties' attempt to repudiate the binding effect of the Inspection Agreement.

The Respondent, after expiry of the designated duration of access and review, still requests to review relevant service data regarding the service fee of June 2017 and refuses to accept the review result that no evidence can be provided to overrule the Claimant's relevant statistics for June 2017. The Claimant's statistics shall therefore be definitive for calculation of the service fee of June 2017. The Respondent's attempt of walking away from the binding Agreement is not acceptable to the Tribunal.

The Claimant, on the other hand, refuses to accept the Respondent's account review result for the service fees of July and August 2017, even though the result is expectedly binding to the Parties. After the Respondent spent the resources to access and review the relevant data and presented the result on April 3, 2018, the Claimant, in the WeChat conversation with the Respondent on May 15, 2018, rejected to accept the result and suggested for re-negotiation with the Respondent directly. The Claimant is not able to provide any rebuttal evidence after receiving the Respondent's review result. The Tribunal finds that the Respondent has provided the sufficient proof otherwise than the Claimant's statistics according to Article 8 of the Framework Agreement. The Respondent's review result shall therefore be definitive and binding for calculation of the fees of July and August 2017.

7. Liquidated Damages

The Claimant requests the Respondent to pay liquidated damages that is calculated by 3‰ of the payment due per day overdue, from the respective due date of payments of Jun, July, August in 2017 up to the date when all service fees are fully paid. The Respondent contends that the liquidated damages is excessively higher than the loss the Claimant incurred and exceeds the highest rate permitted by law.

Both Parties concedes that the Respondent has not paid any service fees for June, July and August 2017. Article 9 of the Framework Agreement stipulates the due date of payment and a process in which both Parties agree to work together in good faith to resolve any discrepancy regarding invoiced amounts. The Inspection Agreement supplements the Framework Agreement and provides an extraordinary discrepancy resolution process. After the expiry of the Respondent's access and review period designated by the Inspection Agreement, the review result is the conclusive proof of the resolution of the discrepancy regarding invoiced amount. Upon the presentation of the review result, the payment of the relevant amount shall be due. Therefore, the Respondent's payment for the service fee of June, July and August 2017 shall be due in April 2018, as the latest.

The Claimant's losses are therefore the Respondent's unpaid service fee for June, July and August 2017, respectively. The rate of 3‰ per day for the liquidated damages is definitely too high to be supported. In line with the Contract Law and the Supreme People's Court's Interpretation II on Several Issues concerning the Application of the Contract Law, the Tribunal rules that the interest rate applied to the amounts paid after the due date shall be highest rate permitted by law.

第二章　软件外包服务合同争议仲裁研究

软件外包是软件服务的重要形式，市场的旺盛需求培养了大量的软件外包公司，为甲方客户的产品、项目提供代码编写、性能测试等各类服务。在大型企业纷纷减员增效的大背景下，停止扩张招聘，更为普遍地使用软件外包服务进行业务活动，正在成为互联网行业及软件行业的新常态。

软件外包服务的突出特点就在于派遣程序员驻场客户进行软件开发和项目实施部署，从而保证代码的安全性与客户企业管理的有效性。但软件外包公司可能面对与客户服务费用结算争议及派驻员工被挖角跳槽等争议。这些争议都需要在当事人特定的合同关系中予以约定。

服务费结算主要分为按驻场程序员工时计算或者按照服务项目总额计算两种形式。采取工时结算的，外包公司与客户需对派驻人员的工时共同进行确认。采用项目费结算的，外包服务合同一般需明确约定付款的标准或里程碑事件。

在全面预算管理系统项目软件开发服务协议争议案（案例51）中，客户委托外包公司就全面预算管理系统项目进行软件开发、测试以及实施等相关的服务工作，并支付相应的服务费。按照约定，客户应与外包公司根据派遣人员的工作情况每月确认一次服务费用，填写《外包项目服务确认单》，由双方的负责人在《外包项目服务确认单》上签字。从协议附件约定内容看，客户有义务确认每月应当支付给外包公司的服务费用。客户疏于履行协议约定的与外包公司每月确认服务费用的义务，并不能否定申请人依照协议获得服务费用的权利。客户发给外包公司的"项目应收/付款对账单回执"，可以证明协议约定的项目尚欠外包公司服务费金额。

在管理信息系统购买/开发/实施服务合同争议案（案例52）中，外包公司为客户建立"管理信息系统"，客户支付相应款项的服务费。合同详细约定了客户付款金额、方式和期限。其中，系统上线运行1个月内，支付合同软件费用总计金额的 40%；系统上线运行 3 个月内，付清合同软件费用总计金额的 20%。外包公司举证证明，其提供的系统已经在客户上线运行超过 6 个月，客户也曾发电子邮件承认其欠付服务费金额。因此，客户应按约支付有关服务费款项。

第一节　软件外包服务合同服务计费争议案

软件外包公司的服务费按照驻场程序员的工时结算，是非常常见的计费方式。作为结算的基础，外包公司须提交客户认可确认单，详细记录驻场程序员、职级、出勤天数、人天费用及服务费金额等信息。确认单由客户主管确认后，服务费才最终确定，客户应当据此付款。

一、软件外包与劳务派遣的区别

在下述案例（案例 53）中，接受软件外包服务的合同客户为了逃避支付工时服务费的义务，居然将软件外包服务合同故意曲解为劳务派遣协议，再以外包公司没有劳务派遣资质为由主张合同无效，实在煞费苦心。然而，两者的区别非常明显。软件外包合同明确约定，客户是从外包公司获得与软件开发有关的各项服务，外包公司才是客户的签约委托开发供应商。在软件外包合同项下，外包公司派遣的驻场程序员与接受服务的客户绝对不存在劳务派遣或任何其他的劳动合同关系，协议中工时服务费标准是客户与外包公司之间的约定，与程序员们从外包公司获得的薪酬无关。

案例 53：外包服务合作框架协议争议案

申请人是软件外包公司，于 2021 年 3 月 1 日与被申请人签署《外包服务合作框架协议》（以下简称协议），约定为被申请人提供与软件开发有关的各项服务，并获得相应的服务费。

申请人主张被申请人欠付服务费。被申请人则主张，"本合同系以劳务外包为名的劳务派遣合同""申请人不具备劳务派遣单位资质，本案争议合同因违反法律的强制性规定应予认定无效"。

(一) 合同效力

根据《劳动合同法》的规定，劳务派遣单位派遣劳动者与接受以劳务派遣形式用工的单位订立劳务派遣协议，应当约定派遣岗位和人员数量、派遣期限、劳动报酬和社会保险费的数额与支付方式以及违反协议的责任；接受以劳务派遣形式用工的单位应当履行的法定义务包括：告知被派遣劳动者的工作要求和劳动报酬，支付加班费、绩效奖金，提供与工作岗位相关的福利待遇，保障被派遣劳动者享有与用工单位的劳动者同工同酬的权利。

然而，本案协议明确约定，本协议中的各项费用标准是被申请人与申请人公司之间的约定，申请人实际支付给申请人服务人员的薪酬标准由申请人负责制定，申请人不仅完全负责其现场工作人员的各项社会保险，而且承担申请人与该等服务人员在劳动关系中发生的工作报酬、劳动保护、工伤待遇、假期等相关雇主责任。

仲裁庭认为，在协议项下，被申请人非但不向申请人现场工作人员支付劳动报酬，而且完全不负责该等服务人员的社会保险与福利待遇，更不承担任何有关工伤、疾病、其他意外事故的雇主责任。协议约定足以证明，被申请人与申请人现场的服务人员之间不存在任何形式的劳动关系，包括劳动派遣协议关系。协议与《劳动合同法》规定的劳务派遣协议完全不同。

被申请人援引协议第11.3条，用来证明"案涉合同实质为劳务派遣合同"。

协议第11.3条约定，申请人保证按被申请人要求及时完成各项服务内容，如合作期限内申请人未按被申请人要求及时完成服务内容或申请人交付的技术成果不符合被申请人标准，被申请人有权不确认申请人人员对应人天工时。

仲裁庭认为，与被申请人的主张相反，该条款约定恰恰证明协议的实质是由申请人作为一个法人单位向被申请人提供服务，而绝非由申请人"派遣"员工与被申请人建立任何劳动关系。正如协议第1条所约定，被申请人是从申请人获得与软件开发有关的各项服务，申请人作为提供单位向被申请人就服务内容与服务质量负责。申请人进驻被申请人的员工并非当事人双方合同关系的主体，更不是合同关系的客体。

被申请人称，"案涉合同附件1《合作制度》第二项日常管理约定""证明被申请人对合同交付物——派遣人员的管理及用工指挥"。

仲裁庭认为，协议附件1"合作制度"只能证明当事人双方作为法人企业建立了合同项下的合作关系，无法证明当事人之间的合同属于劳务派遣性质。而且，被申请人的主张将申请人派驻员工贬低为"物"，缺乏对提供服务人员的起码尊重，极为不妥。

协议附件4的名称为"员工派遣协议书"，该附件内容为"经过双方协商，定于从2021年3月赴贵公司（被申请人）从事现场软件开发服务工作"的申请人员工名单，列出该等员工的姓名、岗位、职级、服务（人天单价）等。

仲裁庭认为，协议附件4并未改变当事人的合同权利义务关系，不能仅凭该附件名称认定协议属于《劳动合同法》规定的劳务派遣协议。

仲裁庭认为，被申请人既然承认"合同成立，系双方的真实意思表示"，就不应对协议约定的被申请人与申请人服务人员之间不存在劳动合同关系、本协议中的各项费用标准是被申请人与申请人公司之间结算（第5.3条）等条款熟视无睹。协议的约定明确、具体、全面，不存在造成多重解释或错误理解的可能。

被申请人提供某省人力资源和社会保障厅、某直辖市人力资源和社会保障局发布的《劳务派遣合规用工指引通知》作为证据。仲裁庭认为，该地方性规范性文件与本案当事人双方及协议的订立与履行均无任何关联，也无法证明被申请人关于劳务派遣的主张。

总之，当事人双方签订的协议合法有效。被申请人将当事人之间的合同扭曲为劳务派遣协议，将依约提供服务的申请人工作人员称为劳务派遣人员，以申请人不具备劳务派遣单位资质为由，称"本案争议合同因违反法律的强制性规定应予认定无效"，其主张并无法律与合同依据，不能成立。

（二）服务费用

申请人请求，被申请人支付申请人服务费用。被申请人辩称，"合同约定新进人员以新签署的派遣附件（附件4）为准""申请人主张服务费金额系单方核算、未经过被申请人盖章确认"，因此申请人关于服务费的请求不具备事实依据。

仲裁庭注意到，协议约定，申请人成为被申请人的签约委托开发供应商，被申请人自申请人处获得与软件开发有关的各项服务，申请人在双方约定的工作场所向被申请人提供双方所约定的各项服务；协议期限为自2021年3月1日至2022年2月28日共12个月。协议第5条详细约定了服务费及其支付方式。

申请人公证证据记录了当事人双方工作人员的往来邮件及其附件中的2021年4、5、6、7、8月"人力结算清单"或"人天确认报告"。

仲裁庭认为，从证据内容看，当事人双方基本上依据协议第 5 条的约定对相关月份的服务费进行结算，即服务费按照项目进程中每自然月进行计算，申请人每个月初以邮件形式提交上个月的《人天服务确认单》给被申请人，主要说明服务天数和服务金额，被申请人负责付款手续的指定联系人或项目经理在收到确认单后在 1-5 日内通过被申请人公司邮件予以确认。因此，被申请人称"申请人主张服务费金额系单方核算"，与事实不符，不能成立。

协议第 5 条约定的双方结算服务费程序中，申请人在收到被申请人邮件确认《人天服务确认单》后即开票给被申请人，被申请人应在收到发票后 30 个自然日内付款。因此，被申请人工作人员对申请人提交的《人天服务确认单》的邮件确认，已经足以证明被申请人对申请人主张的服务费结算数据（申请人人员、职级、人天单价及实际出勤天数）及结算金额的最终认可。被申请人的工作人员对经邮件确认的《人天服务确认单》签字盖章，或者对申请人的工作人员实际出勤天数签字，可以进一步印证双方结算相关月份服务费的结果。但是即便无此签章，也不妨碍被申请人邮件确认的证明力。

仲裁庭认为，被申请人未能提供任何证据推翻申请人公证证据证明的事实。申请人公证书记载的各个邮件内容连续且完整，在公证员的监督下，完整地记录了当事人双方邮件往来的状况。申请人对其发出邮件的工作人员的身份与行为完全认可，申请人的工作人员与被申请人的工作人员工作邮件往来，效力应依据协议约定解释，被申请人无权单方否认。

仲裁庭注意到，协议附件 1"合作制度"第 1 条约定，被申请人负责对申请人软件测试和开发人员的资格进行审核，具体时间和地点由双方协商确定，对于合格者由双方共同确定人员名单，同时确定其职位，作为本协议支付标准；工作人员确认审核工作完成后，双方将制作工作人员名单作为本协议附件，同时作为双方工作和结算依据。协议附件 4 为双方商定的从 2021 年 3 月 1 日起赴被申请人从事现场软件开发服务的申请人工作人员名单，包括每位员工的姓名、岗位、职级和人天单价服务费。

在协议及附件 1 所约定的当事人双方合作制度中，被申请人项目经理对申请人现场服务人员每月进行考核，被申请人应及时向申请人通报考核情况和申请人服务人员不合格的事实依据；申请人服务人员因工作表现不佳达不到对应标准，被申请人有权要求申请人直接更换合格的人员，或者，被申请人合作负责人可以向申请人合作负责人提出岗位降职要求，经申请人同意降职使用。

仲裁庭认为，与被申请人所称"职级标准、费用标准未经被申请人确认"相反，申请人公证证据证明，申请人提交的结算清单或人天确认报告，经被申请人邮件确认后，所记录的服务人员、职级、出勤天数（确认人天）、服务费金额均已为被申请人所确认。虽然被申请人邮件确认的相关月份结算清单或人天确认报告中的工作人员名单与协议附件4的名单有所不同，但已经被申请人月度考核合格、服务工作表现达到对应标准，当事人双方工作人员的邮件往来就是对该等人员表现及其职位的双方共同确定，应当作为按约支付服务费的标准。

协议第5条明确约定，人员职级按照进场顾问毕业时间、工作年限或工作能力认可为标准，人员级别调整需被申请人评估确认，人员进场2周内无异议则默认申请人申报标准。故此，申请人每月向被申请人提交的上一月份结算清单或人天确认报告所记录的已经实际提供服务的人员及其职级，系经被申请人评估确认且明显未在"人员进场2周内"提出异议的数据，理应作为被申请人按约定标准向申请人支付服务费的依据。

仲裁庭认为，被申请人证据与申请人公证证据相互印证，证明申请人服务人员的出勤、能力、水平、表现均已经被申请人的充分评估，申请人提交给被申请人的人天确认报告是经双方反复沟通、调整并最终共同确认的结果，当然应当作为服务费结算的依据。

总之，申请人根据双方结算数据开具了发票，被申请人应当依约在收到发票后30个自然日内向申请人支付服务费。

二、多项目工时服务费的结算

同一软件外包服务合同可以覆盖多个服务项目。外包公司通常在合同项下与客户就每个项目的服务内容、要求及费用进行详细约定。

在下述案例（案例54）中，客户与外包公司签订了委托开发软件系统及技术服务合同后，双方还就每一个具体项目签订了约定说明作为合同的补充。合同项下的每个项目均按工时计算外包服务费，双方须共同确认驻场人员工作安排及每人每天（人天）情况，提供实时服务的，客户支付外包公司实际发生的人/天数费用，实际工时以客户项目经理签字为依据。但合同当事人对服务费结算产生了分歧，外包公司主张更高的结算金额，客户则以服务质量差为由主张外包公司予以赔偿。

仲裁庭认为，双方的主张均不得脱离服务费结算的约定条件与标准。申请人提供的"工作报告单"以及由被申请人项目经理签字确认的申请人实际发生的工时，是服务费结算的权威证据。同时，每个项目结算过程中，客户特别认可的实际工时服务费也应计算在内。外包公司无权否定双方已经按约结算的费用标准与金额。同时，在双方共同确认驻场人员工作安排及人天情况的过程中，客户已对外包服务的内容与质量进行了判断与评价，客户项目经理应是在扣除了不合格服务与不达标工时之后，才签字确认实际发生工时。以此为据结算服务费后，客户无权要求外包公司进一步赔偿质量不合格的违约金。

案例 54：能源化工项目软件技术服务合同争议案

申请人是软件技术企业，于 2017 年 11 月 27 日与被申请人签订合同。双方约定，被申请人委托申请人提供能源化工购销管理软件系统开发及服务，并支付相应的合同价款。双方在合同项下签订了关于 YL、TK 与 NW 三个能源销售综合管理系统项目的约定说明，作为合同的补充条款。申请人主张，被申请人欠付三个项目的服务费，被申请人则对此不予认可。

（一）YL 项目

"合同"第 6.2 条对被申请人向申请人支付服务费的计算方法与支付条件作出约定，即以工作任务书为基础，当事人双方共同确认工作安排及人天，实际发生的工时以被申请人项目经理签字为依据。

1. 服务费结算标准

"YL 项目约定说明"第 2.1 条虽然约定项目费用"共计 13 万元"，但是第 3 条约定"实际支付时"申请人按照 2017 年 11 月 27 日双方签订的技术服务协议，根据约定内容提供工作人员清单及具体支付金额，被申请人安排相关项目经理签字。

仲裁庭认为，"YL 项目约定说明"是"合同"的补充，其约定的被申请人向申请人实际支付服务费所适用的计算方法与支付条件与"合同"第 6.2 条的约定是完全一致的。在当事人双方所约定的合同关系中，被申请人向申请人支付的服务费是"以工作任务书为基础，双方共同确认工作安排及人天"，被申请人支付申请人"实际发生的人/天数费用"。为了确定当事人双方共同确认的"人/天数"，并据此计算申请人"实际发生的人/天数费用"，"合同"与"YL 项目约定说明"均明确约定了当事人所应提供的证据，即申请人提供的"工作报告单"

以及由被申请人项目经理签字确认的申请人实际发生的工时。

"合同"第 6.2 条约定的"工作报告单",即第 2.1 条约定的附件 1"工作人天确认单",在"YL 项目约定说明"第 3 条中称为"工作人员清单"。不论申请人提交的书面文件采用哪一个名称,均必须符合被申请人项目经理签字确认申请人实际发生工时的约定。

因此,仲裁庭认为,被申请人向申请人支付的服务费应当在双方确定申请人"实际发生的人/天数费用"后,按照双方约定的标准支付,并非以 YL 项目固定金额作为服务费的计算标准。

2. 服务费结算

仲裁庭认为,当事人证据均证明就 YL 项目的服务费双方进行了结算,结算的形式与标准均符合"合同"第 6.2 条的约定,被申请人应当向申请人支付结算确认的项目金额。

申请人主张,被申请人证据 9"仅是第一批次的支付申请沟通过程中的内容",是"双方签字确认要安排支付的第一批次款项"。

仲裁庭仔细审理了当事人双方提交的全部证据,并未发现关于 YL 项目其他"批次"当事人结算的证据。申请人的主张缺乏证据,不予支持。

3. 服务费的支付

仲裁庭注意到,申请人提交 10 月 29 日被申请人发给申请人的函件作为证据。该函件证据记载"后根据其实际人员外派情况和提供的技术支持效果,评估并确认其有效工作量为 6 万元。已签订工作量确认单,并于 2018 年 9 月支付完毕(同期支付 10 万元,其中 6 万元为 YL 项目款,4 万元为 TK 项目款)"。

被申请人提供的向申请人付款的记录证明金额为 100,000 元。仲裁庭认为,双方证据内容相互印证,证明被申请人已经向申请人支付 YL 项目已结算的服务费 60,000 元。

当事人双方就 YL 项目所谓第一阶段的款项支付进行了激烈的争辩,尤其对于所谓"剩余 3.9 万元质保金"的问题立场尖锐对立。

仲裁庭注意到,申请人在庭审中称"仲裁请求涉及三个项目,被申请人表述还有另外一个项目,YL 项目一期"。

仲裁庭认为,"合同"与"YL 项目约定说明"并不包含关于 YL 项目第一阶段(或者一期)的任何约定。依据"合同"第 18.3 条的约定,其他任何口头或未包含在本合同内的,或未依据本合同制定的书面文件,均不对双方发生拘束力。申请人所谓第一阶段（或者一期）应适用上述条款的约定。而且，既然申请人明确表示其仲裁请求仅限于 YL、TK、NW 三个项目，并不包括"另外一个项目，YL 项目一期"，仲裁庭更不应审理申请人仲裁请求之外的问题。

由于 YL 项目所谓第一阶段争议既不属于当事人双方合同约定的范围，也不属于申请人仲裁请求的范围，仲裁庭无权予以审理。当事人双方的有关争议应当依据相应的合同约定解决。申请人主张被申请人支付的金额包含本案审理范围之外的款项，仲裁庭不予支持。

综上所述，当事人依约就 YL 项目的服务费进行了结算，被申请人已经向申请人支付结算确认的项目金额，并未欠付服务费。

（二）TK 项目

1. 服务费的计算方法与支付条件

仲裁庭认为，"YK 项目约定说明"第 3 条关于被申请人向申请人实际支付服务费所适用的计算方法与支付条件与"合同"第 6.2 条的约定是完全一致的，申请人应提供"工作报告单"以及由被申请人项目经理签字确认的申请人实际发生的工时，作为服务费结算依据。

申请人主张以项目固定金额加上工时数计算服务费的金额，不符合服务费计算方法与支付条件的约定，仲裁庭对其主张不予支持。

2. 服务费的结算

仲裁庭认为，双方的证据均证明当事人就 TK 项目的服务费（包括前期费用及外协费用）进行了结算，结算的形式与标准均符合"合同"第 6.2 条的约定，被申请人应当向申请人支付结算确认的项目金额。

仲裁庭注意到，申请人证据证明，被申请人在关于合作项目的相关意见中称"申请人该部分工作量尚未确认，根据移交代码时的软件实际应用效果和代码量评估，可增加确认 5 万元工作量"。

仲裁庭认为，被申请人给予申请人的正式答复中所称申请人 5 万元工作量，虽未依据"合同"及"TK 项目约定说明"经当事人双方正式结算，但效力上应等同于被申请人项目经理签字确认的申请人实际发生工时费用，被申请人不应在事后否认。

总之，仲裁庭认为，关于 TK 项目，被申请人应向申请人支付双方依约结算的费用加上被申请人自认的应给予申请人的费用 5 万元。

3. 服务费的支付

被申请人提供的证据证明，已向申请人支付 TK 项目部分结算费用。被申请人主张，申请人向被申请人移交全套技术开发文档（详细设计、数据库设计、测试报告、用户操作手册、安装维护手册等）之后，才能向申请人支付服务费的余款。

仲裁庭注意到，"合同"第 7.2 条约定的申请人义务中并无关于申请人须向被申请人移交技术开发文档的条款；第 9 条虽然约定申请人应当向被申请人完成知识转移，但系指申请人向被申请人的相关人员提供培训，并未要求申请人向被申请人移交技术开发文档；第 12 条虽然约定，申请人为履行本合同项下义务所产生的一切知识产权属于被申请人，但是知识产权属于无形财产，合同并未约定申请人应当提交与知识产权相关的物质载体或者信息。"TK 项目约定说明"也未约定申请人负有向被申请人移交技术开发文档的义务。

因此，仲裁庭认为，申请人向被申请人移交技术开发文档，是需要当事人双方专门约定的义务。鉴于当事人双方就 TK 项目并未约定该项义务，被申请人不得以申请人移交项目全套技术开发文档作为支付服务费余款的前提条件。

（三）NW 项目

"NW 项目约定说明"第 2 条第 3 项关于被申请人向申请人实际支付服务费所适用的计算方法与支付条件与"合同"第 6.2 条的约定完全一致。

1. 服务费的结算

仲裁庭注意到，当事人双方均认可 NW 能源项目未能如约完成，但是均指责对方是导致项目丢失的原因。经深入审查当事人双方的证据，仲裁庭认为，双方的主张均系一面之词，不论是申请人所称"已完成技术开发"还是被申请人所称"申请人无权主张该项目费用"，均缺乏事实依据。

仲裁庭认为，申请人在当事人双方的合同关系中所应获得的服务费始终应依据双方结算的申请人工时计算，被申请人的项目经理在申请人提交的工作报告单上签字，就是对申请人实际发生的工时的确认，被申请人应当依约向申请人支付实际发生的人/天数费用。虽然"后项目未启动进行培训、开发、上线等"，但是被申请人不应矢口否认申请人已经实际发生且双方已经结算的服务费。

"NW 项目约定说明"第 2 条第 2 项约定，"项目费用支付，按照分阶段批次支付，2018 年 3 月支付预付款 20 万元作为前期系统调研、开发费用"。

虽然上述约定中使用了"预付款"一词，但是结合该条款的全文及第2条第3项关于价款实际支付的约定，仲裁庭认为，此处"预付款"并非指被申请人在申请人尚未提供服务时预先支付给申请人的费用，实质上是指"分阶段批次支付"的第一笔费用，其计算方法与支付条件无异于其他价款，实际支付时必须经双方结算，特别是经被申请人项目经理在申请人的工作报告单上签字确认。

因此，关于NW项目，当事人双方已经依约结算的申请人服务费，被申请人应当支付。

2. 人员安排损失费用的请求

申请人主张，"因NW项目终止或解除是被申请人单方原因造成的，因此，被申请人应弥补申请人正常履行应得到的合同价款，及申请人为履行合同所做的人员准备和技术准备"。

仲裁庭注意到，"合同"第15.5条约定，在法律允许的范围内，一方对另一方因本合同项下行为而导致的收益或利益损失、未实现预期的节省、商业信誉损失以及其他任何间接的或后果性的损失均不承担责任。

因此，申请人请求被申请人赔偿其可得利益的损失或其他间接损失，不符合上述"合同"约定，缺乏合同依据，无法获得支持。

（四）违约赔偿

被申请人主张，申请人在履行三个项目时违约，应当赔偿被申请人的损失。

1. YL与TK项目

被申请人称，在YL项目合同履行过程中，申请人在2018年2月10日前并没有完成对现有版本BUG修复和完善，没有达到用户试运行的要求；在TK项目的履行过程中，申请人没有完成合同约定的工作内容。截至2018年1月31日申请人提交的成果中仍大量软件代码缺失，系统出现重大缺陷、业务数据无法正常流转、怠于对被申请人的修复要求进行回应和完善，导致用户大量投诉。依据"合同"第15条之约定，申请人应支付YL与TK项目合同总价款5%的违约金。

仲裁庭注意到，被申请人的反请求依据的是"合同"第15.4条的约定，即如守约方按违约责任条款要求违约方支付违约金或损失赔偿金，应书面通知违约方并说明违约金额或损失赔偿金额；违约方应在收到通知书后5个工作日内予以回应，经双方书面确认违约责任即违约金数额后15个工作日内将违约金支付给守约方，如申请人违约，被申请人有权在进度款中直接扣除。一方对另一方支付违约金的限额为合同总价的 5%"。

仲裁庭注意到，被申请人虽然提交了当事人双方就申请人履行 YL 与 TK 项目存在问题进行沟通的证据，但是未能举证证明曾书面通知申请人并说明所主张的违约金额或损失赔偿金额，更无证据证明当事人双方曾经书面确认违约责任与违约金数额。而且，依据上述条款的约定，即便申请人的行为构成违约，被申请人也有权"在进度款中直接扣除"。考虑到当事人双方对于申请人 YL 与 TK 项目服务费的结算金额分别不及"项目约定说明"约定金额的一半，仲裁庭认为，被申请人已经在向申请人支付进度款中行使了扣除违约金的权利。在未能举证证明"双方书面确认"申请人的违约金金额的情况下，被申请人无权再行请求申请人支付进一步的违约金。

2. NW 项目

被申请人称，NW 能源项目合同履行过程中，申请人未能按期交付可用的软件成果及任何输出物，导致项目得不到有效推进。申请人的行为已构成违约，应支付 NW 能源项目合同总价款 5%的违约金。

NW 能源项目并未如约完成。被申请人在其 2018 年 10 月 29 日的邮件中承认"2018 年度因商务有关，导致项目丢失，双方均有一定责任，造成的损失应各自承担，或另行协商"。

仲裁庭认为，当事人双方已经就申请人提供服务的部分进行了结算，结算的结果对双方均有约束力。在未能举证证明"双方书面确认"申请人的违约金金额的情况下，被申请人无权再行请求申请人支付进一步的违约金。

第二节　软件外包服务合同项目费争议案

软件外包服务与软件开发不同，服务工作很可能并不产生独立的技术成果，外包公司与客户需要在合同中对于服务要求、范围及标准进行非常具体的描述与界定，以免双方对服务质量及完成度有不同的评价标准。软件外包服务费按照整个项目结算的，外包公司与客户的争议尤其常见。

下述案例（案例 55）中的软件外包服务属于次级外包，即一级外包公司将所承接的软件开发及服务任务分配给次级外包公司。次级外包的驻场技术人员资质须经一级外包公司与最终客户公司双重认定，驻场人员的工作管理及服务费结算则由一级外包公司按约完成。次级外包合同中,一级外包公司成为次级外包公司的直接客户。次级外包公司与一级外包公司的合同权利与义务是相互对应、密切相关的,任何一方当事人享有合同权利是以履行合同义务为条件的。次级外包公司只有在"提供完服务"的条件下才能获得全部的合同款。然而,该案的次级外包公司未能证明其完成了合同项下全部的服务,因此无权请求一级外包公司支付100%的合同款。同理,一级外包公司也未能证明次级外包公司完全未提供合同项下的服务,因此也无权从次级外包公司收回已付50%的合同款。

该案仲裁庭曾经对当事人双方进行调解,希望当事人双方能够在分清是非的前提下达成和解协议,从而节省成本,提高效率,解决争议。但是,当事人双方固执己见,对于自身的证据能力盲目自信,执着于一时之气,导致调解失败。外包公司的主要仲裁请求与客户的主要反请求均未得到仲裁庭的支持,双方应当从中吸取教训。

案例55:软件项目人员外包合同争议案

当事人双方于2014年4月8日签订了"某项目人员外包合同书"(以下简称"合同书"),约定申请人向被申请人提供约定的技术服务,包括为被申请人执行任务、提供意见和咨询、协助或资源接入。

申请人主张,已经按照约定派遣员工完成全部合同义务,被申请人无正当理由拒不支付剩余的50%合同款。被申请人则主张,申请人并未按约定履行相关义务,应将被申请人已付的50%合同款退还。

(一)未付50%合同款

仲裁庭注意到,当事人双方争议的焦点是申请人是否按照"合同书"的约定为被申请人提供全部的服务义务。申请人的合同义务主要体现在派遣高级工程师和按照被申请人的管理与要求提供服务两个方面。

1. 派遣人员资质

申请人主张,所派遣到被申请人的ZY、YXB,按照申请人的企业标准为高级工程师。申请人提供了二人的全日制劳动合同书及工作名片,用来证明二人在高级工程师岗位工作。

被申请人则主张,申请人所派遣的两位人员根本不具备高级工程师的能力与资质,至今未得到被申请人与案外第三方公司的双重认可。

仲裁庭认为,"合同书"第3.7条二次提到了"高级工程师"一词,并约定

"申请人应保证提供的实施人员是高级工程师",这说明当事人双方在签约时对于申请人所派遣提供服务人员的职称与资质的重视。遗憾的是,"合同书"没有明确约定采用何种标准判断所派遣的"高级工程师",出现了当事人双方各执一词的状况。采用申请人主张的企业标准或者被申请人主张的国家职称评定标准,均没有明确的合同依据,均不应予以采纳。

被申请人申请对申请人提供的全日制劳动合同书及工作名片加以鉴定,但是申请鉴定的范围与事项不明,难以判断是要对上述证据进行笔迹鉴定、物证痕迹鉴定还是其他类型的鉴定,为了避免不合理地拖延本案审理的进程,仲裁庭决定对于申请人提供的上述证据不作为案件事实加以认定,因此对于上述证据没有必要进行鉴定。

仲裁庭认为,由于"合同书"没有明确约定"高级工程师"的职称评定标准,因此"合同书"第7条约定的被申请人与案外第三方对申请人派遣相关人员的双重认可,就成为能判断派遣人员资质的至关重要的标准,而且是侧重派遣人员的工作能力与水平的判断标准。如果不符合该标准,申请人就没有完全履行该合同义务。

既然当事人双方约定的是"双重认可",并非"双重默许",说明被申请人与案外第三方对申请人派遣相关人员的认可均需要以主动的行为予以表示,而非对申请人派遣相关人员不反对即可推定认可。

仲裁庭认为,"合同书"第7条约定的申请人应保证提供的实施人员是高级工程师,来京后得到被申请人与案外第三方相关人员双重认可,系申请人的主要合同义务之一。申请人就其义务已经履行的主张负有举证责任,未能完成相应的举证责任,应承担不利的后果。

基于现有证据,仲裁庭无法认定申请人完全履行了保证提供的实施人员是高级工程师,并得到被申请人与案外第三方相关人员双重认可的合同义务。

2. 派遣人员的服务工作

仲裁庭认为,当事人双方提供的现有证据,并未反映申请人派遣人员在被申请人管理与要求下提供服务的全部细节,包括被申请人在合同期间具体安排有哪些任务、申请人的派遣人员又是如何执行或者提供服务的等。虽然当事人双方共同提及了每日报告、监督管理、工作交接三个方面,但是当事人双方提供的证据均存在较大的问题,令仲裁庭难以判断申请人派遣人员履行合同义务的具体情况。

(1) 每日报告

申请人主张，执行项目的高级工程师每日均向被申请人的项目负责人报告项目的执行情况及服务的完成情况。被申请人则主张，申请人的派遣人员没有提交相关日报，或者日报对项目没有帮助。

仲裁庭认为，当事人双方提供的电子邮件打印件形式的证据的形成过程及记载内容，在没有其他证据与之印证的情况下，真实性无法认定，不能予以采信。而且，权且不考虑上述证据的真实性问题，这些证据的记载内容也难以证明当事人的主张。例如，派驻人员并未如申请人所陈述的"每日"或者"每个工作日"均向被申请人提交日报，两份日报中均有长短不一的空白间隔。当然，空白的日期也可能是由于被申请人没有安排任务或者作出了其他的管理要求造成的。但是，当事人双方均没有加以说明并提供证据。因此，申请人派遣人员的日报，虽然根据约定系申请人的一项合同义务，仲裁庭无法根据现有证据判断申请人是否完全履行了该义务。

(2) 监督管理

申请人主张，被申请人为申请人的高级工程师执行技术服务设置重重障碍，阻挠申请人与被申请人的客户公司进行任何接触，增大了申请人完成人员外包服务的难度。被申请人则主张，申请人的派遣人员不遵守被申请人的管理制度，不服从被申请人的监督指导与控制。

仲裁庭认为，申请人的上述主张与其合同义务不甚相符。根据"合同书"第 5 条的约定，申请人员工应向被申请人或者根据实际情况而定的被派遣的任何项目团队报告，并遵从其监督、指导、控制。申请人员工执行服务时应遵守有关访问、限制区域、衣着、举止、安全等方面的限制性规定，以及工作地点或由被申请人规定的工作环境及规定。"合同书"第 7 条约定，申请人须以被申请人合作伙伴工时员工的身份提供相应的服务，并对员工进行保密性教育。因此，被申请人根据双方约定对申请人派遣人员进行监督、指导、控制不应被视为申请人派遣人员提供服务的重重障碍，也不能成为申请人不完全履行合同义务的理由。

(3) 交接

申请人主张，在合同履行完毕时，申请人不存在工作交接的义务，双方对此也没有任何约定。被申请人则主张，申请人派遣人员撤离时，没做交接。

仲裁庭注意到，"合同书"确实没有对于合同期满时的工作交接作出明确的约定。但是，"合同书"第 8 条约定，申请人保证申请人在提供本合同服务时将尽合理的努力，使用合理的技能，并将按照本合同及其附件的规定（含完工标准）提供服务。申请人派驻人员在服务期间保证按被申请人以及最终用户的操作规范进行操作。以上为申请人对被申请人的全部保证，取代其他所有明示或默示的保证或条件。

仲裁庭认为，由于申请人派遣人员在为被申请人执行任务、提供意见和咨询、协助或资源接入时不可避免地接触或者生成有关的资料与信息，根据"合同书"第8条约定的申请人在合同关系中所承担的保证义务，申请人在合同期满时向被申请人交接有关的资料与信息，应属申请人合理的努力范围内之事。申请人主张不承担交接义务，与"合同书"的约定不完全相符。但是，申请人又主张，其本着最大诚意，安排LY等人飞赴北京进行有关工作的交接，主动超出合同约定的期限提供了多天的服务。申请人的上述主张似乎又说明申请人进行了交接工作。

总之，仲裁庭认为，基于现有证据，无法判断申请人的派遣人员是否按照被申请人的管理与要求提供完成了合同约定的服务义务。由于申请人对其主张负有举证责任，当现有证据不足以证明其主张时，仲裁庭只能作出不利于申请人的认定。

3. 未付服务费

仲裁庭人认为，申请人基于"合同书"第4条请求被申请人支付剩余的50%合同款，是以"提供完服务"为条件的。由于申请人未能提供充分证据证明其全部履行了合同义务，仲裁庭对于申请人的上述主张不能予以支持。

（二）已付50%合同款

被申请人主张，申请人在履行合同过程中存在明显的违约行为，应返还被申请人已经支付的50%合同款。

仲裁庭发现，被申请人请求申请人全部返还已付的50%合同款，是在不向申请人支付剩余的50%合同款的前提之下的。仲裁庭认为，被申请人上述反请求成立的条件是申请人完全没有履行其所承担的合同义务。在此条件下，被申请人也完全不必承担"合同书"第4条约定的支付合同款的义务。

正如上文所述，仲裁庭在综合考虑当事人双方提供的证据后认为，申请人在履行合同义务中存在瑕疵，申请人未能证明其全部履行了合同义务。但是，仲裁庭也发现，现有证据也无法证明申请人完全没有履行合同义务。

仲裁庭发现,"合同书"所约定的合同有效期为 2014 年 4 月 8 日至 9 月 20 日,共计 5 个多月的时间。从 2014 年 4 月 8 日合同签署至 5 月 16 日被申请人向申请人支付 50%的合同价款,占全部合同有效期五分之一的期间。如果申请人的派遣人员在此一月有余的期间内在被申请人的管理、要求、监督、指导、控制之下,完全没有提供任何合同约定的服务,被申请人应当完全能够发现、判断并根据合同约定采取对应措施,如根据"合同书"第 10 条的约定终止合同,但非履约方可获得书面通知及合理的改过时间。然而,目前呈现的事实却是被申请人于 2014 年 5 月 16 日依约向申请人支付了 50%的合同价款。仲裁庭认为,现有证据无法支持被申请人提出的申请人完全没有履行合同义务的主张。

"合同书"第 12 条约定,每一方在声称对方没有履行义务之前将给予对方合理的期限履行义务,在此合理期限为自守约方发出履约通知之日起 10 个工作日。仲裁庭注意到,被申请人未能举证证明其曾向申请人发出合同约定的履约通知。

仲裁庭注意到,被申请人证据中提供了数份申请人派驻人员的工作日报。当事人双方提供的日报有重合的部分,内容、日期、发送时间等信息完全相同,能够相互印证,可以证明相关的事实。这些日报说明,申请人的派遣人员确实在上述日期提交了工作日报,被申请人也已经收到。

被申请人主张,上述工作日报的内容说明申请人派遣人员对于项目没有帮助。

仲裁庭认为,单纯从上述日报的内容,无法判断申请人派遣人员是否在按照被申请人的管理与要求提供服务。上述日报中所述的"了解""尝试"等行为并非不属于"合同书"约定的提供的意见和咨询、协助的范围之内。因此,仲裁庭认为,上述证据无法证明申请人完全没有履行合同义务。

仲裁庭还注意到,"合同书"第 9 条约定,申请人不保证任何交付件或服务会不中断操作或全无错误,也不保证申请人能够纠正所有缺陷。因此,仲裁庭认为,被申请人以申请人提供的服务存在质量问题、有中断操作、错误、未纠正缺陷等情况为理由,请求申请人返还被申请人已经向其支付的 50%合同价款,被申请人的请求不应得到支持。

总之,仲裁庭认为,被申请人未能提供充分证据证明申请人完全没有履行合同义务,被申请人请求申请人返还已经支付的 50%合同价款的主张不能得到支持。

第三节　软件外包系列服务合同争议案

在软件外包服务合同签订后，客户的软件需求可能发生变化或有所增加。在此情况下，外包公司需与客户签订一份或多份补充协议，以明确约定新的服务内容和范围。由于主合同之下有若干补充协议，各个协议之间的关系可能成为当事人争议的焦点。

在下述案例（案例56）中，软件服务合同签订后，为了满足客户新的需求，当事人又先后签订了补充协议与补充协议之二。两者均表明是对此前约定条款的部分调整和补充，未明确调整的权利责任继续按照此前约定的条款执行。经仲裁庭审理查明，当事人之间的三份合同虽然相互关联，但是相对独立，不能相互代替。当事人发生服务费尾款争议之时，软件外包合同及补充协议已经履行完毕、期满终止，被申请人所拒付的尾款是补充协议之二的尾款。在补充协议之二项下，申请人提供的是不同于软件外包合同及补充协议约定的额外软件实施服务。被申请人并未指出申请人违反了"补充协议之二"的任何一个条款，却拒不支付该协议的尾款，企图以此追究申请人违反外包合同和补充协议的责任，缺乏合同依据。

软件外包服务的特点是向客户派驻专业技术人员。在客户需求不断增加，服务合同关系不断延展的情况下，很可能出现客户挖角导致派驻人员跳槽的问题。但外包公司的派遣人员是其重要且很难取代的资产，客户挖角造成的员工跳槽对其利益造成很大的损害。因此，软件外包公司一般与其员工签订竞业禁止合同，禁止员工在本单位任职期间同时兼职于客户公司，或禁止员工离职后一段时间内跳槽到客户公司。同时，外包公司还会在服务外包合同中明确约定，禁止客户挖角派驻人员，否则承担违约责任。下述案例的合同就明确约定，客户同意在本协议履行期间以及在技术维护服务或其他服务履行完毕后的24个月内，不会向外包公司派遣人员发出雇佣要约，或建立劳动关系。

案例56：软件服务合同及补充协议争议案

申请人为软件外包企业，为满足被申请人的软件需求，先后与被申请人签订软件服务合同书、补充协议书及补充协议之二。"补充协议"及"补充协议之二"约定，为满足被申请人更多的软件需求，被申请人需要申请人提供额外的软件开发服务和实施服务。"补充协议"还特别明确，申请人继续完成"原合同"工作，不计入本协议范围内。

(一) 服务费尾款

申请人主张，被申请人支付尚欠的服务费尾款。被申请人则主张，申请人违约，未结尾款按合同总价款对应减低。

仲裁庭认为，当事人之间的三份协议之间具有相互关联性，又对于工作内容、适用范围和期限等分别作出了相对独立的约定。"补充协议"和"补充协议之二"虽然是在原有合同关系的基础上签署，但是三份协议之间并不相互"代替"。由于当事人之间三份协议是既相互关联又相对独立的关系，被申请人不能笼统地指控申请人违反"原合同""补充协议"及"补充协议之二"，需要具体指出申请人究竟违反了哪一份协议的哪一个条款。

仲裁庭注意到，"补充协议之二"签约时间为2016年4月1日至8月31日，此时已经超过"原合同"与"补充协议"约定的对应履行期，被申请人也已支付对应价款，且"补充协议之二"没有明确约定该协议可溯及既往。

仲裁庭认为，经查明，被申请人所拒付的尾款是"补充协议之二"的尾款，其时"原合同""原补充协议"已经期满终止，申请人依据该协议为被申请人提供的是额外的软件实施服务。被申请人主张申请人违反"原合同"及"补充协议"的约定，但是却支付了"原合同"与"补充协议"的全部价款。被申请人并未指出申请人违反了"补充协议之二"的任何一个条款，却拒不支付该协议的尾款。"补充协议之二"第1条明确约定，本协议不替代"原合同"和"原补充协议"。被申请人用扣减"补充协议之二"应付价款的方式表达对申请人违反"原合同"和"原补充协议"的追究，缺乏依据，无法成立。

而且，仲裁庭认为，被申请人直接扣减"未结尾款金额"的行为不仅没有任何合同依据，而且与"原合同"及"补充协议"关于违约责任的约定直接冲突与背离。依据"原合同"与"原补充协议"的约定，即便申请人构成违约，被申请人发出违约通知后，申请人仍有纠正违约行为的机会。这是当事人双方在平等互利的基础上订立"原合同"，同意共同遵守的合同条款。被申请人既不及时组织验收认定申请人系统存在问题，也不依约向申请人发出违约通知，更加不给予申请人依约纠正任何问题的机会，而是直接拒付"补充协议之二"的尾款，其行为非但不能证明申请人违约，反倒证明自己违反了约定。

在审理过程中，仲裁庭给予当事人双方平等并且充分的举证机会，但是被申请人虽然主张申请人违约，却未能举证证明其主张，应当为此承担举证不能的不利后果。总之，被申请人应当依据"补充协议之二"的约定向申请人支付服务费尾款，无权从"原合同""补充协议"及"补充协议之二"约定的服务费总金额中予以扣减。

（二）违约挖角的责任

"补充协议之二"第 32 条约定，被申请人确认并同意本协议相关的申请人派遣人员是申请人的重要资产并且很难取代。因此，被申请人同意在本协议履行期间以及在技术维护服务或其他服务履行完毕后的 24 个月内，不会向被申请人派遣人员发出雇佣要约，或建立劳动关系。第 35 条约定，如果被申请人违反本协议第 32 条，每雇佣一名申请人工作人员，被申请人须向申请人支付协议总金额 50%的违约金。

依据"补充协议之二"第 4 条、第 10 条、第 13 条、第 14 条的约定，申请人向被申请人派遣 ZFG、WHX 等人员常驻被申请人工作场所提供相关专业技术服务；申请人项目经理由 WHX 担任；申请人派遣人员均由申请人项目经理管理。

1. 违约行为

申请人提交了 ZFG 与 WHX "北京市社会保险个人权益记录公务查询结果表"，证明两人于 2016 年 10 月 1 日至 11 月 1 日的工作单位为被申请人。被申请人主张，申请人提交的北京市社会保险个人权益记录登记错误，但是未能提供相反的证据。

仲裁庭认为，被申请人主张 ZFG 与 WHX 社会保险个人权益记录登记错误，可以通过相应的程序撤销、更正有关记录；但是，在有关记录被撤销、更正之前，两人社会保险个人权益记录仍然是关于两人劳动雇佣关系的权威证据。在被申请人未能提供相反证据的情况下，申请人证据足以证明曾经派驻被申请人的两名申请人前员工于 2016 年 10 月 1 日至 11 月 1 日与被申请人建立了劳动雇佣关系。

仲裁庭注意到，依据"补充协议之二"第 9 条，双方约定合作期限为 5 个月，生效日期从 2016 年 4 月 1 日至 8 月 31 日。

仲裁庭认为，被申请人于 2016 年 10 月 1 日雇佣 ZFG 与 WHX 的行为，明显与"补充协议之二"第 32 条的约定不符。虽然两人在被申请人任职的时间很短,但是"补充协议之二"并未限定被申请人与申请人派遣人员建立劳动关系的长短。只要被申请人"在本协议履行期间以及在技术维护服务或其他服务履行完毕后的 24 个月内"与申请人派遣人员建立劳动关系,即构成违约。

因此,ZFG、WHX 于 2016 年 10 月 1 日至 11 月 1 日在被申请人任职的事实,足以证明被申请人违反了"补充协议之二"第 32 条的约定。

2. 违约金

仲裁庭认为,当事人之间的三份合同关系具有相对独立性,其适用范围与履行期间并不相同。"补充协议之二"订立、履行之时,"原合同"和"原补充协议"已经期满终止,"补充协议之二"第 35 条所称"向申请人支付协议总金额 50%的违约金"应是指依据"补充协议之二"应支付的总金额的 50%。

虽然被申请人主张"补充协议之二"第 35 条约定的违约金过高,但是仲裁庭认为,"补充协议之二"第 32 条已经明确约定申请人派遣被申请人的人员是申请人重要且很难取代的资产,被申请人不论是依据"补充协议之二"还是在先的合同关系均应对违反该条约定给予申请人造成的损失有明确的预期。被申请人恶意违反"补充协议之二"第 35 条约定,应当依约承担相应的违约后果。当事人约定的违约金不存在过高、需要调整的问题。

第三章　电信技术服务合同争议仲裁研究

电信技术服务覆盖面非常广泛，既包括电信网络建设、运行与维护，也包括通过电信网络提供的各类基础电信和增值电信服务。电信技术服务合同争议主要集中于服务质量评价与服务费用结算两方面。

在电信精准营销大数据服务合同争议案（案例57）中，申请人作为电信运营商，在合同项下提供将被申请人营销信息推送到比较准确的受众群体中以达最大化的营销效果的服务。合同约定，被申请人每月向申请人支付保底服务费，即便申请人每月实际发生的费用未达到保底金额，被申请人仍需每月支付此项费用。鉴于合同是当事人双方"在平等自愿、友好合作等原则的基础上，经过双方充分协商"所达成的，关于每月保底消费金额的约定，对当事人双方均有约束力。因此，被申请人应支付尚欠的合同期间相关月度保底服务费。

在电信云呼叫中心业务服务协议争议案（案例58）中，申请人作为电信运营商向被申请人提供云计算呼叫中心业务的服务。合同约定，被申请人应向申请人支付云呼叫坐席标准版费用，按每月每坐席计算。该约定条款对当事人双方均有约束力。申请人提供了其计费系统查询账单等证据，证明申请人在合同期限内为被申请人开通的云呼叫坐席数，能够与被申请人承认的尚未向申请人支付的坐席费相互印证。因此，被申请人应当支付欠付的服务费。

电信运营商可以委托其他企业从事通信网络代理维护工作。代维服务内容包括维护光缆线路、基站等各个方面，具体范围由相关服务合同约定。代维服务商向其他企业采购代维所需的人力、物力资源的，与资源提供企业形成新的服务合同关系。但资源提供企业的服务质量受到代维服务企业与电信运营商的双重考核。在下述案例（案例59）中，代维服务商否认资源提供商服务的真实性，但是有关的服务已被证实按照约定的程序和方式进行了考核，双方服务费已经进行了结算，代维服务商应当支付已结算的服务费。

案例 59：现场代维服务资源采购协议争议案

被申请人是某电信运营商指定的通信网络代维服务提供商，于 2016 年与申请人签订现场代维服务资源采购协议（以下简称"协议"）。"协议"约定，申请人提供被申请人采购的某省 BH 地区通信网络综合代维服务，包括在需要时为被申请人提供人力和车辆、工具等资源服务，被申请人付给申请人完成此项代维服务的资源价格。

申请人主张，其依约为被申请人提供了代维服务，但被申请人并未支付相应的资源采购费。被申请人则主张，某外国公诉文件证实被申请人的前员工和供应商曾经从事虚假交易，无法证明申请人确实提供了服务，被申请人无法向申请人付款。

（一）被申请人证据

被申请人称，其控股公司与某国司法部和证券交易委员会于 2019 年达成协议，供应商确实与被申请人的前员工进行了虚假交易。被申请人提交了一份英文文件，称之为"延期起诉协议附件 A 事实陈述摘录"及其说明。

仲裁庭认为，本案协议约定适用中国法律，被申请人的案外关联公司与外国司法当局所达成的协议对于本案没有法律效力，但是可以作为证据予以考虑。

仲裁庭注意到，被申请人对该文件的引述存在事实错误。文件所称虚假合同存在于案外关联公司与其第三方服务商之间，即便案外公司"通过"包括本案被申请人在内的主体实施此类行为，也无法证明与本案被申请人与其服务提供者（申请人）之间的争议有关，无法证明申请人与被申请人之间存在虚假交易。文件称案外公司的雇员根据虚假服务协议和虚假发展协议为从未提供的服务签署购买要求和批准第三方服务提供者提供的发票，但无法证明有被申请人的员工实施了虚假交易问题而被解雇，更未提供任何信息证明案外公司的雇员致使（caused）本案被申请人参与虚假交易。

仲裁庭注意到，该文件称被申请人的母公司是通过其子公司与关联公司在全球运营的控股公司，子公司是母公司的分支机构，并非分离与独立的机构。

仲裁庭认为，某国司法当局在该文件中对案外公司与其子公司之间关系的认定，与我国法律的规定明显不符。根据《民法典》的规定，被申请人是具有民事权利能力和民事行为能力，依法独立享有民事权利和承担民事义务的盈利法人。在没有任何证据证明本案被申请人的人员、财产与案外母公司发生混同的情况下，主张被申请人丧失了独立法人地位或独立从事经营活动的能力，缺乏法律和事实的依据。

总之，被申请人提交书证不仅真实性无法认定，而且无法证明本案当事人之间的协议是虚假合同或者申请人并未履行约定义务。

(二) 申请人提供的服务

被申请人主张，申请人应提供人员劳动合同、社保记录、采购车辆、设备、材料的合同、租赁场地的合同等证据，否则申请人没有实际履行"协议"。

仲裁庭同意被申请人所述，即"合同履行的判断就应当严格根据合同约定的考核、结算方式进行"。当事人双方的举证责任也应当依据"协议"约定加以判断。

1. 代维服务及其考核

仲裁庭认为，依据"协议"约定，考核申请人的代维服务是被申请人在"协议"项下的重要权利，对申请人提供的代维服务进行考核直接决定被申请人是否及如何对申请人支付服务费用，考核行为及结果均是由被申请人完全掌握的。被申请人完全可以举证证明申请人未能通过相关的考核或者尚未完成有关的考核，从而拒绝支付申请人主张的资源价格。显而易见，被申请人有充分的条件与能力从其现场项目组或者"协议"附件四约定的被申请人某省代维项目主要联系人、运营经理兼某省项目经理"ZYH"处获得关于考核的直接、第一手的资料与信息。但是，被申请人却未能提供任何相关证据，更未能回答仲裁庭关于"ZYH"离职原因的询问。因此，被申请人应当承担举证不能的不利后果。

仲裁庭认为，依据"协议"的约定，当事人双方的代维合同是按申请人提供服务、被申请人考核申请人的服务、结算相关费用的先后顺序履行的，前后顺序不能颠倒。被申请人忽略作为费用结算的前提与依据的考核环节，要求申请人提供关于人员劳动合同、社保记录、采购车辆、设备、材料合同、租赁场地合同等提供服务的初始证据，不符合"协议"约定，也缺乏法律依据，其主张不能成立。

2. 申请人服务经被申请人考核的证据

申请人提供了考核汇总表、结算单等证据，证明对申请人服务的考核是由被申请人的"现场项目组"具体完成的。被申请人的"现场项目组"与其客户电信运营商公司一起对申请人所提供的代维服务进行了严格的考核；考核标准包括基础管理、维护质量、现场检查等数十个项目，"代维单位主管领导"逐一评分、签字并盖章确认，并在所采购资源所实现的项目 KPI、日常表现、工作态度、合作及时性等绩效考核的基础上，进行加分或减分的奖惩。

仲裁庭认为，申请人证据足以证明，申请人提供的代维服务经被申请人的严格考核，在证据所述月份提供服务的真实性可以得到证实。

3. 被申请人采购订单

"协议"第1条约定，被申请人采购申请人提供的包括具有代维领域方面的人员、车辆、工具、办公驻点等资源；附件二约定，固定采购部分，实际项目资源采购数量以最终双方确认数量为准；临时用工用车，项目按需部分订单，以实际发生数量向乙方采购。

申请人提供了被申请人向申请人发出资源采购订单的公证证据，证明申请人接受了被申请人的订单。

仲裁庭认为，虽然被申请人对其自身向申请人发出的资源采购订单提出发出时间较晚等疑问，属于被申请人内部经营管理的问题，无法否定其曾经向申请人采购资源的真实性。申请人公证证据中的4份订单及其对应的购买要求内容清晰、完整，且均明确将"协议"附件四约定的被申请人某省代维项目主要联系人、运营经理兼某省项目经理"ZYH"标注为申请人的联系人。被申请人自己发出的订单，是真是假，被申请人的员工（如"ZYH"）最有发言权。但是，被申请人却未能提供任何证据证明向申请人发出的是虚假的订单或购买要求。

总之，基于现有证据，仲裁庭认定，被申请人根据上述4份订单向申请人采购资源的事实应予以认定。

4. 申请人代维服务的交接

申请人提供了双方邮件沟通证据，证明被申请人完全认可申请人曾于2018年1月31日"协议"终止之前实际履行"BH 移动综合代维项目合同"，并且同意申请人已经完成的交付内容，被申请人会按照原有合同约定支付费用。

5. 服务费的结算

申请人提供的公证证据，其中记录被申请人"负责合同管理的后台人员"XM 分别于2018年10月16日、2018年12月24日、2019年5月15日向申请人工作人员发出的三封电子邮件。

仲裁庭注意到，被申请人在质证意见中认可"邮件正文部分形式上的真实性"，但"该公证书所包含的邮件明显均带有附件，而公证书未做展示，无法体现邮件内容全貌，证据不完整"。

仲裁庭认为，被申请人并未依法撤销申请人公证证据，亦未提供任何相反的证据推翻申请人上述公证证据的真实性。被申请人既然确认公证证据包含的邮件系被申请人"负责合同管理的后台人员"XM向申请人所发，应当有发出邮件的原件，如邮件附件足以否定邮件正文的内容，被申请人应可举证证明。由于被申请人并未就邮件附件举证，其以附件欠缺为由否定邮件正文内容的主张不能成立。

被申请人直接援引申请人上述公证证据记载的内容，用来支持自身的主张，进一步证明其认可申请人公证证据内容的真实性。

仲裁庭认为，在没有相反证据的情况下，申请人公证证据记录的被申请人"负责合同管理的后台人员"XM向申请人发出的三封邮件，按照"协议"附件二第3.1条的约定，属于被申请人对申请人员工代维服务表现考核基础上进行的费用结算。显而易见，如果没有被申请人"前方"现场项目组提供的考核结果作为依据，被申请人"负责合同管理的后台人员"XM如何能凭空向申请人发出费用结算的具体信息。2018年10月16日、2018年12月24日发出的两封费用结算邮件，均抄送了"协议"附件四明确的被申请人某省代维项目主要联系人、运营经理兼某省项目经理"ZYH"，进一步印证了费用结算信息来源的真实性和可靠性。

总之，仲裁庭认为，申请人证据证明，被申请人"负责合同管理的后台人员"XM于2018年10月16日、2018年12月24日、2019年5月15日向申请人发出的三份电子邮件分别是对"2017年4-10月尾款+2018年1月预付款""2017年6月-2018年1月部分年度尾款及GPS付款"以及全部尾款依约进行的费用结算。被申请人应当按照结算金额支付申请人的服务费。

特别章　技术产品国际贸易合同争议仲裁研究

专利许可、转让可能涉及专用设备的销售或租赁，技术服务可能涉及相关原材料、消耗品的提供。技术转移、技术服务合同包含提供专用设备、原材料的约定，拓宽了技术合同的范围。从广义的角度看，智能手机为代表的电子信息产品、电动汽车、光伏产品等技术产品的贸易合同实质上促进了技术创新在市场上的转化与应用。

我国经济发展与知识产权法治建设推动了科技水平提高与产业升级，技术产品制造业与技术研发共同成长、相互促进。在内外双循环的大背景下，国际技术引进与技术交流日益活跃。技术产品进出口贸易（特别是出口贸易）在我国对外贸易中的比重越来越大。但技术产品国际贸易受国际经济形势及市场波动影响较大，给贸易双方带来较大的风险。因国际市场波动造成产品价格争议、产品质量争议、付款争议等仲裁案件也不断增加，有必要从技术合同的角度予以分析和判断。

第一节　技术产品销售合同货款抵销争议案

国际贸易的买方与卖方订立多份买卖合同的情况下，当事人在每份合同项下的权利义务既有关联又有区别。

案例60：供应合同争议案

摘要：本案中，买卖双方订立了货物买卖初始合同之后，买方支付了部分货款但卖方并未交货。其后，双方订立了修改后的合同，约定买方已付款项用于抵销修改后合同项下订购货物的货款。在卖方组织货物生产并向买方通知交货后，买方以卖方迟延交货为由解除合同，要求卖方返还全部货款。卖方主张，买方解约的真正原因是国际市场货物价格波动，解约是为了单方面避险或减损。仲裁庭认为，买方解除合同必须有法定或约定的理由，从买方的解约通知及相关证据看，买方仅有权解除卖方并未交货的初始合同，无权解除卖方已经履约的修改后合同。买方应接收相关货物，原来已付货款用于抵销在修改后合同项下的货款，抵销后剩余款项卖方无权继续占用，应当返还买方。

On 28 May 2019, the Parties set out the contractual framework under the Chinese laws in the Supply Contract, under which the Claimant purchased from the Respondent the steel wheels manufactured by THIC.

The Tribunal notes that the Supply Contract sufficiently emphasizes the importance of the Specifications, in which those essential terms of the Contract, such as the name, assortment, quantity, technical standards, price, payment method of the Products, are specified. The Specifications are not only the integral part of the Contract but prevail over the Contract in the cases of discrepancies. The Supply Contract is incomplete and, to some extent, unenforceable without the support of the Specifications.

Both Parties submitted the Specification signed on 28 May 2019 (Specification No. 1) concluded under the Supply Contract. The Specification No. 1 provides the details of the Parties' transaction under the Supply Contract.

Both Parties submitted the Russian-Chinese bilingual Supply Contract, along with the English translation. The Tribunal notes, the Supply Contract, Article 10, provides that "this Contract is made in duplication in Chinese, Russian, both texts have the same legal force"; "in the event of a dispute due to non-compliance of the text of the Contract in Russian and Chinese, the Parties shall be guided by the text of the Contract in Chinese". Therefore, the Parties' contractual relationship shall be assessed according to the Russian-Chinese bilingual texts. The English translation is only the reference materials but has no legal effect.

In the Tribunal's discovery, although the Specification No. 1 submitted by the Claimant is authentic, the corresponding English translation is wrong with respect to the details of the Products. In the Claimant's submission, the Product name is wrongly translated and completely inconsistent with the original Russian text. The Claimant is completely irresponsible to submit to the Tribunal the wrong English translation in the arbitral proceeding conducted solely in English. Fortunately, the Tribunal is not misled by the wrong translation.

The Tribunal notes that both the Supply Contract and the Specification No. 1 signed by the Parties on 28 May 2019 effective on the same day constitute the entirety of the original contractual relationship between the Parties.

The Tribunal discovers that the real issue in the Parties' dispute is the contractual relationship. Instead of being submerged by the Parties' lengthy, irrelevant or speculative arguments, the Tribunal finds that it is essential to judge the Parties' rights and obligations in the relevant contractual relationship.

Based on the Parties' submissions, the Tribunal discovers that the Supply Contract between the Parties has undergone certain changes.

1. Additional Agreement No. 1

After the Supply Contract and the Specification No. 1 (collectively "Original Contract") entered into force, both Parties concede that the Claimant paid to the Respondent USD $ 2,000,000 on 30 May 2019.

However, both parties' submissions show that the Original Contract is not performed by the Parties as agreed. The Parties blame each other for the non-performance. The Claimant contends that the Respondent failed to pay USD $ 2,000,000 to the Manufacturer THIC, and the Respondent contends that the Claimant failed to pay the full amount of the price as agreed in the Specification No. 1.

For the purpose of resolution of the Parties' dispute, the Tribunal holds that it is more important to find out what's happened to the Parties' Original Contract as well as the Claimant's payment of USD $ 2,000,000 than to put the blame on any Party. The Tribunal's discoveries are entirely based on the Parties' submissions.

The Claimant contends that the Original Contract had been "amended" by the "Additional Agreement No. 1 dated 20 November 2019 to the Supply Contract". Under the Additional Agreement No. 1, cash in the amount of USD 2 million paid by the Claimant to the Respondent according to the Specification No. 1 as the advance payment to partially offset the Claimant's payment for the Products supplied according to Specification No. 2 and Specification 3 dated 11 November 2019. After the Respondent signed the Additional Agreement and fulfills Specification No. 2 and Specification 3, the remaining money shall be returned to the account specified by the Claimant; this Additional

Agreement is signed as an integral part of the Supply Contract; should there be any aspects not provided by this Additional Agreement, the Parties shall be guided by the provisions of the Supply Contract.

The Tribunal finds that the legally-binding contractual relationship can only be amended in accordance with the requirements provided in the Supply Contract.

According to the Supply Contract, Article 11.1, any change in the terms of the Contract shall be in the form of a conclusion between the Parties of a written addition to the Contract; an additional Agreement shall be signed by the Parties and all Annexes, Specifications and Additional Agreement to this Contract are an integral part of it.

Although the Respondent denies the authenticity of the Claimant's submission, the Tribunal notes that the Additional Agreement No. 1 are duly signed and sealed by both Parties, which conforms to the formality requirements of the Supply Contract.

To sum up, the Tribunal finds that the Claimant's evidence proves that the Supply Contract, particularly with respect to the Products and payment of the price, has been amended by the Additional Agreement No. 1 from 20 November 2019 (collectively "Amended Contract"). The Product's name, assortment, quantity, technical standards, price and payment method under the Amended Contract are completely different from the Specification No. 1. However, except specifically repurposing the Claimant's payment of USD 2,000,000, the Amended Contract largely keeps the Original Contract consisting of the Specification No. 1 intact. Since 20 November 2019, both the Original and the Amended Contracts coexist between the Parties.

2. Specification No. 2

As provided in the Amended Contract, the detailed information, particularly the Product's name, assortment, quantity, technical standards, unit price, has to be specified in the new Specification (s) mutually agreed by the Parties. In this regard, the Parties are highly contentious.

The Claimant contends that "the Parties failed to agree on any specification under the Addendum". To the contrary, the Respondent provides the evidence to prove that the Parties actually have agreed upon the Specification No. 2 that shows all the important information such as product name, brand and drawings, price and payment procedure.

Although the Claimant denies the authenticity of the Respondent's evidence, the

Tribunal notes that the Specification No. 2 was duly signed and stamped by both Parties and the Claimant's signature and stamp are highly consistent with those on the Supply Contract and the Specification No. 1 submitted by the Claimant. The Tribunal finds that the Specification No. 2 conforms to the formality requirement under the Supply Contract. In absence of the contrary evidence, the authenticity of the Specification No. 2 submitted by the Respondent can be confirmed.

The Tribunal finds that the Specification No. 2 is completely coherent with the Additional Agreement No. 1 as to the Product's name, assortment and technical standards, which proves that it was concluded under the Additional Agreement No. 1. Meanwhile, the Specification No. 2 specifies the essential details such as the product's quantity, unit price, total price and delivery time. According to the Supply Contract, Article 2.2, those essential conditions contained in the Specification No. 2 is the integral part of the Amended Contract consisting of the Supply Contract amended by the Additional Agreement No. 1.

Although the Specification No. 2 was signed on 12 December 2019, rather than on 20 November 2019 as provided by the Additional Agreement No. 1, the Tribunal holds that the difference is too trivial to affect the substance.

The Tribunal notes the error in the English translation to the Specification No. 2 provided by the Respondent. The English translation to Article 5 of the Specification No. 2 means "the specified products in the specification will be paid in full by the Buyer on the date when this specification is signed". However, the Russian text of the provision means that "the specified products in the specification had been paid in full by the Buyer on the date when this specification is signed".

The Tribunal also examines the correspondent Chinese text, which means that "the specified products in the specification shall be paid in full by the Buyer on the date when this specification is signed", could literally imply both situations (i.e. "to be paid" and/or "had been paid").

Given that English is not the legally effective language in the Parties' contractual relationship, the Tribunal rules that the Chinese text of the Specification No. 2, Article 5, should be interpreted in coherence with the Russian text, which is confirmed in the Additional Agreement No. 1, Article 6, i.e. the specified Products in the Specification had been paid from the Claimant's advance payment of USD 2,000,000.

The Tribunal notes that the Claimant strongly repudiates the Specification No. 2 primarily because its total price of the Product is not USD 2,000,000 but USD 1,350,000. However, the Claimant's contention becomes untenable given that the Specification No. 2 is subject to the Additional Agreement No. 1. The Claimant's advance payment of USD 2,000,000, after being used to offset the total price of the Specification No. 2, i.e. USD 1,350,000, shall be returned to the Claimant if no other Specification were concluded by the Parties. The situation that the Respondent possesses the Claimant's advance payment without contractual basis shall not happen.

The Tribunal finds that both the Additional Agreement No. 1 (Article 6) and Specification No. 2 (Article 5) confirm that the Claimant's payment of USD $ 2,000,000 made to the Respondent according to the Specification No. 1 are agreed to become the advance payment to offset the Claimant's Payment of USD $ 1,350,000 for the Products supplied according to the Specification No. 2.

Based on the foregoing examinations, the Tribunal finds that there are dual sets of contractual relationship between the Parties after 20 November 2019. The first set is contained in the Original Contract consisting of the Supply Contract defined by the Specification No. 1, and the other is the Amended Contract consisting of the Supply Contract amended by the Additional Agreement No. 1 and defined by the Specification No. 2. Both sets of contractual relationship apply the different terms and conditions respectively and shall not be mixed up. The Parties' contractual rights and obligations shall be judged in the pertinent contractual relationship.

3. Termination of the Supply Contract and the Additional Agreement

The Claimant requests "Supply Contract and its Addendum dated 20 November 2019" be terminated.

(1) Effect of the Termination Letter

The Tribunal notes that the Claimant sent to the Respondent the Letter on 15 January 2020. The Letter specifically mentioned the Products of the Contract, which is clearly the Products of the Original Contract, stipulated in both the Supply Contract and the Specification No. 1. The Claimant's reason of termination is the Respondent's delays in delivery of goods.

Under the Supply Contract and the Specification No. 1, the Respondent shall deliver the Products by 30 November 2019 (Specification No. 1, Article 4); if the Respondent fails to deliver the Products for more than 30 days, the Claimant has the right to terminate the contract by sending a written notification (Supply Contract Article 6.4.1 and Specification No. 1, Article 6).

The Respondent confirms at the hearing that the Specification No. 1 is not performed. It's clear that the Respondent did not deliver the Products to the Claimant as agreed in the Specification No. 1. The Claimant, as a result, has the right to terminate the Original Contract.

Although the Claimant's payment of USD $ 2,000,000 under the Specification No. 1 was repurposed by the Additional Agreement No. 1 and termination of the Original Contract has no material effect on the Parties, the termination Letter clarifies the Parties' contractual relationship. To sum up, it is the Original Contract that was terminated on 15 January 2020 by the Claimant's written notification to the Respondent.

(2) **Status quo of the Amended Contract**

The Tribunal notes that the Claimant's Termination Letter by no means addressed the Amended Contract. Neither the Products nor the termination reason in the letter match up to those in the Amended Contract. It proves that the Claimant was aware of the distinction between the Original and the Amended Contract when sending out the termination letter. The Claimant's contention that the Amended Contract was terminated by the letter dated 15 January 2020 is completely baseless and untenable.

The Amended Contract can only be terminated by the Claimant according to the relevant terms and conditions agreed by the Parties.

The Tribunal notes that the Supply Contract, Article 6.4, provides three circumstances in which the Claimant may terminate the Contract by sending written notifications to the Respondent. i.e.

— (Article 6.4.1) the Respondent delays the delivery of the Products more than 30 days; or,

— (Article 6.4.2) the Respondent violates to fulfill the warranty obligation for repair or replacement of the Products specified in the Contract; or,

— (Article 6.4.3) the Respondent is in the bankruptcy proceeding.

The foregoing provision of the Supply Contract is not amended by the Additional Agreement No. 1, so is within the parties' Amended Contract.

According to the Specification No. 2, Article 4 and 6, the Respondent shall deliver the Products to the Claimant by 29 February 2020 and if failing to deliver the Products for more than 20 days, the Claimant has the right to terminate the Contract and request the refund of the advance payment no later than on 1 April 2020. The Tribunal notes the foregoing stipulation regarding the "20-day period" shall prevail over the "30-day period" provided in Article 6.4.1 of the Supply Contract.

The Respondent notified the Claimant on 22 February 2020 that the Product under the Specification No. 2 is ready for shipment and the Claimant may come to inspect the Manufacturer. The Claimant concedes that it received the Respondent's notification dated 22 February 2020.

The Tribunal finds that the Claimant is not able to prove that the Respondent delayed the delivery of the Products for more than 20 days. It is the Claimant that refuses to accept the Products to be delivered to it. The Claimant, therefore, is not entitled to terminate the Contract based on Article 6.4.1 of the Supply Contract.

Neither does the Tribunal find the Article 6.4.2. and Article 6.4.3 of the Supply Contract can be applied to support the Claimant's unilateral termination right.

Besides the circumstances stipulated in Article 6.4, the Supply Contract, Article 6.3, allows the Contract be unilaterally terminated in the cases stipulated by the Chinese laws.

The Tribunal notes Article 52 of the Contract Law of China provides the following five statutory reasons to enable the party to terminate a contact, i.e.

Either party enters into the contract by means of fraud or coercion and impairs the State's interests;

There is malicious conspiracy causing damage to the interests of the State, of the collective or of a third party;

There is an attempt to conceal illegal goals under the disguise of legitimate forms;

Harm is done to social and public interests; or,

Mandatory provisions of laws and administrative regulations are violated.

However, the Tribunal finds none of the reasons can be applied to the Parties'

Amended Contract. Neither does the Claimant submit any contention based on these legal reasons.

(3) **Notification of production**

The Supply Contract, Article 5.5, provides that, if the Respondent is paid by advance payment, it shall notify the Claimant in writing within 5 days from the date of receipt of the advance payment of the start of production of the Products according to the Specification.

The Claimant concedes that the Respondent notified the Claimant in writing on 6 December 2019 of the conclusion of the Rail Wheel Purchase Contract with the Manufacturer THIC, in which the Products' name, assortment, quantity and technical standards are completely consistent with the Additional Agreement No. 1 and the Specification No. 2. The Claimant also concedes that both Parties signed the drawing for the Products specified in the Additional Agreement No. 1 on 12 December 2019. The Tribunal notes that the Specification No. 2 was also signed by the Parties on 12 December 2019.

According to the Additional Agreement No. 1, the Claimant's payment of USD $ 2,000,000 under the Specification No. 1 was repurposed to be the advance payment for the Products in the following Specification (s) from 20 November 2019.

The Tribunal finds that the Parties' submissions can prove that the Claimant had been endeavored to perform the obligations since the Additional Agreement No. 1 was signed. Upon the Claimant's confirmation of the drawing of the Products on 12 December 2019, the Respondent had notified the Claimant of the start of production of the Products according to the Amended Contract. Although the Respondent's notification was not sent to the Claimant precisely within 5 days of the signature of the Additional Agreement No. 1 on 20 November 2019, the delay is not so substantive that can justify the Claimant's termination of the Amended Contract therefor.

(4) **Date of manufacture**

Article 3 of the Additional Agreement No. 1 amended Article 1.2 of the Supply Contract. It provides that the Respondent guarantees that the Products comply with the Technical Documentation and are new, serviceable, not used and manufactured in 2019.

According to the Specification No. 2, Article 3, the Respondent shall deliver the

Products to the Claimant by 29 February 2020. The Claimant, therefore, contends that the Products manufactured under the Specification No. 2 contradict to the Additional Agreement No. 1 because they were not "manufactured in 2019".

However, the Supply Contract, Article 6.1 and 6.2, provides that any performance of the provision of this Contract going beyond the expiration of the valid period shall continue to perform until its full fulfillment. Since the Respondent notified the Claimant of the start of production of the Products according to the Amended Contract on 12 December 2019, the Products shall be deemed as manufactured in 2019 as required by Article 3 of the Additional Agreement No. 1. Even though the Respondent notified the Claimant of the completion of the production in February 2020, the Claimant is not justified to terminate the Amended Contract.

Based on the foregoing discoveries, the Tribunal rules that the Claimant has no right to terminate the Amended Contract composed of the Supply Contract and the Additional Agreement No. 1. The Claimant's relevant Claim is, therefore, dismissed.

4. Return of the Payment

The Claimant requests that the Respondent return the payment of USD 2,000,000 to Claimant.

The Tribunal notes that the Claimant made the payment of USD 2,000,000 to the Respondent under the Specification No. 1. After the Additional Agreement No. 1 entered into force on 20 November 2019, the Claimant's payment of USD 2,000,000 is agreed by the Parties to be the advance payment to offset the Claimant's payment for the Products supplied according to the Specification No. 2 and the Specification No. 3 signed by the Parties. When the Specification No. 2 was signed by the Parties on 12 December 2019, the amount of USD 2,000,000, therefore, was used to offset the Claimant's payment of USD 1,350,000 for the Products supplied according to this Specification.

The Tribunal notes that neither Party proves that the Specification No. 3 or any other Specification has ever been signed by the Parties until the expiry of the valid period of the Supply Contract on 31 December 2020.

The Tribunal finds that the Claimant's advance payment of USD 2,000,000 under the Additional Agreement No. 1, after offsetting the payment for the Specification No. 2, leaves USD 650,000 remaining. Since the Respondent is not entitled to possess the

Claimant's payment of USD 650,000 without any contractual basis, the remaining amount of USD 650,000 shall be returned by the Respondent to the Claimant according to the Additional Agreement No. 1, Article 6.

The Tribunal finds that the Respondent has the contractual right to claim the entitlement of the Products supplied according to the Specification No. 2, although the Claimant is yet to request the Products completed corresponding to the Claimant's payment of USD 1,350,000 be delivered to it.

第二节 技术产品销售合同货物质量争议案

技术产品的国际销售合同一般明确约定产品的规格、型号和质量标准。卖方交付的产品经买方验收未达到约定质量标准的，买方有权拒绝支付货款。但是，买方必须对产品存在的质量问题充分举证，而且按约及时通知卖方采取相应的改正措施。如果买方收货后，既不及时提出质量异议，又不支付货款，则只能承担违约的后果。在下述案例（案例61）中，买方因未能举证证明卖方交付的货物存在质量缺陷，无权拒绝支付全部货款。该案当事人之间的合同还约定了国际市场汇率变动风险的分担。由于买方迟延付款期间指定外币汇率变动并未达到合同约定的幅度，买方不必赔偿卖方因汇率变动遭受的损失。

案例61：销售合同争议案

摘要：本案中，买方因未能举证证明卖方交付的货物存在质量缺陷，无权拒绝支付全部货款。该案当事人之间的合同还约定了国际市场汇率变动风险的分担。由于买方迟延付款期间指定外币汇率变动并未达到合同约定的幅度，买方不必赔偿卖方因汇率变动遭受的损失。

The Parties concluded the Sales Contract, on 2 May 2012, under which the Claimant should sell and deliver the Goods to the Respondent, and the Respondent should collect the Goods delivered and make corresponding payment to the Claimant.

1. Payment for the Goods

The Claimant contended that the Respondent refused to fulfill the obligation of payment despite the fact that the Claimant had shipped the Goods set forth in Appendix 1 to the Respondent according to the Sales Contract.

The Tribunal notes that the Sales Contract, Article 2.1, provides that the prices of the Goods are set forth in Appendix 1 of this Contract. According to Appendix 1, the total price for the Goods is Euro 520,260.00 and the payment shall be done in two installments, i.e. "15% of contract value by T/T in advance" be paid within 3 working days after the contract was signed, and "85% of contract value" be paid before 30 June 2012 by D/P at sight.

(1) **Dispute of payment**

The Claimant stated that the Respondent had paid to the Claimant 15% of the contractual value on May 10, 2012, according to the Sales Contract. The Tribunal finds that the Respondent's payment of 15% of the contractual value can be proved, although it did not occur within 3 working days after the contract was signed as specified by the Appendix 1 of the Sales Contract.

The Tribunal notes what the Claimant claimed to be paid by the Respondent is actually the balance of the contractual value, i.e. 85% of the total price, as specified by the Appendix 1 of the Sales Contract.

(2) **Condition of payment**

The Tribunal finds that the Respondent's payment of 85% of the contractual value is subject to the following conditions according to the Sales Contract and the Appendix 1, namely:

(a) The Claimant delivered the Goods in conformity with the specifications set forth in the Appendix 1 of the Sales Contract;

(b) The Respondent had collected the Goods delivered by the Claimant;

(c) The Respondent did not notify the Claimant in writing of any quality defect or quantity discrepancy of the Goods within 7 days of receiving the Goods after customs clearance.

The Claimant provided a list of "seller's documents" as specified in the Appendix 1 of the Sales Contract, including the Original Commercial Invoice, Packing List, Bill of Lading, Insurance Document and Original Certificate. The Claimant also provided China Declaration for Exportation and the Bill of Lading Shipment Document. Based on the proofs presented by the Claimant, the Tribunal finds that the Claimant had delivered the Goods to the Respondent.

With respect to whether the Respondent had collected the Goods delivered by the Claimant, the Claimant provided the "Declaration for the Payment", which is dated June 12, 2012 and was officially sealed by both Parties, to prove that the Claimant committed to support the Respondent to pick up the Goods once arriving on June 14, 2012 and the Respondent, in response, committed to pay 85% of the Goods value before June 30, 2012. The Claimant stated that the Respondent had picked up the Goods after receiving the Bill of Lading released by the Claimant.

The Respondent stated that the Respondent did not dispute that a valid sale contract had been concluded between the Parties but what was disputed is "compliance of goods to the order." The Respondent, however, did not provide any evidence to support its contention.

Based on the circumstances that the Respondent made the commitment in the "Declaration for the Payment" to pick up the Goods delivered, the Claimant shipped the Bill of Lading to the Respondent, and the Respondent was able to exam the Goods' conformity, the Tribunal finds that the Respondent had completed all the necessary procedures and actually collected the Goods.

According to the Sales Contract, Article 6, the Claimant warrants the Goods shall conform to the specifications set forth in Appendix 1 upon delivery and the Claimant provides warranty to the Goods as stated in the Standard Warranty Terms; in respect of any quality defect or quantity discrepancy, the Respondent shall notify the Claimant in writing within 7 days of receiving the Goods after clearance of customs.

Although contending that "compliance of goods to the order", the Respondent provided neither the detailed information of the Goods inconformity nor any proof that may show that it had notified the Claimant of any quality defect or quantity discrepancy after collection of the Goods within the specified period of time. The Tribunal, therefore, finds that the Respondent has no justifiable reason to avoid the payment for the balance of the contractual value on the basis of Article 6 of the Sales Contract.

In sum, the Tribunal finds that the Respondent's obligation of payment for 85% of contractual value had been mature and the Respondent should make the payment accordingly.

2. Loss in Exchange Rate

The Claimant claimed that the Respondent should pay the loss in exchange rate due to the delayed payment. The Respondent did not respond.

The Tribunal notes that the Sales Contract defines the currency of the Goods price and the arrangement in the case of currency fluctuation. Article 2.3 provides that the price of the Goods shall be calculated in Euro, unless explicitly stipulated otherwise. Article 13 provides that the price is established at the exchange rate of 1 Euro = 8.3 Chinese Yuan (CNY); the price remains the same with +/-1% fluctuation of exchange rate; if there is significant fluctuation, the price will be adjusted according to the exchange rate upon the time when the goods are ready.

The Claimant contended that the Respondent should compensate the Claimant's loss in exchange rate, which had been changed to 1 Euro = 7.79 CNY when the Respondent's obligation of payment was due on June 30, 2012.

Based on the Claimant's submission, the Tribunal notes that the exchange rate on May 2, 2012 was 1 CNY = 0.12 Euro and on June 30, 2012 was 1 CNY = 0.128 Euro. Since the price of the Goods is calculated in Euro, 1% fluctuation of exchange rate defined in Article 13 of Sales Contract should refer to the fluctuation of Euro.

The Tribunal finds that the Euro fluctuation had been marginally less than 1% from May 2, 2012 (when the Sales contract No. RDITPV230W was concluded) to June 30, 2012 (when the Respondent's obligation of payment was due) The Tribunal, therefore, rules that the Claim for the loss in exchange rate should not be supported.

第三节　偿还技术产品货款合同争议案

我国技术产品出口的国家和地区不断增加，很多企业在不断拓展非洲、拉丁美洲的市场。技术产品对外出口但收不到货款的风险是始终存在的。出口方不得不尽力与进口方协商解决付款争议，在还款协议中引入第三方担保以增强进口方的偿付能力，是比较可取的做法。在下述案例（案例62）中，中方公司将汽车出口到北非某国，买方收货后无正当理由数年拒不付款。中方努力与买方达成偿还货款协议，并由保证人担保买方付款。然而，买方不仅拒绝履行偿还货款协议，而且以语言、文化等各种理由否定该协议的真实性。仲裁庭经深入审理查明，买方的理由不能成立，应按约还款，且支付合理的迟延付款利息。

案例62：还款协议争议案

摘要：本案中，中方公司将汽车出口到某国，买方收货后无正当理由数年拒不付款。中方努力与买方达成偿还货款协议，并由保证人担保买方付款。然而，买方不仅拒绝履行偿还货款协议，而且以语言、文化等各种理由否定该协议的真实性。仲裁庭经深入审理查明，买方的理由不能成立，应按约还款，且支付合理的迟延付款利息。

Claimant sold to the Respondent One the Vehicles in 2014 under the Sales Contracts Nr. 2014141 and No. 2014151. After the Goods delivered, the Respondent One was not able to pay the full price of the Goods. The Claimant states that the Claimant, the Respondent One and the Respondent Two entered into on 28 August 2018 the Repayment Agreement, under which the Respondent One promises to repay to the Claimant the owed money of USD223,106.81 for Goods and the Respondent Two agrees to take full responsibility of this repayment without conditions to the Claimant in case that the Respondent One fails to finish its repayment responsibility.

The Respondent One, however, contends that Mr. TM, the legal representative of the Respondent One, was made by the representative of the Claimant to sign on the Repayment Agreement in English that is incomprehensible to Mr. TM and the Agreement is completely different from the oral agreement between the Parties. The Respondent One also contends that the arbitration place was changed in the Repayment Agreement from Singapore to the "home turf" of the Claimant, the interest terms for late payment could not have been agreed by the Respondent One, and the Claimant asked for illegal methods of payment.

1. Authenticity of the Repayment Agreement

Given that the Parties' submissions are at odds, the top priority of the Tribunal is to find out whether the Parties have established the genuine contractual relationship as shown in the Repayment Agreement.

Since the Respondent One states that the Parties have "done business years and years in ***", the Tribunal finds that the evidence of the prior transactions between the Parties may be used as the important reference to discover whether the Repayment Agreement submitted by the Claimant is authentic.

The Tribunal notes from the Repayment Agreement that there were 2 Sales Contracts Nr. 2014141 and No. 2014151 between the Claimant and the Respondent One.

The Tribunal notes that the Respondent One does not dispute the authenticity of the evidence of these Sales Contracts submitted by the Claimant.

To the discovery of the Tribunal, both Sales Contracts concluded by the Claimant and the Respondent One are bilingual in English and Chinese. It proves that the legal representative of the Respondent One, Mr. TM, was sufficiently capable of comprehending the contents of both Sales Contracts that are neither in Arabic nor in French. The Tribunal, therefore, finds it untenable that the Respondent One repudiates the Repayment Agreement solely on the ground that the language of the Agreement is English.

The Tribunal notes that the Respondent One's seal and its legal representative Mr. TM's signature on the Repayment Agreement are apparently consistent with those on the Sales Contracts. The Tribunal finds it unpersuasive that the Respondent One would have, in the long-time business cooperation with the Claimant, sealed and signed on an "incomprehensible" contractual document. In addition, the Repayment Agreement contains the official witness seal (in Arabic) from the City Hall of the Respondents' location, which demonstrates that the Parties had consciously submitted the Agreement to the municipal authority of the Respondents and the official of City Hall witnessed the Parties' conclusion of the Agreement on 29 August 2018. The Tribunal finds that the official witness seal is the conclusive proof of the Parties' contractual relationship under the Repayment Agreement.

Furthermore, the Tribunal notes that the arbitration clause in the Repayment Agreement is entirely consistent with those in the Sales Contracts and the Respondent One's contention that the Repayment Agreement changes the arbitration place from Singapore to the "home turf" of the Claimant is completely baseless.

The Tribunal notes from the Repayment Agreement that the details of arrears between the Parties are listed in the Appendix 1, under which the Respondent One owed to the Claimant in the total amount of USD1,099,965 for the Goods transacted under the Sale Contracts No. 2014141 and No. 2014151 and shall pay the outstanding debt of USD223,106.81 to the Claimant.

Contrary to the Respondent One's contention that the Repayment Agreement is completely different from the Parties' "oral agreement" of which the Respondent One submits no proof, the Tribunal finds that the Respondent One's concession of its debt (USD223,102.81) to the Claimant is generally consistent with the Appendix 1 of the Repayment Agreement, although the amount of unpaid debt conceded by the Respondent One is 4 dollars less than that provided in the Repayment Agreement (USD223,106.81). The Respondent One's concession of its debt further substantiates the Parties' contractual relationship under the Repayment Agreement.

The Respondent One contends that it couldn't agree on methods of payments other than bank transfer based on import documents but the Claimant asked to use "Western Union, a Third Country and local cash" as the methods of payments.

The Tribunal, however, finds that the Respondent One does not submit any proof that the Claimant had ever "asked" for any alternative methods of payments other than what's agreed in the Repayment Agreement, Article 2, i.e. the Claimant only accepts T/T (telegraphic) transfer for the payments and the Respondent One agrees to pay the money by T/T.

The Respondent One contends that the "only legal way" to pay this debt is to transfer to the Claimant the full USD1,099,965, in which the Claimant keeps USD223,102.81 and refunds the rest of the amount (USD876,862.19) to the Respondent One.

The Tribunal finds that the Respondent One's foregoing contended approach of payment of its debt to the Claimant has no contractual or legal basis. Instead, the Repayment Agreement, Article 2, explicitly stipulates that the Respondent One shall repay to the Claimant USD223,106.81, which is the owed money of the Goods under the Sale Contracts No. 2014141 and No. 2014151.

Based on the evidence submitted by the Parties, the Tribunal finds that the Respondents and the Claimant had genuinely concluded the Repayment Agreement that contains no contents contradictory to any mandatory norms of the Chinese laws. Therefore, all Parties are legally bound by the Repayment Agreement and shall perform the relevant contractual obligations.

2. Payment of the Outstanding Debt

The Claimant requests that the Respondents pay the amount of USD223,106.81 for the outstanding debt regarding the Goods transacted between the Claimant and the Respondent One.

The Tribunal notes that the Repayment Agreement, Article 2, provides that the Respondent One promises to repay to the Claimant USD223,106.81 of the Goods under the Sale Contracts No. 2014141 and No. 2014151 in two installments, i.e. USD92,000 before 31 December 2019 and USD131,106.81 before 31 June 2020.

Based on the Parties' submissions, the Tribunal finds that the Respondent One has not yet paid off the debt of USD223,106.81 to the Claimant as agreed despite the Claimant's multiple email notices in 2020.

The Tribunal, therefore, rules that the Respondent One shall fulfill its payment obligation under the Repayment Agreement. Since the Respondent One has already defaulted on its debt, the Tribunal rules that the Respondent Two shall be jointly and severally responsible with the Respondent One for paying the outstanding debt to the Claimant in the amount of USD223,106.81 as agreed in the Repayment Agreement.

3. Payment of Penalty

The Claimant requests the Respondents pay USD66,932 as the penalty of debt default.

Under the Repayment Agreement, Article 3, if the Respondent one delays in paying the money of the Goods according to the schedule as specified in Article 2, the Respondent One shall pay 1% of the money per day to the Claimant as the late payment penalty, until the Respondent One repay all owed money of the Goods.

Based on the Parties' submissions, the Tribunal finds that the Respondent One obviously fails to repay to the Claimant the owed money of the Goods, USD223,106.81, according to the schedule as specified in Article 2 of the Repayment Agreement and shall be subject to the default penalty provided in Article 3 of the Repayment Agreement.

The Tribunal, however, finds that the default interest that is 1% of the owed money per day is too high to be supported under the Chinese laws.

Although the Claimant's unilaterally lowers the claimed penalty interest to USD66,932, the Tribunal finds that such claim has no legal or contractual basis.

The Tribunal finds that the Respondent One that fails to repay to the Claimant the owed money of the sales of the Goods according to the agreed schedule shall pay to the Claimant the default interest at the reasonable rate.

Since China has no official interest rates for loans in US dollars, the Tribunal rules that the Respondent One shall pay to the Claimant the default interest of outstanding debt of USD223,106.81 according to the Bank of China one-year fixed-term deposit rate applicable to 1 July 2020, when the final installment of payment became overdue as specified in Article 2 of the Repayment Agreement, i.e. 0.75%.

The Tribunal rules that both Respondents shall be jointly and severally responsible for paying to the Claimant the default interest 0.75% per year for outstanding debt of USD223,106.81 from 1 July 2020 until the total debt is paid off.

第五编

特殊知识产权争议仲裁研究

随着我国仲裁事业的发展，适用于特定领域的特殊仲裁已经逐渐发展起来。特殊仲裁（又称"准仲裁"或专家裁决机制）不同于调解，其处理案件的结果是以裁决书的方式体现的。但是，特殊仲裁也不同于典型的仲裁。根据我国《仲裁法》的规定，仲裁程序与诉讼程序是相互排斥的，仲裁裁决是终局性；当事人即便申请有管辖权的法院撤销仲裁裁决，法院也不重新审理案件事实与裁判理由，仅审查仲裁是否存在有关的程序正当性问题或涉嫌违法犯罪问题。特殊仲裁则不排斥诉讼程序，其裁决作出后，当事人仍然可以请求有管辖权的法院重新审理有关的纠纷。

特殊仲裁在我国法律中广泛存在并发挥着重要作用。我国《劳动争议调解仲裁法》《农村土地承包经营纠纷调解仲裁法》均明确规定了此类特殊仲裁。当事人不服仲裁裁决的，依照法律规定的程序与期限，可以向有管辖权的法院起诉。案件进入诉讼程序后，当事人之间的争议由法院重新审理。特殊仲裁甚至可以如典型仲裁一样具有终局性。例如，《劳动争议调解仲裁法》既规定了特殊仲裁，也规定了特定情形下劳动争议裁决对用人单位具有终局性，充分表明仲裁程序的多样性与灵活性，以满足解决不同争议的需要。①特殊仲裁是我国法律中行之有效的制度，片面强调非终局性是不确切的。事实上，绝大多数案件经特殊仲裁（如劳动争议仲裁）裁决后，并未诉讼至法院，而是定纷止争，使当事人之间的争议得以解决。

特殊仲裁发展潜力巨大，在知识产权仲裁领域大有用武之地。以当事人之间的仲裁协议或仲裁条款为依据的典型仲裁主要适用于解决知识产权合同争议，知识产权侵权争议则鲜少涉及。特殊仲裁即弥补这一不足。很多类型的特殊仲裁不以当事人达成仲裁合意为

---

① 《劳动争议调解仲裁法》规定，追索劳动报酬、工伤医疗费、经济补偿或者赔偿金，不超过当地月最低工资标准十二个月金额的争议，或者因执行国家的劳动标准在工作时间、休息休假、社会保险等方面发生的争议，仲裁裁决为终局裁决，裁决书自作出之日起发生法律效力；劳动者对上述争议的仲裁裁决不服的，可以自收到仲裁裁决书之日起十五日内向人民法院提起诉讼。

仲裁管辖的前提条件，具有很强的灵活性与扩展性。

特殊仲裁目前未进入《仲裁法》的范畴，但仲裁法律制度是不断发展的。例如，我国仲裁法律制度是以机构仲裁为基础的，但在《仲裁法》修订过程中已经有增加临时仲裁的建议提出。特殊仲裁在发展完善的进程中也有可能在未来的仲裁法中获得一席之地。

在"意见"等文件的指引下，不论是《仲裁法》的典型仲裁，抑或该法之外的特殊仲裁，都将为解决知识产权争议、提高知识产权保护的效率与水平发挥更大的作用。域名争议解决、电子商务平台在线争议解决等特殊仲裁机制体现了"意见"所要求的快速、高效、网络化争议解决的精神，具有巨大的潜力，将在知识产权仲裁体系中占据越来越重要的地位。

第一章　电子商务平台在线争议解决机制研究

2020年4月《中共中央　国务院关于构建更加完善的要素市场化配置体制机制的意见》提出，数据是重要的生产要素。电子商务平台作为巨量数据的集合体与集散地，正在成为数字经济的中坚力量，承载着成百万上千万的企业与个人进行各类经济活动，是第四次工业革命的突出表现。因此，两办的"指导意见"明确提出，电子商务平台是构建知识产权仲裁等快速处理渠道的关键领域和环节。该指示精神与《电子商务法》的规定高度一致。

2019年1月开始实施的《电子商务法》充分利用平台数据上的优势为知识产权保护服务，建立了专门适用于平台的知识产权保护制度，是对我国知识产权法律制度的重要补充与加强。平台知识产权保护制度主要包括两方面：一是平台经营者应作为善良管理人承担保护知识产权的法律义务，如"指导意见"要求平台等各类网站应当规范管理，删除侵权内容，屏蔽或断开盗版网站链接，停止侵权信息传播等；二是平台经营者收到知识产权人侵权通知应及时采取措施的义务，如"指导意见"推动电子商务平台有效运用专利权评价报告，快速处置关于实用新型和外观设计专利侵权的通知。[1]除此之外，《电子商务法》中还有一项经常被忽视的法律制度，也对平台知识产权保护作用重大。平台在线争议解决机制虽然并非专门的知识产权保护制度，但是非常适合解决平台上发生的知识产权纠纷案件，尤其是国际知识产权纠纷案件。

"指导意见"要求，在电子商务平台这样的关键领域和环节构建知识产权仲裁等快速处理渠道。但是依据现行的《仲裁法》，在电子商务平台建立仲裁委员会，实行典型的仲裁，难度很大，缺乏可操作性。[2]因此，"指导意见"中所指的

---

[1] 关于电子商务平台知识产权法律制度，详见薛虹：《中国电子商务平台知识产权保护制度深度剖析与国际比较》，载《法学杂志》2020年第9期，第13-23页。
[2] 依据《仲裁法》的规定，仲裁委员会由直辖市和省、自治区人民政府所在地的市（或根据需要在其他设区的市）的人民政府组织有关部门和商会统一组建；涉外仲裁委员会可以由中国国际商会组织设立。

知识产权仲裁，更可能是指不排斥司法管辖的特殊仲裁，既能快速处理争议，又不受《仲裁法》的限制，可以尽快付诸实施。

由于《电子商务法》实施时间尚短，电子商务平台在线争议解决机制仍在探索与尝试之中。但是，将"指导意见"的要求与《电子商务法》的规定相结合，可以基本上共同勾勒出构建知识产权特殊仲裁的基础、程序与执行的框架。而且，为了便于处理跨国知识产权纠纷案件，相关的国际法律文件与实践也可提供有益的参照。

一、争议解决规则

在平台知识产权纠纷案件中，最为常见的情况是知识产权人投诉平台内经营者实施了侵权行为。如果采用典型仲裁的模式，知识产权人必须与平台内经营者之间订有仲裁协议才能投诉，因而极大地限制可处理案件的范围。但是，特殊仲裁则不受此限，仲裁协议可以被当事人之间共同接受的平台争议解决规则所取代。

依据《电子商务法》的规定，如果平台建立争议解决机制，必须制定并公示有关的争议解决规则。[①]平台经营者拥有治理平台内生态环境、维护正常的交易秩序的权力，制定与实施平台规则是平台治理的主要表现形式。平台一旦制定并公示了争议解决规则，平台内经营者就要受其约束，否则就只能退出平台内的经营。知识产权人不论是否在平台内经营，只要选择使用平台提供的机制进行投诉，就必须明示接受平台争议解决规则的约束。因此，电子商务平台争议解决规则是争议解决机制运行的基础，类似于依托于域名注册管理体制而运行的域名争议解决机制。当事人双方的意思自治、对争议解决机制的选择，不是通过订立仲裁协议，而是通过共同遵守平台争议解决规则来实现的。

二、争议解决程序

依据《电子商务法》和"指导意见"的规定，平台争议解决的程序应当具

---

① 《电子商务法》虽然并未强制性要求平台经营者建立争议在线解决机制，但是如果平台经营者选择建立此类机制则应符合有关的法定要求。

有公平公正、网络化、快速性等特征。

1. 公平公正

《电子商务法》要求平台经营者"公平、公正地解决当事人的争议",对平台争议解决机制的程序运行提出了要求。

为了满足"公平、公正地解决"争议的法定要求,平台争议解决机制不应管辖涉及平台经营者的争议,平台经营者自身不能是争议的当事人。任何人都不能担任自己的法官,这是程序正义的最基本要求。平台经营者在自行制定争议解决规则、自行运行争议解决机制的情况下,是不可能公平、公正地解决涉及自身的争议的。换言之,即便平台经营者能在争议解决程序中保持实质上公平、公正,也不可避免地违背了程序正义,其争议解决的结果难免被人怀疑与诟病,从而丧失公信力。因此,知识产权人投诉平台经营者的争议案件,应当被排除在平台争议解决机制管辖的范围外。

依据《电子商务法》规定,平台经营者可以建立争议解决机制、制定争议解决规则、解决当事人的争议。从字面意义理解,平台经营者不仅建立争议解决机制与制定争议解决规则,还要直接运行争议解决机制以解决当事人的争议。但是,平台本来就与平台内经营者之间存在直接的利害关系(如平台经营者向平台内经营者收费或者抽成),如果平台争议解决机制直接由平台运行或者依附于平台之内,知识产权人难免对其程序的公平公正性产生怀疑。

相比之下,互联网域名争议解决制度虽然由域名注册管理机构建立,争议解决规则由其制定与公示,但是并非由它们直接运行。域名注册管理机构一般授权专业性的争议解决机构,依据其所制定与公示的争议解决规则,独立裁决投诉的商标权人与域名持有人之间的争议。域名争议解决制度在运行机构上的独立性是该程序公平与公正解决当事人争议的客观保障。

国际相关经验也可作为参考。欧盟颁布了《消费纠纷替代性解决机制指令》及《消费纠纷网上解决机制条例》。自2016年2月起,在欧盟数字化单一市场框架内,所有面向消费者的电子商务经营者(包括平台经营者)都必须实施跨境消费者纠纷网上解决机制。在欧盟27个成员国区域内,消费者可以向在线争议解决平台提交有关跨境电子商务纠纷的投诉,通过平台上注册的争议解决服务提供者解决争议。欧盟内所有电子商务经营者都必须在其网站上以醒目方式设置通向在线争议解决平台的链接、向消费者提供其在线联系方式及指定的在线争议解决机构,并告知消费者在线争议解决平台的信息与使用方法。欧盟在线争议解决机制为电子商务经营者与消费者提供了跨国界、多语种、简单快捷、费用低廉的非诉讼的在线争议解决途径,保障了交易安全与消费信心。从欧盟上述法律规定看,消费者在线争议解决是通过专业性的争议解决服务提供者运行的,并未由经营者自行运行。

因此,我国《电子商务法》的规定可以理解为:平台经营者建立的争议解决机制,可以授权独立的第三方机构,依据平台制定的争议解决规则,公平、公正地通过在线系统解决当事人的争议。独立运行的平台争议解决机制更加符合程序正义的要求。

2. 网络化与快速性

《电子商务法》明确规定平台经营者应建立"在线"的争议解决机制。因此,平台争议解决机制必然利用数字技术、采用网络化的方式。如果平台争议解决机制采取线下传统方式,则在很大程度上丧失了制度创新的价值与意义。

很多电子商务平台经营者已经尝试建立网络上的自动信息系统,接受投诉,并衔接争议解决程序。由于知识产权争议的特殊性与专业性,平台经营者有必要建立专门的在线机制处理有关的案件。

"指导意见"提出,平台争议解决程序应突出快速的特点。在线的案件管理与程序运行可以大幅提高审理效率、节省时间成本。而且,平台争议解决还可以参考域名争议解决的经验,将从案件受理到审结的全过程限定在 60 日内完成,避免程序拖延,且便于与其他争议解决方式进行衔接。

三、裁决的执行

平台争议解决机制作为特殊仲裁,虽然不排斥司法管辖,但是如能快速高效、公平公正地解决知识产权纠纷,则当事人诉诸法院的比例并不会很高。域名争议解决程序已经证明这一点。

平台争议解决机制依托于平台经营者对于平台的治理权力,争议解决的裁决可以在平台内直接得到执行。例如,知识产权人的投诉成立的,平台经营者应直接依据裁决内容对平台内经营者的侵权行为实施删除、屏蔽、断开链接、终止交易或其他必要措施。而且,平台经营者对于平台内经营者拥有充分的治理权力,可以要求平台内经营者支付一定金额的保证金,作为对知识产权侵权赔偿之用。因此,与域名争议解决程序相比,平台争议解决的裁决不仅限于知识产权禁令性的救济，还可以责令以平台内经营者支付的保证金作为知识产权侵权的赔偿，具有域名争议解决程序无可比拟的优势。

平台争议解决机制是《电子商务法》中一项独立的法律制度，不应与平台经营者收到知识产权人侵权通知后所采取的必要措施混为一谈。知识产权人发出通知导致平台经营者针对平台内经营者所采取的删除、屏蔽、断开链接、终止交易或其他必要措施，本质上属于知识产权人所能获得的临时性救济措施。例如，平台内经营者发出不侵犯知识产权的声明，对于知识产权人的通知进行抗辩，则知识产权人必须及时向法院起诉或者向行政机关投诉，否则平台经营者将终止所采取的措施。平台争议解决机制则是对于知识产权人与平台内经营者的争议进行裁决。该裁决的执行并非临时性措施，而是对当事人双方均有约束力的救济方式。

四、跨境争议解决

我国《电子商务法》规定，要推动建立与不同国家、地区之间的跨境电子商务争议解决机制。在我国与"一带一路"共建国家的双边协定谈判中，跨境电子商务（在线）争议解决机制是重要的内容，以国际条约、协定等方式建立跨境电子商务的争议解决机制，能够为有关的争议解决机制提供最为稳定、可靠的国际法律支持。

跨境争议解决机制的构建可以参考有关的国际法律与实践，借鉴其经验与教训。例如，联合国国际贸易法委员会曾经建立在线争议解决工作组，意图在联合国框架内建立关于在线争议解决机制的国际法律与规则。经历将近十年的磋商，包括我国在内的许多国家都曾提出建议与方案，但是由于各国法律制度差异过大、利益矛盾过多，最终该项目以失败而告终，未能形成任何国际条约、协定等国际法律文件，甚至未能达成不具有约束力的示范法，仅以所谓的《2016年在线争议解决技术性注释》草草收尾。《2016年在线争议解决技术性注释》概括了在线争议解决程序的主要要素，虽然仅为描述性的而非有任何约束力，但可参照适用于供跨境小额电子商务合同纠纷的解决，协助联合国成员国发展有关的在线争议解决机制。

上述国际法律发展历程中的事例说明，跨境电子商务在线争议解决机制在国际法律体系的建立与发展尚且任重道远，难以一蹴而就。我国《电子商务法》

规定的平台在线争议解决机制则提供了新的思路与可能。相比国内当事人之间的争议，平台争议解决机制对于解决跨境争议有更为重大的意义与价值。不论是国外的知识产权人投诉我国平台内经营者，还是我国知识产权人投诉来自国外的平台内经营者，如果没有平台争议解决机制，都只能诉诸域外的司法系统，面临复杂的司法管辖与适用法律的问题。在相关的国际法律制度尚未建立之时，从事跨境电子商务的平台经营者先行先试，根据平台具体情况与实际需要，建立在线争议解决机制、制定并公示有关的争议解决规则，鼓励平台内不同国家或者地区的当事人通过平台的在线机制解决争议，显得尤其必要且紧迫，同时可以彰显中国法律与实践的创新性与国际影响力。

第二章 域名争议解决机制研究

在知识产权特殊仲裁中，域名争议解决机制应用最为广泛、实践最为成功。互联网名称与数字地址分配机构（ICANN），作为全球互联网域名的监管机构，[①] 于 1998 年开始实施的"统一域名争议解决政策"（UDRP）最具代表性。此后，许多国家或地区的域名管理机构相继建立了域名争议解决机制。例如，适用于".cn"".中国"的我国国家域名争议解决办法，与 UDRP 异曲同工。域名争议解决机制成功地裁决了数以万起的商标等知识产权标识与域名之间的纠纷案件，有效地在全球域名系统内制止恶意域名的行为，保护知识产权人的正当权益，使其免于为了投诉域名而在不同国家的法院间辗转奔波，在很大程度上制止了域名抢注造成的流量劫持和市场混淆等问题。

域名争议解决机制与典型仲裁的最大区别在于当事人之间并无直接的仲裁协议，而是完全依托于域名注册管理体制，即域名注册人在其与域名注册商签署的域名注册协议中承诺接受域名注册管理机构实施的争议解决程序的管辖。一旦知识产权人认为注册域名损害其合法权益的，即可向域名争议解决机构提起投诉。与典型仲裁主要适用于合同争议不同，域名争议解决程序实质上适用于知识产权与互联网域名之间的侵权纠纷。投诉以域名争议解决政策作为桥梁，在投诉的知识产权人与被投诉人的域名持有人之间形成类似仲裁协议的机制，使双方进入域名争议解决程序。正是由于域名争议解决机制属于特殊仲裁，因此并不排斥当事人向有管辖权的法院（通常是域名注册机构所在地法院或被投诉的域名注册持有

[①] ICANN 是 1998 年在加利福尼亚成立的非营利公益机构，负责协调互联网域名系统的稳定和安全运行。UDRP 适用于所有的通用顶级域名之下二级域名与商标权的纠纷，关于各国家或者地区顶级域名之下二级域名的纠纷则不在其中。

人所在法院）起诉。[①]域名争议解决的裁决虽然不具有终局性，但在其二十多年的历史中，当事人不服裁决、另案起诉的比例微乎其微，足见该机制有其自身的优势。

域名争议解决机制在创建之初就确立了快速、高效、费用低廉的目标，该程序从立案、审理到裁决完全在网上完成，开创了互联网仲裁的先河，基本上采用简易程序，进行书面审理，案件大体上能在60日内审结；程序费用与典型仲裁相比非常低廉；除非当事人向法院起诉外，专家组裁决作出后即可执行，无上诉程序。

域名争议解决机制之所以能够快速运行、低廉高效，是因为仅适用于域名与知识产权冲突这一特定类型的纠纷案件，确定了高度标准化的实体性规则与程序性规则，而且由于程序依托于域名管理体制，专家组裁决得以在域名系统内由注册机构执行，无须向法院申请强制执行。当然，域名争议解决机制的优势也是其局限性，该程序适用范围有限（如UDRP将域名与商号权等其他知识产权的冲突排除在适用范围外），知识产权人所能获得的救济方式也有限，仅限于获得域名注册的转移或者将域名注册撤销，但是无法获得金钱赔偿。

典型仲裁程序既不公开案件的审理也不公开裁决书，保护企业之间商事合同纠纷在较为私密的环境下得以解决，最大限度地保护企业的商业秘密、投资企划、商贸合作等不受影响。依据域名争议解决政策作出的裁决书则全部在互联网上公开，便于相关裁决要旨的总结和统一判例法的形成。公开裁决书将该争议解决程序置于公众监督之下，有利于提高裁判质量，保障程序正义。

第一节　通用顶级域名争议案

根据被投诉人与注册商之间的注册协议，被投诉人同意受UDRP的约束。UDRP第4条规定了强制性域名争议解决程序。根据第4（a）条的规定，投诉人必须证明以下三个条件均已满足，投诉才能得到审理案件的专家组的支持：

被投诉的域名与投诉人享有权利的商品商标或服务商标相同或混淆性相似；

[①] 有个别的域名争议解决政策（如我国香港特别行政区"hk"域名争议解决政策）将域名注册协议"视为"域名注册人与商标权人之间共同接受程序管辖的协议，将域名争议解决的裁决等同为终局性的仲裁裁决。

且，被投诉人对该域名并不享有权利或合法利益；且，被投诉人对该域名的注册和使用具有恶意。

根据第 4（b）条的规定，被投诉人具有如下情形或其他类似情形的，其行为构成恶意注册或者使用域名的证据：

注册或获取争议域名的主要目的是向作为商品商标或服务商标所有人的投诉人或其竞争对手出售、出租或转让域名，以获取直接与域名注册相关费用之外的收益；或者，

注册行为本身表明注册争议域名的目的是阻止商品商标或服务商标的所有人以相应的域名反映其商标标志；或者，

注册域名的主要目的是破坏竞争对手的正常业务；或者，

以使用域名的手段，为商业的目的，通过制造网站或网址上所出售的商品或提供的服务与投诉人商标之间在来源者、赞助商、附属者或保证者方面的混淆，故意引诱网络用户访问网站或其他联机地址。

UDRP 第 4（c）条规定，域名持有人对于争议域名享有的权利或合法利益情形包括：

在接到有关争议的任何通知之前，使用或有证据表明准备使用该域名或与该域名对应的名称来用于善意提供商品或服务；或者，

即使未获得商标或服务标记，但作为个人、企业或其他组织一直以该域名而广为人知；或者，

合法或合理使用该域名，不以营利为目的，不存在为商业利润而误导消费者或损害相关商标声誉之意图。

UDRP 规则第 10（d）条规定，专家组对于当事人双方提交的全部证据的可采性、关联性、实质性与证明力进行独立判断与认定，并作出裁决。域名争议解决机构的专家组在依据 UDRP 审理近 10 万件案件的过程中，对投诉人的商标权、域名与商标的混淆性近似、被投诉人的合法权益、争议域名注册与使用的恶意等关键问题作出了解释和认定，并形成相应的规则。

域名注册申请人必须提供真实的名称、地址、联系方式，才能与注册商订立域名注册协议，成为域名持有人。由于域名注册的公开性，域名持有人的信息原本公示于注册域名查询数据库（whois）系统。商标权人认为注册域名损害商标权益的，可以通过 whois 系统找到域名持有人并提起投诉。但随着各国法律对个人信息保护不断加强，whois 系统公示域名持有人的个人信息不再符合法律规定，

因此，该系统已经不再显示域名持有人的大部分识别性信息，仅保留所在国家地区等大致地址及电子邮件等主要联系方式。商标权人在投诉时无法确定被投诉的域名持有人的，可以通过受理案件的域名争议解决机构向域名注册商索取域名持有人的确切信息专门用于争议解决程序。依据 UDRP 作出的裁决书虽然都必须在争议解决机构的网站上公布，但近期某些案件的自然人当事人提出个人信息保护的要求。为了既遵守 UDRP 的规定，又尊重当事人个人信息保护的请求，域名争议解决机构公布的裁决书已采取措施，隐去自然人的全名及确切地址，仅保留与 whois 系统公示信息同等程度的信息。

案例 63：" ** .com " 域名争议案

投诉人上海某生物科技有限公司以争议域名 " ** .com " 损害其在众多国家和地区注册的 " ** " 以及 " ** " 文字及图形商标权益为由，投诉域名持有人，请求专家组将争议域名的注册转移给投诉人。

根据本案当事人提交的投诉书、答辩书及其所附证据材料，本案专家组意见如下：

（一）关于完全相同或混淆性相似

根据企业信息公示系统与投诉人提交的证据，专家组注意到，2018 年 7 月 31 日，某生物技术有限公司的子公司（无锡某生物技术股份有限公司、某生物投资有限公司）与上海某生物技术股份有限公司共同制定了投诉人（上海某生物科技有限公司）的章程；投诉人的公司章程显示，投诉人企业中文名称为上海某生物科技有限公司；企业信息公示系统显示，投诉人目前处于正常经营状态，现由某公司 100% 持股。

某生物技术有限公司与上海某生物技术股份有限公司均为上市公司，于 2018 年 7 月公告，合资设立投诉人，作为综合疫苗生产基地，主要从事人用疫苗研发生产。经股权穿透，某生物技术有限公司为实际支配投诉人公司行为的实际控制人。

投诉人的证据证明，2019 年 5 月 24 日，某生物技术有限公司控股 70% 与上海某生物技术股份有限公司合资在中国香港特别行政区设立的某公司；2019 年 6 月 20 日，某公司 100% 控股的爱尔兰某公司在爱尔兰依法成立。

因被投诉人在答辩书中特别提及"实际控制人某生物技术有限公司的网站及上海某生物科技有限公司网页"，专家组对其进行了调查。上述网站与网页显示：

2019年11月22日，某生物技术有限公司宣布其子公司，作为人用疫苗合同开发与生产组织，将投资2.4亿美元在爱尔兰建立新的疫苗生产设施，此投资是对上海某生物科技有限公司于今年更早的时候签订的为期20年的生产意向书的延续。

经专家组网络查询，所谓"上海某生物科技有限公司于今年更早的时候签订的为期20年的生产意向书"，实际签署于2019年5月20日，大众新闻及生物制药专业媒体对此均有报道。

专家组注意到，投诉人的实际控制人于2020年2月28日公告称，爱尔兰某公司与疫苗合作伙伴就疫苗产品订立总合约生产合同，于爱尔兰建设集原液及制剂生产以及质量控制实验室于一体的综合疫苗生产基地，并为疫苗合作伙伴生产及供应若干疫苗产品，初步期限由2020年2月14日起至2039年12月31日止，且疫苗合作伙伴可额外续新3年，总合约价值最高达约30亿美元；预期基地于2022年开始营运。

专家组认为，投诉人实际控制人的公告内容能够与"实际控制人某生物技术有限公司的网站及上海某生物科技有限公司网页"记录的信息相互印证，证明上海某生物科技有限公司于2019年5月就签订了为期20年的疫苗生产意向书，2019年11月在爱尔兰投资建设新的疫苗生产设施，2020年2月爱尔兰某公司与疫苗合作伙伴就疫苗产品订立总合约价值最高达约30亿美元的生产合同。

专家组认为，自2018年8月投诉人成立后，投诉人及其所在集团企业已在对外投资、商业合约等经营活动中实际使用上海某生物科技有限公司标识。投诉人的商标虽然于2022年4月14日才获得第5370××××号、第5370××××号中国商标注册，但在争议域名于2019年8月30日注册之前，上海某生物科技有限公司的标识已被投诉人及其所在企业集团作为未注册商标公开使用，经公告与媒体广泛报道，为社会公众所知。而且，上海某生物科技有限公司的商标在英语环境中并非纯描述性标志，具有区分商品或服务来源的识别性与显著性，经商业性使用与宣传，产生了一定影响。

争议域名，除去代表通用顶级域名的字符".com"，由"**"构成，与投诉人在先使用的商标上海某生物科技有限公司字符构成完全相同，仅去除了"*"与"*"之间的空格，无法实质性与投诉人的商标相区别。

由于争议域名整体上与投诉人在先使用的商标混淆性近似，投诉满足域名争议解决政策第4（a）条（i）项规定的第一个条件。

(二) 关于被投诉人权利或合法利益

投诉人称，投诉人及投诉人管理公司从未许可、授权被投诉人注册和使用争议域名；被投诉人并无任何关于以被投诉人名义就被争议域名主体部分"**"申请的商标，也未显示任何被投诉人享有相关合法权益的信息。

专家组认为，投诉人已就其所知所能提供了初步证据，完成了相应的举证责任，反驳投诉人主张与证据的责任转移于被投诉人。

被投诉人称，"根据白居易《夜雨》诗句，以及疫苗单词'vaccines'而组成为'**'""被投诉人合理使用且非商业性合法使用该域名，不存在为获取商业利益而误导消费者的意图，对域名享有合法权益"。

专家组注意到，投诉人举证证明，被投诉人使用争议域名建立了名为"**疫苗"的网站，并在某网站设置出售争议域名的展示页。在争议域名的网站上，除了左侧有"**疫苗""疫苗接种注意事项"等寥寥几字之外，页面主体显示的是争议域名"**.com"、被投诉人的电话号码、二维码与"扫一扫上面的二维码图案，加我微信"。

专家组认为，该争议域名网站没有任何实质内容，几乎等于空白页面，主要用来展示被投诉人的联系方式、招揽访问者添加微信，以该网站证明被投诉人"合理使用且非商业性合法使用该域名"太过于牵强。

专家组注意到，某网站显示，"当您看到这个页面时，说明实际的域名持有者设置了本出售展示页""您正在访问的域名可以转让"；出售方式"一口价"，当前价格"168888元"。该页面显示，出售争议域名的联系电话与"**疫苗"网站上被投诉人的电话号码完全相同。

专家组认为，被投诉人将争议域名高价出售的行为，与"合理使用且非商业性合法使用该域名"的主张相互矛盾，进一步印证被投诉人使用争议域名建立的网站不过是为高价出售该域名配合引流的手段而已。

总之，基于现有证据，专家组无法认定被投诉人就争议域名享有域名争议解决政策第4条（c）项所列举的或者任何其他的权利或合法利益，投诉符合域名争议解决政策第4（a）条规定的第二个条件。

(三) 关于恶意

投诉人主张，被投诉人一直为医药行业内从业人士，被投诉人对争议域名的注册和使用具有恶意。

被投诉人主张，正因为被投诉人是医药从业人士，其才有相关愿望、专业知识及能力去注册并建立与疫苗（vaccines）相关的公益类非商业性项目，否认具有恶意。

专家组认为，投诉人成立后，特别自2019年5月起，投诉人及其所在集团企业在对外投资、商业合约等经营活动中广泛使用"**"标识。在争议域名"**"于2019年8月30日注册之前，"**"标识已被作为未注册商标在商业谈判、签署巨额商业合约等商业活动中使用，具有区分商品或服务来源的识别性与显著性，经关联公司公告与大众媒体及专业媒体的广泛报道，具有一定影响。

专家组还注意到，被投诉人自称注册了"*和*全套共6个"域名。**XDC恰恰是投诉人的实际控制人建立的另一家专攻抗体药物生物偶联技术研发的子公司的字号。

专家组认为，被投诉人在对争议域名不享有任何合法权益的情况下，专门注册关于"**"等多个域名，无法用巧合或者白居易的诗句来解释，明显是针对投诉人及其所在企业集团在先使用的商业标识进行抄袭与模仿。更何况，被投诉人具有制药工程、生物医学工程的高等教育背景，作为"医药从业人士"，能够及时掌握生物制药领域的专业知识和信息，选择注册与投诉人在先使用于生物制药领域的未注册商标极其近似的争议域名，进一步印证了其抄袭、模仿投诉人的意图。

考虑到被投诉人将争议域名在网络上高价出售的行为，专家组认为，被投诉人注册争议域名的主要目的就是向作为商标权人的投诉人或其竞争对手出售域名，以获取直接与域名注册相关费用之外的收益，属于域名争议解决政策第4(b)条(i)项规定的恶意情形。因此，投诉满足域名争议解决政策第4(a)条(iii)项规定的第三个条件。

（四）关于域名反向抢注

被投诉人称，投诉人行为存在恶意、滥用权力、反向侵夺。

专家组注意到，投诉人在先使用商标"**"，并已经注册第5370××××号、第5370××××号商标"**"，而且提供了被投诉人恶意注册和使用争议域名的证据。

因此，专家组认为，投诉人投诉争议域名是为了维护自身合法的商标权益，投诉行为不属于域名争议解决政策规则规定的滥用程序或反向域名抢注。

鉴于上述所有理由,根据域名争议解决政策第 4(i)条和规则第 15 条,专家组裁定将争议域名" ** "转移给投诉人。

案例 64:"××"域名争议案

投诉人以争议域名"xx"与其"XX"商标冲突为由,提起投诉,请求审理案件的专家组将争议域名转移给投诉人。

根据本案当事人提交的投诉书、答辩书及其所附证据材料,本案专家组意见如下:

(一)关于完全相同或混淆性相似

投诉人提供的中国商标注册证证明,第 165××××号商标"xx"于 2001 年 10 月 28 日获准注册、第 197××××号商标"XX"于 2003 年 2 月 14 日获准注册。上述商标注册,经续展,至今合法有效。

投诉人于 2017 年 5 月 6 日受让上述注册商标,就第 165××××号"xx"商标和第 197××××号"XX"享有注册商标专用权。

专家组认为,应当通过直接比对争议域名与投诉人商标的字符构成来判断投诉是否符合域名争议解决政策第 4(a)条(i)项的规定。争议域名"xx.com",除去代表通用顶级域名的字符".com",由"xx"构成,与投诉人的注册商标"xx"的英文文字的字符相同,与投诉人的注册商标"XX"的字符非常近似。

因此,专家组认为,争议域名整体上与投诉人的注册商标"xx"及"XX"混淆性近似,投诉满足域名争议解决政策第 4(a)条(i)项规定的第一个条件。

(二)关于被投诉人权利或合法利益

投诉人称,争议域名"xx"系由投诉人独创,无固定含义,被投诉人无使用该域名的正当理由,被投诉人并未就域名相关商标获得任何其他合法权利,投诉人亦从未许可被投诉人使用上述商标,故被投诉人不拥有对该域名的合法权益。

专家组认为,投诉人已就其所知所能提供了初步证据,完成了相应的举证责任,反驳投诉人主张与证据的责任转移于被投诉人。

专家组注意到,被投诉人称是"依据合法的商业目的而注册争议域名"。因此,被投诉人不享有域名争议解决政策第 4(c)条(iii)项规定的合法权益。被投诉人未能举证证明其因争议域名而广为人知,也不享有域名争议解决政策第 4

(c) 条 (ii) 项规定的合法权益。

被投诉人称，"注册争议域名是为了开发汽车网站而注册的"，"注册域名原因是因为想做一个汽车网相关的网站，而'Cars'的意思是'汽车'，'Lan'的意思是'局域网'，虽然被投诉人最终没有搭建成功，但并不代表被投诉人未来不继续从事汽车网的相关搭建工作，预期利益及期待权一样是合法权利，也应当予以保护"。

专家组注意到，被投诉人虽然主张为了开发"汽车网站"而注册争议域名，但并未提供实际使用争议域名建立"汽车网站"的任何证据，甚至连有关准备工作的证据也未提供。

专家组认为，域名争议解决政策第 4（c）条（i）项规定的域名持有人在先善意使用争议域名提供商品或服务而享有的合法权益，仅在被投诉人为此目的实际使用争议域名或至少可以证明准备使用争议域名的情形下才能适用。被投诉人关于汽车网的"预期利益及期待权"，缺乏证据支持，不能成立。

总之，被投诉人提交的全部证据均无法证明其就争议域名享有域名争议解决政策第 4 条（c）项所列举的或者任何其他的权利或合法利益，投诉符合域名争议解决政策第 4（a）条规定的第二个条件。

（三）关于恶意

被投诉人主张，其注册争议域名在先，投诉人受让有关的注册商标在后。

专家组认为，第 165××××号"xx"商标注册于 2001 年 10 月 28 日，第 197×××× 号"XX"商标注册于 2003 年 2 月 14 日，两个商标的注册日期（依法产生注册商标专有权的日期）均明显早于争议域名注册的日期。上述两个注册商标的权利人虽然发生变更，但是两商标在商业活动中被持续使用和宣传并获得市场知名度的事实可以被证明。商标注册的转让是与凝结在其上的商誉同时转移的，受让人获得的商标价值当然不仅限于单纯的商标字符，而且包括商标的知名度与市场影响力。投诉人于 2017 年 5 月 6 日受让上述注册商标，成为注册商标专用权人。按照投诉人受让注册商标的日期，否定投诉人注册商标在先注册、使用且知名的事实，既不符合中国《商标法》的有关规定，也不能掩盖被投诉人注册争议域名模仿在先注册的"xx"与"XX"两商标的恶意。

专家组注意到，注册商提供的信息显示，争议域名"xx.com"注册于 2008 年 6 月 14 日。根据通用顶级域名".com"的注册域名争议解决政策，域名注册的期限不能超过 10 年，期满可续费获得新的注册期限。即便争议域名初始的注册期限为 10 年，该域名注册也必然于 2018 年 6 月 14 日之前到期。被投诉人至今持有争议域名，足以证明被投诉人曾经（至迟于 2018 年 6 月 14 日）续费以获得争议域名新的注册期限。按照被投诉人对投诉人受让商标权的解释，被投诉人对争议域名的持有也应从其新的注册日开始计算，不应溯及至已经失效的初始注册日期。从现有证据看，被投诉人续费重新获得争议域名注册的日期晚于 2009 年。但被投诉人自行举证证明，"第 165××××号注册商标是从 2009 年始即持续在中央 3 套、湖南卫视等进行持续大量宣传"，成为驰名商标。因此，在既对争议域名不享有任何合法权益，又明知第 165××××号"xx"商标已经成为驰名商标的情况下，被投诉人仍然续费重新注册与第 165××××号注册商标混淆性近似的争议域名，其域名注册行为明显具有针对该注册商标的恶意。更何况，投诉人受让该注册商标的日期，很可能早于被投诉人重新获得争议域名注册的日期。

投诉人称，"该域名目前处于出售状态，极易被不正当使用，损害投诉人及消费者合法权益"。专家组注意到，投诉人就上述主张并未提供任何证据。

被投诉人在答辩意见中称，"被投诉人从 2008 年注册了争议域名，从未主动向投诉人及投诉人竞争对手兜售、出租该争议域名，而在网站上备注转让，只是现阶段的个人商业决策，并不代表具有主观上的恶意""而且被投诉人从未在争议域名网页中悬挂投诉人或化妆行业的商品展示图片以及商品出售信息，所以不会造成误认误购，也不会损害投诉人及消费者的合法权益"。

专家组认为，被投诉人承认使用争议域名建立了网站，并"在网站上备注转让"该争议域名。

为了查清案情，专家组查看了争议域名网站"xx.com"，发现网站标题是"xx.com 您正在访问的域名可以转让！This domain is for sale."网站主要内容是"掌柜名片 E-mail"。

专家组认为，争议域名网站的内容能够与当事人双方的陈述相互印证，证明被投诉人在网站上使争议域名处于被出售状态。由于争议域名网站的内容就是公开出售该争议域名，证明被投诉人注册争议域名的目的就是向包括投诉人在内的人出售该域名。而且，争议域名与投诉人的注册商标混淆性近似，很可能误导、诱使用户访问该网站。即便"被投诉人从未在争议域名网页中悬挂投诉人或化妆行业的商品展示图片以及商品出售信息"，争议域名也会造成网络用户的初始混淆。被投诉人使用争议域名的手段和方式，足以证明其为商业的目的，使网络用户对网站来源、内容、关联产生混淆的恶意。

总之，基于现有证据，专家组认为，被投诉人注册与使用争议域名具有域名争议解决政策第4（b）条规定的恶意，投诉满足域名争议解决政策第4（a）条（iii）项规定的第三个条件。

（四）关于被投诉人个人信息保护的请求

被投诉人提出，"因裁决书涉及被投诉人的姓名和家庭住址等个人信息，为保护个人隐私，现申请裁决书不予公开"。

专家组认为，根据域名争议解决政策规则，所有依据域名争议解决政策作出的裁决书均应公开。但是为了尊重被投诉人关于个人信息保护的请求，裁决书在公布之时隐去被投诉人的全名与具体的地址，仅保留被投诉人在域名公开查询数据库（whois）中记录的信息。

鉴于上述所有理由，根据域名争议解决政策第4（i）条和域名争议解决政策规则第15条，专家组裁定将争议域名"xx.com"转移给投诉人。

案例65："xx.net"域名争议案

投诉人以争议域名"xx.net"与其"XX"商标冲突为由，提起投诉，请求审理案件的专家组将争议域名转移给投诉人。

（一）关于完全相同或混淆性相似

专家组注意到，投诉人提交了"XX"文字商标在美国专利商标局获得注册的信息，即：注册类别第45类，序列号8629××××，2014年5月30日申请注册，2015年5月5日公告，2015年11月10日获准主簿注册（Principal Register），至今有效，所有人（Owner）为投诉人。专家组认为，美国商标注册系公开的信息，投诉人提交的商标注册信息检索结果，可以通过美国商标注册信息数据库进行查询验证，其真实性可以认定。根据美国商标法律，投诉人所获得的商标注册足以证明投诉人就"XX"文字商标享有商标权。

争议域名注册于2014年5月24日，投诉人的"XX"文字商标于2015年11月10日在美国获得注册。根据在先裁决所形成的共识性的意见，域名争议解决政策第4（a）条（i）项对于投诉人获得商标权的时间并无要求，只要在提起投诉之时投诉人已经获得该权利即可。①因此，虽然投诉人的商标注册日期晚于争议域名的注册日期，但是并不妨碍专家组认定投诉人拥有域名争议解决政策第4（a）条（i）项所规定的商标权。②事实上，投诉人商标申请日期、注册日期及权利所在司法管辖区域等，并非域名争议解决政策第4（a）条（i）项中需要考虑的因素，而是对于第4（a）条（ii）项与（iii）项的认定有实质性影响。例如，在投诉人商标权的获得晚于争议域名注册的情况下，投诉人证明被投诉人恶意注册与使用争议域名的难度明显增大。

总之，专家组认为，争议域名"xx.net"的字符与投诉人注册商标"XX"整体上近似，因此，投诉满足《政策》第4条（a）项之（i）规定的条件。

（二）关于被投诉人权利或合法利益

投诉人主张，被投诉人对争议域名不享有任何合法权益，并提供了初步证据。被投诉人为了反驳投诉人的主张，提供了"XX"文字商标的中国商标注册证，其上记载：注册号1475××××，国际分类第45类、注册人为被投诉人、注册日期2015年7月21日，该注册至今有效。

专家组认为，被投诉人就"XX"所拥有的中国商标注册，可以作为被投诉人就争议域名××.net享有合法权益的证明。投诉人称，已针对被投诉人1475××××号注册商标向中国商标局商标评审委员会提交了无效宣告申请。但是，迄今为止，投诉人未能提供被投诉人1475××××号注册商标被宣告无效的证据。根据中国商标法律，被投诉人1475××××号注册商标的现行法律状态为有效，并非如投诉人所称处于不稳定状态。

在被投诉人持有有效注册商标的情况下，除非被投诉人1475××××号注册商标被中国商标主管机关宣告无效或者被依法撤销，投诉人难以反证被投诉人就争议域名不享有合法权益。事实上，投诉人所援引的"世界知识产权组织UDRP（域名争议解决政策）专家组裁决综述第三版"总结了在先裁决对此形成的共识性意见，即：正常情况下，被投诉人拥有与争议域名对应的在先注册的商标的，专家组足以认定被投诉人就争议域名享有合法权益。除非投诉人能够举证证明极

---

① 参见世界知识产权组织域名争议解决政策专家组裁决综述第三版（WIPO Overview of WIPO Panel Views on Selected UDRP Questions, Third Edition）。
② Digital Vision, Ltd. v. Advanced Chemill Systems, WIPO Case No. D2001-0827, <digitalvision.com>; Madrid 2012, S. A. v. Scott Martin-MadridMan Websites, WIPO Case No. D2003-0598, <2m12.com>et al.

端例外的情况存在，如被投诉人主要为了破坏域名争议解决程序的适用或者妨碍投诉人行使权利而获得商标注册，否则专家组难以对于被投诉人拥有的有效商标注册置之不理，进而否定被投诉人就争议域名享有合法权益。

经仔细、全面考察当事人双方提交的证据，专家组注意到，在2017年5月29日得到投诉通知之前，被投诉人已经于2015年7月21日获得中国商标注册，不属于为破坏域名争议解决程序适用而注册商标的情形。被投诉人于2014年5月26日在中国提出关于"XX"商标注册申请，于2015年7月21日获准注册，注册号14754371；投诉人于2014年5月30日在美国提出关于"XX"商标注册申请，于2015年11月10日获准注册，序列号8629××××。从日期先后顺序看，被投诉人在中国的商标申请与获准注册日期均早于投诉人在美国的商标申请与获准注册日期，难以认定被投诉人是为了妨碍投诉人的注册商标权而在中国注册商标。

投诉人称，投诉人至少已于2014年3月26日（投诉人在先域名"xx.com"注册日）前使用"x-x"作为其商标、商号及域名，并使用"xx.com"作为其官方网站。

专家组认为，如果投诉人能够证明除了在美国注册商标"XX"之外，还拥有早于被投诉人的普通法上的未注册商标权利，也可以作为攻击被投诉人在中国注册商标的理由。但是投诉人8629××××号"XX"美国商标注册信息显示"首次使用日期为2014年6月1日，首次商业性使用日期为2014年6月1日"。

专家组注意到，根据美国商标法律及美国专利商标局关于商标注册的要求，商标申请人主张其所申请的商标在商业活动中使用的，应当在申请文件中说明"首次使用日期"与"首次商业性使用日期"；首次使用日期是指善意地在正常交易活动中首次使用该商标于所销售、运输的商品或者所提供的服务的日期，首次使用的地域不限于美国，可以在全世界任何地方；首次商业性使用日期是指善意地在正常交易活动中首次使用该商标于美国法律规定的商业活动中所销售、运输的商品或者所提供的服务的日期；商标申请人提交的"首次使用日期"与"首次商业性使用日期"可以相同，但是必须真实可验证。

专家组认为，投诉人向美国商标主管机关申请商标注册所提交并记录在案的信息应当是真实可靠的信息。如果"投诉人至少已于2014年3月26日"之前使用或者商业性使用"XX"商标，则应当在投诉人8629×××× 号"XX"美国商标注册信息中有相应的记录。然而，投诉人"XX"美国商标注册信息显示"首次使用日期为 2014 年 6 月 1 日，首次商业性使用日期为 2014 年 6 月 1 日"，晚于被投诉人在中国申请注册"XX"商标的日期（2014 年 5 月 26 日）；而且，投诉人在美国的商标注册日期也晚于被投诉人在中国获准注册的日期（2015 年 7 月 21 日）。因此，投诉人未能证明被投诉人主要为了妨碍投诉人的普通法未注册商标权的行使而在中国注册与争议域名对应的商标。

投诉人还主张，被投诉人获得中国商标注册的日期晚于争议域名注册日期，因此被投诉人的商标注册不能证明就争议域名享有合法权益。

专家组注意到，被投诉人就"XX"于 2015 年 7 月 21 日获得中国商标注册，于 2014 年 5 月 24 日注册争议域名。但是，根据在先裁决所形成的共识性意见，域名争议解决政策第 4（a）条（ii）项所规定的被投诉人的合法权益应以投诉之时的状态加以判断，即只要提起投诉之时被投诉人就争议域名享有现实的合法权益，就符合该项要求。

专家组认为，被投诉人于 2017 年 5 月 29 日得到投诉通知之时，已经拥有有效的中国注册商标"XX"，与争议域名"xx. net"相对应，可以证明被投诉人对于争议域名享有合法权益。

总之，基于现有证据，专家组认为，被投诉人对争议域名享有权利或合法利益，投诉不符合《政策》第 4（a）条（ii）项规定的条件。

（三）关于恶意

鉴于投诉人未能证明域名争议解决政策第 4（a）条（ii）项规定的条件，投诉已经无法得到支持，因此专家组没有必要认定投诉是否满足《政策》第 4（a）条（iii）项规定的条件。

虽然当事人双方提交的证据显示当事人之间存在更加复杂的争议，但是专家组无法超越或者忽略域名争议解决程序既定的适用范围与判断条件而作出裁决。域名争议解决程序并不具有排他性与终局性，当事人双方仍然可以选择诉讼、仲裁、调解等其他方式解决争议。

（四）关于反向域名劫持

被投诉人主张投诉构成反向域名劫持，投诉人对此不予认可。专家组认为，投诉不成立不足以证明投诉构成域名争议解决政策规则第 15（e）条所规定的反向域名劫持，除非投诉属于投诉人恶意利用域名争议解决程序剥夺被投诉人域名注册的情况。

专家组认为,投诉人就与争议域名近似的商标"XX"拥有有效的美国商标注册,说明投诉人投诉争议域名"xx.net"是为了维护其商标的合法权益,并非恶意利用程序、剥夺被投诉人的域名注册。总之,专家组认为,投诉不构成域名争议解决政策第15(e)条所规定的反向域名劫持。

综上所述,专家组认为,投诉不符合域名争议解决政策第4(a)条规定的三个条件,专家组裁决驳回投诉人的投诉。

第二节 我国域名争议案

我国域名争议解决制度由中国互联网络信息中心(CNNIC)始建于2000年,虽然考虑了域名争议解决政策(UDRP)及其程序规则的设计,但在适用条件、适用范围等方面具有鲜明的中国特色,不仅是我国争议解决制度的有效补充,而且为其他发展中国家树立了典范。目前适用的《国家顶级域名争议解决办法》及其程序规则是2019年修订的版本。本书作者参与了我国域名争议解决制度的构建、修改及实施的全过程。

《国家顶级域名争议解决办法》(以下简称《解决办法》)适用于".CN"".中国"国家顶级域名因注册或者使用而引发的争议;争议域名注册期限满三年的,域名争议解决机构不予受理。

根据《解决办法》的规定,投诉人能够证明下列各项条件的,专家组对投诉应予以支持:

(1)被投诉的域名与投诉人享有民事权益的名称或者标志相同,或者具有足以导致混淆的近似性;

(2)被投诉的域名持有人对域名或者其主要部分不享有合法权益;

(3)被投诉的域名持有人对域名的注册或者使用具有恶意。

《解决办法》第9条规定,被投诉的域名持有人具有下列情形之一的,其行为构成恶意注册或者使用域名:

(1)注册或者受让域名是为了向作为民事权益所有人的投诉人或其竞争对手出售、出租或者以其他方式转让该域名,以获取不正当利益;

(2)将他人享有合法权益的名称或者标志注册为自己的域名,以阻止他人以域名的形式在互联网上使用其享有合法权益的名称或者标志；

（3）注册或者受让域名是为了损害投诉人的声誉，破坏投诉人正常的业务活动，或者混淆与投诉人之间的区别，误导公众；

（4）其他恶意的情形。

《解决办法》第10条规定，被投诉人在接到争议解决机构送达的投诉书之前具有下列情形之一的，表明其对该域名享有合法权益：

（1）被投诉人在提供商品或服务的过程中已善意地使用该域名或与该域名相对应的名称；

（2）被投诉人虽未获得商品商标或有关服务商标，但所持有的域名已经获得一定的知名度；

（3）被投诉人合理地使用或非商业性地合法使用该域名，不存在为获取商业利益而误导消费者的意图。

另外，我国香港特别行政区在域名系统中拥有代表该地区的顶级域名".hk"与".香港"。当地的域名注册管理机构建立与实施了相应的域名争议解决政策与程序规则。该域名争议解决机制的特点在于完全采用了普通法中的仲裁模式，专家组作出的裁决具有终局性。鉴于香港特区使用中文繁体字的情况，该解决政策专门规定中文繁简体字符在域名系统中等效，专家组裁决适用于所涉争议域名之繁体与简体。香港特区对于个人域名注册有资格限定，因此，该解决政策规定，个人域名注册被认定为不合资格的，将被撤销。

根据".hk"与".香港"域名争议解决政策第4（a）条规定，投诉人须证明下列各项情况存在，才能使投诉成立：

（i）争议域名和投诉人于香港具权利的商标或服务商标完全相同或容易造成混淆；及，

（ii）被投诉人对于该争议域名不具使用权利或不应享有相关的合法利益；及，

（iii）被投诉人的争议域名已被注册并且正被恶意使用，及，

（iv）若争议域名由个人注册，但注册人不符合此类个人域名名称之注册条件。

案例66："xx.cn"域名争议案

投诉人以其企业名称"XX Holdings, Inc."的合法权益受到争议域名"xx.cn"损害为由，对争议域名的持有人提起投诉，请求专家将争议域名转移给投诉人。

（一）关于完全相同或混淆性相似

投诉人提供了美国明尼苏达州政府于 2014 年出具的企业登记文件，证明投诉人于 1983 年核准成立，企业名称为"XX Holding, Inc."。投诉人还提供了中国企业完成的相关市场调研报告，证明投诉人的企业名称"XX Holdings, Inc."在中国市场上实际使用。

专家组认为，投诉人的证据足以证明，投诉人的企业名称"XX Holdings, Inc."已在中国市场使用。中美两国均是《巴黎公约》成员国，中国根据公约第 8 条的规定保护美国企业的商号。因此，投诉人企业名称"XX Holdings, Inc."中的商号"XX"受中国法律的保护，属于《解决办法》第 8 条第 1 项规定的投诉人享有民事权益的名称或标志。

根据《解决办法》第 8 条第 1 项的规定，判断被投诉域名与投诉人享有民事权益的名称或标志是否混淆性近似，须对两者的字符构成进行客观比较。争议域名"xx.cn"，除去代表国家顶级域名的字符".cn"，由"xx"构成，与投诉人享有权利的企业名称中的商号"XX"字符相同。因此，专家组认定，被投诉的域名与投诉人的商号具有足以导致混淆的近似性，投诉符合《解决办法》第 8 条第 1 项规定的条件。

（二）关于被投诉人权利或合法利益

投诉人举证，中国商标网上查询结果显示，被投诉人对"xx"不享有任何商标权利。投诉人主张，从未许可、授权或允许被投诉人注册和使用争议域名或者注册和使用"xx"商标，被投诉人并非投诉人"xx"品牌的许可人、经销商、代理商或者分销商。

专家组认为，投诉人已完成其所承担的举证责任，初步证明被投诉人就争议域名不享有合法权益。根据《解决办法》第 7 条的规定，投诉人和被投诉人应当对各自的主张承担举证责任。被投诉人应就其对争议域名享有的合法权益进行举证。

被投诉人称，"本人在 2020 年 3 月 5 日按照'先申请先注册'这条最基本域名注册原则注册争议域名后，就一直将域名解析到'域名出售页'"。

专家组认为，被投诉人持有的域名注册本身不足以证明其享有合法权益。除了"争议域名被解析为出售页"之外，没有证据证明被投诉人善意使用该域名提供任何商品或服务，也无证据证明被投诉人持有的争议域名获得了任何知名度。被投诉人自称"一直从事的都是合法的域名投资行业"，故其出售争议域名显然出于获取商业利益的目的，不属于合理地使用或非商业性地合法使用该域名的行为。总之，被投诉人未能证明就争议域名享有合法权益，未能完成其承担的举证责任。

虽然被投诉人强调"争议域名的主体部分为一个纯粹的英文单词"，但其所提供的网络搜索证据并不能否定投诉人就"XX"名称和标志在先享受中国法律保护的事实。而且，被投诉人并未提供争议域名及其主要部分"xx"作为"一个纯粹的英文单词"使用的任何证据。

虽然被投诉人称，"投诉方在世界范围尤其是中国范围内毫无知名度"，但其主张与相关举证并不能证明被投诉人就争议域名享有合法权益。

总之，基于现有的证据材料，专家组认为，被投诉人未能证明其满足《解决办法》第10条规定的情形，被投诉的域名持有人对域名或者其主要部分不享有合法权益，投诉符合《解决办法》第8条第2项规定的条件。

(三) 关于恶意

投诉人主张，"被投诉人注册争议域名的目的，也不是为了正当使用，而是为了通过出售获取利益。投诉人注意到，争议域名目前正在线上平台出售中"。

经再三核对投诉人提交的被投诉人域名在售信息的证据，专家组未能从其列出的全部40个出售域名页面中找到关于争议域名的页面。投诉人的证据因此缺乏关联性，无法证明其主张。

然而，被投诉人在其答辩意见中称，"本人在2020年3月5日按照'先申请先注册'这条最基本域名注册原则注册争议域名后，就一直将域名解析到'域名出售页'"，并提供了相应的争议域名出售页证据。

专家组认为，被投诉人自认的事实足以证明，被投诉人在某网站上以6288美元公开出售争议域名"xx.cn"，接受Visa、Mastercard、paypal、支付宝等方式付款。

被投诉人辩称，投诉方声称被投诉人名下拥有多达1320个域名，并用列表的形式列举了其中的一部分例子。由于作为被投诉人的本人从事的是"域名投资"这个行业，拥有大量的域名这件事是合法合情合理的，反而更能说明持有争议域名"xx.cn"是没有针对投诉方的。反而更能说明，争议域名只是被投诉人本人投资的大量"常见的英文单词（词组）组成的域名"中的普普通通的一个。反而更说明了，被投诉人对争议域名的持有是不具有恶意的。

专家组认为，被投诉人多次强调其从事"域名投资"这个行业，其所提供的网络搜索结果、新闻报道、出版书籍等证据证明其对该行业有深入的研究，是域名投资领域的资深专业人士。被投诉人既然是专业的域名投资者，对所投资的对象势必进行事先的尽职调查，全面深入地了解与预估投资对象可能涉及的法律风险。专业域名投资者具有专业知识、有获取与掌握相关信息的强大能力，与普通人相比，理应对其所投资的域名承担更高程度的审慎调查义务，尽量避免域名与他人在先使用的名称与标志相同或极为近似。然而，被投诉人在有能力对投诉人商号、商标的信息进行深入搜索挖掘的情况下，却故意忽略投诉人商标已在先注册、公告并可网络查询的事实，故意无视投诉人通过其网站"www.xx.com"向消费者销售品牌产品及每个页面均明确标注投诉人的商号"X"及其与"X"标志关系的事实。①更故意掩盖投诉人的商号出现在行业市场调查报告中完全可以通过百度等搜索引擎查询、检索到的事实。被投诉人既能够使用谷歌这样的"几乎全世界所有国家占据绝对甚至唯一的互联网入门窗口"，又精通英文，在答辩书中提供了大量英文材料，当然了解掌握的与所投资的争议域名有关的名称与标志的信息应远胜于常人。投诉人"XX"商号即便在中国范围并未广为人知，却完全能为被投诉人这样的专业域名投资者所知晓。否则，被投诉人公开出售争议域名"xx.cn"时要价高达6288美元，显然远超专业投资者对"一个纯粹的英文单词"的正常估价。

从被投诉人的陈述看，其对投诉人证据提交的40个被投诉人在售域名的列表，未加以否认，并无异议。

专家组发现，投诉人上述证据证明，被投诉人出售的40个域名的字符构成均与中外企业、机构的名称、商号、商标或产品服务特有名称相同或者极为近似，其中既包括与显著性较强、绝非"纯粹的英文单词"的商号或商标相同或极为近似的域名，也包括与他人用于名称或标志的描述性词语相同或极为近似的域名。

从被投诉人注册域名的字符规律特点看，被投诉人显然并非投资于大量"常见的英文单词、（词组）组成的域名"。恰恰相反，被投诉人的商业模式是大量

---

① 投诉人网站标注"XX Holdings, Inc.（dba XX）"，即投诉人也使用 XX 的标识从事商业活动。

注册与他人的名称（包括商号）或标志相同或极为近似的域名用以高价出售。虽然被投诉人选择注册为域名的部分名称或标志由描述性词语构成，增加了被投诉人行为的隐蔽性，但如从其商业模式的整体观察，就不难发现其搭他人名称或标志便车以牟利的意图。

争议域名的主要部分"xx"虽然有描述性的含义，但是被投诉人一贯的搭便车域名投资的行为模式，进一步印证被投诉人并非从事"合法正常"的域名投资，而是注册与投诉人的商号混淆性近似的域名，以便向包括投诉人或其竞争对手在内的人高价出售，从而牟取不正当利益。被投诉人的行为构成《解决办法》第9条第1项规定的恶意的情形证据。

被投诉人辩称，"争议域名所解析的是'域名出售页'而非'广告投放页面'""投诉方拿不出任何实实在在的证据证明被投诉方将争议域名用于了任何针对投诉方的恶意行为"。

然而，投诉人提交的被投诉人域名销售页面截图证明，被投诉人出售的三个域名的页面上加载了广告"企业应用会场"。其他在某网站出售的域名，页面如同出售争议域名的页面一样"清爽简洁"，没有广告。

由此可见，出售争议域名的网页是否投放广告，完全取决于被投诉人的选择。作为争议域名的注册持有人，被投诉人完全能够在该页面上投放广告，从而对投诉人商号的合法权益造成更加不利的影响。因此，被投诉人现在未在出售争议域名的页面上投放广告，不足以证明被投诉人注册与出售争议域名没有恶意。

本案争议及投诉成立的标准适用解决办法。被投诉人援引的其他机构关于其他域名的裁决，不仅对本案毫无约束力，而且因案件事实的本质区别，亦毫无参考价值。

总之，基于现有证据，专家组认定，被投诉的域名持有人对域名的注册或者使用具有恶意，投诉符合《解决办法》第8条第3项规定的条件。专家组裁决将争议域名转移给投诉人。

案例67："xx.cn"域名争议案

投诉人以其XX中国注册商标的合法权益受到争议域名"xx.cn"与"xx.com.cn"损害为由，对争议域名持有人提起投诉，请求专家组将争议域名转移给投诉人。

(一) 解决办法的适用范围

被投诉人称，争议域名"xx.cn"及"xx.com.cn"均注册于2015年12月21日，到现在已经注册了超过六年时间，依据《解决办法》规定，投诉不应被受理。

《解决办法》规定，争议域名注册期限满三年的，域名争议解决机构不予受理。但是，专家组认为，《解决办法》关于"域名的注册或者使用"的规定在第2条、第8条、第9条等条款中的含义是统一的，均是指被投诉人（争议域名的现持有人）对争议域名的注册或使用。《解决办法》第5条规定，任何人认为他人已注册的域名与其合法权益发生冲突均可以提出投诉，其中的"他人已注册的域名"是指被投诉人获得的争议域名的注册，投诉所要解决的是投诉人与现在持有争议域名注册的被投诉人之间的争议。因此，《解决办法》第2条规定的"争议域名注册期限满三年"，应当也包括被投诉人获得争议域名注册的时间满三年的情形。

在本案程序中，中心在收到投诉书后，曾向域名注册服务机构（注册商）发出电子邮件，请其对争议域名所涉及的有关注册事项予以确认。域名注册服务机构三次确证，本案被投诉人获得争议域名"xx.cn"的日期为2020年10月26日，获得争议域名"xx.com.cn"的日期为2020年7月27日。域名注册服务机构亦确认，被投诉人于2020年7月及10月获得争议域名的注册后，直至2021年10月才更新了域名注册的信息。

虽然域名注册服务机构所确认的被投诉人获得争议域名注册的日期不同于中国互联网络信息中心国家顶级域名查询数据库显示的争议域名注册日期，但是，专家组认为，争议域名所涉及的有关注册事项应以域名注册服务机构向域名争议解决机构确认的信息为准，这正是争议域名注册事项确认程序的目的所在。

截至投诉人于2021年12月27日提交投诉书，被投诉人获得争议域名注册的期限均未满三年，不属于解决办法第2条规定的"争议域名注册期限满三年的，域名争议解决机构不予受理"的情况。因此，被投诉人关于投诉不应受理的主张，专家组不予支持。

(二) 与投诉人享有民事权益的名称或者标志相同或混淆性相似

根据投诉人提交的证据，投诉人甲有限公司拥有关于XX的多个中国商标注册，包括：于 2002 年 4 月 21 日获得的第 175××××号 XX 商标的注册。投诉人在互联网业务活动中广泛使用××商标，使之在中国互联网市场享有很高的知名度。

被投诉人的争议域名"xx.cn""xx.com.cn"，除去代表中国国家顶级域名及二级域名的通用字符".cn"".com.cn"后，由投诉人注册商标 XX 与字典词汇"holdings"（含义为拥有股份、资产等）拼接而成。在投诉人的商标后添加"holdings"一词并不能妨碍专家组认定争议域名与投诉人的商标混淆性相似。

此外，争议域名亦与投诉人甲有限公司（XX Holdings Limited）长期使用并广为人知的企业名称非常近似。

专家组认为，被投诉人获得注册的两个争议域名与投诉人享有权利的注册商标及企业名称具有足以导致混淆的近似性，投诉符合《解决办法》第 8 条第 1 款规定的条件。

（三）权利或合法利益

投诉人主张，被投诉人不持有关于争议域名"xx.cn""xx.com.cn"的任何商标，投诉人从未授权或许可被投诉人使用投诉人的商标或注册上述争议域名，且被投诉人与投诉人不存在任何关联。专家组认为，投诉人已经提供了初步证据证明被投诉人对争议域名不享有合法权益，举证责任转移至被投诉人。

《解决办法》第 7 条规定，投诉人和被投诉人应对各自的主张承担举证责任。专家组注意到，被投诉人在其答辩意见中未能反驳投诉人的主张，也未能举证证明其对争议域名或其主要部分享有合法权益。

基于现有证据，专家组无法认定被投诉人存在符合《解决办法》第 10 条规定的对争议域名享有合法权益的任一情形。因此，投诉符合《解决办法》第 8 条第 2 款规定的条件。

（四）恶意注册或使用域名

投诉人举证证明，投诉人的 XX 商标在中国获得高度市场认可。专家组认为，早在被投诉人获得争议域名注册之前，投诉人不仅已经依据中国法律获得关于 XX 商标的注册专用权，而且已经享有驰名商标的权利。

被投诉人在短期内先后围绕投诉人的 XX 商标、"xx Holdings Limited"企业名称获得两个争议域名的注册，证明其对于投诉人享有民事权益的企业名称和商标具有明确的指向性。

《解决办法》第9条第2款规定，被投诉人将他人享有合法权益的名称或者标志注册为自己的域名，以阻止他人以域名的形式在互联网上使用该名称或者标志的行为，构成恶意注册或者使用域名的证据。专家组认为，被投诉人注册与投诉人驰名注册商标、企业名称混淆性近似的两个争议域名，其行为构成《解决办法》第9条第2款规定的恶意注册或者使用争议域名的证据。

因此，专家组认为，被投诉人注册或使用本案争议域名具有恶意，投诉符合《解决办法》第8条第3款规定的条件。专家组裁定将争议域名"xx-ings.cn""xx.com.cn"转移给投诉人。

第三节　新增顶级域名申请异议争议案

域名系统不断发展，ICANN自2012年实施了增加通用顶级域名的计划，顶级域名已经新增3000多个，并正在酝酿下一轮的扩展。许多知名商标（.ibm、.ali等）均已申请成为顶级域名。与此相配合，ICANN实施了新的争议解决机制，分别适用于顶级域名申请阶段的知识产权争议解决与批准后的争议解决。[①] 域名争议解决机制的发展为知识产权特殊仲裁开辟了更大的施展空间。

新增通用顶级域名项目中的知识产权保护措施构成非常复杂。[②] 有的在通用顶级域名的申请和评审程序中出现，有的在新增通用顶级域名被批准授权后由注册管理机构实施。有的仅适用于顶级域名，有的仅适用于二级域名，有的则既适用于顶级也适用于二级域名。有的属于保护知识产权的预防措施，有的属于事后争议解决的措施。新增通用顶级域名项目中的这些知识产权保护措施并不妨碍原有的域名争议解决政策的实施。新增通用顶级域名一旦被批准授权，均必须将原有的政策和新增的措施一并实施。

异议程序是在新增通用顶级域名的评审程序中实施的知识产权保护措施之一。新增通用顶级域名的申请将被公布在ICANN网站上，利害关系人在5个月

---

① 例如，ICANN在申请阶段允许商标权人等权利人就申请为顶级域名的字符提出异议（LRO），由世界知识产权组织指定的专家组裁决；对于批准授权后的顶级域名，适用授权后争议解决政策（PDDRP）。
② 知识产权保护措施主要包括：关于新增通用顶级域名申请的异议程序、商标优先注册和通知服务、统一快速中止域名系统和新增通用顶级域名授权后争议解决政策4类机制。这些机制基本平行存在，知识产权人可以选择适用。

内可以基于字符串混淆、侵犯法定权利、损害限定的公共利益、违背社区要求 4 项理由之一，对申请提出异议。异议应当提交指定的争议解决机构，按照相应的争议解决程序处理。

侵犯法定权利的异议是指因申请为通用顶级域名的字符串侵犯异议人现有的法定权利而引发的异议。该项异议主要用于知识产权保护的目的。异议人应当证明其现有的法定权利（包括注册商标或者未注册商标）的来源，提交权利证明文件，以及权利受到申请为通用顶级域名的字符串侵犯的证据。例如，"HTC"商标权人发现有人申请通用顶级域名".htc"的，可基于商标权提出异议。[①]

ICANN 指定世界知识产权组织为法定权利类异议的争议解决服务机构。异议程序必须采用英文。争议解决服务机构受理的案件，经过 14 日的程序审查，交由其指定的专家组审理。异议人和被异议人可以自愿选择进入调解程序，调解不成的，再由另外的专家组审理争议。专家组应当自指定之日起 45 日内就争议作出专家决定，作为 ICANN 在争议解决程序中接受的专家意见和建议。如果专家组的决定有利于被异议人一方，通用顶级域名的申请将进入下一步评审程序；如果专家组的决定有利于异议人一方，则通常意味着被异议的申请将得不到进一步处理。异议程序及决定并不妨碍法定权利人通过司法诉讼或者其他途径寻求法律救济。

审理法定权利类异议的专家组应当确定被异议人申请的通用顶级域名字符串付诸使用是否将不正当地利用了异议人的商标、国际组织的名称的显著特性或声誉，不合理地损害异议人的商标或者国际组织的名称的显著特征或声誉，或者未经允许在申请的通用顶级域名的字符串与异议人的商标、国际组织名称之间制造混淆。

如果异议人是商标权人，专家组可以考虑以下因素，即：

（1）被异议的通用顶级域名申请的字符串是否在外观、读音和含义方面与异议人的注册商标或者未注册商标相同或者近似；

（2）异议人是否善意取得和使用商标权；

（3）相关公众是否以及在何种程度上可能将所申请的通用顶级域名字符串视为异议人、申请人或者其他第三人的商标；

[①] 政府间国际组织，包括联合国专门机构和在联合国大会获得观察员资格的组织，可以为保护本组织的名称就某个通用顶级域名字符串的申请提出异议。例如，世界卫生组织（World Health Organization，WHO）发现有人申请通用顶级域名".who"的，可以根据本组织名称的正式英文缩写提出异议。

（4）申请通用顶级域名的目的，包括申请人在提出申请之时是否知道异议人的商标，或者是否不可能不知道该商标，以及申请人是否多次申请、运营与他人商标混淆性近似的顶级域名或者二级域名；

（5）被异议人是否以及在何种程度上在商业活动中善意地，或者以不会干扰异议人的商标权合法行使的方式，已经使用或者证明已经准备使用与所申请的通用顶级域名字符串对应的标志；

（6）被异议人是否就与所申请的通用顶级域名字符串对应的标志享有商标权或者其他知识产权；如有权，是否该权利的取得或者标志的使用系善意，是否申请通用顶级域名的目的或者可能的使用与上述权利的取得和标志的使用相一致；

（7）被异议人是否以及在何种程度上以与所申请的通用顶级域名字符串对应的标志广为人知；如是，是否申请通用顶级域名的目的或者可能的使用与此相符并出于善意；

（8）是否申请人意图导致所申请的通用顶级域名的使用将在来源、认可、关联、授权方面与异议人的商标造成混淆。

如果异议由国际组织提出，专家组可以考虑：所申请的通用顶级域名的字符串与国际组织的名称或者正式简称是否在音、形、义方面相同或者近似，被异议人的近似名称或者简称是否与国际组织的历史性共存，被异议人是否已经善意使用与所申请的通用顶级域名的字符串对应的标志，是否该标志广为人知，是否可能意图使用所申请的通用顶级域名与国际组织发生混淆等。专家组在考虑上述因素的同时，还应参照有关的国际法规范。

案例68：顶级域名".xx"申请异议案

摘要：本案中，顶级域名的申请人与异议人都就"xx"字符享有商标权，但审理案件的专家综合考虑了全部相关情节，最终认定异议成立。在世界知识产权组织受理的20余件法定权利类异议案件中，异议成功案件屈指可数，该裁决即为其中一例。该裁决以其详尽充分的论证和鞭辟入里的分析受到瞩目，成为审理同类案件的重要判例。

The Objector, S Corporation is a "Chinese online media company for Chinese communities around the world". On 14 August 2009, the Objector introduced and since then has been operating the micro-blogging services in China. These services had 503 million registered users by the end of 2012 and are provided from a website that uses the domain name <xx. com>. "xx" is the pinyin transliteration (i. e. the transliteration of Chinese characters into the Latin alphabet) of "平台".

The Objector holds Chinese Trade mark Registration (No. 764××××) for the mark "平台", registered on December 28, 2010 in Class 35. The Objector has also registered in China a series of the trademarks for "S 平台" and "平台" the earliest of which has a registration date of January 21, 2011.

The Objector states that it has dedicated significant resources and investment to advertising its "平台" trademark and its pinyin equivalent. In addition to <xx. com>, the Objector has registered a number of additional domain names either incorporating "平台" in Chinese characters (under the few extensions where the registration of Internationalized Domain Names is possible) or the term "XX". It has also separately applied for <. xx> and <. 平台> as the new gTLDs. The Objector contends that the applied new gTLD string <. xx> infringes its existing legal rights.

The Applicant, xx Holdings Limited, provides value-added Internet, mobile and telecommunication services and online advertising. There are 990 million users with accounts for the Applicant's instant messenger program, **. In April 2010, the Applicant launched "T 平台", which is a micro-blogging site with about 373 million users and "available inside each of Applicant's major social products". The Applicant has advertised with respect to the "T 平台" brand and the services designated by this trademark. The Applicant has registered in China a series of "T 平台 t. **. com & device" trademarks from June 2012. The Applicant also holds a series of trademark registrations for the mark "xx & device" in Australia, Europe, Japan, Russia, Republic of Korea, Singapore, China's Taiwan Region, and China's Hong Kong Special Administrative Region from October 2011. The Applicant contends that its use of the term "平台" predates the opening gTLD application process on January 12, 2012 and has established rights in the term "平台" before applying for the new gTLD string <. xx>. The Applicant has also applied for the <. 平台> gTLD.

The Applicant states that its use of the term "平台" and "xx" has been bona fide and legitimate. "平台" and its pinyin translation, "xx", is the descriptive word of micro-blog service, describing functions and characteristics of micro-blog service. The Objector's Chinese Trademark Registration (No. 764××××) for "平台" that is currently being disputed on the ground that it is "too generic" and is lacking distinctiveness.

According to ICANN polices, a right holder in belief that an applied new gTLD string infringes its existing legal rights that are recognized or enforceable under generally accepted and internationally recognized principles of law may raise the legal right objection to the applied-for gTLD string.

Under the Dispute Resolution Principles (Standards), Sec. 3.5.2, a panel presiding over a legal rights objection involving trademark right will determine whether the potential use of the applied-for gTLD by the applicant takes unfair advantage of the distinctive character or the reputation of the objector's registered or unregistered trademark or service mark, or unjustifiably impairs the distinctive character or the reputation of the objector's mark, or otherwise creates an impermissible likelihood of confusion between the applied-for gTLD and the objector's mark.

The Panel has carefully reviewed both parties' submissions and made the assessment according to the Principles and Standards, particularly taking into consideration the eight non-exclusive factors, provided in the Standards, Sec. 3.5.2.

1. Summary of the Findings

Before analyzing each factor, the Panel wishes to summarize its discoveries by looking at the facts of the case.

(1) The Objector's Trademark

The Panel notes that both Parties accept and claim that "xx" is the pinyin equivalence (the phonetic transliteration of Chinese characters into the Latin alphabets) of "平台".

The Panel finds that the Objector holds the trademark for "平台", which was registered in China on December 28, 2010 (Registration Number 764××××). Under the Chinese Trademark Law, a holder of the registered trademark enjoys the exclusive right to use the mark. Therefore, the Objector's trademark right over "平台" is the legal basis for the Objector to file the Legal Right Objection.

The Applicant contends that Objector's Chinese Trademark Registration (No. 764××××) for "平台" is currently under dispute "and is subject to possible cancellation proceedings". The Panel reviewed the pertinent evidence presented by the Applicant and finds, on the "Detailed Information of Trademark" (Registration

No. 764××××), that the Objector's trademark "平台" is in the process of dispute. But the Applicant did not provide more information on the dispute, such as why the trademark is in dispute and what the current status of the trademark administration's adjudication is. Based on the information available so far, the Panel finds that the Objector's trademark registration for "平台" (Registration No. 764××××) is prima facie legitimate and valid until December 27, 2020.

The Applicant contends that the Objector's trademark registration for "平台" (Registration No. 764××××) was "incorrectly registered as it is too generic and is lacking in distinctiveness." However, this is denied by the Objector, who claims that "xx" is associated in the minds of at least the Chinese public with the Objector. Further, generic or descriptive terms can be registered as trademarks, provided that they have in fact acquired a distinctive character, i.e. they are capable of distinguishing the sources of goods or services, as a result of the use made of them. The Objector's trademark "平台" (Registration No. 764××××) is registered in Class 35 on the services of "advertising, online advertising on data communication network, exhibiting goods on communication media for retailing, market analysis, public opinion poll, data retrieval (for others) in computer files, computer database information enrollment, computer database information classification and computer database information systemization." Until the conclusion of this case of Legal Right Objection, the Objector's trademark "平台" (Registration No. 764××××) has not been invalidated or cancelled by the Chinese trademark authorities. The Objector, as the holder of the registered trademark, still enjoys the exclusive right under the Chinese Trademark Law.

The Applicant provided a fair amount of evidence to show that the term "平台" is used to describe the phenomenon of micro-blogging in China and is shared by many micro-blog service providers. According to the Applicant, the term "平台" is often used in a descriptive manner and there are various market players who are using the term "平台".

However, the claim that the "XX" phrase in the opposed marks, "xx & device" (No. 9013692) and "xx & device" (No. 9013728), had been solely associated with the Chinese characters "平台", a generic name for a platform for information sharing and exchanging, and thus the registration and use of the opposed mark would mislead the public and violate Article 10.1 (8) of the Trademark Law of PRC was not supported by the Chinese Trademark Office in the Decisions on the Oppositions on May 19, 2013.

The Chinese trademark authority's above rulings reconfirm, to some extent, the distinctive character and registrability of "平台" and "xx" and shows that validity of the Objector's trademark registration "平台" (Registration No. 764××××) is unlikely to be challenged in the near future.

Although the Panel does not rule out the possibility that the mark "平台" could be invalidated by the Chinese trademark authorities for losing its distinctiveness, the proceeding of the Legal Right Objection only resolves the conflicts between existing legal rights and the applied-for gTLD strings.

Therefore, the Panel is of the view that this decision can and should proceed on the basis of current legal status of the Objector's mark.

(2) The Applicant's Rights

The Applicant contends that its micro-blogging services are "marked by the brand 平台 or its pinyin equivalent XX." However, it is apparent from the Applicant's submissions that the brand or trademark that the Applicant consistently uses for its services is "TXX" or "Txx", not "平台" or "xx" per se. Further, the Applicant's trademark registrations acquired in a number of countries or regions all consist of "Txx" in combination with "平台" or "xx".

Indeed, it is inherent in the Applicant's claims that the terms "平台" and "xx" are descriptive of the phenomenon of micro-blogging in China and is shared by many micro-blog service providers, and that the Applicant maintains that the distinguishing part of its marks is the term "Txx", not "平台" or "xx" alone. Accordingly no trade mark rights subsist in "平台" or "xx" alone for the Applicant.

(3) The Applicant's Potential Use

The Panel notes that the Applicant may assert that it makes descriptive use or other legitimate use of the Objector's mark "平台" or its pinyin equivalent "xx", irrespective of whether "平台" will be conclusively determined to be a generic or descriptive term or not. However, the Panel finds, primarily from the Applicant's new gTLD Application submitted to ICANN for the string <.xx>, that the Applicant's potential use of the term "xx" as a gTLD would unjustifiably impair the distinctive character of the Objector's mark "平台" that is currently legitimately registered.

According to the Applicant's Application, the new TLD space is planned to be used solely for the Applicant's micro-blogging site and services.

As stated in its New gTLD Application for <.xx>, "Txx intends to use the .xx gTLD to allow for more convenient and innovative communication between users of T's xx micro-blogging site" "T Holdings Limited (Txx) intends to utilize the new gTLD to allow people to communicate easier through its micro-blogging platform" "The new .xx gTLD will promote and strengthen the Txx services" "The .xx gTLD will simplify how internet users interact with Txx services by providing a distinctive domain space" "T has the ability to create second level domain names on demand which are relevant to its customer base and services and products. These domain names will be licensed to verified users of Txx services" "it is foreseen that communication to the internet community of the existence of the proposed new gTLD and encouragement to utilize the trusted site will contribute towards making it a popular home for Txx services."

In addition, the Applicant states that <.xx> is a restricted gTLD and "registration for the .xx gTLD will be in accordance with its stringent registration policy". The Eligible Registrants must be: "(i) an Affiliate entity of T; or (ii) an organisation explicitly authorised by T; or (iii) a natural person explicitly authorised by T. If the Registrant does not meet one of the above eligibility criteria, there is no entitlement to register a Domain Name under dot xx gTLD. If the Registrant ceases to be eligible at any time in the future, the Registry may cancel or suspend the license to use the Domain Name immediately."

The Panel notes that, once an application for a new gTLD is approved and delegated by the ICANN, the commitments made by the Applicant in the Application will be incorporated into the New gTLD Base Agreement between the Applicant and the ICANN and become binding to the Applicant.

In the circumstances, it is legitimate for the Panel to conduct its assessment on the assumption that the String would be used by the Applicant in the manner described in the Application.

In this respect the Panel notes that the Application asserts that, <.xx> will be used as "a distinctive domain space" for the Applicant's services, rather than a generic and open domain space for any users or any micro-blogging services. In other words, notwithstanding its claims about the descriptive nature of the term, the majority of the Panel concludes that the Applicant appears to plan to use the term in a non-descriptive sense for its own services.

Although a new gTLD applicant has the freedom to choose its business model, the Applicant's plan to use the term "xx" in the String to promote its own brand T and its micro-blogging services will in the view of the majority of the Panel inevitably impair the distinctive character of the Objector's mark "平台".

Even if the Objector cannot enforce its trademark right against the descriptive use or other legitimate use of the term "xx", the majority of the Panel are of the view that the Applicant's planned use of the new gTLD ". xx" would directly conflict with the Objector's trademark registration "平台" (Registration No. 764××××). In particular, the Objector's mark "平台" is registered on the services, inter alia, data retrieval (for others) in computer files, computer database information enrollment, computer database information classification and computer database information systemization. The Applicant's planned running for the new ". xx" name space apparently involves the above-mentioned services.

In the circumstances and on balance, the majority of the Panel concludes that this Legal Rights Objection should be sustained.

2. Eight Factors

Having summarizing the discoveries, the Panel will go through all eight non-exclusive factors set forth in the Guidebook, Section 3.5.2, to examine the findings and conclusion. The Guidebook does not provide how a panel draws the conclusion from the assessment of the eight factors. It is clear that a panel does not need to find in favor of the objector in all eight factors to support the objection.

(1) **Whether the applied-for gTLD is identical or similar, including in appearance, phonetic sound, or meaning, to Objector's existing mark**

The Objector's registered mark is "平台" and the applied-for gTLD string is <. xx>. Since both Parties concede that "xx" is the its pinyin equivalent (the phonetic transliteration of Chinese characters into the Latin alphabets) of "平台", the applied-for gTLD string is identical with the Objector's mark phonetically and in meaning, as understood by an average Internet user conversant with the Chinese language.

Hence the Panel finds that this factor weighs in favor of Objector.

(2) **Whether Objector's acquisition and use of rights in the mark has been bona fide**

The Applicant acknowledges that the Objector is using "平台" for its S service and has a large market presence with respect to its S xx service. But the Applicant contends that the Objector was not the first creator and developer of micro-blogging service in China from 2009. In this respect it claims it launched the micro-blogging-like website "W. com" in early 2007 under the name "某平台" (which in pinyin is "W xx"), but that was shut down due to some "operating problems" on January 26, 2010. It contends that "statements made by the Objector, as to its 'exclusive' rights in the term cannot be considered bona fide".

There are a number of problems with the Applicant's contentions. First, although the Applicant refers to a Wikipedia entry to support its claim that it launched "W. com" in early 2007, there is no evidence before the Panel that the term "平台" was used in connection with the service.

Second, even the Objector's statement that it has "exclusive rights" is not correct, it is not clear why this is really relevant to the question of whether the Objectors acquisition of the rights upon which it relies were acquired "bona fide". There would appear to be claimed by the Applicant that the Objector acted in bad faith when seeking to register these trademarks or when subsequently using them. However, the Objector's application for and acquisition of that trade mark was clearly based upon its own use of that term for its services that had been launched in August 2009. Accordingly the Panel rejects any claim that the Applicant acquired or has used the trademark registration for the mark "平台" (No. 764××××) on December 28, 2010 in bad faith.

Given this factor, if it is of any real weight at all in this matter, weighs in favor of Objector.

(3) Whether and to what extent there is recognition in the relevant sector of the public of the sign corresponding to the gTLD, as the mark of Objector, of Applicant or of a third party

There is clearly a dispute between the parties as to whether the term "平台" or "xx" is generic or descriptive of micro-blogging services.

The Objector has provided evidence that the Chinese trademark authorities had concluded on more than one occasion that the Applicant had failed to show that these terms were descriptive of those services. But that is not quite the same thing as saying that the mark is distinctive inherently.

Both Parties made many submissions regarding their market share and the public recognition and reputation of their relevant marks. However, so far as the use of the terms "平台", and "xx" alone are concerned, the evidence is not conclusive. For example, the Objector has provided survey evidence that the term "xx" was primarily associated with the Objector by 44% of the sampled public in a number of Chinese cities. However, it is unclear whether that amounts to recognition of "xx" as a sign of the Objector or merely reflects that the Objector is the largest provider of micro-blogging services in China.

The Panel therefore finds that on the evidence before it this factor is inconclusively one way or the other.

(4) Applicant's intent in applying for the gTLD, including whether Applicant, at the time of application for the gTLD, had knowledge of Objector's mark, or could not have reasonably been unaware of that mark, and including whether Applicant has engaged in a pattern of conduct whereby it applied for or operates TLDs or registrations in TLDs which are identical or confusingly similar to the marks of others

The Applicant was clearly aware of Objector's micro-blogging service at the time of applying for the gTLD String. But the Applicant contends that what it clearly knows that "平台/xx" refers to a general term representing the micro-blog service rather than the Objector itself.

Further, it is highly implausible that the Applicant did not actually know of the Objector's registered trademarks, including its mark for "平台" alone at the time of application for the gTLD, given the Parties have been in the disputes in relation to the Chinese registrations of those marks.

However, the Applicant contends that "平台/ xx" refers to a general term representing the micro-blog service rather than the Objector itself, and it also appears to have been operating its own micro-blogging services using a name that incorporates that term for almost 2 years before applying for the gTLD string.

The Objector raises the point that although the Applicant has other brands that are more significant to it than "Txx", it is only "平台" and "xx" that has been applied for as new gTLDs. The inference it appears to be asking the Panel to draw from this is that the Applicant has chosen those terms because they are being used by the Objector.

However, the Panel is of the view that it is not persuaded by the Objector's claims that the gTLDs have been applied for in bad faith.

Accordingly, this is a factor which if anything weighs in favor of the Applicant.

(5) Whether and to what extent Applicant has used, or has made demonstrable preparations to use, the sign corresponding to the gTLD in connection with a bona fide offering of goods or services or a bona fide provision of information in a way that does not interfere with the legitimate exercise by Objector of its mark rights

The Panel sees three key elements from this factor. First, whether the Applicant has provided the service bona fide before the application for gTLD? The answer is yes. The Applicant has been operating its micro-blogging services under the brand of "T 平台/ xx" since April 2010. As stated by the Applicant, "Txx" has been coexisting with "Sxx" in the market for years. The Applicant, therefore, has made a bona fide provision of information services by using its sign "T 平台/ xx".

Second, whether the Applicant has been using the "sign corresponding to the gTLD" in provision of the services? The answer is No. The Applicant's mark is actually "Txx", which is not "corresponding" to the gTLD string. The Applicant has not been using the term "平台/xx" alone as its brand for the provision of services.

Third, whether the Applicant's provision of service interferes with the Objector's right? The Panel finds that the Applicant's provision of service by using the mark "Txx" does not interfere with the Objector's right as far as the term "xx" is merely used descriptively, however, the Applicant's purported use of "xx" as a brand for its micro-blogging services in the gTLD space would be interfering to the Objector's right.

Accordingly, this is not a factor that may simply be deemed in favor of either Party.

(6) Whether Applicant has marks or other intellectual property rights in the sign corresponding to the gTLD, and, if so, whether any acquisition of such a right in the sign, and use of the sign, has been bona fide, and whether the purported or likely use of the gTLD by Applicant is consistent with such acquisition or use

For the purpose of assessment of this factor, the Panel splits this factor into 3 parts, i. e. "the sign corresponding to the gTLD" "acquisition and use of the right in the sign bona fide" and "purported use consistent with the acquisition or use."

As presented before, the Applicant has registered in China a series of "T平台t. ** com & device" trademarks from June 2012 and also holds a series of trademark registrations for the mark "Txx & device" in a number of countries and regions from October 2011. Although these registered trademarks were acquired and have been used bona fide, they are not corresponding to the gTLD string applied by the Applicant.

There is no evidence showing that the Applicant has any mark or intellectual property rights in "xx" alone. Based on the gTLD Application, the Applicant, however, plans to use gTLD ".xx" as a brand name for its own micro-blogging services, purported use of which is not consistent with the trademark rights that it has acquired.

Given the complexity of this factor, the Panel finds that it would be oversimplified to weigh this factor in favor of either Party.

(7) Whether and to what extent Applicant has been commonly known by the sign corresponding to the gTLD, and if so, whether any purported or likely use of the gTLD by Applicant is consistent therewith and bona fide

This factor, once assessed, is not very different from factor (6), except that the Applicant is not commonly known as ".xx" alone.

Like factor (6), the Panel finds that it would be oversimplified to weigh this factor in favor of either Party.

(8) Whether Applicant's intended use of the gTLD would create a likelihood of confusion with the Objector's mark as to the source, sponsorship, affiliation, or endorsement of the gTLD

The Panel notes that the Objector's trademark registration for "平台" (No. 764××××) covers a broad scope of services, from advertising to database management. It is clear that the Applicant's planned provision of the services through the new gTLD space does involve the database update, classification or other management, therefore fall in the scope of the Objector's trademark registration. Accordingly, the Applicant's intended use of the gTLD <.xx> as the brand for its micro-blogging and other services falls in the scope of the Objector's trademark registration for "平台" (No. 764××××) and could create a likelihood of confusion with the Objector's mark as to the source, sponsorship, affiliation, or endorsement of the gTLD <.xx>.

Hence the Panel finds that this factor on the evidence before it weighs in favor of Objector.

Through assessing all eight factors under Section 3.5.2 of the Guidebook, the Panel rules for the Objector. For the foregoing reasons, the Objection is supported.

图书在版编目（CIP）数据

知识产权仲裁法律研究：理论开拓与实践探索 / 薛虹著． -- 北京：中国法制出版社，2024.3
ISBN 978-7-5216-4251-3

Ⅰ.①知… Ⅱ.①薛… Ⅲ.①知识产权-仲裁-法律-研究-中国 Ⅳ.①D923.404

中国国家版本馆 CIP 数据核字（2024）第 015161 号

策划编辑：谢　雯
责任编辑：白天园　　　　　　　　　　　　　　　　封面设计：杨鑫宇

知识产权仲裁法律研究：理论开拓与实践探索
ZHISHI CHANQUAN ZHONGCAI FALÜ YANJIU：LILUN KAITUO YU SHIJIAN TANSUO

著者/薛虹
经销/新华书店
印刷/北京虎彩文化传播有限公司
开本/710 毫米×1000 毫米　16 开　　　　　　印张/ 24.5　字数/ 366 千
版次/2024 年 3 月第 1 版　　　　　　　　　　2024 年 3 月第 1 次印刷

中国法制出版社出版

书号 ISBN 978-7-5216-4251-3　　　　　　　　　　定价：98.00 元

北京市西城区西便门西里甲 16 号西便门办公区
邮政编码：100053　　　　　　　　　　　　　传真：010-63141600
网址：http：//www.zgfzs.com　　　　　　　　编辑部电话：010-63141792
市场营销部电话：010-63141612　　　　　　　印务部电话：010-63141606

（如有印装质量问题，请与本社印务部联系。）